事例で学ぶ

保育のための相談援助・支援

~その方法と実際~

［編著］須永 進

［著］青木知史・小口将典・伊藤明芳・木村淳也・加賀谷崇文・波多野里美・橋本廣子

同文書院

Authors
執筆者紹介

【編著者】

須永　進（すなが・すすむ）　　第1章　第5章第1節～第2節

国立大学法人三重大学

国立大学法人三重大学大学院

【著者】 ※執筆順

青木　知史（あおき・さとし）　　第2章　資料編

大阪成蹊短期大学

小口　将典（おぐち・まさのり）　　第3章　第6章

関西福祉科学大学

伊藤　明芳（いとう・あきよし）　　第4章　第6章

秋草学園短期大学

木村　淳也（きむら・じゅんや）　　第5章第3節

会津大学短期大学部

加賀谷　崇文（かがや・たかふみ）　　第5章第4節～第5節　第6章　第7章

秋草学園短期大学

波多野　里美（はたの・さとみ）　　第6章

社会福祉法人健光園

橋本　廣子（はしもと・ひろこ）　　第6章

岐阜医療科学大学

Preface
はじめに

近年における社会環境や家族・家庭環境の変容に伴い，子どもを産み育てる子育て環境も大きく変わり，今日では子育てに不安や悩みを抱える保護者は少なくありません。子育て環境について筆者が行った調査では，「パートナーの協力が足りない」「相談できる人，場所がない」という意見がその背景の一部にあることが明らかになっています。また，こうした家庭や保護者，家族の８割以上が社会的支援を必要としています。周囲の支えがなく，誰にも相談できず，子育てがつらい，不安，イライラするなど，精神的・心理的に不安定な状況に追い込まれている保護者の存在を考えると，保護者や地域の子育て家庭に対する社会的支援の必要性が今，緊急の課題となっています。

また，このように複雑な子育て環境にあって，保護者の価値観や考え方にも変化がみられるようになり，保育に対するニーズやそれをさまざまなかたちで求める保護者の存在が顕在化しています。そのため，なかにはその対応や解決に苦慮する保育者や保育施設，その関連機関があるなど，保護者との関係のあり方があらためて問い直される事態を迎えています。

他方，国や行政機関では，こうした子育て家庭や保護者に対して，1994（平成６）年の「エンゼルプラン」を契機に，少子化対策の一環として子育て支援をつぎつぎに打ち出し，地方においても，その実情に沿ったいわゆる地方版子育て支援のためのプランを公《おおやけ》にするなど，対策に乗り出し，今日に至っています。

こうした新しい保育動向やさまざまな環境の変化を受けて，関連する保育施設や機関の機能の見直しと，それを主体的に担う人的パワーとしての保育者の役割やあり方，さらには保育者養成という分野から新たな取り組みが課題になっています。

保育を必要とする乳幼児のための施設である保育所では，2008（平成 20）年に改定された『保育所保育指針』において，子育て支援のひとつとして，環境を通して子どもの保育を総合的に実施する役割を担うとともに、保護者に対する支援（入所する児童の保護者に対する支援および地域の子育て家庭に対する支援）を行うことが明記されました。また，幼稚園でも，同じ年に改訂された『幼稚園教育要領』において，幼児期の教育に関する相談に加え，情報提供，保護者との登園，幼児と保護者同士の交流の機会の提供などの子育て支援の実施が例示されるようになりました。

それに伴い，保育士や幼稚園の教員養成校でも新たなカリキュラムの変更が行われることになり，2011（平成 23）年には，ソーシャルワークの知識や技術を体系的に学ぶ「社会福祉援助技術」（演習）を踏まえ，より保育領域に沿ったソーシャルワークを学ぶ「相談援助」（演習）が，また，支援を必要とする保護者への保育に関する指導（法）を学ぶ「保育相談支援」（演習）が，それぞれ新たに教科として加えられることになりました。

本書は，この新たに加えられた教科に対応するために必要とされる知識や方法について，その基本的考え方から専門性を有する具体的な方法に至るまでの内容についてまとめたものです。

まず，第１章から第５章までは，保育のための相談援助・支援に必要とされる考え方や基礎理論についてわかりやすい説明を行っています。

また，第６章では保育施設や幼児教育機関，児童館，さらには保健医療機関などの実際の現場における相談援助・支援の実際について事例を援用しながら，説明・解説を試みています。それぞれの場で，相談援助・支援がどのように行われているのか，その取り組みがわかるように記述しています。

第７章では保育者養成という視点から，保育の相談・支援への取組みの実際と，その方向性についてまとめています。

さらに，巻末には「資料編」として本書の内容に関連する資料を掲載し，学習者の理解を図れるよう配慮してあります。

執筆にあたっては，実際に保育者養成にかかわっている研究者や保育の場で相談援助・支援の活動を行っている実践者などで構成されていますので，保育の現場で直接相談援助にあたられている方はもちろん，いま学習されている方やこれから学ぼうとしている方にとっても，参考となる内容・構成になっています。

少子化がいまや社会的関心事であることは間違いありませんが，それ以上に子どもを産み育てる環境をよりよいものにし，安心して子育てができる環境を充実させるためにも，保護者を支えるための相談援助・支援の普及とその質的向上が急務といえます。本書がそういった目的の一端を果たせることを願っています。

2013年2月
編著者　須永　進

Contents
もくじ

1章

保育の相談援助・支援の導入

1 保育の相談援助・支援の導入

1 保育の動向

1）変容する子育て環境－保護者や家庭のおかれている状況

子どもを持つ保護者の多くは，子育てに何らかの不安や悩みを抱えているといわれています。ある調査[(1)]では子育てに「自信がもてない」という保護者が全体の約７割いることが報告されています。また，筆者らが行った調査[(2)]でも子育てに負担感を感じている保護者が４割程度いることが明らかになっています。

その背景には，日本の社会に継承されてきた地域共同体をベースとした子育ての形態が，1960 年代の高度成長以後大きく変容し，子育ての個別化，孤立化が進むようになり，これまでみられなかった問題が顕在化するようになったことがあります。

たとえば，地域とのつながりもなく，子育てを保護者だけで，とくに母親が一人で抱え込み，誰にも相談もできない閉塞的状況のなかで孤立し，子育てに苦しんでいたり，あるいは子育てに悩んで子どもに虐待やそれに近い不適切な対応を行うケースなど，より複雑で，また深刻化している状況が少なくありません。5 歳と３歳の子どもを持つ母親の一人は，自らの子育ての状況について，つぎのようにその心境を語っています。

> あまりの聞きわけのなさに，思わず子供をパチンとたたいてしまうことがある。泣いている子供を見て我に返り，一緒に泣いたこともある。外で働くのも大変だが，24 時間こうやって子供と向き合い，自分と葛藤しながら頑張る母親の気持ちも分かって欲しい。（朝日新聞，2003 年 11 月 1 日付朝刊）。

このように子育てが精神的・心理的負担となって，とまどい，苦しんでいる保護者の姿は，今日決して珍しいものではありません。そのため，それを支える社会的支援や援助の必要性が求められています。

かつて筆者らが行った調査[(3)]（図１－１）で，子育てに社会的支援が必要かどうかについて，全体の８割以上が必要と回答しています。先のケースでもみられたように，夫（パートナー）の協力はもちろん，子育てに伴う心配事や悩み，不安を相談できる人的パワーや社会資源が身近にあることは，今日のこうした状況からいえば，まさに不可欠といえます。

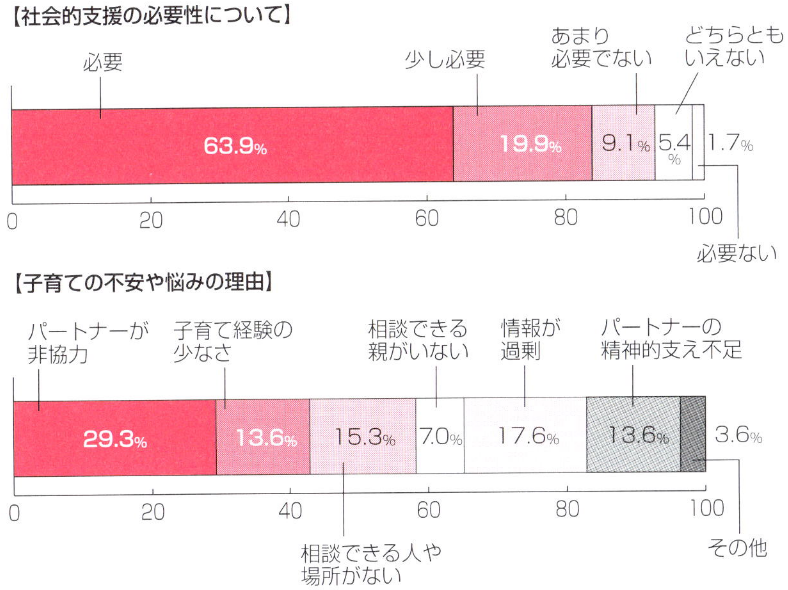

図１－１　社会的支援の必要性と子育ての不安の理由

出典）須永　進，青木知史，趙　晤衍「日韓の子育て観に関する比較研究」『秋草学園短期大学紀要第22号』2005年

2）子育て相談を支える動き

今日のように，子育てが難しい状況を社会的に支えていくために，近年では子育て支援への期待が大きくなっています。なかでも，子育てに対する蓄積されたノウハウを持つ保育所や幼稚園などでは，子育て支援の一環として，保育の相談援助・支援事業に取り組むところが多くみられます。また，保育所以外の児童福祉施設や保健所，病院といった社会資源においても，こうした取り組みが行われています。

また，当時深刻化の兆しをみせていた少子化対策の一環として，1994（平成６）年には厚生省（現：厚生労働省）を含む４つの関係省庁の大臣による「今後の子育て支援のための施策の基本的方向について（エンゼルプラン）」（以下，エンゼルプラン）が公《おおやけ》にされ，「安心して子どもを生み育てることができる環境」の基本的方向性が示されました。

それによると，「家庭における子育てを支えるために，国，地方公共団体，地域，企業，学校，社会教育施設，児童福祉施設，医療機関などあらゆる社会の構成メンバー」による社会的支援のシステムの構築が提唱されています。

また，このエンゼルプランには，重点施策のひとつとして子育てに関する相談指導など「保育所が，地域子育て支援の中心的な機能を果たす」ことが明記されました。

それに連動するように法的には保育所に対して，1997（平成９）年改正の児童福祉法で「保育所は・・・その行う保育に支障がない限りにおいて，乳児，幼児等の保育に関する相談に応じ，及び助言を行うように努めなければならない」（第48条の２－１）と明確に規定されるに至っています。また，保育所の保育内容や方法の枠組みを示している『保育所保育指針』のうち，1999（平成11）年の改定において「乳幼児の保育に関する相談・助言」の必要性が記載され，さらに2008（平成20）年の改定では，援助や支援について「保護者の養育力の向上」や「保護者一人一人の自己決定を尊重」「プライバシーの保護」「秘密保持」など，詳細な方法を明示する内容になっています。

保育所を中心に行われるようになった子育て相談のうち，2000（平成12）年時点のおもな内容を表１－１に示します[4]。

しかし，近年ではこうした子どもの保育や生活，健康などに加え，家族の問題や経済的相談，保護者の就労に関するものなど，その内容は多様化し，また複雑化する傾向にあります。そのため，それを担当する保育士や幼児教育者といった，保育関係者の相談援助・支援のための知識や技術の向上が急務になっています。また将来，保育の現場で保護者の相談援助・支援を担う人的パワーの養成施設，養成課程においても同様で，たとえば，保育や幼児教育という場におけるソーシャルワークの技術や，臨床心理学的手法（たとえば，カウンセリング）による保育の相談援助・支援への理解と実際的知識や技術の修得が重要となってきました。

すなわち，保護者の抱える悩みや不安を，こうした方法により解決に導いていくことのできる保育者の養成が，近々の現実的課題になり，保育の動向に新たな方向性が求められるようになりました。

そうした状況を背景に，2011（平成23）年保育士養成課程のカリキュラムが改訂され，これまでの「社会福祉援助技術」が「相談援助」に，また保護者に対する保育に関する指導を学ぶ「保育相談支援」という科目が新たに加わるなど，今後予想される相談による援助や支援を担える保育者の育成に向けた態勢が整うことになりました。

3）保護者への相談援助・支援の必要性

これまでみてきたように，子育てに不安や悩みを抱える保護者からの相談はその内容が多様化し，それを支えるための相談援助・支援には，単に保育経験だけでは十分とはいえなくなっています。そのため，養成の場や現場における教育や

表１－１　子育て相談の内容

1．しつけ，教育など，子育ての方法	87.6%
2．身体の発育，社会性の発達について	86.2%
3．基本的生活習慣について	83.4%
4．家庭，地域などの生活環境	47.2%
5．病気，けがなどの医療に関するもの	45.4%

研修などを通じて，保護者の相談に応えられる人的パワーの育成が不可欠になっています。

とくに，近年保護者の悩みや不安，苦しみだけでなく，保護者の多岐にわたる保育要求への対応[(5)]もその数を増し，そうした新たな状況に対する援助・支援の体制の構築が求められています。

また，保護者の保育を含む福祉全般に対する意識の変化に加え，「常に福祉サービスを受ける者の立場に立って良質かつ適切な福祉サービスを提供するように努めなければならない」（社会福祉法第 78 条）との社会福祉法の一部改正に示されるように，社会福祉の増進のため施設経営者に保育施設を利用する保護者の利益優先を図ることが定められています。

つまり，保育を含む社会福祉サービスの利用者である保護者のなかに，子育てや保育についての悩みや思い，要望など自分の抱える問題を，福祉サービスである「相談」や「話し合い」といった社会的支援を利用して解決していこうとの意識が高まっています。また施設側でもこうした保護者への相談援助・支援が法的に規定されたことを背景に，子育てや保育の問題解決の手段として活かされる機会になっていこうとしており，こうしたことが，援助・支援の体制構築の背景となっています。

このほか，筆者らが行った調査[(6)]では，保護者による保育や子育てに関する要求を含めた相談は多く，保育所や幼稚園といった保育や幼児教育の場においてその対応に苦慮するケースが少なくないことが明らかになっています。たとえば，保育者が苦慮したケースを表１－２に示します。

表に示すように，保育所（保育士）では保育士・職員に対する要望や要求が多く，ついで保育の方法･形態，保育の環境，食事，保育の内容の順になっています。

一方，幼稚園（教諭）については，表１－３に示す結果になっています。

一番多いのは保育所の場合と同様に，教員・職員に対してで，つぎに保育の環境，保育の内容，保育の方法・形態，食事となっています。

このように，今後，こうした相談を通した援助・支援を必要とする保護者は決して少なくなることはなく，むしろ相談件数はもちろん，その内容の深層化あるいは複雑化が進んでいくことが予想されます。

こうした状況に対し，相談にかかわる者（保育者，相談員）にとっては，保育

表１－２　保育所（保育士）で対応に苦慮したケース

1．保育士・職員に対して	48.8%
2．保育の方法・形態	35.0%
3．保育の環境	27.8%
4．食事	26.1%
5．保育の内容	25.7%
6．その他	40.9%

表１－３　幼稚園（教諭）で対応に苦慮したケース

1．保育士・職員に対して	32.1%
2．保育の環境	24.2%
3．保育の内容	23.4%
4．保育の方法・形態	22.2%
5．食事	9.8%
6．その他	35.7%

の技術や経験に加え，保護者を支えるための相談の理念にはじまって，ソーシャルワークや臨床心理学などの近接科学や援助技術の手法を援用しつつ，保育の領域における相談援助・支援の理念の確立と，より高度な援助・支援技術を獲得することが，ますます必要とされてくるでしょう。

2 保育の相談援助・支援の必要性

1）孤立化と閉塞化する子育て環境

現在の子育て家庭がおかれている状況を表している典型的な例として，ご主人の転勤で住み慣れた土地を離れて，生活も文化も異なる土地での子育てに苦しむ保護者（母親）の話をよく耳にします。ある保護者は，慣れない生活環境のなかで，子どもの人見知りやほかの子どもと遊べない，ことばが遅い，おむつがとれないなど，子育てに不安を抱えるようになったそうです。こうした保護者の抱える不安や悩みを察して，子どもはますます，日々些細《ささい》なことで何時間も泣き続けるといった状況に直面しました。協力してほしい夫は仕事が忙しく，また周囲に相談できる知人，友人もいない。このような孤立した状況のなかで，この保護者は一人で悩む毎日を送るしかなかったといいます。その結果，泣き叫ぶ自分の子どもを突き倒したり，たたいたりという生活の連続で，「子育てがつらくて仕方がなかった」と，当時の子育てを振りかえっています。

こうしたエピソードから，周囲に知る人もいないで，仕事中心の夫の協力も得られず，母親一人で子育てに孤軍奮闘し，つらく，思い悩んでいる様子が読み取れます。しかしこうしたケースは今日，決して珍しいことではなく，多かれ少なかれ子育てが「つらい」「悩みである」と感じている保護者は少なくないと思われます。

以前に筆者らが行った調査(7)でも，そうした状況が明らかになっています。

まず，子育ての不安や悩みの原因について，夫などパートナーの協力がない点をあげている母親が約３割（29.3％）ほどいます。これは，夫の子育てに対する意識の低さや，仕事との関係によることが考えられます。つぎに，（周囲に）相談できる人や場所がない，が15％程度となっています。すなわち，子育てについて話を聞いてもらいたい，相談にのってほしい，と思っていても適当な人や場所が近所に見当たらないため，不安や悩みを抱えてしまうということです。さらには，パートナーの精神的支えが少ない，あるいはない場合が13.6％あります。先のケースを見ると，どの項目も含まれていることから，近年見られる子育てへの悩みや不安の背景には，周囲からの孤立や閉塞化があることが，この調査結果は裏づけています。

しかし，ここで紹介した保護者のケースでは，このようにつらくて悩み続けた子育ても相談相手が見つかったことで気持ちが軽くなり，その後子育てを楽しむことができるようになったとのことです。

つまり，周囲やパートナーの支えがなく，苦しみ，悩んでいた子育てが，一転して「楽しい」と思えるように変わっていた背景には，相談できる相手がみつかったことだということです。

2）子育てを支える家族の変化

つぎに，従来の日本の社会でみられた家族や周囲の人々によって支えられてきた子育てが，なぜ今回のケースのように母親一人に課せられるようになったのか，家族構成員数の変化からみることにします。

図１－２は，厚生労働省の「国民生活基礎調査」（2010年）からの抜粋です。それによると，戦後一貫して世帯数は増え続けていますが，世帯を構成する人員（家族構成員数）は減少傾向にあることがわかります。

この家族の構成員の少数化は，子育てする親の相談相手が少なくなり，先のケースのようにパートナーが積極的に協力しないかぎり，子育てする人が孤立しがちな状況に陥ることを意味しています。

また，周囲との関係に目を転じてみると，図１－３に示すように，いわゆる「近

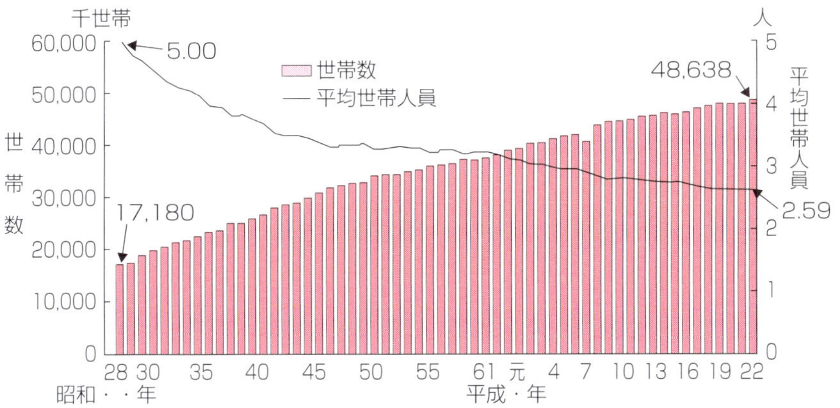

注：平成７年の数値は，兵庫県を除いたものである。

図１－２　世帯数と平均世帯人員の年次推移

出典）厚生労働省「平成22年度国民生活基礎調査」

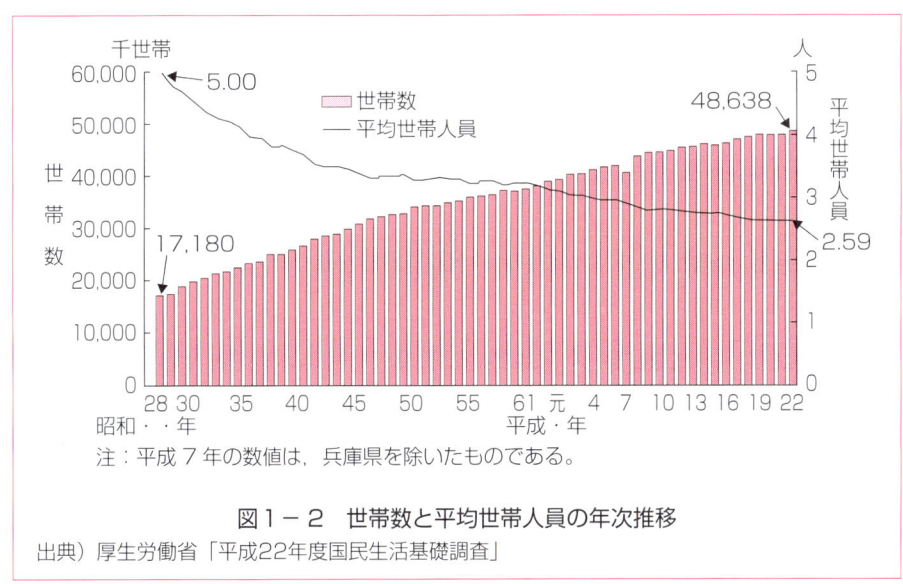

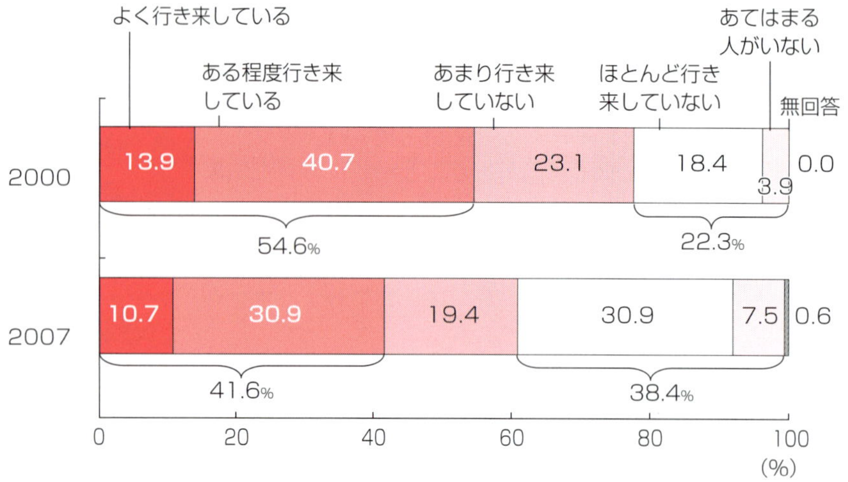

（備考）1．内閣府「社会意識に関する世論調査」（1975，86，97年）により作成および「国民生活選好度調査」（2000，2007年）により特別集計。

2．1975，86，97年は「あなたは，地域での付き合いをどの程度していらっしゃいますか。この中ではどうでしょうか。」という問に対し，回答した人の割合。

2000，2007年は「あなたは現在，次にあげる人たち（「隣近所の人」）とどのくらい行き来していますか。（○はそれぞれ1つずつ）」という問に対し，回答した人の割合。

3．回答者は，1975，86，97年は全国の20歳以上の者。2000年は，全国の20歳以上70歳未満の男女。2007年は，全国の20歳以上80歳未満の男女。

図１－３　近所付き合いの程度の推移

出典）内閣府「平成19年版国民生活白書」

所付き合い」の程度では，2000（平成 12）年と比べて，2007（平成 19）年には「ある程度」を入れて近所と「行き来をしている」割合は 13 ポイント程度減少し，「あまり」を入れた「行き来していない」割合は 10 ポイントほど増えています。言い換えると，近隣関係が次第に希薄になり，「身近に悩みや相談できる隣近所がある」という関係が薄れている状況にあることがわかります。

3）保護者への保育の相談援助・支援の意義

このように，今日では子育てをしている保護者の悩みや相談を受け止め，社会的に支えていかなければならない状況にあることは，誰もが認めざるを得ないでしょう。

とくに，保育所や幼稚園などの保育施設や幼児教育機関をはじめ，病院や保健所といった医療保健機関，また小学校，中学校，特別支援学校などの学校教育機関，児童館などの児童厚生施設，さらには乳児院や児童養護施設といった児童福祉施設なども，子育てにかかわる相談援助・支援のための役割を担っているといえます。

こうした施設や機関は，これまで蓄積されてきた子育てに関するノウハウがあるだけでなく，社会資源としての役割への期待も少なくありません。

他方，子育て環境は，今後も変容することが十分予想されることから，子どもを安心して産み育てていける環境の構築のために，保育の相談援助・支援のシステム化を急ぐ必要があります。同時に，それを担える人的パワーの養成と質の向上も急務になっています。

とくに，不安や悩みを抱え込みやすい乳幼児に関する相談援助・支援では，これまで社会で果たしてきた保育所の存在は大きく，保育士養成の場における教育への期待は少なくないと思われます。

今回，保育士養成課程における「保育援助」や「保育相談支援」の登場は，そうした意向を裏づける改訂と考えられます。

また，この保育所に加え，近年広がりつつある子育て支援センターにおける相談援助・支援も保護者にとっては不可欠な存在であり，その果たすべき役割は軽視できません。

たとえば，子育て支援事業のうち，その実施率をみると，子育て相談の割合が高く，来所や電話による相談事業はともに約８割近い実施率となっています(8)。

今後，こうした保護者への相談援助・支援がさまざまな機会や場所で行われることにより，保護者に対する社会による援助・支援が果たされるものと思われます。

3 相談援助・支援の基本理念と方法

ここまで述べてきたように，今日，子育てに難しさを感じ，ときには悩みや不安，自信喪失に陥る保護者が少なくありません。そのため，社会的支援のひとつとしての相談援助・支援の充実が求められています。

近年，こうした保護者を支えるために，子育て支援をはじめとする，相談援助・支援への取り組みがさまざまな施設や機関で行われるようになりましたが，この相談援助・支援を進めていく上で重要となる内容や具体的な方法についての詳細は，本書の各章をみていただくとして，ここでは，その基本理念および原則について述べることにします。

1）「相談」の概念と理解

まず，ここでいう「相談」ということばを整理する必要があります。

一般的には，相談とは，ある事柄に不安や悩みを抱え，必要とする情報を知りたいと思っている人（以下，相談者）が，関連する領域についての専門的知識や情報を持っている人（以下，相談員）に話すことにより，問題となる点を共有しながら，必要とされる情報や助言を受け，解決に向けた方法などを獲得するプロセス，といえます。

この相談に近いことばに「カウンセリング」があります。カウンセリングは，心理学をベースに人間の心理的な問題や悩み，不安，葛藤などについて専門的に援助することです。

両者には共通している部分とそうでない部分があることも確かです。たとえば，保育に関する相談でみると，「うちの子どもは落ち着きがなくて困っています」と相談に来た相談者に対して，相談員は落ち着きがない原因と考えられること（一般論あるいは保育上，よくみられる状況）を話し，「年齢的なこともあるので，もう少し様子をみてはいかがですか」と相談者に助言する場合があります。

これをカウンセリングの手法で考えると，子ども自身の落ち着かない理由や親の接し方，考え方など，その子どもの行動を規定している養育環境や心理的状況に焦点をあて，話を聴いて進めていくことが少なくありません。

相談者と相談員との間で問題になっている事柄が話し合われることには変わりはないのですが，その進め方に違いがみられます。

また，この相談やカウンセリングのほかに，保育の領域ではソーシャルワークの持つ相談援助・支援の働きへの関心が高まっています。たとえば，保育の相談のなかで，子どもの養育を支える保護者への社会的支援が必要となった場合には，ソーシャルワークの役割のひとつである福祉と個人（ここでは保護者）を結びつける機能がそれにあたります。

このように，相談やカウンセリング，ソーシャルワークは，相互に近い手法を持っている反面，さまざまな場面でそれぞれの目的に合わせて行われてきた経緯があります。もちろん，厳密に分けられていたというのではなく，相談員の考え方や手法により，各援助や支援のプロセスのなかで，互いの手法の一部を援用している場合もあります。

今後，相談援助・支援の質的向上を図るためには，それぞれの手法の利点や特性を理解して，よりよい相談を進めていくことが望ましいと思われます。

2）「相談援助・支援」の基本理念－人間観

「相談援助・支援」を進めるための前提として考えなければならない基本理念に，対象となる人間に対する考え方，すなわち人間観があります。

この人間観は，これまで大きく2つに分類されると考えられてきました。

まず，そのひとつは人間の本性をそもそも悪いものとみなす，いわゆる「性悪説」です。これは，人間の持つ悪い部分を人間の本質ととらえる人間観です。他方，それとは反対に，もともと人間はよい存在で，常に「よくなりたい」「よい人間になろう」とする本性があると考える「性善説」があります。

現代社会においても，この性善説に近い考えを展開する人物がいます。マズロー（Maslow,A.H.1908 ～ 70）＊1 がその一人です。

マズローはアメリカの心理学者で，人間性に立脚した心理学の代表的存在とい

＊1　アブラハム・マズロー（Abraham Harold Maslow, 1908-1970）：アメリカの心理学者。フロイトに代表される精神分析や，ワトソン，スキナーなどの行動主義とは異なり，第3の心理学として人間の肯定的な側面に注目することの重要性を強調した人間性心理学（humanistic psychology）を提唱。人間は低次元の生理的な欲求から高次元の自己実現（self-actualization）の欲求の階層へと向かっていくとする欲求階層説（hierarchy of needs）を発表した。

われています。彼の説によると，人間は本来自分をよりよい存在へ成長させようとする，自己実現の動機づけをもっているとして，人間性の心理学を発展させてきました。この人間の本質に迫るマズローの考えは，人間の本性やよりよい方向に変わっていく可能性を内包している人間への信頼観に裏打ちされていると思われます。

さまざまな悩みや不安，苦しみを抱える相談者に対して，人間そのものへの信頼と尊敬の念をもって接することはきわめて大切なことです。ですから，このマズローの考え方は，相談という人間的行為を通して問題を共有し，解決に向けた道をともに歩んでいかなければならない相談員にとって，ひとつの示唆を与えてくれるのではないでしょうか。

さらに保育の相談では，相談者だけでなく，保育の主体である子どもの存在も忘れてはならないでしょう。子どもの最善の利益を常に視野に入れながら，よりよい方向性を見出していくプロセスこそが，真の相談援助･支援になるからです。

こうした基本理念を見据えながら，相談援助・支援を進めていくことが望まれます。

3）「相談」の方法

（1）面接による方法

基本理念に沿って，援助・支援を必要とする相談者に対する相談を進めていくための方法としては，相談者と直接話し合う面接が一般的です。

この方法では，相談を受ける相談員がじかに相談者から話を聴くことができるため，相談内容を理解しやすく，また相談者も相談員の顔をみて自己の思いや考えを伝えることができます。そのため，相互の意思の疎通が比較的容易で，援助･支援への対応が適切に行われやすいという利点があります。

しかし，面接を行う場合，注意すべき点があります。それは不安や悩みを抱えて来談する相談者が多いことから，相談者への配慮が必要になるということです。普段と異なる雰囲気のなかで，相談者の緊張感や不安感をやわらげるためには，「ありのままに」受け入れる姿勢に加え，相談を進めていくうえでのことばがけや表情に留意した，話しやすい環境の設定が不可欠となります。

また，相談者の相談内容，状況が外部に漏れることがないような環境（たとえば専用の部屋やほかから隔離された空間など）が必要になります。

（2）電話による方法

面接による相談のほかに，電話による相談があります。

この方法は面接とは異なり，相談員と相談者が直接顔を合わせることなく，相談を進めることができます。したがって，相談者が相談に伴う緊張感や不安を感じることが少なく，面接では話しづらいことも電話では話すことができる場合もあります。

また，相談したいと思う人にとっては，直接その場に行くことなく，どこからでも相談ができることなど，面接方法に比べて利用しやすい点もあげられます。

他方，相談を受ける相談員の側からみると，相談者の顔が見えないため，相手の表情や様子を知ることできず，声やことばだけを頼りに相談を進めていかねばなりません。その結果，相談者の問題とする悩みや不安などを理解し，置かれている状況を把握して，援助・支援に結びつけていくためには，面接よりもより十分な対応が求められてきます。

また，近年では携帯電話の普及で，不特定多数の相談者から相談を受けることが予想されるため，相談者やその内容への慎重な対応が不可欠となっています。

（3）面接および電話の併用による相談

面接や電話による相談方法のそれぞれの欠点を補う意味から，両者を併用する方法もあります。この方法は，相談を必要とする側に負担が少なくありませんが，それぞれの長所を活かした相談援助・支援の可能性が期待できます。

（4）インターネット

（1）から（3）の相談方法以外に，近年とくに普及が著しいインターネットの利用があります。これには，面接や電話による方法とは異なる点がみられます。

まず，相談内容に関連する専門機関や人的パワーとを結びつけ，さまざまな相談に対する意見や考え，助言を得ることができる点です。電話による方法にもそうした特性がありますが，インターネットでは，おもに文字による伝達が可能となります。もちろん，画像と音声を相互に結びつけて，面接による相談に近い状況下で行われる場合もあります。その結果，インターネットを利用できる環境にいる保護者にとってその利便性は高く，必要であれば文字として記録しておくことができます。

また，インターネットを利用して，さまざまな相談サイトを検索し，アクセスできるため，相談を必要とする保護者にとっての相談先の選択肢が多いという点も見逃せません。

なかでも，近年の傾向としては，相談の内容によっては専門機関や専門家ではなく，同じ子育てにかかわっている保護者に，インターネットを使って相談するというケースも多く見受けられます。同じような状況で，気軽に問題を共有できる仲間との情報や意見の交換といった感覚で，積極的に直面する問題の解決を図ろうとするものです。

しかし，相談による援助・支援を必要とする保護者の多くがこうした環境にあるかといえば，必ずしもそうとはいえず，いまなおインターネットの恩恵を受けている人に限定されているのが現状といえます。

（5）訪問

訪問は，何らかの理由で，相談に行くことができないがそれを必要とする人に対して，相談員の方から出向いて相談援助・支援活動を行う方法です。たとえば手のかかる乳児のように年齢の低い子どもを持つ保護者などには利便性が認められます。また，自らは移動せずに訪問を受ける相談者は，自宅など慣れた環境であるため相談による緊張感や不安感が比較的少なく，どちらかというと落ち着いた雰囲気のなかで相談を受けられるという利点があります。

以上のように，今日さまざまな方法や手段によって相談が行われている現状がありますが，その方法一つひとつに特性がみられることから，それを十分考慮し，相談者が最善の利益を得られる方法を展開していくことが大切になります。同時に，そのことは保育の主体である子どもの最善の利益につながる方向性を持つものでなければならず，これこそが相談援助・支援の理念であるといえます。

4）子どもの「最善の利益」中心の相談援助・支援

保育に関する相談では，多くの場合その相談者は保護者であることから，保護者に対する相談援助・支援がその中心になります。また保護者のそのほとんどが親であることから，親の思いが常に反映されたかたちで相談が進められます。

したがって，本書でも親を含めた保護者を対象とした保育の相談援助・支援という前提でまとめられています。

子どもを持つ保護者への相談援助・支援のうち，たとえば保護者の保育への要望や要求にはどのような対応が行われているのか，筆者らが行った調査(7)から，つぎのような結果が明らかになっています。

保育所では，はじめに職員会議などでの話し合い，保育所の基本方針に沿ってなど，保育所というひとつの組織を前提に対応しているケースが，約５割を占めています。つぎに保護者の話をよく聴いて，保護者の要望や要求を優先し，できるだけ受け入れる方向で対応しているケースが，全体の約４割近くあります。

これらの対応のほかに，たとえば保護者の相談を受けて，子どもを第一に考え，対応している割合は，わずか６％程度に過ぎません。

同じ質問について幼稚園における調査結果をみると，幼稚園の方針や職員会議，園長との話し合いなど，幼稚園の組織全体で対応を図っているというケースが５割強，また保護者の話を聴き，保護者の要望･要求に沿って対応するといったケースは４割で，さきの保育所のケースに近い割合を示しています。

一方，子どもを優先するという視点は，幼稚園の場合も約６％弱と低い割合です。

このことから，保育所および幼稚園ともに保護者の要望・要求に関係する相談援助・支援にあたっては，子どもの最善の利益を優先させているとは必ずしもいえない状況が判断できます。

一方，組織としての対応とは別に，保護者の要望や要求を含む相談を個人的立場で受けた場合，その対応に違いがあるのか聴いてみると，保育所の保育士および幼稚園の教諭の間につぎのような結果がでています。

まず保育士では，ほかの職員に相談したり，保育所の方針に従うなど，組織の人的パワーの協力や決まりに沿った対応をとるケースが，半数に達しています。保護者の話を聴いて，その要望通りに対応するケースは２割程度という結果です。

しかし，子どもを第一に考えて対応する割合は，さきの保育所としての対応でみた５％という低率に比べ，その４倍の20％台と高くなっています。

また，幼稚園の教諭についてみると，幼稚園を基盤にほかの職員に相談したり，幼稚園の方針で，あるいは幼稚園全体の話し合いで，といった組織的な対応をとるケースが全体の４割を越える割合になっています。また，保護者の話をよく聴いて，その要望に沿って対応するケースが３割程度みられます。

一方，子どもを優先させるという考えは１割ほどみられ，ここでも，組織的対応に比べて，若干多くなっています。

このように，保護者による保育への要望・要求に関連する相談援助・支援に関して，保育所や幼稚園の間ではその対応の割合に多少の違いがみられましたが，全体的には子どもを優先させて相談援助・支援を行う割合が，両者ともに少ない傾向にあるようです。

しかし，保育の相談援助・支援では，可能な限り子どもの最善の利益を優先させるという基本理念に立って相談を進めていくことが大切であり，日常の子どもの様子をよく知り得る立場にある保育所や幼稚園の相談員で，相談援助・支援にかかわる者すべてがこうした理念を常に認識し，実践する必要があると思われます。

たとえば，つぎのような子どもの問題を抱えている保護者のケースをみることにします。

うちの子は，幼稚園に通園していますが，軽度の知的障がいがあるので，来年の就学をどうするか，悩んでいます。できれば，幼稚園のお友達が多く行く公立小学校に行かせたいと思っています。でも，幼稚園では普通学級ではなく，特別支援学校を勧められ，どうしてよいのか迷っています。

この相談では，隣接する小学校の普通学級に進学させたいという相談者の思いを受け入れながら，この子どもがどの教育機関で，どういった教育を受けることが将来的に豊かな成長・発達につながるのか，相談者の気持ちに寄り添って考えることが大切になります。また，その際子どもの発達状況を正しく理解し，ときには専門家の意見を聞いて，「その子にとってもっとも望ましい教育や生活環境は」という視点でこの相談を進め，相談者が十分納得できるような情報を提供し，その目的を達成するための援助・支援を考えていくことが，子どもの最善の利益を保障することになります。

また，相談援助・支援には相談者である保護者の協力を必要とすることも少なくありません。

近年，保護者の保育への関心が高まり，相談というなかでその要望を強要するような相談者（保護者）がみられるようになりました。そうした場合には，それを退《しりぞ》けるような対応はせずに，相談者の要望に耳を傾けながら，その要望が「子どものこれからの成長・発達に必要かどうか」という視点から相談を進めるようにし，必要に応じて相談者の協力を得ながら，解決の道筋を考えていくことが大切になります。援助・支援は，ただ与えることだけではなく，問題の解決に向けて必要なときは，保護者の協力もその有効な方法であることを認識する必要があります。

このほか，保育の主体である子どもについて，とくに子どもの最善の利益という視点が求められるケースに，虐待の問題があげられます。虐待を受け，傷ついた子どものつぎのステップを考えるときに，こうした考え方が非常に重要になります。

相談を進めるにあたっては，とくに「その子どもにとってもっとも安全で，安心して生活できる場」を中心に，あるべき援助・支援の方法を見出し，実行するように努めることが援助・支援を行う側に求められます。

5）相談援助・支援の５原則とその内容 (9)

保育の相談援助・支援を行うには，いくつかの基本的原則があります。とくにつぎにあげる５つの原則はその基本ともいえるもので，相談援助・支援にかかわる者はこうした原則を十分認識し，相談援助・支援の場で実践できるように努める必要があります。

（1）受容

保育や子育てに不安や悩みを抱え，援助・支援を必要として相談に来る相談者（保護者）は，さまざまな生活のなかで多様な思いや考え，願いなどを持っています。

また，慣れない環境や雰囲気のため，過度に緊張し，いつもの心境とはかけ離れた状態に置かれたと思い，自分の意思を相談員に伝えられず，戸惑いや不安のなかにいる保護者もいます。相談を受ける側は，そうした状況をまず理解し，「ありのままに」受け入れることから，相談がはじまります。

まず，相談者である保護者がその思いや抱えている問題を「ありのままに」話せる雰囲気をつくるために，緊張するようなことばがけや態度は避け，心を開いて話が進められるよう配慮する必要があります。そのためには，相談者の存在全体を認め，共感する姿勢をそのプロセスを通じて表現し，伝えていくように努めるべきです。

そして相談者の話には常に耳を傾けるようにします。相談者の考えに対し非難めいた意見や，否定するような態度は避けます。相談員は，相談者が抱える問題や悩みの原因や要因をともに考え，解決に向けた方向性を見出すための協同的姿勢をとるようにすることが大切になります。こうした受容の姿勢により，相談者は相談員を信頼するようになり，相談員の支えを受けながら，問題の所在を理解し，整理しながら自らが解決しようとする積極的な気持ちを持つようになります。

この相談者への受容に関しては，その後の相談員との関係に少なからず心理的影響を及ぼすことが予想されるため，その徹底を図る必要があります。

そのためには，相談を受ける相談員の人間に対する見方や考え方（＝人間観）がここでは見落とせません。人間への信頼や可能性への期待に裏打ちされた人間観にたって，はじめてこうした受容的姿勢が可能になるからです。相談員一人ひとりの人間的成熟の度合いが試されるといっても過言ではありません。

保育に対するさまざまな悩みや不安を抱え，援助・支援を必要とする保護者にとって，相談という営為により，再び人間性を取り戻し，自らの力で問題を解決していくために，相談員の果たす役割は非常に大きいものです。そして，その前提として相談者を「ありのままに」受け入れる姿勢である受容は，相談援助・支援の重要な原則のひとつであり，その後の展開を左右するものといえます。

（2）相互信頼関係

相談を進めるために，相談者とそれを受ける相談員との間に受容による信頼関係が成立すると，相談援助・支援がよりよい方向に展開しやすくなります。

この関係をラポール（rapport）*2 といいますが，そうした相互信頼関係ができると，問題を抱えた相談者は心を開いて自分の思いや考えを相談員に話せるようになり，相談員も相談者が必要とする援助・支援ができるようになります。

＊2　ラポール（rapport）：相談援助・支援の過程で相談を受けて対応する人（相談員）と相談をする人（相談者）の間の信頼関係のこと。相談援助・支援を進めていく上で，相談者の心を開いて，自分の思いや気持ちをありのままに話せる，またその相談者の思いや気持ちに寄り添い，ともに歩んでいこうとする相談者との関係にとって，このラポールは重要な要因といえる。

とくに，相談者と相談員が初対面である場合，相互に信頼関係を築くには時間がかかりますが，専門的知識や技術のある相談員には，援助・支援を必要とする保護者との関係をよりよいものにするための配慮が求められます。

たとえば，先述した受容的対応もそのひとつですが，さらに相談者の抱える悩みや不安に共感し，ともにその問題を共有しようとする姿勢で相談にかかわると，相談者の理解が得やすくなって，相互の信頼関係はよりしっかりとしたものになる場合が少なくありません。

こうした関係が成立すると，解決への話し合いや援助・支援の方法がより一層わかりやすくなり，難しいとされる問題においても，ともに寄り添いながらその糸口をみつけていくことが比較的容易になる場合があります。

しかし，その関係が築けなかったり，途中で壊れてしまうと，相談の進め方に影響が出たり，解決への道筋が混迷するという事態が生じることがあります。

「個人情報の保持」の項で詳しく述べますが，かつてある保育所での保育相談で，相談者の話が一部に漏れて相談者と相談員である保育者との関係が崩れ，問題が複雑化してしまったことがあります。これなどは両者の相互信頼関係の大切さをあらためて想起させるケースといえます。

このように，相談を進めていく上で，相談を必要とする保護者を「ありのままに」に受け入れ，相談者との信頼関係を築きながら，その問題を考え，援助・支援の方法をともに見つけ出すようにすることが２つ目の原則になります。

相談者と相談員相互の信頼関係は，これまでみてきたように相談援助・支援ではきわめて重要になります。ですから，相談の機会はもちろん，保育所や幼稚園といった特定の子どもや保護者がいる場では，日常のかかわりや関係を軽視せずに，信頼による相互関係を築くように相談員は心がける必要があります。このことが，相談を必要とするときに，活かされる場合が少なくないからです。また，信頼関係は，一度崩壊するとその立て直しにはさらなる時間と精神的努力が求められますから，そうならないためにも，常日頃からの気配り・配慮による信頼関係の構築が不可欠です。

（3）個別性

３つ目として，個別性があげられます。

これは，相談者が抱える悩みや不安などには，実にさまざまな背景や原因，要因があることから，いわゆる一般論ではなく，相談の内容に沿って個別の対応が求められてくるということです。そういう意味からいえば，一般に「相談」を表わすコンサルテーション（consultation）ではなく，カウンセリングに近い相談の手法で考える必要があります。

たとえば，子どもの発達に関して知的障がいで悩む相談者（保護者）からの相談で，一般論的な助言やアドバイスも必要な場合もありますが，知的障がいといっても，子ども一人ひとり障がいの程度や行動特性に違いがあります。そのため，子どもの状態を的確に理解し，その子どもの成長・発達に合った援助・支援の方法を考えていくことが求められます。

また，経験豊かな相談員のなかには，相談内容の一部を聴いただけで，ある程度その方向性が理解でき，助言・指導してしまうことがよくあります。

しかし，さきに述べたように相談内容が類似していても，問題となる要因や原因はそれぞれ異なることから，原則である個別性に留意した相談援助・支援を行うことが大切になります。

子どもの相談によくある，子どもの性格やしつけ，発育・発達に関する問題，友達関係などでも，これまでの相談経験から，一般的で形式的な相談に陥りやすい傾向がみられますが，よくある問題であればあるほど，個別性という原則に立ち返りながら，相談を進めていくことが重要になります。

とくに近年深刻化している子どものいじめや虐待に関しては，こうした個別性を大切にした相談を丁寧に進めていくべきです。そうすることにより，みつけにくい問題点を探りだし，その後の援助・支援の方法につなげることができるからです。

このように，相談の原則として，これまで説明してきた受容や相互信頼関係に加え，ここでは個別性を指摘しました。

また，相談の内容が比較的容易な場合だけでなく，複雑で困難さが予想される相談であっても，基本とされる原則に基づいて進めていくことが，相談者である保護者の利益につながることを相談にかかわる者は常に認識し，実際の相談援助・支援に活かしていくように努める必要があります。

今後も保護者の抱える保育に関する問題は，ますます多様化と複雑化が予想されることから，相談にあたっての個別性という原則は重みを増すものと思われます。また，個別性を重視した相談では，相談員の力量が問われることから，相談員自身の意識や相談臨床の技術を高める努力も求められます。

（4）自己決定

相談を進めていく過程で，あるいは結論を導く際に，相談者が何らかの決定を下さなければならないことがあります。

たとえば，相談者である保護者が子どもの幼稚園を選択する際に，どの幼稚園がよいのか，といった相談があります。その際，特定の幼稚園に偏った情報や相談員個人の考えを伝えるのではなく，相談者の意向や思いに傾聴し，その子どもにとって好ましいと思われる幼稚園を相談者の意思によって選択できるように，相談を進めていくことが大切になります。

すなわち相談において相談員は，相談者が自己の判断で解決に向けた決定ができるように，援助・支援をすることになります。

この自己決定の尊重が相談の４つ目の基本原則です。

その際，相談者自身が決定にあたって迷ったり，判断が難しい場合に，相談員は相談者の思いをくみ取り，決定を妨げている問題点を相談者とともに整理して，冷静に判断できるように援助・支援することが求められます。決して，結論を急いだり，相談員の意見を押しつけるような方向で進めていかないよう，十分留意する必要があります。

また，相談者の判断の材料となる情報は正しく，正確なものでなくてはなりません。そのため，相談の場だけでは不十分であれば，あらためて情報を収集し，確認後，相談者に提示することがあってもよいでしょう。また，関係機関を紹介するなど，相談者が十分納得して，自己決定できるような援助・支援を行うことも考えられます。

このように，相談を進める基本原則には，相談者自身による判断や決定を尊重する姿勢がそのひとつにあるということです。その背景には，相談を必要とする相談者の意思や自己決定権の尊重という基本理念に加えて，相談者自身の問題解決に向けた意識，たとえばどちらかというと，これまでのような悩み，苦しんでいた後ろ向きの姿勢ではなく，相談員とのかかわりを通して，前向きな意識をもって問題の解決を図ろうとする，保護者の変化への信頼があります。

さらに，相談は一方的に相談員による話や助言で展開していくわけではなく，相談を必要とする相談者の意思や思いを大切にしながら，その相談者自身の判断で問題解決のための決定をすることがその基本になります。ですから，相談員にはそうした相談者の自己決定の判断を尊重し，認めていく姿勢が不可欠になります。

相談にかかわる者にとっては，相談を必要とする人の「よくなりたい」という内在する人間的な思いを援助・支援することが，目的のひとつです。そして，常に人間への信頼に裏打ちされた人間観を持つことが大切です。

（5）個人情報の保持

相談を行う上で，これまで4つの原則をあげてきましたが，5つ目として，相談者の個人情報の保持，すなわち個人に関係する情報の守秘義務が相談員にはあります。

実際にあったケースですが，子どもの問題行動について相談をした相談者（保護者）の情報が，相談員の不注意で周囲に漏れてしまい，その相談者は子どもを転園させるという出来事がありました。相談を受けた施設や担当の相談員への不信感で，しばらくその相談者は家に引きこもってしまったということです。相談員という専門職としての意識に問題があったといわざるを得ません。

また，このケースでは，相談を進めていく上で基本となる，相談員と相談者相互の信頼関係を，大きく損ねる結果となった点も見逃せません。相互の信頼関係が成立しなければ，相談はよい方向へは進みませんから，相談を通して知り得た個人の情報についての守秘義務は，基本原則のうちでもっとも重要になります。

どのような内容の相談であっても，そこで知り得た情報については，他言しないという強い自覚が，相談にかかわるすべての者に求められています。

以上のように，相談援助・支援を進めていく上で必須とされる5つの基本原則である「受容」「相互信頼関係」「個別性」「自己決定」「個人情報の保持」について説明してきましたが，まとめるとつぎのようになります。

まず，相談者を偏見や差別観を持たずに「ありのままに」受け入れることからはじまります。そして，相談者と相談員相互の信頼関係のもとで，問題の個別性という視点にたって相談を進め，必要となる援助・支援の方法を相談者とともに探っていき，決定を必要とする事柄については相談者の意思や思いに寄り添い，その自己決定の判断を尊重するようにします。さらに，相談の一連のプロセスで知り得た個人にかかわる情報については，守秘義務の原則に基づいて他言しないという姿勢を貫くということです。

どれも，相談援助・支援に携わる者にとって軽視できない基本原則であり，この原則の理念に従って実際の相談を行うことが，相談者である保護者の利益に供する相談援助・支援になります。

つまり，この5つの基本原則は理念であるだけでなく，実際の相談の場においてその実効性が求められる原理原則ともいえます。

参考文献

（1）財団法人子ども未来財団『平成15年度子育てに関する意識調査報告書（概要版）』p.10　2004年
（2）須永　進，青木知史，趙　昭衍「日韓の子育て観に関する比較研究」『秋草学園短期大学紀要　第22号』p.124　2005年
（3）（2）p.122, 123
（4）須永　進ほか『保育所における子育て相談に関する調査研究報告書』社会福祉法人日本保育

協会，p.22, 23，2000 年
（5）須永　進ほか「保護者の保育ニーズとその対応に関する研究Ⅰ」『医療福祉研究第６号』愛知淑徳大学医療福祉学部，p.95, 96，2010 年
　須永　進ほか「保護者の保育ニーズとその対応に関する研究Ⅱ」『愛知淑徳大学論集福祉貢献学部篇第１号』愛知淑徳大学福祉貢献学部，pp.83-105，2011 年
　須永　進ほか「保護者の保育ニーズとその対応に関する研究Ⅲ」『愛知淑徳大学論集福祉貢献学部篇第２号』愛知淑徳大学福祉貢献学部，pp.51-68，2012 年
（6）（5）と同じ
（7）須永　進編著『子育て支援を考えるために』蒼丘書林，p.180，2008 年
（8）（7）と同じ
（9）須永　進ほか『子育て相談の手引』社会福祉法人日本保育協会，p.2, 3，1999 年

2章

保育ニーズの多様化と相談援助・支援

2 保育ニーズの多様化と相談援助・支援

時代の変化とともに私たちのライフスタイルが変化するように，保育所，幼稚園に子どもを預ける保護者の保育ニーズもまた変化してきています。とくに人々のライフスタイルの多様化は，それぞれの家庭における食生活から教育方針，余暇の過ごし方にいたるまで生活環境の個別化を生み出し，それがひいては保育ニーズの多様化へとつながっています。

このように保育ニーズが多様化する今日，保護者に対する相談援助・支援を実施する上で，保護者が保育所，幼稚園に求めているニーズの内容や実態，また，その背景，そしてそのニーズに保育所や幼稚園がどのように対応しているのか知ることは，たいへん重要となってきます。本章では，近年実施された調査・研究をベースに，保育所および幼稚園における保護者の保育ニーズと，そうしたニーズに現場の保育者がどのように対応しているのか，その実態を説明します[(3)～(9)]。

1 保育ニーズの内容とその傾向

1）保育ニーズとその対応

保育所および幼稚園に対する保護者の保育ニーズを図２－１に示します。

保育所では，１．保育の方法･形態（42.8％），２．保育の内容（39.6％），３．食事・おやつ（36.9％），４．保育士・職員に対して（21.9％），５．保育の環境（19.3％），６．その他（11.8％）となっていました。一方，幼稚園では，１．食事（54.4％），２．保育の方法・形態（47.4％），３．保育の内容（42.1％），４．保育の環境（30.7％），５．教員・職員に対して（25.4％），６．その他（13.2％）の順となりました。

こうしたニーズに対する園としての対応は，保育所と幼稚園ではその方針にやや違いが認められます（図２－２）。保育所は幼稚園と比較して，職員会議などで話し合い，対応しているところが多く，これに対して幼稚園では保護者の話をよく聞いて対応しているところが多くみられます。また，保育所は保護者のニーズをできるだけ受け入れている割合が高いのに対し，幼稚園は園の基本方針に沿った対応が比較的多くみられます。共通しているのは「子どもを第一に考えて対応」がいずれも５％程度と低かったことです。現状では，保育所，幼稚園のいずれもが，対応の基本方針を保護者の声および園の方針を基準に考えているようです。

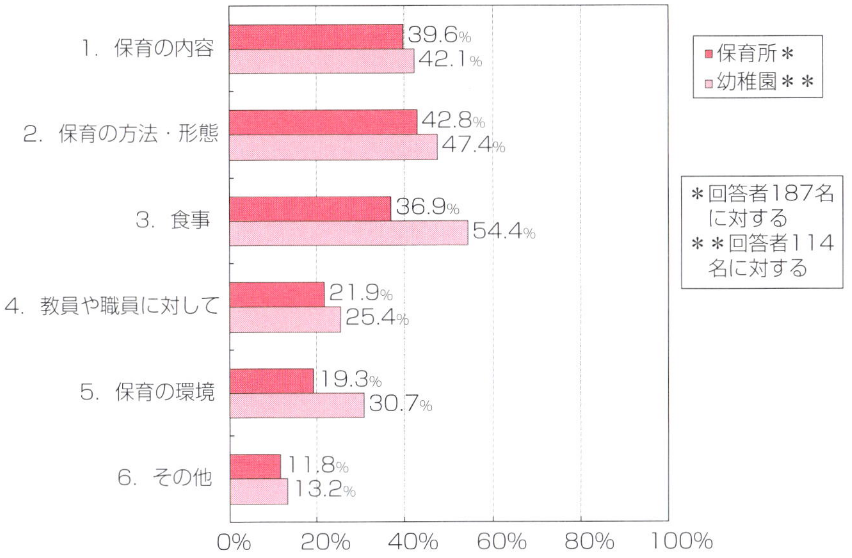

図２－１　項目別ニーズ（要求）例の「記入あり」の割合

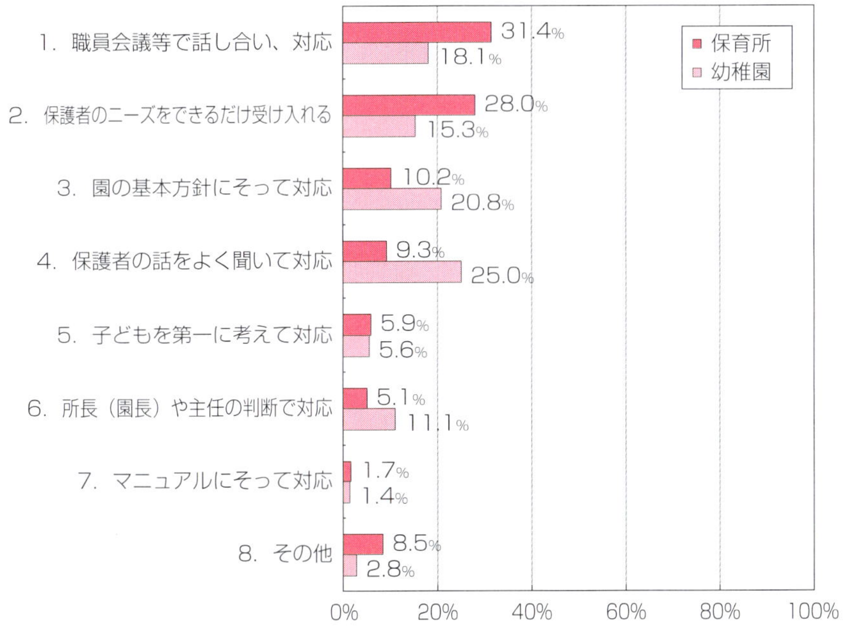

図２－２　保育ニーズへの対応―園としての基本的方針

また，保育者としての保護者からのニーズへの対応（図２－３）をみると，「所長や主任に相談しての対応」が保育士では４割近くとなっていますが，幼稚園教諭ではその半分程度の割合でした。一方，幼稚園教諭は「保護者の話をよく聞いて対応」が保育士よりやや割合が高く，また「園の方針にそって対応」や「園全

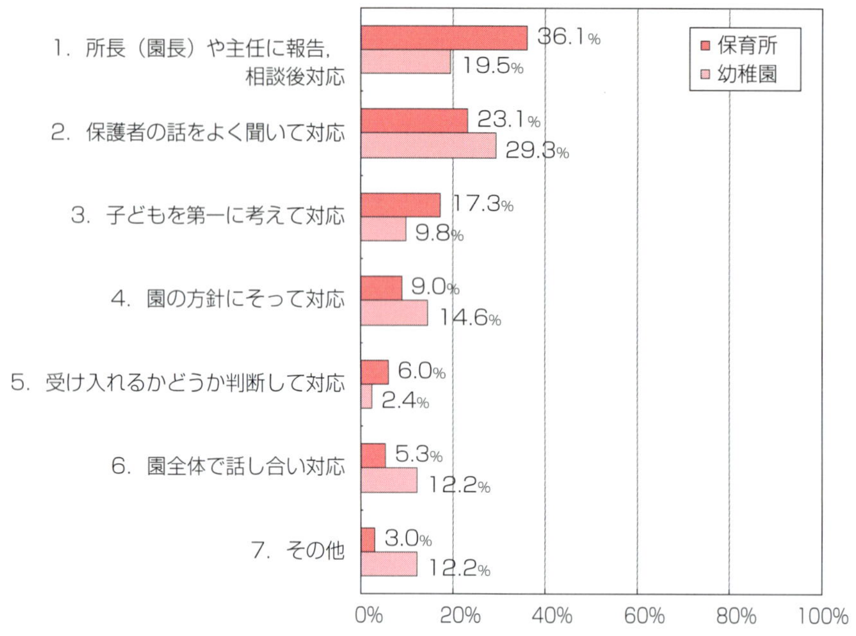

図２－３　保育ニーズへの対応―保育者としての基本的方針

体で話し合い対応」などが保育士より高いという結果になりました。このように保育者としての基本的方針は，保育士と幼稚園教諭でやや異なっていました。

2）「保育の内容」に関するニーズと対応

「保育の内容」に関する保護者からのニーズとして具体的には，教育，外遊び，しつけ，安全・けが・けんか，などがあげられます。以下，それぞれの内容と対応の仕方についてくわしくみていきます。

（1）教育的ニーズ

保育所，幼稚園いずれも，「文字や数を教えてほしい」など就学に備えたニーズが多くみられます。幼稚園ではひらがな，数字の学習を「教材を使って文字指導する」「時間を決めて指導する」など時間を設定して指導しているところが多くなっています。これに対して保育所では「遊びや生活全般をとおして興味や関心をもてるように働きかける」が代表的な対応でした。こうしたニーズの背景には，小学校入学後に子どもが学習面で遅れることがないようにとの保護者の配慮がありますが，保育者としては小学校で行う文字，数字の学習の先取りではなく，子どもたちが楽しみながら文字や数字に興味・関心を持つようにすることが，指導の目的であることは留意すべきでしょう。

このほかの教育に関しては英語，体操，縄跳び，鍵盤ハーモニカ，踊り，リズム遊びなどさまざまなニーズがありました。ただし，こうしたニーズに対しても，学習成果は二の次にして，子どもたちが楽しみながら取り組める環境づくりが重要といえます。

なお，教育ニーズに対する取り組みに対して，保育所，幼稚園のいずれも事前・事後に保護者への連絡を行うといった配慮が行われています。

(2) 外遊び

外遊びについては，「できるだけ多く」というニーズがある一方で，体調不良などを理由に「外遊びをさせないで」という異なったニーズもみられます。このほかに「危険なことはさせないで」「ケガをさせないで」「ヒーローごっこなどは禁止して」などの要望もあります。外遊びについては，子どもの体力の向上をはじめ，集団での活動を通して社会生活に求められる基本的な能力の育成というねらいがあり，保育では非常に重要な活動に位置づけられています。しかしながら，子どもたちの性格や身体能力は一様ではありません。ですから，保育者は子どもたち一人ひとりの性格，身体能力を見極め，保護者のニーズに配慮した上で，その子どもに合った外遊びをうながすことが重要です。

(3) しつけ

「良いこと悪いことをしっかり教えて」「静かに話を聞く」など基本的なしつけに対するニーズがあります。また，「指しゃぶり」などの習癖についてその改善を求めるニーズもあり，従来は家庭で行われていたしつけを保育所，幼稚園に求める保護者が増えています。そのため，保育所，幼稚園ともに，保護者との話し合いや家庭との連携を図りながら，対応を進めていくケースが多くなっています。

(4) 安全・けが・けんかなど

「ケガをさせないで」のほかに「仲間外れにされた，叩かれる」といった友人関係やけんかにかかわるニーズもみられました。こうしたニーズに対しては，保育所，幼稚園ともに，保護者の思いや考えに配慮しながら，対応しているケースが多くみられます。とくに，子ども同士のけんかでは，双方の保護者に状況を伝え，必要な場合はその後の様子を正確に伝えるという配慮が行われています。

(5) そのほかのニーズ

「自分のことは自分でできるように」「オムツが外せるようにして」など自立についてのニーズは，保育所だけでなく幼稚園にもありました。また，保育所では「昼寝をさせないでほしい」というニーズがある一方，「させてほしい」という意見もありました。このほか「歯磨き」や「トイレット・トレーニング」など保育所のニーズには多様なものがみられました。こうしたニーズの背景には，それぞれの家庭環境や生活習慣の違いなどがあることから，保育者としては保護者のことばに耳を傾けながら，子どもの発達にふさわしい対応を心がけることが重要でしょう。

3)「保育の方法・形態」に関するニーズと対応

保育所，幼稚園ともに多かったニーズとして，「保育時間」と「障がいのある子ども」に対するものがあげられます。

保育時間に対するニーズは，保育所では延長保育や一時保育，幼稚園では預かり保育に関する要望が多くなっています。これは共稼ぎ世帯の増加に加え，近年の離婚率の増加などに伴う，ひとり親家庭（母子家庭・父子家庭）の大幅な増加がその背景にはあるといえます。たとえば日本の女性の就業者全体に占める雇用者数の割合は，1970 年の 54.7％（雇用者数 1,096 万人）から 2005 年には 84.7％（雇用者数 2,229 万人）と大幅に伸びています（図２－４）。また，ひとり親の世帯数は，1995（平成７）年に 61 万 7,712 世帯でしたが，2005（平成 17）年には 84 万 1,333 世帯にまで増えており（図２－５），保育所，幼稚園ともに子育ての拠点施設としての期待が大きくなっています。

保育所では保護者のニーズに前向きに対応するケースがほとんどで，早朝保育，夜間保育，休日保育に対応している保育所が増える傾向にあります。一方，幼稚園では園によって対応が異なり，「可能な限り保護者の希望に沿う」との対応もありますが，「仕事の時間を調整してもらう」「難しくて対応できない」とするケースもあり，対応はさまざまなようです。

一方，障がいを持つ子どもの受け入れについては，受け入れ体制の整備や人的配置を求めるニーズが多くあります。現在，未就学で身体に障がいのある子どもの日中の活動の場は「自宅」34.4％，「保育所」32.8％，「幼稚園」16.4％となっています。また，知的障がいを持つ就学前の子どもの日中の活動の場は，「自宅」35.9％，「通園施設」29.8％，「保育所」16.0％，「幼稚園」7.7％となっています（図２－６）。とくに保育所においては，発達障がいをはじめとする障がいのある子どもの数が増えつつあり，2007 年には１万 749 人が 7,120 ヵ所の保育所に通っています（図２－７）。『保育所保育指針』では「障害のある子どもの保育に当たっ

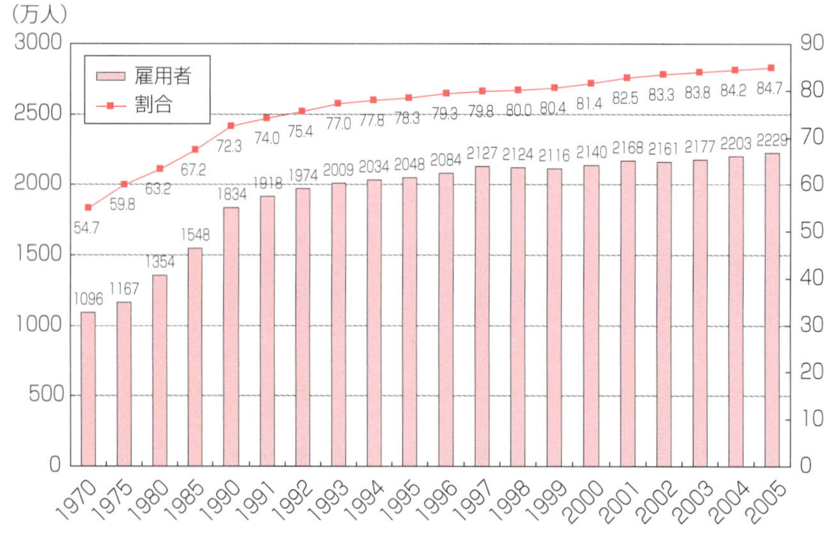

図２－４　日本の女性の雇用者数と就業者全体に占める雇用者の割合の変化（1970～2005 年）
出典）総務省統計局「労働力調査」

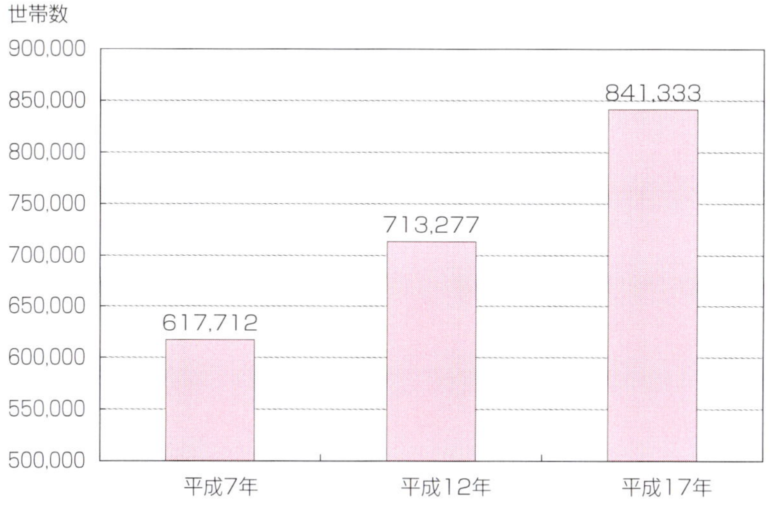

図２－５　ひとり親世帯数の推移

出典）国勢調査

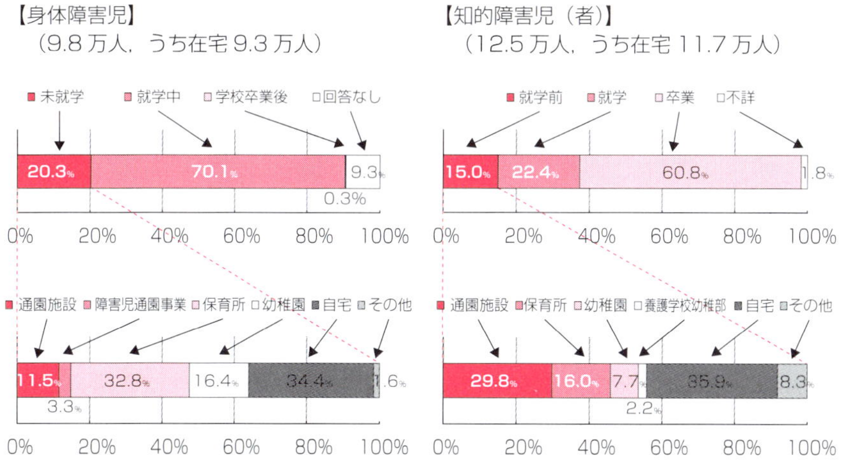

図２－６　障がい児の日中活動の場の状況

出典）厚生労働省「身体障害児・者実態調査」（平成18年）

注）同調査における「身体障害児」とは，身体障害児手帳所持者及び未所持であるが身体障害者福祉法別表に掲げる障害を有する者

出典）厚生労働省「知的障害児（者）基礎調査」（平成17年）

注）同調査における「知的障害児」とは，知能指数が概ね70までであり，かつ，日常生活上，特別の援助を必要とする状態にある者

ては，一人ひとりの障害の種類，程度に応じた保育ができるように配慮し，家庭，主治医や専門機関との連携を密にするとともに，必要に応じて専門機関からの助言を受けるなど適切に対応する」（第 13 章）と，また『幼稚園教育要領』では「障害のある幼児の指導に当たっては，家庭及び専門機関との連携を図りながら，集団の中で生活することを通して全体的な発達をうながすとともに，障害の種類，

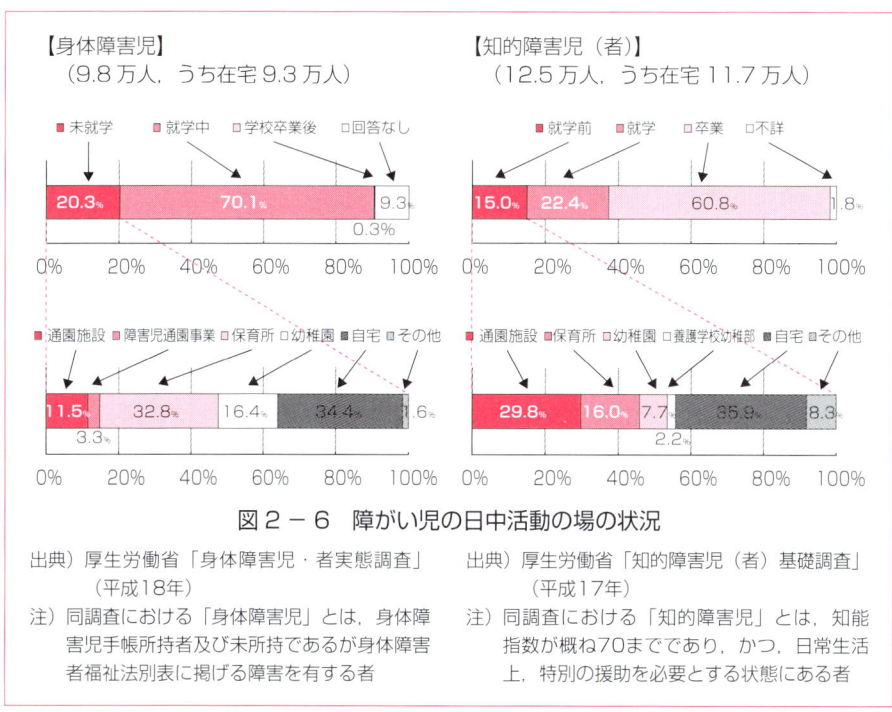

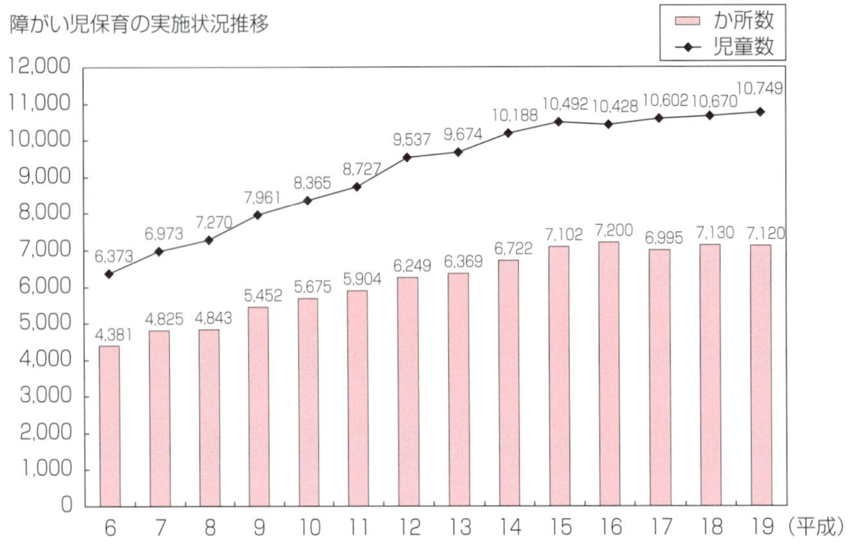

図２－７　保育所における障がい児数

出典）厚生労働省保育課調べ

程度に応じて適切に配慮すること」（第３章（2））とそれぞれ規定されており，保育所，幼稚園とも障がいのある子どもの受け入れについては，補助が必要かを判断する，受け入れた場合のほかの保護者への説明，などの対応をとっています。また，受け入れに抵抗感がある保護者に対しては，理解を求める，などさまざまな方面への配慮も行われています。

4)「食事」に関するニーズと対応

食事に関しては，保育所・幼稚園とも多様なニーズがあります。まず，食べものの好き嫌いに関しては，「好き嫌いを直して」とのニーズがある一方，「嫌いなものは食べさせないで」という要望もありました。また，偏食，少食，食事のマナーなど，食事に関するしつけについてのニーズが多数ありました。これとならんで，アレルギー対策についてのニーズも多数みられました。保育所においては，おやつに関する要望もありました。

食事の好き嫌いやマナーに関するニーズへは，保育所・幼稚園ともに，家庭と連携して対応にあたっています。また，アレルギーに対する対応は，保育所では除去食の提供を行うとともに，家庭との連携が一般的でした。一方，幼稚園では除去食による対応のほか，お弁当など代替のものを持ってきてもらう，との対応もありました。

5)「教員や職員に対して」に関するニーズと対応

保育者に対する保護者のニーズは，さまざまなものが寄せられています。よくみられるものは，担任の保育者に対し「もっと自分の子を見てほしい」「話しかけてほしい」「おこらないで」など個人的なものがあります。また,「クラスの様子をもっと知らせてほしい」のほか,トラブルへの対応,電話での対応,職員の対応のばらつきなどに対する不満もありました。

こうした保育者に対する不満やニーズを抱える保護者に対しては,保育所,幼稚園ともに,保護者の声を聞き,話し合って解決を図るとの対応をとっています。また,クラス便り・園便り,掲示や懇談会などで普段から保護者への情報提供を行うことで円滑なコミュニケーションを図るのもよいでしょう。ケースによっては職員会議で対応を検討する場合もあります。

また,保育以外の内容に関するニーズに対しては,情報を職員間で共有し,連携して対応するケースが多くみられます。

6)「保育の環境」に関するニーズと対応

保育の環境に関しては,保育所,幼稚園いずれも職員数に対するニーズがみられます。たとえば「1クラスの職員の数を増やしてほしい」「朝夕の体制について職員が不足している」など,さまざまな要望があります。また,物的環境についてのニーズも多岐にわたり,耐震に関するもの,不審者対応,門の取り付けや危険な遊具の対応など安全面への配慮に関するものや,トイレ,エアコンなど設備面でのニーズもみられます。

人的環境に関するニーズに対しては,保育所ではパート職員などで補充するといった対応が図られることもあります。幼稚園では,適性に職員が配置されていることや,必要に応じて補助の教員が入ることなどを保護者に伝え理解を求める,などの対応が行われています。

物的環境に関するニーズには,「早めに対応」する場合もありますが,多くは,そのつど保護者に説明して理解を求める,との対応が中心となっています。

7)そのほかのニーズへの対応

そのほかにもさまざまなニーズがありますが,「園バスを家の前で停めてほしい」「制服のズボン丈を長くして」「通園バスの席を換えて」など個人的なものが複数ありました。そのほか,保育時間外のトラブルや保護者同士のつき合いの問題に関してなど,多様なニーズが寄せられていました。

こうした個人的ともいえるニーズに対しても,「事情を説明して保護者の理解を求める」との対応が中心でした。

2 対応に苦慮する保護者のニーズ

保護者からのニーズが多様化するのに伴い,保育者が対応に苦慮するケースが増えてきています。保育所,幼稚園の保育者を対象に行った調査でも,「対応に苦慮したケースがあるか」との質問に，「よくある」「時々ある」「たまにある」などを合計すると，保育所 48.6％，幼稚園 57.9％とその割合は高くなっています（図２－８）。

１）項目別にみた「対応に苦慮する」ケース

どの分野のニーズについて「対応に苦慮した」のか，その割合を図２－９に示します。いずれの項目も保育所の方が「苦慮した」割合が高い傾向にあります。とくに「保育の方法・形態」「食事」「教員や職員に対して」などで幼稚園との大きな違いがありました。しかし，図２－１で見たように，各項目で「ニーズがある」と回答のあった割合は幼稚園の方が高いため，上記の結果とあわせて考えると，「保育所は幼稚園と比較して『ニーズ』と受け止めるケースが発生する割合は少ないが，ニーズがあった場合には，その対応に『苦慮する』と感じる割合が

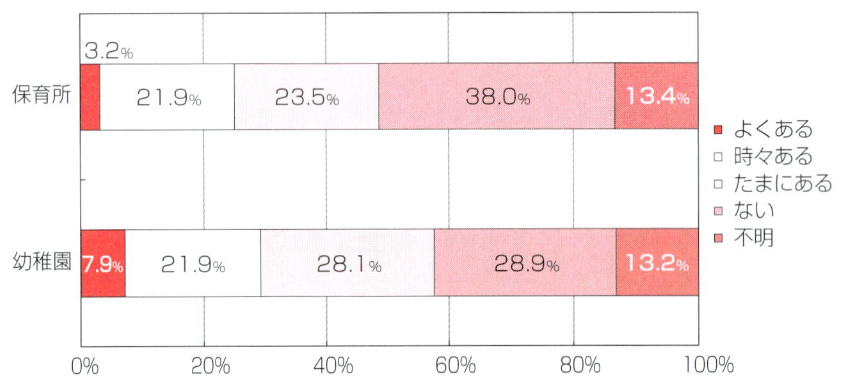

図２－８　保護者の保育ニーズへの対応に苦慮することがあるか

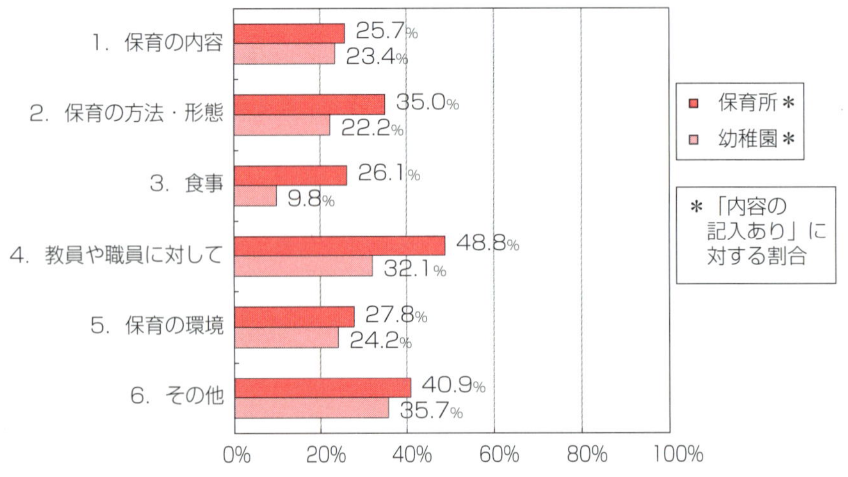

図２－９　各項目に対し，ニーズへの「対応に苦慮した」割合

幼稚園より高い」といえるようです。

2）最近１年間でもっとも対応に苦慮した保育ニーズとその対応事例

保育所，幼稚園で「この１年間にもっとも苦慮したケース」についての具体例を表２－１に示します。これらのケースにどのように対応したのか，その具体的な内容を紹介します。

（1）保育の内容

「けが」「いじめ」「けんか」などに対するニーズに苦慮するケースが多くみられます。対応策としては，保護者と話し合いの場を持つ，クラスの保護者で集会を行う，保護者同士でカバーし合う，施設面で可能な限り改修を行い対応する，などが行われています。また，子どものけがに対して非常に敏感な保護者に対して苦慮するケースや，子どもから保護者への訴えと園から保護者への報告が異なった場合の対応の難しさなど，さまざまなケースも見受けられ，こうしたケースでは，保育者から可能な対応を保護者へ示す，ほかの保育者と連携する，などの対応が行われています。

このほか，保護者からの個人的なニーズに対して苦慮するケースが多くあり，その場合には保護者と話し合い，問題の解決が図られています。また，園の事情や子どもの様子を詳しく伝える，などの配慮も行われています。

（2）保育の方法・形態に対するニーズ

保育所では，子どもの体調が悪いときの保育に苦慮するケースがあります。多くは保育者が通常以上に子どもに配慮することで対応が行われています。ただし子どもの症状によっては，病児保育を行っている園を紹介するケースもあります。

（3）食事に対するニーズ

保育所では「おやつを手作りに」というニーズがあり，献立の改善を徐々に行ったが，職員の人数や時間配置に苦慮しているとのケースがあります。

（4）保育の環境

「担任の持ち上がり」に関する要望に苦慮するとのケースがあります。こうした場合には，不安を抱く保護者に対し，時間をかけてコミュニケーションを図り，相互の理解を深めています。

（5）保護者に関する問題

保護者からの「苦情・不満」に苦慮するとのケースが多く，その場合は，保護者の話をよく聞く，不備があった場合はあやまる，時間をかけて説明する，などの対応が行われています。また，保護者からの「一方的な要求」に対しては，子どもの様子を詳しく伝えることで保護者の理解を求める，保護者全員に連絡をとって話し合いの機会を設ける，要求の実現が無理な場合はその理由を説明して理解を求め，別の方法を検討する，などさまざまな対応がとられています。

保護者同士のトラブルでは，お互いの話を聞き，中立の立場としてアドバイスする，担任だけでなく，主任や子育て経験のある先生にも話を聞いてもらう，な

表2－1　過去1年間でもっとも苦慮したケース

保育所	幼稚園
1．保育の内容・・・23件	1．保育の内容・・・25件
文字や数を教えて欲しい（2件） 外遊びをさせないで欲しい（4件） 特定の子どもから離して（3件） どろんこ遊びの時は着替えさせて（1件） けが・いじめ・けんか（13件）	午睡，外遊び，テレビなどについて自分の子どもだけ特別扱いを要求（1件） トイレット・トレーニング（3件） キャラクターの話題をしないで（1件） 身体能力をのばして（1件） 子ども同士のトラブルを避ける配慮を要求（3件） 戦いごっこの禁止を要求（2件） 子ども同士のトラブルやけがへの対応（10件） 子どもをよく見て欲しい・配慮して欲しい（4件）
2．保育の方法・形態・・・17件	2．保育の方法・形態・・・10件
仕事以外の理由で保育を要望（2件） 病児の保育（7件） 障がい児関連（3件） 延長保育（4件） 夏期保育（1件）	障がい児関連（3件） 預かり保育の延長・拡充・料金について（4件） 縦割り保育・混合保育・保育園併設（3件）
3．食事・・・7件	3．食事・・・2件
アレルギーをもつ子の食育（1件） 別食対応（3件） おやつを手作りに（2件） 給食費問題（1件）	隣に座って食べて欲しい（1件） お弁当に何を入れてよいか分からない（1件）
4．保育の環境・・・5件	4．保育の環境・・・9件
保育士の配置や定員（2件） 行事関連（2件） 子ども同士名前がわかるようにしてほしい（1件）	クラス編成への個人的要望（1件） 行事関連（2件） インフルエンザ対策（3件） 共用コップ（2件：1カ所） ピアノで黒板が見えない子がいる（1件）
5．保護者に関する問題・・・18件	5．保護者に関する問題・・・12件
苦情，不満（4件） 一方的な要求（4件） 無関心，園・保育士まかせ（4件） 親個人の問題への対応（3件） 親同士の関わり（3件）	自分の子どもしか見えていない・非協力的（1件） 保護者間のトラブルに関する相談・仲裁（8件） 個人の失言などの批判（3件）

どの対応が行われています。子ども同士のけんかから保護者同士のトラブルに発展したケースでは，保護者に園におけるトラブル解決の方針を説明し，問題を感じた場合は子どもの言い分だけでなく保育者からの説明も受けてほしい旨を伝える，など保護者同士の問題が大きくならないような配慮が行われています。

なお，保護者個人の問題への対応では，保育者がよく話を聞くという対応のほかに，行政の支援体制を説明したり，医療機関との連携を図るとの報告がありました。

3）保育者の保護者観

上記で紹介したように，保育ニーズで苦慮するケースは，保護者にかかわる問題が非常に多いといえます。では，保育者は最近の保護者に対してどのような印象を抱いているのでしょうか。図２－10に保育所，幼稚園のそれぞれの保育者の保護者観をまとめました。

保育所，幼稚園ともに80％以上の保育者は，保護者が「園の方針に協力的である」と感じています。程度の差はあっても，ほとんどの保護者が園の方針に協力的ととらえています。また「父母（家族）が協力して子どもを育てている」と感じている保育者の割合は保育所，幼稚園ともに高いのですが，幼稚園が86.8％に対し，保育所は74.9％と少々異なっています。その一方で，保護者が「自己中心的」ととらえている保育者は，保育所63.1％，幼稚園64.0％といずれも60％を超えており，保育所，幼稚園を問わず，保育者が対応に苦慮するニーズが発生する原因の一端といえそうです。

保育所の保護者に対する印象としては，「子どもとの接し方や遊び方がわからない」69.5％（幼稚園40.4％），「子育てに負担感・不安感を持っている」62.0％（幼稚園35.1％）の２つの項目が，幼稚園の保護者に比べて高い割合となっています。

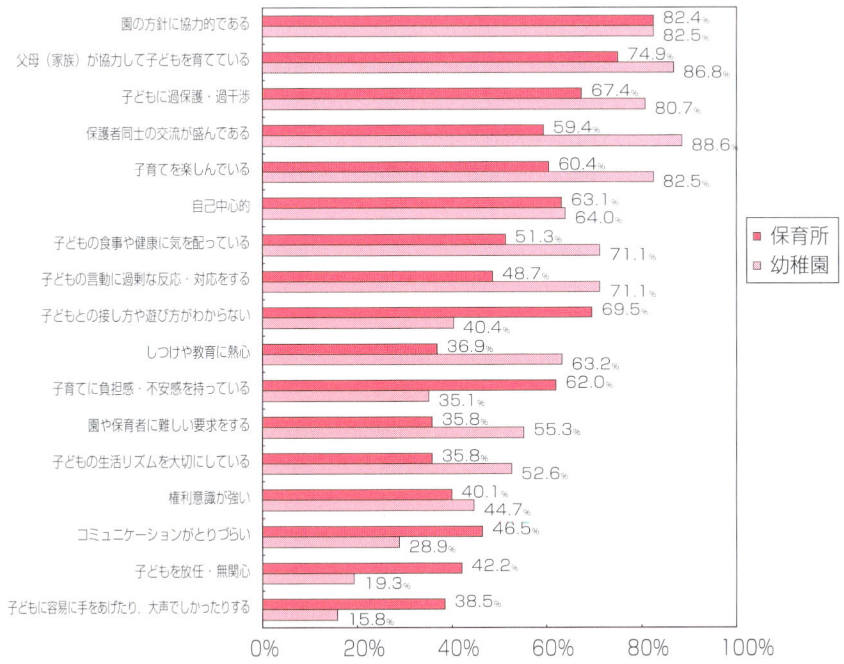

図２－10　保育者による保護者観における肯定的回答*の割合
＊「当てはまる」「やや当てはまる」の回答を合算

この理由のひとつとしては，保育所の保育対象児には，保護者が養育に負担感・不安感を抱きやすい３歳未満児が多数含まれていることが影響していると考えられます。そのほかの理由としては，保育所の保護者が仕事と育児の両方をこなさなければならないというストレスを感じていることも，その一因といえるでしょう。また，幼稚園においても保育者の３分の１以上が，保護者に対して同じような印象を抱いていることは，子育て支援が必要とされる現状を映し出していると考えられます。

一方，幼稚園の保護者に対する印象としては「子どもに過保護・過干渉」80.7％（保育所 67.4％），「保護者同士の交流が盛んである」88.6％（保育所 59.4％），「子育てを楽しんでいる」82.5％（保育所 60.4％），「子どもの健康や食事に気を配っている」71.1％（保育所 51.3％），「子どもの言動に過剰な反応・対応をする」71.1％（保育所 48.7％），「しつけや教育に熱心」63.2％（保育所 36.9％）の６項目で，保育所の保護者よりも高い割合を示しています。これらは肯定的にとらえれば，幼稚園の保護者が子どもとの密接な関係づくりに配慮しているといえますが，その一方で過度な子どもへの干渉が養育過程において悪影響を及ぼすのでないかとの懸念を抱かせます。

また，保護者が「子どもの生活リズムを大切にしている」と感じている保育者は，保育所で 35.8％，幼稚園で 52.6％でした。子どもの生活リズムは，子どもの心身の発達の上でとても重要ですが，ほかの項目と比較すると，幼稚園であっても決して高いとはいえず，少なくない保護者が子育ての上でゆとりを失っている現状を感じさせます。このほか，「コミュニケーションがとりづらい」は保育所が 46.5％，幼稚園が 28.9％でした。保護者とのコミュニケーションは，保育ニーズへの対応にとって重要ですが，前述したように「（保育所の方が）その対応に『苦慮する』と感じる割合が幼稚園より高い」（⇒ p.29「２．対応に苦慮する保護者のニーズ」）との結果と対応していると考えられます。

さらに数字としては高くはありませんが，「子どもを放任・無関心」については保育所の保育者の 42.2％（幼稚園 19.3％）が，また，「子どもに容易に手をあげたり，大声でしかったりする」についても同じく保育所の保育者の 38.5％（幼稚園 15.8％）が，保護者に対する印象として抱いています。こうしたケースは近年問題となっている「ネグレクト」「虐待」に発展する可能性も考えられ，このような印象のある保護者に対する適切な支援は，不可欠といえます。とくに「子どもに容易に手をあげたり，大声でしかったりする」という保護者の言動を目にするのが，送り迎え時などに限定されていることを考えると，保育者の注意深い観察力と適切かつ迅速な対応は，ネグレクト，虐待を未然に防ぐという意味で非常に重要といえます。

なお「権利意識が高い」は，保育所，幼稚園とも保育者の 40％程度が保護者に対して抱いている印象で，両施設に大きな違いはありませんでした。また，この結果は約 10 年前の保育所における調査結果（日本保育協会，1999）とほとん

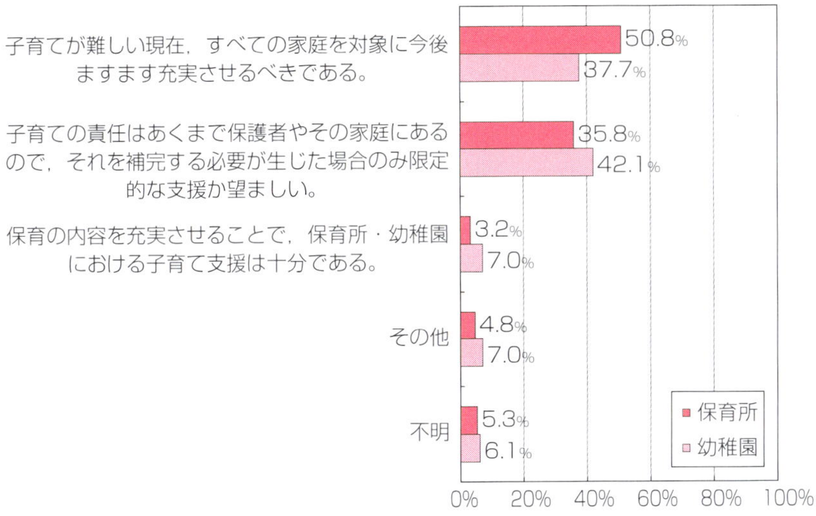

図２－11　子育て支援に対する保育者の考え

ど変わっていませんでした。

4）子育て支援に対する保育者の考え

保育所および幼稚園における子育て支援に対する考え方，意識を図２－11に示します。保護者への子育て支援に関して，保育所，幼稚園ともにその必要性は認めるものの，両者の意識は少し異なっていました。保育所では「ますます充実させるべき」との考えがもっとも多く，全体の約半数であったのに対し，幼稚園では差は小さいものの「限定的な支援」が「ますます充実させるべき」を上回りました。これは，前述の「保育者の保護者観」のなかで「子どもとの接し方や遊び方がわからない」「子育てに負担感・不安感を持っている」，また，「子どもを放任・無関心」「子どもに容易に手をあげたり，大声でしかったりする」の項目で，幼稚園に比べ，保育所の保護者の印象が高い割合を示していることと無関係ではないと思えます。ただ，いずれにしても保育所，幼稚園を問わず，保育者の多くが子育て支援に関してその必要性を認め，今後さらに充実させるべきという考えを持っていることは確かなことといえます。

3 多様化への対応と相談援助・支援体制

1）保育所および幼稚園におけるニーズの多様化とその対応

ここまでにみてきたように，保護者の保育ニーズには大きな多様性があることが明らかになっています。また，その内容は保育所，幼稚園それぞれの役割に即した内容が多い傾向はありますが，幼稚園でも身辺の自立に関してのニーズがあるなど，明確な違いがあるわけではありません。保育所，幼稚園いずれも，基本的にはこのように多様化する保護者のニーズを受け入れる方向で，さまざまな配慮を行っています。

たとえば，「自分の子どもを特定の子どもと遊ばせないでほしい」という事例では，まず保育者が保護者の要求や思いを共感して受け止め，できる限りニーズに応えようとしました。しかし，対応が無理な面に関しては相手の子どもの思いや園の方針を説明し，理解してもらえるように努めました。また，園長にも相談し，変更が可能な部分は変えていくことも行われました。相談にあたっては，不安定になりがちな保護者の精神状態と波長を合わせ，納得してもらえるように園や保育者の考えを伝えるよう配慮が行われました。

また，ある保育所の事例では，「お迎え後に出かけるので，迎えに来る時間頃に用意した服に着替えさせて欲しい」というニーズがありました。保育者は「それは保護者がするべきことなのでは」と感じつつもそのニーズを受け入れた対応をとりました。

しかし，保護者のニーズのなかには，受け入れの難しいニーズも含まれており，保育者がその対応に苦慮している様子がうかがえます。明らかに個人的で一方的な都合によるニーズと，対応が必要なニーズとの間で線引きが難しい場合も多数含まれているようです。

一例をあげれば，「自分の子どもを行事（運動会，発表会など）のとき目立たせてほしい」という事例がありました。このケースでは，年間を通してバランスよく子どもが目立つ場をつくっていることが伝えられました。また，保護者が考えている以上に子どもは精神面が弱く，ストレスを感じていたため，その姿を伝え，子どものことを第一に考えているとの方針を理解してもらうよう努めました。

また，ある保育者は，保護者ニーズへの対応について「母親支援も重要な役割だと思うが，どこまでが本当の適切な支援なのか，というラインがあいまいで，なんでも受け入れた結果シワ寄せが子どもにきていることも，たびたびみられるような気がしている」との意見を寄せています。

保育所においては，『保育所保育指針』の「一人一人の保護者の状況を踏まえ，子どもと保護者の安定した関係に配慮して，保護者の養育力の向上に資するよう，適切に支援すること」（第６章）が対応の基本であると考えられています。また，幼稚園においては，『幼稚園教育要領』の「教育課程に係る教育時間の終了後等に行う教育活動など」については，「幼児の生活全体が豊かなものとなるよう家庭や地域における幼児期の教育の支援に努める」（第１章）とあります。さらに，留意事項として「家庭との緊密な連携を図るように」し，「保護者が，幼稚園と共に幼児を育てるという意識が高まるよう」（第３章）支援を行うことが求められています。すなわち，子どもの生活全体が豊かとなり，保護者の子育て意識が高まるような支援を行うことが重要となります。

2）保育者自身の健康問題と相談援助・支援体制

子どもを保育し，保護者のニーズに対応するためには，保育者自身が心身ともに健康でなければなりません。しかし，保育者の２～３割が体調不良を訴え（図２－12），また３～４割が仕事上で困っていることや悩みがあるとされています（図２－13）。また，勤務時間も保育所では週45時間以上が半数を超え，幼稚園では50時間以上が７割を超えています。そのため仕事量の多さに関する悩みがもっとも多く，また職場での人間関係の難しさを訴える声をよく耳にします。

しかしながら保育者が，体調不良の状態であったり，ストレスを抱えていると，日常的な保育活動に支障をきたすばかりでなく，保護者への十分な相談援助・支援の実施が困難となってきます。常日頃からの体調管理と，ストレスを抱え込まないようにすることが，保育者として，ますます重要になってきます。また，そのような状況に陥らないよう，園側が職場環境に配慮することも大切でしょう。

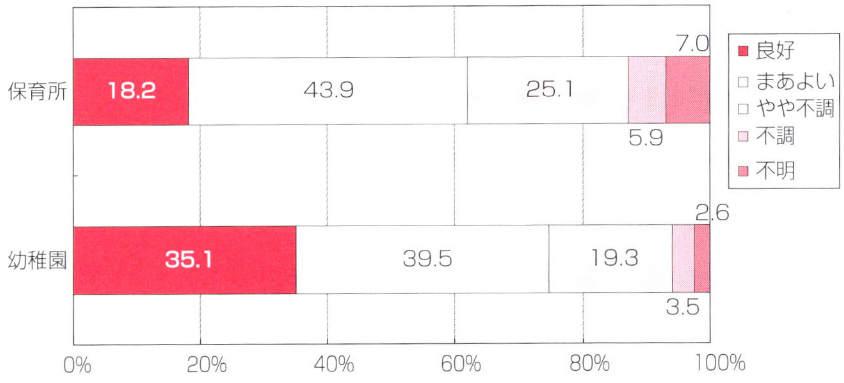

図２－12　保育者の最近の体調

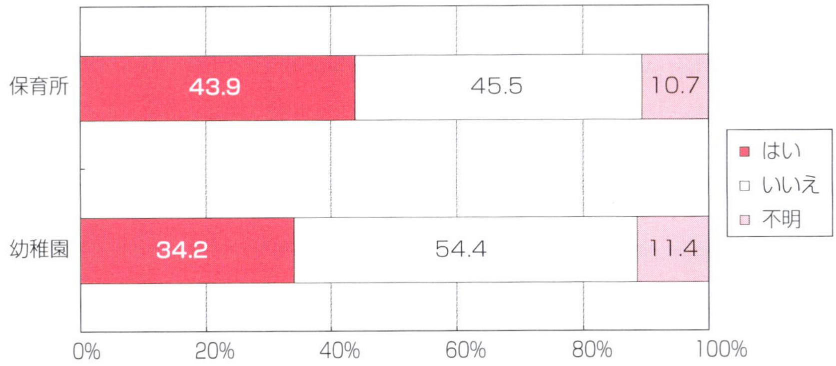

図２－13　仕事上で困っていることや悩みがあるか

3）多様化する保育ニーズの対応に必要なもの

今後，保育ニーズはさらに多様化し，その内容にも大きな変化が起こることが予想されます。このような変化に対して，保育者はどのような対応をとるべきでしょうか。

まず，保育者間の意思疎通と他職種，機関との協力体制が大変重要となります。園として，また保育者として，どのように対応すべきか，全体で共通の認識を持つことが必要と思われます。そのためには，職場の人間関係を良好に保つことも大切でしょう。

また，保護者への対応についての学びは，今後も欠かせない内容であると考えられます。保育士養成機関でのカリキュラムだけでなく，職員の研修体制も重要となってきます。そのなかでも，コミュニケーション能力の向上がとくに重要だと考えられます。保護者からのニーズが難しいケースであっても，普段からコミュニケーションがとられていれば，お互いの考えや思いを伝え合うことで，解決可能なケースへと変えていくことができます。

さらには，保育ニーズに適切に対応するためには，保育者自身の健康に配慮することも重要です。保育者の就労状況，人間関係などに配慮し，就労環境の整備と見直しを行う必要があると考えられます。

いずれにせよ，保育の主体は子どもです。そして『子どもの権利条約』に示されているように，子どもの養育が「子どもの最善の利益」（第３条）が保障される方法で取り組まれなければなりません。そのためには，保育の主体は子どもである，との理念を，保育者と保護者が共有していくことこそが，何よりも大切となっています。

参考文献

（1）文部科学省『幼稚園教育要領』2008

（2）厚生労働省『保育所保育指針』2008

（3）須永　進，青木知史，齋藤幸子，山屋春恵「保護者の保育ニーズとその対応に関する研究Ⅰ」『医療福祉研究』愛知淑徳大学医療福祉学部第６号，pp.89-110，2009

（4）須永　進，青木知史，齋藤幸子，山屋春恵「保護者の保育ニーズとその対応に関する研究Ⅱ」『愛知淑徳大学論集　福祉貢献学部篇第１号』愛知淑徳大学福祉貢献学部，pp.83-106，2010

（5）須永　進，青木知史，齋藤幸子，山屋春恵「保護者の保育ニーズとその対応に関する研究Ⅲ」『愛知淑徳大学論集　福祉貢献学部篇第２号』愛知淑徳大学福祉貢献学部，pp.51-68，2012

（6）日本保育協会（編）須永　進『子育て相談の手引き』社会福祉法人日本保育協会，1999

（7）齋藤幸子，須永　進，青木知史，山屋春恵「保育所における保護者のニーズとその対応に関する調査」『日本子ども家庭総合研究所紀要』日本子ども家庭総合研究所第45集，pp.303-310，2009

（8）齋藤幸子，須永　進，青木知史，山屋春恵「幼稚園における保護者のニーズとその対応に関する調査」『日本子ども家庭総合研究所紀要』日本子ども家庭総合研究所第46集，pp.247-255，2010

（9）齋藤幸子，須永　進，青木知史，山屋春恵「保護者のニーズとその対応－保育所と幼稚園における調査結果の比較－」『日本子ども家庭総合研究所紀要』日本子ども家庭総合研究所第47集，pp.329-336，2011

3章

保育者の役割と相談援助・支援

3 保育者の役割と相談援助・支援

保育者による相談援助・支援は，保育所，幼稚園などの児童福祉施設，幼児教育施設の持つ特性や機能と保育者の専門性を活かしたものです。そこでは保護者の養育力の向上に向けた支援，保護者への保育相談・助言など，子育てやその生活上の課題解決に向けた見通しのある援助・支援を行うことが基本とされています。それを担う保育者は，保護者の気持ちや意向をくみとりながら，ともに子育てをするパートナーとして信頼関係を密にし，また，保育の専門家として，保護者の思いに寄り添う援助･支援の展開を考えていく専門的な力量が求められます。さらに，地域の資源や専門機関との連携を図り，ネットワークづくりをしていくなどのソーシャルワークの視点を用いたアプローチも考えていかなければなりません。

子育てが多様化し，複雑化する今日では，子どもの健全な発達と，最善の利益を保障するという保育固有の理念を持ちながらも，その実践においてはソーシャルワークの理念や技術が必要になってきました。本章では，保育の専門性を活かしながら，対人援助技術やソーシャルワークの知見をいかにして活用し，相談援助・支援を展開していくのか考えていきます。

1 保育者の役割と相談援助・支援の関係

1）保育機能の多様化と保育者の役割の多重化

近年，社会構造・地域コミュニティの変貌や個人のライフスタイルの多様化など，子どもとその家庭を取り巻く環境の変化によって，家庭と地域の子育て力の低下が指摘されるようになってきました。このような背景から保育現場は今，大きなうねりのなかにあります。子どもの保育のみならず，その保護者と地域の子育て支援の中心的な役割を担う機関として，家庭や地域の問題と向き合い支援していく知識と技術が，社会的に要請されるようになってきたからです。

児童福祉法では，保育者を「保育士の名称を用いて，専門的知識及び技術をもって，児童の保育及び児童の保護者に対する保育に関する指導を行うことを業とする者をいう」（第 18 条の 4）「保育所は，当該保育所が主として利用される地域の住民に対してその行う保育に関し情報の提供を行い，並びにその行う保育に支障がない限りにおいて，乳児，幼児等の保育に関する相談に応じ，及び助言を行うよう努めなければならない」（第 48 条の 3）と明記しています。また，2008（平成20）年の改定に伴い発表された『保育所保育指針解説書』においても，「保育所はその特性を生かし，保育所に入所する子どもの保護者に対する支援および地域の子育て家庭への支援について，職員間の連携を図りながら，積極的に取り組むこと」（第６章）が求められています。

学校教育法では，幼稚園を幼児の保育，教育のための施設だけでなく「幼児期の教育に関する各般の問題につき，保護者及び地域住民その他の関係者からの相談に応じ，必要な情報の提供及び助言を行うなど，家庭及び地域における幼児期の教育の支援に努めるものとする」（第24条）と定めており，『幼稚園教育要領』でも「幼稚園の運営に当たっては，子育ての支援のために保護者や地域の人々に機能や施設を開放して，園内体制の整備や関係機関との連携及び協力に配慮しつつ，幼児期の教育に関する相談に応じたり，情報を提供したり，幼児と保護者との登園を受け入れたり，保護者同士の交流の機会を提供したりするなど，地域における幼児期の教育のセンターとしての役割を果たすよう努めること」（第３章第２）と規定し，保護者ならびに地域に対する相談・支援センターとしての役割が期待されています。

つまり，保育所，幼稚園の特性と専門性を活かし，家庭や地域のさまざまな社会資源と連携・協働を図りながら，保育所，幼稚園に入所・入園する子どもの保護者や地域の子育て家庭を積極的に支援していくことの必要性が求められているのです。

保育所，幼稚園は，その長い歴史において「保育」という独自の固有性を保ちながらこれまで発展してきました。保育の歩みはまさに時代の歩みであり，保育の理念の根幹にある「福祉」の独自性や機能から，児童福祉，幼児教育に関するいくつかの基本的理念と方法もまた見出されてきたのです。近年では，「子ども家庭福祉」とよばれるように，子どもの福祉（幸福）は子どものみの問題ではなく，子どもが愛情をもって育てられる「家庭」が存在し，また機能してはじめて成り立つもの[1]というように考えられるようになってきました。こうした子どもの育ち・保護者の子育てへの支援が求められるなかで，保育者には保育の専門性を活かしながらも，多重な役割と専門性が必要とされているのです。

2）保育の専門性を活かした相談援助・支援の特性

「保育」は，生活のなかで子どもの豊かな育ちと健全な発達を支える営みです。そして，子どもの保育を考えるとき，必ずその保護者，家庭環境も含めたものでなくてはなりません。なぜなら，子どもにとって家族はもっとも身近で影響を受ける存在であり，とくに乳幼児期は生命維持活動のほぼすべてが養育者である保護者に委ねられ，子どもの自己形成において親子のかかわりを中心とした家庭での生活が深くかかわっているからです。子どもの健やかな育ちの原点は，家庭のなかにあるといえます。上述したように近年では，子どもの福祉をその家庭とあわせて考えることがより強調されるようになってきました。

たとえば全国保育士会倫理綱領（2003年）の前文には，つぎの３点が示されています。

・私たちは，子どもの育ちを支えます
・私たちは，保護者の子育てを支えます
・私たちは，子どもと子育てにやさしい社会をつくります

つまり，子どもに対するケアに留まらず，子育ての基盤である家庭を支えること，社会に働きかけ子育ちや子育てをサポートしていくシステムをつくることを視野に入れることが求められているのです。そのために，保育者による保護者への支援（助言・協力・情報提供）は，子どもの生活を担う立場として重要な役割を果たしていることを認識しなくてはなりません。

保育の場における保護者への相談援助・支援は，さまざまな場面で展開されます。保育所，幼稚園の登降園時，保護者懇談会や参観日，家庭訪問，あるいは一時保育や園庭解放，育児サークルなど，さりげないかかわりのなかではじまる場合が多いのです。その相談内容も，日常的な問題から，発達の遅れ，障がい，被虐待児など専門性を要する深刻な相談まで，一時的なかかわりで終わることもあれば，継続性を必要とするものもあります。専門機関のような特定の場で特化された相談を受けるのとは異なり，多彩な場で多様な対応が求められるのです[2)]。ここに，保育者による保護者支援の特性があり，それを活かした保育現場だからこそできる相談援助・支援が期待されています。

子どもとその家庭の福祉を担う機関・専門職は多種にわたりますが，保護者にとってもっとも身近な存在であるのが保育者であるといえます。保護者は，子どもを育てることを通して，保護者としての役割を学び養育力を身につけていきます。保育者は，その過程を見守りながら，日々の子どもの成長・発達を共有することができます。また，同時に保育者は子どもと「１対１」として向き合うだけではなく，「集団のなかのひとり」という子ども同士の対等な関係のなかで，子どもの発達，協調性，社会性を，朝から夕方（夜）までの生活時間の流れのなかでかかわることもできるのです。保育に関する専門性を有する保育者が，家庭との緊密な関係のもとに，子どもの生活と発達過程を踏まえ，保育の環境を通して行われる相談援助・支援にその特性があるのです。

３）保育におけるソーシャルワークの活用

（1）保育とソーシャルワークの接点

保育ニーズが多様化し，その課題も複雑さを増すなかで，保育実践はこうした状況の変化に対応しなければならなくなってきました。保育所，幼稚園をはじめとする児童福祉・幼児教育の関連施設では，障がいのある子ども，情緒・行動面に課題のある子どもなどへの保育，また子育て不安，子どもへの不適切なかかわりなどの傾向がみられる保護者への対応，さらにはそれらの背景にある家庭の問題への対応など，より専門性の高い援助・支援が求められているのです。

こうした生活問題に出会ったとき，保育者は保育や子育て支援に関する専門知識，技術を最大限に活用して，その問題の解決に向けて対応しなければなりません。そのために，問題を抱えて苦しむ保護者の気持ち（感情）やその子どもを受容し，その背景にあるさまざまな要因を見極め，適切に理解する視点や，本人の主体的な問題解決に向けた支援を進めていく力量が求められます（『保育所保育指針』総則）。また，そこで出会う生活問題のなかには，児童虐待やDV＊1，経済的な援助など専門的な対応を必要とするケースや，ほかの福祉専門機関・専門職と連携協力しながら援助を行わなくてはならないケースもあります。この場合，ほかの専門機関や専門職が行う援助過程の一部に保育者が加わり協働して援助を行うこともあります。ここに，保育者が相談援助・支援の知識と技術を習得することの必要性と，保育とソーシャルワークの接点を見出すことができます。『保育所保育指針解説書』では，「保育士が行う子育てに関する相談や助言など，子育て支援のため，保育士や他の専門性を有する職員が相応にソーシャルワーク機能を果たすことも必要であり，その機能は現状では主として保育士が担う」（第６章）と明記されています。

＊１ DV：ドメスティック・バイオレンス（Domestic Violence）。配偶者や恋人など密接な関係にある，あるいはあった者から振るわれる暴力。内閣府男女共同参画局の発表では，2011（平成23）年度に配偶者暴力相談支援センターに相談のあった件数は８万2,099件（前年度6.1％増）で，2002年度（３万5,943件）以降，毎年増加傾向にある。

（2）保育とソーシャルワークの関係と留意点

前項の通り，保育者は入所・入園児童や保護者に対して必要に応じた相談援助・支援を行います。その過程において保育者はソーシャルワークの視点と技術を活用することになります。

ソーシャルワークについては第５章でくわしく述べられていますが，国際ソーシャルワーク連盟（IFSW）ではソーシャルワークを以下のように定義しています。

> ソーシャルワーク専門職は，人間の福利（ウェルビーイング）の増進を目指して，社会の変革を進め，人間関係における問題解決を図り，人びとのエンパワーメントと解放を促していく。ソーシャルワークは，人間の行動と社会システムに関する理論を利用して，人びとがその環境と相互に影響し合う接点に介入する。人権と社会正義の原理は，ソーシャルワークの拠り所とする基盤である。

簡単にその概略を説明すると，ソーシャルワークは，多様な人の「生活」や「環境」と本来持っている「力」「強さ」との接点に着目し，豊かな社会生活の回復と実現への支援を目標とします。そして，的確な社会福祉援助技術を活用した社会資源の提供と，本人と援助・支援者との協働的関係を重視して，自らの問題を本人が主体的に解決できるように援助・支援することであるといえます。そのプロセスにおいて，どのようにして生活問題を把握し，本人の混乱をやわらげ，本来持っている「力」と「強さ」を見出しながら問題解決をめざしていくのか，この一連の支援がソーシャルワークにおける相談援助の技術であるといえます。

表3－1　ソーシャルワークの機能と役割と保育者

機能	役割	保育・子育て支援において
仲介機能	クライエント*2と社会資源の仲介者としての役割	他専門機関の紹介，情報提供
調停機能	クライエントや家族と地域社会の間での意見の食い違いや争いが見られる時，その調停者としての役割	子ども同士の関係，親子関係，保護者関係の調整
代弁・弁護機能	権利擁護やニーズを自ら表明できないクライエントの代弁者としての役割	地域の保育ニーズへの対応 虐待への対応
連携機能	各種の公的な社会的サービスや多くのインフォーマルな社会資源の間を結びつける連携者としての役割	他専門機関との連携 家族・地域住民との連携
処遇機能	施設内の利用者に対する生活全体の直接的な援助，指導，支援者としての役割	日々の保育活動
相談援助機能	クライエントとともに問題解決に取り組み，協働するための対等な関係性を基礎とした機能。カウンセラーやセラピストとしての役割も含まれる	子育て相談・助言
教育機能	クライエントに情報提供したり，新たなソーシャル・スキルを学習する場を提供する役割	情報提供 子育てに対する助言 日々の保育活動（教育面）
保護機能	子ども等の保護者としての役割	日々の保育活動（養護面） 虐待からの保護
組織機能	フォーマル，インフォーマルな活動や団体を組織する	子育てサークルの結成 保育所での行事開催など
ケースマネージャー機能	個人や家族へのサービスの継続性，適切なサービスの提供などのケースマネージャーとしての役割	他専門機関との連絡・調整
支援者機能	対象者が自ら目的を達成するための行動をなしうるように側面的に援助をする役割	子育て支援全般において
管理機能	ある目的を持った組織においてその目的を達成していくための方針や計画を示し，組織が適切に機能していくための維持・調整・管理の役割を担う	保育所の運営管理
職員同士のチームワークの調整，社会変革機能	地域の偏見・差別などの意識，硬直化した制度などの変革を行う社会改良・環境の改善をはたらきかける役割	地域の保育ニーズへの対応など

注：①日本社会福祉実践理論学会ソーシャルワーク研究会（1998）「ソーシャルワークのあり方に関する調査研究」『社会福祉実践理論研究第７号』p.69～90，②谷口泰史（1999）「ソーシャルワーカーの機能と役割」太田義弘･秋山薊二編『ジェネラル･ソーシャルワーク』光生館，p.155～200をもとに子育て支援や保育の機能・役割に照らし合わせて作成

＊2　クライエント：ソーシャルワークにおけるクライエント（Client）とは，福祉サービスを利用する個人，集団，地域などをさす。

しかし，ここで保育とソーシャルワークとの関係について留意しなければならないことがあります。これまで述べてきたように保育の場面においてもソーシャルワークの技術を用いることの必要性が求められ，近年では新たに「保育ソーシャルワーク」ということばもいわれるようになってきました。しかしこれは，保育者が行う相談援助・支援においてソーシャルワークのプロセスをそのまま用いて行うというものではなく，また保育者が社会福祉専門職であるソーシャルワーカーの役割を担うという意味でもありません。あくまで保育実践は，子どもの内面と外面の両方の育ちを保障するものでなくてはならず，その過程においては保護者や家庭，地域社会，子どもの生活を切り離して展開していくことはできません。それらが一体となってはじめて，子どもの健全な発達と最善の利益を保障することができるのです。したがって，生活上の困難を抱える子どものみならず，子どもの抱える困難という状況そのもの，保護者・家庭・その家庭が存在する地域社会をも包括的にとらえ，生活の全体性から環境との相互作用に焦点を当て，社会関係の調整と生活改善を図ることを目的にしたソーシャルワークの視点と技術が必要なのです。

保育者が行う相談援助・支援は，あくまでも保育に軸足を置き，その特性や専門性を活かして展開されなければなりません（表３－１）。つまり，保育者が備えている保育や子育て支援の知識，技術に，ソーシャルワークの視点と技術を活用して行うことを意味します。

2 保育者に求められる相談援助・支援対応能力

相談援助･支援とは，相談に訪れた保護者（相談者）が抱えている問題を語り，保育者（相談員）がそれに見合う対処の方法や社会資源を紹介するという単純なものではありません。保育者は，よい答えを伝えるだけではなく，抱えている問題の背景や構造を理解し，保護者がそれらの問題に主体的に取り組む過程を支えなくてはなりません。そこでは，問題状況のアセスメントや，動機づけ，援助・支援に向けての意図したかかわりが求められます。

ここでは，保育者が相談援助・支援に対応するために，どのような視点と技術が必要なのかを考えていきます。

1）「援助・支援者」「相談員」「保育者」として成長するために

（1）相談援助・支援の技術を学ぶまえに

保育実践や社会福祉実践は，生活と深くかかわり，生活のなかで提供されるものです。そして実践を導くためには，多くの理論の体系化と時代に合わせた応用が求められます。実践において「実践なき理論」は意味がなく，「理論なき実践」は危険です。多くの先人たちが体系化してきた諸理論とその背景にある主張を理解することは，困難でより複雑化する問題に対応しなければならない保育現場での実践に道筋を与えてくれます。保育や福祉の学習に際して，実際の対応の方法や臨床的な訓練にとどまらず，理論的な学習を必要とするのはそのためです。

保育者として，多くの生活問題と向き合うなかで，保護者が抱える心配，悲しみ，苦悩，葛藤，不安をどのようなものとして受け止めるのか，そこにおいて保育者が相談員，相談援助・支援者としてかかわることの意義を理解しなくてはなりません。保育者としての専門性に足場を置き，個別的でさまざまな生活問題に直面している人々の生活のありようをどのようにして理解し，問題状況から抜け出すための援助・支援がどのようにしたら可能となるのか，その具体的な方法を利用者とともに模索していかなければならないのです。

しかし生活問題への援助・支援というのは，本来特別な難しさが伴います。「生活の仕方」は極めて個人差が大きく，これらのどのひとつをとっても「これが正しい生活」といえるものはないからです。生活を援助・支援するということは，一定の型にはまった暮らし方を要求したり，あるべき形を指導することではありません。すべての援助・支援内容は，問題を抱える本人に用いられてこそのものであり，そのためにも，援助・支援の見通しや計画を，どのような考え方，方向性に基づいて組み立てるのかが重要となります[3)]。相談援助・支援の方法や方向性を支えてくれる理論的基盤をあわせもち，社会的責任の明確な自覚と，それを具体化していく倫理的価値が常に存在していなければなりません。

（2）相談を受ける専門職としての準備と自己訓練

相談を受ける保育者は，援助・支援を必要とする人たちがどのような気持ちで相談に訪れたのかを理解することが大切です。子育てはさまざまな困難に対処しながら営まれていますが，相談に訪れる保護者は，これまでの対処方法や知識では手に負えないという問題を抱え，なんとかしたいと思い，相談という形でその一歩を踏み出してきます。自身の子育てがうまくいかなかったり，家庭内の問題としてプライバシーにかかわることもあるかもしれません。どのような相談内容であっても，不安や葛藤，動揺を抱えて相談にやってくるのは，極めて人間らしい当然の気持ちであることを理解しておかなくてはなりません。また，ソーシャルワークでは問題や生活困難を抱えているのは，単にその保護者や家庭に問題があるから発生しているとは考えません。現代社会のさまざまな問題と相互に関係して起こっているという考え方をベースに，現在直面している生活問題を考えていきます。

つまり，社会問題の重層性を理解し，「単に問題を抱えてきた人」としてではなく，「今日の社会的な状況のなかで発生している問題を抱えている人」としてとらえるのです。保護者を複雑な社会を生きる一人の人間として尊重し，こうした保護者の思いを受け止め共感することができてはじめて，保育者は保育や福祉サービスを受けることを保護者の権利として考え，援助・支援を進めることができるのです。

＊3　ラポール：第1章 p.16　脚注を参照。

よく相談援助・支援では信頼関係（ラポール＊3）の重要性が強調されますが，はじめから信頼関係が形成されているわけではありません。保育者には，保護者が直面している問題を媒介にして意図的にかかわりながら，心理的な混乱を支え，不安を軽減し，心理的・社会的支援を可能にするような信頼関係を築く努力が絶えず求められます。自分の問題を理解してくれ，「いい保育者に会えた」「いい場所を知った」「つぎも相談したい」という信頼される関係をいかにして形成していくのかに，専門職としての力量が問われているのです。

さらに，日常生活やその家庭問題にかかわる領域の相談にのり，具体的な援助を提供する者（保育者，相談員）には高い倫理性が求められます。個人の秘密や情報を守ることはもちろん，相手の利益を損なうような言動は絶対にあってはいけません。それは保育者が十分な教育と訓練に裏づけられた自信を持ち，社会的に十分な評価を受けて安定した仕事をしていることが根底にあってこそできることなのです。

2）求められる子ども理解と保護者理解

（1）理解を深める共感的相互理解

保育実践において子どもと保護者の受容と共感的な理解は，もっとも基本的な保育者としての姿勢です。子どもへの理解を深め，一人ひとりの人格を大切にするには，子どもを受容し，子どもに合わせた感情や思いを共感・共有することが必要です。同じように保護者が抱える悩みや相談の背景には，家庭内の問題，経済的問題，職場のことなど，子育てを取り巻く環境や保護者自身が抱える問題が影響していることを，共感をもって理解する姿勢が，保育者には求められます。どんな相談内容であっても，保護者にとっては一種の「危機」に直面しているのであり，保育者を信頼して相談に至った経緯を考えなくてはなりません。

相談の内容によっては，保育者の側には受け入れがたい感情や，「そんなことで困っているのか」というような内容もあるかもしれません。しかし，保育者はそのような感情を取り除き，保護者の訴えかけてくる気持ちに寄り添って聴くことが大切です。なぜなら保護者がこのように訴えなければならなくなったその背景を推し量り，どんな内容であってもそう訴えざるを得ない現状があることを考慮し，理解することが重要だからです[4)]。

相手を理解しようとする行為は「相手と自分とがともに主体的な自己表現をしながら私的に感情を共有し合い，共に相手の感じていることを感じ取ってなされる相互的なもの」[5)]であり，子どもとその保護者を理解するということは，保育者からの一方的なかかわりのなかでは成立しません。これらのお互いのかかわりによる理解を窪田は，「共感的相互理解」とし，「相手の情緒を受け止め，同じような情緒を自身の中に体験するということと，相手の置かれている状況や直面している課題の内容を本人の不安や混乱を含めて具体的に認識すること」[6)]と述べ，保育者が子どもと共感的にかかわる姿勢の技術を絶えず強化し続ける必要性を示しています。保育や相談援助・支援では「相手の目線に立つ」ことの重要性がいわれますが，共感的相互理解を深め，相談を受ける保育者は，援助・支援を必要とする人々がどのような気持ちで相談に訪れたのかを理解することが大切なのです。

（2）共感的な理解を深める傾聴の姿勢とコミュニケーション技術

保育者にはさまざまなコミュニケーションスキルが求められます。日々の子どもとのかかわりや保護者への援助・支援においてもコミュニケーションは欠かすことはできず，上述した共感的相互理解を深めるための十分な知識と基本的コミュニケーションの力を身につけなくてはなりません。

コミュニケーションは大きく２つの方法に大別することができます。ひとつ目は,私たちが日ごろから会話として音声や文字などを媒介にして行う「言語コミュニケーション（Verbal Communication）」です。もうひとつは,言語を使用しない「非言語コミュニケーション（Nonverbal Communication）」で，たとえば話すスピードやトーン，服装，姿勢，身振り，表情，しぐさ，視線，距離などの表現方法です。

多くの研究によって，通常の私たちのコミュニケーションでは「言語コミュニケーション」よりも「非言語コミュニケーション」の占める割合が大きいことが明らかにされています。心理学者のマレービアン（Mehrabian,A.）は，聞き手が話し手の印象を決める要素は，「言語的要素（７％）」よりも，「非言語的要素（93％）」が重要であると指摘しています。したがって，保育者は話しかけることばにも注意を払わなくてはなりませんが，それ以上に自身の態度や言動が相手にどのように伝わり理解されているのかに，常に敏感でなくてはなりません。精神的・社会的重圧に苦しんでいる人たちと共感的な理解を深め，できるだけ生活を具体的に理解できるような，十分な知識とコミュニケーションの力を身につけなくてはならないのです。つまり保育者は，保護者が安心して相談できる環境と援助・支援者としての態度を提供しなければなりません。「ここは安心」「ここで話したことの秘密は守られる」「ここでは承諾なしに物事を進めたりはしない」ということが，ことばだけで説明されるのではなく，雰囲気や態度としても伝わらなくてはいけません。保護者の気持ちに寄り添い，その身になって思いを受け止めることにより，保護者に「真剣に耳を傾けて聞いてもらい，理解してもらった」という体験を抱いてもらえるのです。

このような，傾聴の姿勢は，信頼関係を深めると同時に，効果的な支援に結びつける技術としても重要です。専門的支援関係の原則として，アメリカのバイステック（Biestek,F.P）が1957年に『ケースワークの原則』という著書で提言した「バイステックの７原則」がもっとも知られています（⇒ p.98，第５章３節）。こうした原則に基づいたソーシャルワークの援助技術の体系的な学習と訓練はそのためにも必要です。表３－２に代表的な傾聴の技法を示します。

表３－２　代表的な傾聴の技法

a 基本技法	**①傾聴（アクティブ・リスニング）** 耳を傾けて相手の話をよく聴く。特に，相手の心や気持ちを聴くように心がける。 **②簡単な受容** 聴いていることの意思表示として，タイミングよくうなずいたり相づちを打つ。 聴いてもらえている，わかってもらえているという安心感や信頼感につながる。 **③繰り返し（リピート）** 話すことにとまどいがあったり，感情がこみあげてきて言葉になりにくいときなど相手のペースにそって，直前の言葉を繰り返す。 あるいは，発言の中で重要と思われる言葉を取り上げ，繰り返す。 **④感情の反射・感情の明確化** 相手が感じている感情を受け止め，言葉にして返したり，相手が自分でもつかめていない感情を明確に言葉にして返す。 自分が経験している感情を鏡のように映し出されることで，深いレベルで理解されているという信頼を生む。自分の感情に気づき，整理することにもつながる。 **⑤要約** まとまりなく話したり，混乱しているような場合に，話を要約して返す。 問題が焦点づけられたり，内面が整理されるのに役立つ。 **⑥支持** 相手の発言の中で表現された感情や考えや取った行動などを肯定し，認める。 気が楽になったり，励みになる。自信と自己受容が高まる。
b その他の留意点	**⑦質問の仕方を工夫する** 「はい」「いいえ」のように択一で応答できるような〔閉ざされた質問〕や，話の展開ができるような〔開かれた質問〕をする。 焦点を定めたり，問題を掘り下げたり，話題を広げたり，自分の言葉で詳しく語ってもらうことなどに役立つ。「なぜ」という質問は避けたほうがよい。 **⑧非言語的コミュニケーションを大切にする** 面接は言語を通して行われるが，表情，視線，身ぶり，姿勢，態度などの非言語的手段や，声の抑揚などにも注意を払う。 話しやすい雰囲気をつくったり，受容・共感・誠意などを伝えるうえで重要である。 **⑨沈黙を適切に扱う** どのように表現するか迷っていたり，考えをまとめたり，気持ちを整理したり，洞察が進んでいるときの沈黙は，そっと大切にしておく。 不安になったり，あせって話し過ぎたり，話題を変えたりしないように注意する。 不本意，不満，反発などの現れである沈黙は，取り上げて対処する。

出典）名倉啓太郎（監修）・寺見陽子（編著）『子ども理解と援助－子どもと親とのかかわりと相談・助言の実際－』保育出版社，2004，P.153，寺見陽子『かかわりの技術』に追記して作成

3）生活を理解するアセスメントの視点と方法

（1）問題やニーズの背景を見出す「質問力」

実際に相談援助・支援を進めるなかで，「相談ごとに表に出ている部分」（主訴）と「その背景に隠されている部分」を考えていく必要があります。主訴は「ある意味相談しやすい部分」であり，相談をはじめるパスポートのようなものであることを留意しなくてはなりません。保護者の置かれている状況，その背景を理解することによって，問題の受け止め方は大きく変わってきます。また，保護者の

生活の文脈でとらえ直してみなければわからないこともたくさんあるのです。

さらに，ここで注意しなければならないのは，保護者が自分の語る主訴やニーズに潜んでいる別の問題に気づいていない場合があるということです。たとえば長年その家庭内で形成されてきた行為の規範や価値観があります。それはときには体罰を「しつけとして当然」と主張したり，過干渉についても保護者自身が「子どものために頑張っている」「教育熱心」と思い込んでいる場合もあります。そのような保護者に「日頃どのような子育てをしているのか」「何か困ったことはあるか」「何が問題か」などを問いかけても，到底その問題には切り込めず，具体的な改善は望めません。

そこで相談援助・支援を進めていく過程で，自身の問題を客観的に認識していない保護者に的確な質問をすることによって，その背景にあるさまざまな要因を見極められるようにすることが求められます。そのためには，保育者は家庭生活をリアルにとらえなくてはなりません。人は問いかけなければ答えませんし，問いかけられたからといってすべてを語るわけではありません。「わからない」「見えない」ことが多いからこそ，質問の力によって情報を収集し，全体像を浮き彫りにすることが必要になるのです。しかし，ここでの質問は保育者の好奇心や興味からではなく，いいにくいこと，本人が直面するのを避けたいと思うようなことでも，相手を十分に尊重しながら，礼儀正しいことばを使って，ごまかさずに，適切なことばで話しかける必要があります。さらに，同じ「悲しい」ということばでも，涙が止まらない悲しさもあれば，号泣して叫びたいような全身の骨が砕けるような悲しみもあります。相談場面では，こうした人間の心情の無数の表現を理解し，語ることができなければ成り立ちません。だからこそ保育や福祉の専門職には，感情の動きや，微妙な人間関係を表現することばを豊かに自身のなかに蓄え，それを増やしつづける努力が日頃から求められるのです。

（2）生活を理解するアセスメント能力

アセスメントとは，相談援助・支援を開始するにあたって問題状況の全体的な把握を行うことであり，ソーシャルワークの視点でいえば「クライエント（利用者，相談者）の置かれている問題状況の原因や状況について，クライエント自身の能力も含めて総合的に把握・分析し，問題解決のもっとも有効な方向性を検索すること」です。そのために，アセスメントを進める上では，コミュニケーション技術や，相談援助の原則，質問力などを駆使していきます。そして，このアセスメントを保護者自身も自らの子育てを振り返る機会とする必要があります。

アセスメントにおいて保育者は，相談場面で語られる情報を整理しつつ，裏側に潜む感情・価値観・メッセージをより深く理解していきます。そうすることで，はじめはいくつかの「点」としての情報であったものが，図３－１に示すようにその抱えている問題の構造が「線」として結びついてきます。しかし，「知る」ことが増えるにつれてさらに「わからないこと」も比例して増えてきます。たとえば最初は子どもへのしつけの相談であったものが，まわりに相談する人が

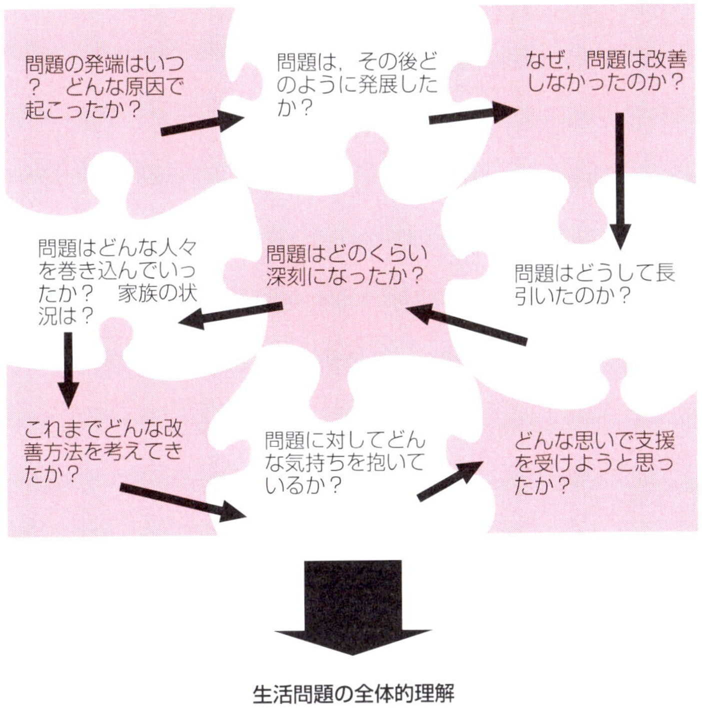
問題の発端はいつ？　どんな原因で起こったか？
問題は，その後どのように発展したか？
なぜ，問題は改善しなかったのか？
問題はどんな人々を巻き込んでいったか？　家族の状況は？
問題はどのくらい深刻になったか？
問題はどうして長引いたのか？
これまでどんな改善方法を考えてきたか？
問題に対してどんな気持ちを抱いているか？
どんな思いで支援を受けようと思ったか？
生活問題の全体的理解

図３－１　問題の全体像を理解する「点」→「線」→「面」

出典）川村隆彦『価値と倫理を根底に置いたソーシャルワーク演習』中央法規出版，2002 より p.83 の「物語の全体像の創造」をもとに一部加筆

いない，父親の存在はどうなのか，など新たな「未知」の状況が広がっていくのです。こうしたやりとりを通して,「点」と「点」が「線」で結びつき, やがて「面」となり，問題状況の構造（パズル）が理解できるのです。

保育現場ではさまざまな生活に出会います。そして，ソーシャルワークにおける援助・支援では，その「生活を全体的に理解する」ことが重視されます。ともすれば，目の前の問題だけを見て判断してしまう傾向があるかもしれませんが，専門的な援助・支援者（相談員）はその過ちを犯してはなりません。生活というものは社会的なものであり，同時にその家族員のこれまでの歴史のなかでつくられてきたものです。生活の全体的な理解を持たない限り，生活の一部であり，生活との密接な関係のなかで発生している生活問題を援助・支援することは不可能です。アセスメントにおいては保育者の限られた生活経験からの判断ではなく，人間の生活を具体的に把握し理解する力と，そのなかで問題を考える視点をあわせもたなくてはなりません。

3 保育現場における保育者による相談援助・支援

相談援助・支援では，相談者である保護者が本来持っている「強さ」「力」をどのようにして見出し，支援に結びつけていくのかを考えていかなくてはなりません。また，目の前にある問題に対して対処療法的に課題の解決を図るのではなく，見通しを立てて援助・支援の展開を組み立てていきます。そこでは，必要に応じて地域のインフォーマルな資源*4 や専門職との連携も視野にいれます。本節では，ソーシャルワークの知見を用いた保護者への相談援助・支援を具体的にどのようして展開していくのかを，これまでの内容を踏まえて述べていきます。

*4 インフォーマルな資源：個人を取り結んでいる家族，親族，友人，同僚，近隣，ボランティアなどによって支えられる社会資産。一方，制度に基づく専門職などによるサポートを“ファーマルな資源”という。

1）相談援助・支援として問題をとらえる視点

（1）保護者の「強さ」に着目する

子育ては日々さまざまな出来事に対処しながら営まれています。しかし，保護者自身のこれまでの対処方法や知識では手に負えないレベルを超えたときに，保育者に相談というかたちで助けを求めにやってきます。では，人はどのようなときに周囲の助けを求めようとするのでしょうか。ここで，保育者である相談援助・支援者（相談員）が注目すべきことは，保護者が援助・支援を求めてその一歩を踏み出してきたという行動力です。保護者は，「今の状況をなんとかしたい」「親として子どものために何ができるのか」というような現状を変えたいという思いを抱いて，相談にやってきます。「助けてほしい」という相談への行動は，その人が持っている健全な力であり，強さの証しなのです。保育者はこの「強さ」をテコにして，保護者としての成長へと結びつける援助・支援への手がかりを見出さなくてはなりません。

このように視点を変えることにより，保護者自身が本来持っている「強さ」や「力」を見出すことができます。また，大きな問題に直面しているからこそ，保護者自身が新たな視点でこれまでの問題や育児を認識することができる機会にもなるのです。たとえば，保育者という相談援助・支援者と出会ったことによって，「これまで悩んでいたことが癒《い》えた」「ここで保育者と過ごした1時間は泣かないで済んだ」「涙を流して心が軽くなった」という保護者の実感と体験は，保育者とのかかわりを通して保護者自身が変わるきっかけとなり，つぎのステップにつながっていきます。

同時に，子どもの問題は家族内の問題と相互に関係していることも多くあります。近年では，社会的に孤立していたり，外部からの介入を拒否していたり，問題の存在自体を否定し認識していない家族への援助が課題となっています。しかし，こうした家族であっても，相談のきっかけによって専門家の介入が可能となり，これまで隠されていた緊張や問題が表面にあらわれてくる契機となるのです。ここで適切な援助・支援が行われ，その問題と向き合い乗り越えることができれば，保護者自身の成長につながり，問題を抱えていた家族に新しい次元が開かれます。相談へのきっかけは，養育力の向上や家族援助・支援においても重要な局面なのです。

（2）多重問題家族の理解と援助・支援

子どもにとって家族は，もっとも身近で影響を受ける存在です。そして同様に家族も，子どもからの影響を受けながら日々の生活を営んでいます。子どもの誕生によってはじまる子育ては，家族生活，家族関係，家族の歴史においても重大な出来事であり，その子育てにどう対処するのかによっては，家族間の愛情と信頼の関係をいっそう深める場合もあれば，破壊してしまう場合もあります。ですから援助・支援においては，こうした子育てと家族の相互的な構造を認識しておかなくてはなりません。

どの家族もそれぞれの生活の規範や価値の体系からなる習慣を持っています。それらには家族員の就業，結婚の背景，パーソナリティー，地域性などが反映されて，家庭生活がつくられていきます。家庭はもっとも基本的な人間関係を提供し，子どもの成長・発達，自己形成において深くかかわっているのです。たとえば衣・食・住の生活環境は，そのまま栄養や睡眠の条件として健康にかかわるとともに，入浴や食事の習慣，食べものの好き嫌い，マナーといった基本的生活習慣，精神的な健康も家族関係のなかでつくられていきます[7)]。さらに，子どもは愛情や喜びの表現，怒りや情緒の表し方を家族などの身近な存在から学び，自我を形成していきます。こうした家庭での生活が子どもの成長に密接にかかわっているからこそ，家庭内で起こっている家族員の葛藤や関係性の不調が，子どもの言動に影響していることがあります。子どものわずかな変化や，家庭の生活問題を認識することができる，もっとも身近な存在である保育者が，子どもの言動の背景にあるサインをいち早くキャッチすることができれば，虐待などの問題の早期発見につながります。

近年の家族援助・支援の対象となる家庭の特徴として，社会的な援助を必要とする複数の問題を同時に抱えているケースが目につきます。こうした家族は,「多重問題家族」とよばれています。その家族の問題点は，一つひとつの問題がほかの問題と結びつくことで複雑化し,解決をさらに難しくするという,悪循環に陥っていることにあります。つまり，ひとつの問題がさらなる問題を発生させていたり，過去の問題を解決しないまま引きずっているため，再燃していることがあります。いずれにしても，いくつもの問題が複雑に絡みあい，それが結果的にひとつの形として表面化していることが多いのです。この場合，表面化している問題だけに焦点を当てても解決には向かいません。複数の問題が相互に絡み合い，ひとつの問題がまた別の問題を引き起こしているのであれば，まずその「核」となる問題を見出して，変えていくことが必要です。そうすることで，関連するほかの問題の変化を呼び起こすことにつながります。こうした，問題の重層的な構造を的確につかむ視点が，家族援助・支援では求められます。

2）保護者自身が変わるきっかけをつくる

（1）これまでの問題に対する対処行動への着目

具体的な援助・支援の展開にあたり，まずは相談の背景を理解しなくてはなりません。相談の入り口では，保護者自身がその問題をどう認識しているのかをベースにしながら，その立場，考え方，感じ方をまずは傾聴し，受容していきます。そしてそれらを基礎にしながら，支援的な関係性を構築することからはじめていきます。このように，アセスメントを進めるなかで，「なぜ今日」「ここで」相談をしようと思ったのかという相談のきっかけと，そこで語られた直接的な問題となっている課題へのこれまでの対処行動に光をあてます。対処行動そのものの理解を通して，保護者の抱えている生活問題，人間関係，個人資源の大きさ，養育力を見分けながら，これまで努力してきたことを励ますなかで，支援の可能性を検討していくのです。

つまり，相談のきっかけを知ることは，同時にその問題にこれまでどのように対処してきたのかを知ることにつながります。直接の問題となっていることが，最初はどのようにしてはじまり，それに対して保護者本人や家族はどう対処し，何がうまくいかなかったのか，相談に来るまでにだれの力を借りていたのか，その一つひとつを知ることにより，主訴*5の背景とそこでの課題をもう一段階深く理解することが可能となります。

また，多くの問題や不安を抱えての相談の場合，はじめに相談者である保護者は，うまくいかない現状，家庭内の不安や動揺，葛藤などを他者に伝えたいという気持ちを強く持っています。そこで保育者は，保護者がこれまで向き合ってきた一番つらい現状や伝えたい心情に共感することで，保護者に「この人に相談してよかった」という安心感を抱いてもらい，話を進めることができるのです。

保護者が問題に対してどのように対応してきたのかを明らかにすることは，支援課題に取り組む動機づけを促進することへとつながります。実際の支援においては，子育てにおける日常的な場面（たとえば食事や遊びなど）を利用して，支援プログラムに取り入れることも有効です。

（2）育児場面を語ることからの「気づき」と動機づけ

相談援助・支援では，現在抱えている問題や課題に対して，保護者（相談者）自身が主体となり，自らの力で乗り越えていく過程を支えていかなくてはなりません。多くの社会援助の理論では「問題を解決するのはあなた自身」という立場に立つべきことを示していますが，実際にはそれに見合う社会資源や方法を伝えるだけにとどまってしまっている場合が多いのです。相談援助・支援によって展開される援助・支援は本来，保護者との相互関係というなかで行われる協働作業であることをあらためて認識しなければなりません。つまり，保護者が援助・支援を受けて変わろうという意思がなければ意味がないのです。たとえば，家に帰ったときの生活を成り立たせるのは，援助・支援者ではなく，保護者自身です。保護者自身が当面の問題を認識して，動いていかなくてはならないのです。

＊5　主訴：サービス利用者（ここでは保護者）が援助機関などに対して行う問題や援助対策に関する主たる訴えのこと。

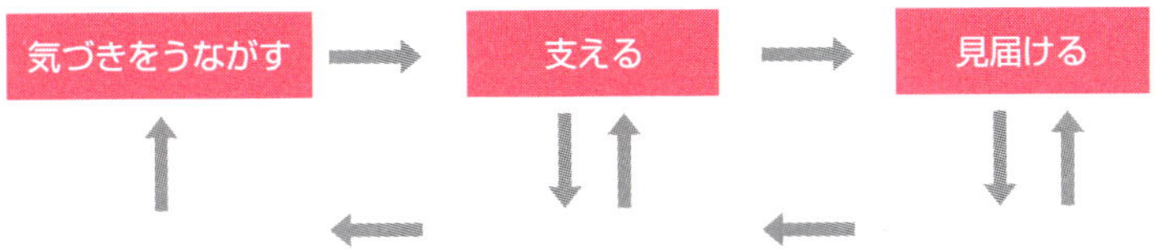

図３－２　養育力の向上につなげる支援のプロセス

出典）井上修一他「社会福祉援助技術現場実習スーパービジョンの研究（その２）－個別指導の小集団の取り組みとその効果」『中部学院大学研究紀要第８号』2007を一部改変

そのために相談援助・支援者である保育者には，保護者ができるだけ自分の問題を自分のことばで表現できるように支援することが求められます。保護者が，保育者に自身の育児場面・体験を説明し語るということは，保護者自身が頭のなかで整理し，その時々の状況に対して意味づけを行うということになります。そしてそれは，現状の課題や思いを保護者自身が認識することになります。窪田は，「専門的な援助関係のなかで他人（ワーカー）に受容され，傾聴され，理解される体験自体が，問題を客観的に明らかにするとともに本人の問題認識および問題解決能力を高める手段である」[8)] と述べており，保護者への自発的な動きを尊重した保育者とのかかわりが，課題解決（問題解決）への動機づけをうながすことを示しています。

この過程を通して保育者は，保護者がその問題をどう認識し，どのようなことばで表現しているのかに着目しながら，これまでの生活を振り返り，主訴のみならず本人さえ気がついていない問題や課題，ニーズを発見する「気づき」を保護者にうながしていくのです。

子育ての過程での保護者の養育力の向上には，図３－２に示すように，保護者が自分自身と向き合いながら「気づき」と「成長」を見出し，保護者自身で乗り越えていくことが重要です。

３）見通しをもった援助・支援に向けて

（１）小さな成功体験を積み上げる

相談援助・支援の展開において保育者は，直面している問題や乗り越えるべき

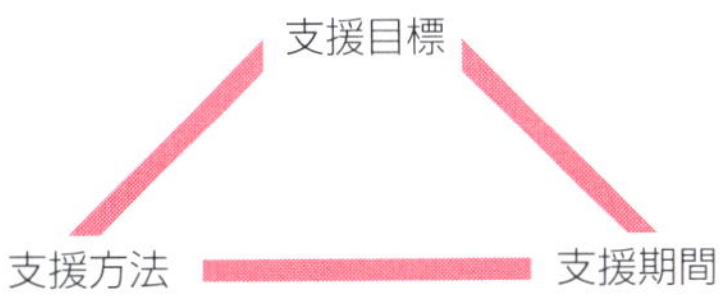

図３－３　支援内容を明らかにする概念の視点

表３－３　支援計画書の一例

保護者の思い				
支援の方針				
対応すべき課題	長期目標	短期目標	支援の方法	担当者

出典）杉本敏夫（監修）・豊田志保（編著）『考え・実践する保育相談支援』保育出版社，2012．p.62

課題を，保護者が対処しやすいサイズに調整し，「本人の力量に見合った大きさの課題に切り分けてステップを踏むように問題解決の方向性を見出すこと」[9)]が重要です。たとえば，何年もかけて積み重なった家庭内の問題や，これまでの育児のなかで形成されていた対処の方法を，数か月程度で解決しようと考えてはいけません。とりあえず，①緊急性を含めたすぐに対応しなければならない問題，②今は一時的に棚上げにしておきながら時期をみてゆっくりと変えていくべき問題，③教育的機会を設けて考え方の転換からはじめなくてはならない問題，④支援プログラムを通して体験してもらうことがもっとも効果的な問題，などその課題の質を見極めながら，段階的な援助・支援方法を検討していきます。

図３－３に示すように，支援目標・支援方法・支援期間の関係性を考慮しながら，現在の課題を明確化し，当面のわかりやすいことばで命名し，どのぐらいの期間で達成していくのかを示します。たとえば，長期的な支援目標が「育児不安の軽減」であるなら，直近の支援目標は現実的で対処可能なことを定めます。この場合,「通える子育て支援センターを探す」「利用のための手続きを知る」「パートナーとこれからのことを話し合う」というようにし，そのために必要な期間と主体的に取り組むことができる支援内容（方法）を検討します。そして「子育て支援センターでのプログラムへの参加」などへと続けていき，長期的な目標である「育児不安の軽減」につなげていくのです。

このように混乱していた保護者が，当面どこから解決の方向に進むのかを考えはじめるときに，そのときに傍《かたわ》らにいる保育者が，専門知識とそれまで同室の相談に携わってきた経験を背景に，事態を要約し課題にわかりやすい名前をつけるということには，いくつかの目的と効果があります。膨大な作業を提案するのではなく，当面考えることができる内容，扱うことのできる範囲の援助・支援を現実的な枠のなかで，ときには課題を細かく分けて，保護者との合意のなかで示すことができれば，その後の評価もしやすくなります。「一緒に考えた課題であったが達成できたのか」「できなければ何がいけなかったのか」というようにつながり，その評価に根ざしたつぎのステップを明らかにすることができます。

表３－３は，一例として「保護者の思い」「支援の方針」「対応すべき課題」などを支援計画の一覧表にしたものです。

問題解決の時間軸 →

緊急支援		短期的支援		長期支援	
24～48時間の危機とそれへの対応	1か月程度を単位とする問題解決過程と支援	3か月程度	6か月程度	1～2年程度（3年ぐらいまで）	5～6年程度
生命と生活の緊急事態への対応	問題の「質」の理解落ち着きを取り戻す時期	長期的見通しについての再アセスメント	新たな生活を形作り，引き続く課題への対応	ソーシャルネットワークの定着新たなスタイルを身につける期間	他機関との連携および見守り

①生活問題のアセスメント
→②生活問題への緊急処置
→③生活基盤の強化整備に関わる援助
→④生活問題への対処に関わる強化
→⑤定着・見守り
→⑥政策・施策への提言と協力

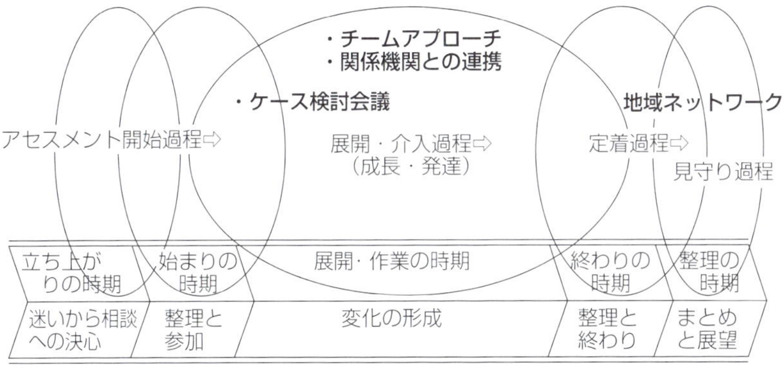

図3－4　問題解決の時間軸に沿った援助・支援の組み立て

出典）窪田暁子「生活課題解決の時間軸」および岡村正幸『はじめての相談理論』（かもがわ出版）の概念をもとに筆者作成

（2）生活の時間軸に沿った援助・支援の組み立て

援助・支援にあたっては，問題の全貌とその解決の見通しを示しながら，まず相談者である保護者が，最初の一歩を踏み出しやすい課題を提起することからはじめます。その後，生活課題の見通しを持った支援を展開していくための，支援課題をいくつかに分けた，生活時間の軸に沿った支援計画（支援の流れ）を立案します。つまり，支援を必要としている状況の緊急性を見極め，つぎに直面するであろう問題を推測し，その解決の見通しや経験的予測から，いくつかの課題に整理してとらえるのです。たとえば，①保護者が混乱している状況から落ち着きを取り戻すのに必要な時間，②その問題を取り組む単位としている期間，および取り組むべき課題を限定して早急に解決しなくてはならない課題，③ある問題が解決してから提案できる支援内容などを区別し問題解決の時間軸（図3－4）に沿って支援を組み立てていきます。区切った時間軸のなかでは抽象的な支援目標は避け，取り組むべき課題を明らかにすることが，ケース検討やほかの機関・職種との連携を有効にしていきます。漠然とした支援目標に向かっての支援はあまり意味を持ちません。生活時間軸のなかで区切った支援の積み上げ方式をとることで，問題への見通しが持てるのです。

たとえば，窪田[10]は，ソーシャルワーク実践において生活問題を「解決の時間軸」に沿って考える視点として，以下のように分類して示しています。(以下，各項目の解説は小口によるもの)

「解決の時間軸」に沿って考える視点

緊急援助・支援

①24～48時間（1～4日程度）の危機とそれへの対応

虐待対応への緊急対応，救急医療の対応，保護者の急病･事故，入院など，おもに生命にかかわる緊急事態への対応です。とくに，アセスメントではこれらの問題の緊急性を見極める必要があり，24～48時間の対応が勝負になることがあります。緊急時には問題をどう限定するのかがとても重要になってきます。

また，一般的な労働条件下での急な有給休暇の取得は2～3日であることから，子どもを近隣の親族に預けるなど，24～48時間であれば無理して動員できる社会資源があるかもしれません。緊急に組織される一時的な支援体制を考えることができます。

②3週間程度（2～4週間）を単位とする問題解決過程と援助・支援

緊急事態への対応を経て，ある程度その事態が長期的なものか短期的なものかの一応のアセスメントが可能となる期間です。たとえば，一時保護などによる介入後の経過の予測がつく，非行で警察に補導された結果の見通しがつく，保護者の入院であれば長期的なものになるかどうかがわかる期間でもあります。

短期援助・支援

③3か月程度（1～4か月）

社会的にも，長期の休職をとる場合においても1～3か月が一般的な目安となり，また日本には四季があることからも3か月程度で季節に合わせた生活の変化があります。通園施設などの利用を開始して慣れてくるのも3か月程度であり，問題状況を切り抜け，新たな生活を再構築するのに必要な最低限の期間であるといえます。

家族を失った悲しみや，子どもの重病や障がいを受け止めかねてのとまどいも，3か月ほどたてば，一応のおさまりをみせ，取り乱していたときには見失われていた本人や家族の強さも再び現れてきます。

また，ソーシャルワークでは短期間であっても3か月という単位を，まとまった働きかけができる期間として大切に考えます。3か月あれば少なくともひとつの問題領域で，一定の変化をおこし，つぎの変化へとつなげることを考えたモニタリング（経過観察）が可能です。援助・支援全体の見直し，長期的見直しについての再アセスメントを行わなくてはならない重要な節目となる期間です。

④6か月程度（5～10か月）

予想できる近い未来であり，それらに向けた準備を進めることができます。また，半年を超える入院であれば，長期の家事，療養，さらに経済面の計画を立て直さなければなりませんし，家庭内に6か月以上継続した問題を抱えているのであれば，生活に対して全面的，あるいは長期的な影響を及ぼしていると考えられます。

長期援助・支援

⑤1～2年（3年程度まで）

人間の成長と発達にかかわる課題を，このスパンでとらえる必要があります。たとえば，集団のなかでの子どもの人間的成長や協調性，社会性などの発達，子育てで悩む保護者の成長，保護者が自分なりのやり方を身につけ，自身の見通しを持ちはじめるなど，その人が定着して，近い将来を経過的にとらえるようになるのに必要な期間です。

そして，家庭生活においても予測がつく将来です。パートナー（夫）の定年，子どもの進学，転勤の予測，転職の困難さなども，1～2年の間に起こることとして現実的に考えることができ，不安や期待を呼び起こすものになります。1～2年の間，何を目標にして生活をし，現実的な将来の課題への準備を視野に入れて援助・支援を進めていくことができます。

⑥5～6年

今の生活を続けていけそうなのか，その間に変化がおこるとすればどのようなことを予想すべきかなどの積み重ねで，より長期的な援助・支援を支えていきます。家庭内の問題は継続することが多く，保育所，幼稚園を卒園した後も小学校，中学校，高校進学時においても一貫して継続した援助・支援が必要であり，ほかの機関との連携がより重要となります。そのためにも，生活課題をより長期で解決していく視点が，重要視されるようになってきています。

このように，援助・支援のねらいや方針を明確化し，いま直面している課題をどう乗り越えるかという視点と，その課題の背景を探りながら保護者自身の課題，子どもの発達課題を長期的に見据え，見通しのある援助・支援の方向性を検討していく必要があります。実際の援助･支援では，保護者や子どもの状況によって，そのつど対応を考え直さなければならないことも多くあります。出てきた問題を出てきた順に取り扱うという対処療法的な対応ではなく，時間軸に沿った援助・

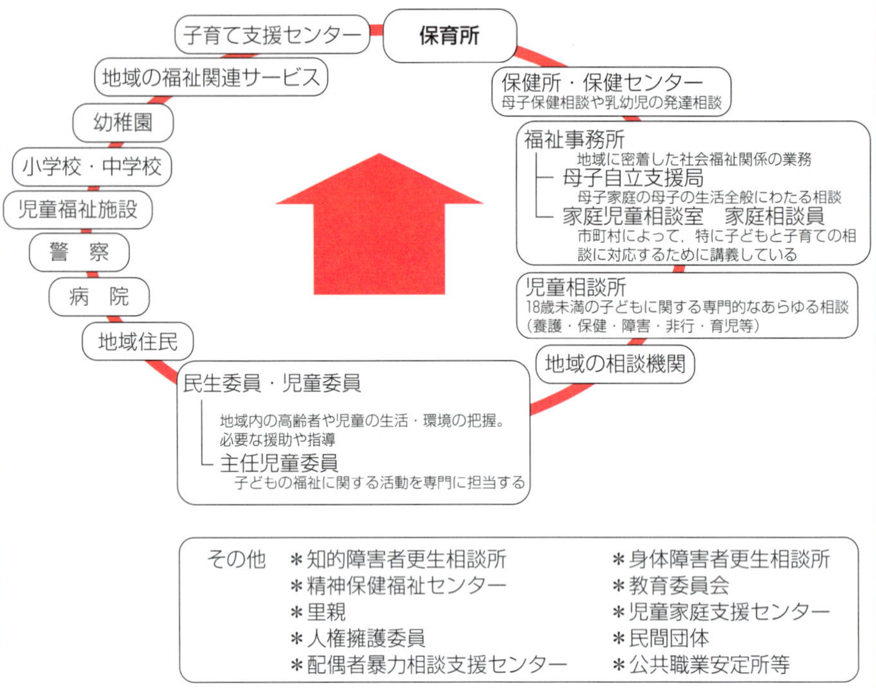

図３－５　地域の関係機関・施設

支援の組み立てが，生活課題のアセスメントおよびそれに基づく援助・支援計画の立案にあたって不可欠となります。

このような，見通しのある援助・支援の展開において窪田が提起している「解決の時間軸」による分類は，直面する生活問題の質と解決の時間を見極め，一貫した長期的な支援の展開においてもいくつかの示唆を与えてくれるはずです。

4）他の専門職・機関との連携

（1）援助・支援の役割分担

これまで述べてきたような子どもや保護者への援助・支援展開を，すべて保育所や幼稚園が単独で担うわけではありません。子ども・家庭福祉の領域には，多くの専門職が配置されています。とくに，児童虐待問題や家庭内に深刻な問題を抱えているケースへの対応は，保育所，幼稚園の限界を超えるものであり，専門機関との連携が不可欠です。保育所，幼稚園は，地域の第一線に位置する児童福祉施設，幼児教育施設であり，多様な問題が集中します。こうした問題をいち早くキャッチし，他の専門職につなげるという，重要な役割も担っているのです。

たとえば児童虐待であれば市町村・児童相談所，また保護者の精神疾患や子どもの発達障がいであれば保健センターなどの保健医療機関や保健師との連携となります。専門機関との連携は，基本的に保護者の同意が必要ですが，児童虐待などへの対応では，了解を得なくても市町村・児童相談所に報告することが義務となっています。図３－５は，保育所，幼稚園が連携を組むことが必要な地域の関係機関・施設です。こうした連携を深めるためにも，各専門機関・専門職の役割と援助・支援における視点，連携と連絡の違いを理解しておきましょう。

（2）保育所，幼稚園の役割

関係機関につなげても，保育所，幼稚園の役割が終わるわけではありません。保育所，幼稚園は，保育の専門知識・技術・経験を有する専門施設であることから，連携による援助・支援においても中心的な役割を担っているのです。

こうした連携による援助・支援をより密接に行うために，要保護児童対策地域協議会などの事例検討会（ケース会議）が開かれることが多くなってきました。相談援助・支援は，決して一人で抱え込んではいけません。同じ仕事をしている者同士の相互支援，事例の検討などを通して，お互いに支え合いながら援助・支援をしていくことが重要です。そして，保育者のあるいは他の職種の限界も理解しておくことです。

近年では，多くの複雑な問題を保育所，幼稚園あるいは保育者自身が抱え込んでしまっている現状があります。専門的な機関へとつなげ，援助・支援の役割を分担することで，保育所や幼稚園だけでは対応できなかった側面への介入が可能となり，同時にまた単独で過重な役割と責任を背負い込むことなく，本来の保育者としての専門性を発揮することができるのです。多くの問題は長い時間をかけて変化していくものであり，そのため就学前，学童期，思春期というライフステージによって，中心的に対応していく専門機関も変わっていきます。節目ごとに途切れることなく，長期にわたり一貫した援助・支援を続けるためにも，機関・施設が密接に連携しながら引継ぎ，地域全体で長期的に見守っていくことが重要なのです。

さらに子育ての問題やニーズは，その地域の情勢によって左右されます。「子育て支援」が強調される今日では，各地域においてそれぞれの実情とニーズに応じた対応が展開されています。こうした，ネットワークづくりやボランティアなどの地域資源の開発，専門職機関によるソーシャルサポートネットワーク[*6]の構築は，今後より重要性を増しています。地域に支援の網目を広げていくためにも，行政や政策への積極的な働きかけを保育所，幼稚園を中心とした専門機関が，その役割を担っていかなくてはなりません。

＊6　ソーシャルサポートネットワーク：フォーマルな援助ネットワークを補完するような，個人を取り巻く家族，親族，友人，隣人，そのほかの定期的な交流を持つ人々によって構成されるインフォーマルな援助ネットワーク。

5）実践をより豊かにするために

子育てが複雑化し，保育に求められるニーズが多様化するなかで，子どもの最善の利益を考え，その健全な発達と成長を支えるという保育固有の理念を実践していくには，ソーシャルワークの視点と技術が求められるようになってきました。地域の子育て支援の中心的な役割を担う保育者は，今後も多様な問題と向き合っていかなくてはなりません。

これまでの保育実践において確立してきた英知にあわせ，さらにソーシャルワークの視点を学び，その技術を活用することで，信頼関係を基盤としたかかわりが深まり，より効果的な援助・支援が可能となります。そのために，生活を具体的に理解する視点を持つこと，および援助・支援関係の構造を十分に理解し，基本的なコミュニケーションの技能を高め，専門的支援関係をつくり維持する力が必要です。しかし，どんなに知識や技術，またソーシャルワークの機能を学んでも，よい援助・支援者（相談員）にはなれません。倫理性に裏づけられた保育者としての価値をあわせもち，ときに疲れたり迷ったり落ち込んだりするときにも，互いに支え合い，わかり合える仲間がいることが，保育者の仕事を安定させます。保育者（相談員）の相互の豊かな関係は，私たち自身の健康を守るためにも大切なことで，困難な問題を抱え，つらい生活を送っている人たちを援助・支援する専門職には，できるだけ自分自身を健康に保つよう努力する義務があるのです。

そのためにも，自分自身の生活を大切にし，保育者としての自分をつくり出していくようお互いに支え合うこと，そしてスーパービジョン*7 を活用し，記録を整理する労力などを惜しまない日々の積み重ねが，信頼される保育者（相談員）になるための一歩であるといえます。

＊7　スーパービジョン：スーパーバイザー（指導するもの）とスーパーバイジー（指導を受けるもの）の職務遂行能力や専門性を向上させるために，管理的機能，教育的機能，支持的機能を果たして，個別的，集団的に助言指導や教育訓練を行う一連の過程をいう。

引用文献

1）尾崎恭弘「ソーシャルワークと保育」西尾祐吾・橘高通泰・熊谷忠和編『ソーシャルワークの固有性を問う－その日本的展開をめざして－』晃洋書房，p.58，2005
2）寺見陽子「保護者理解と援助のあり方を考える」大阪市保育所連合会『第 59 回大阪市保育所研究発表資料』大阪市保育所連合会，p.50，2012
3）窪田暁子「社会福祉方法・技術を学ぶ人のために」植田章・岡村正幸・結城俊哉『社会福祉方法原論』法律文化社，p.2，1997
4）寺井文平「保育における親理解」名倉啓太郎監修・寺見陽子編著『子ども理解と援助－子ども・親とのかかわりと相談・助言の実際－』保育出版社，p.46，2004.
5）寺見陽子「人間理解の方法」上記（4）と同じ p.31
6）窪田暁子「社会福祉援助活動にける研究－社会福祉援助と共感的相互理解」『研究報告書第 15 集相互援助の基盤としての共感的理解』東洋大学社会学研究所，p.95，1995
7）窪田暁子「心身の不調と家族へのソーシャルワーク」田村健二監修『人間と家族－ 21 世紀へ向けて－』中央法規出版，1995，p.259, 260.
8）一番ヶ瀬康子・真田是編・窪田暁子「第 7 講 社会福祉の方法・技術」『社会福祉論』有斐閣，1975, p.94-95
9）結城俊哉「釈迦福祉援助実践の技法」上記（4）と同じ p.136
10）窪田暁子「社会福祉方法論の今日的課題－社会福祉実践の構造－」『日本の子どもと児童相談所第 10 回児総研セミナー報告書』児童相談所問題研究セミナー実行委員会，1984

参考文献

（1）伊藤良高・永野典詞・中谷彪編『保育ソーシャルワークのフロンティア』晃洋書房，2011
（2）植田章『はじめての保育て支援』かもがわ出版，2001
（3）岡本正幸『はじめての相談理論』かもがわ出版，2001
（4）小口将典「ソーシャルワーク実践における家族への臨床的面接－生活課題への対処行動に着目して－」『愛知淑徳大学論集福祉貢献学部篇』第 1 号，2011
金子恵美『保育所における家族支援－新保育所保育指針の理論と実践－』全国社会福祉協議会，2010
（5）鶴宏史『保育ソーシャルワーク論－社会福祉専門職としてのアイデンティティ』あいり出版，

2008
(6) 西尾祐吾監修・安田誠人・立花直樹編『保育における相談援助・相談支援－いま保育者に求められるもの』晃洋書房, 2011
(7) 杉本敏夫監修・豊田志保編『考え・実践する保育相談支援』保育出版, 2012
(8) 橋本好市・直島正樹編『保育実践に求められるソーシャルワーク』ミネルヴァ書房, 2012
(9) 林邦雄・谷田貝公昭監修『保育相談支援』一藝社, 2012
(10) 前田敏雄監修・佐藤伸隆・中西遍彦編『演習・保育と相談援助』みらい, 2011

4章

保育の相談援助・支援を進めるための基本理念

4 保育の相談援助・支援を進めるための基本理念

本章では，保育所や幼稚園の保育者，カウンセラーによるケース（事例）を中心に保育の相談援助と支援のよりよいあり方について考えます。また，保育所・幼稚園だけでなく小学校，公的相談機関などにおける教育（保育）相談，カウンセリングの実践からの知見（事例）を織り交ぜながら考察を試みます。保育現場と小学校，相談機関などの現場での相談援助と支援は，子どもと保護者のしあわせをお手伝いするという目的において，本質的には同じであると考えられるからです。

1 相談援助・支援のための基本理念

1）相談援助・支援の必要性

現代の日本は，経済状況の悪化，都市化，核家族化，少子高齢化，情報化という大きく変化する時代の流れのなかにあります。そこには，共働き家庭の増加，ひとり親家庭の増加，待機児童の増加，隣近所といった身近な地域コミュニティーの減少，子ども仲間の減少，溢《あふ》れる情報，といった子育てをめぐる背景が存在しています。たとえば，生計を立てることを最優先に長時間働かなければならず，子育てに十分な時間や心を割《さ》けない保護者の状況があります。また，インターネットを通じ日々，膨大な情報がもたらされますが，はたしてそれらを適切に取捨選択して生活や子育てに有効に活用できているでしょうか。あるいは，家庭内で親子以外の身内の人間（祖父母など）が生活をともにしていなかったり，隣近所の身近な人々との交流や助け合いがないために，家族以外から生活や心身を育むための支援や援助を得られず，家族や保護者だけで孤立し，事態を打開できずに悩みや苦しみを深めてしまう状況が増えています。そして，このような状況下で，保護者の育児（養育）不安や心理的ストレスの高まりや，児童虐待，要保護児童などの子育てをめぐるさまざまな問題などが発生する危険性が高まっています。

そのため，子どもの心身の健やかな成長を担う保護者へのサポートが必要になります。そして，そのサポートを相談という方法を通して行う，専門家と専門機関が必要になります。

では，誰が，どの機関が行うのでしょうか。

まず，就学以前の子ども（乳幼児）を養育する保護者を対象とした「子育て支援」においては，保育者がその専門家として，また機関・施設としては保育所と幼稚園などがその担い手として考えられます。『保育所保育指針』(厚生労働省)と『幼稚園教育要領』(文部科学省)でも言及されているように，家庭と同様に子どもに日常的にかかわり，「子育て支援」を担う専門家は，保育者(保育士，幼稚園教諭などを含む)であり，専門機関は保育所，幼稚園となります。

一方，小学校，中学校，高等学校などの教育の現場でも，保護者支援の大切さはあらためて認識されており，教師だけでなく，学校に導入されたカウンセラーも活用して保護者の支援にあたっています。さらに，問題に応じてさまざまな他の専門家や機関がかかわり，学校などと互いに協力・連携・協働して問題に取り組むことがあります。

ですから，乳幼児を対象とした保育者が向き合う「子どもの問題」でも，保育者と子どもの関係のなかで改善，解決できる問題もあれば，保護者への支援があってはじめて解決できる問題もあります。さらに，保育者と他の専門家や機関との協力・連携・協働が必要な問題も生じます。そして，この過程で保育者は，自分自身の心の健康(メンタルヘルス)を保つことを考えなければなりません。

2）相談援助・支援における保育者と保護者の関係

保育者は，保護者に対して，おもに問題を話し合う「相談」という形式を用いて援助・支援を行います。このとき，「相談」がよりよい援助・支援につながるような，保育者と保護者の心の関係が必要となります。

保育者が子どもの問題に取り組む際に，保護者から思いもかけない批判や非難を受けることがあります。そのようなときに，保育者の心は揺れ，悲しみ，怒りを覚え，ときには徒労感を抱くことさえあります。そして保育者としての心の健康が損なわれる場合もあります。そのため，相談援助･支援を実践するにあたり，保育者と保護者の望ましい適切な心の関係が求められます。

たとえば，保育者からみて，子どものしつけについて社会常識に照らして間違っていると思われる方法を保護者が表明した場合，保育者がその方法を一方的に否定したら，保育者と保護者の関係は，対立(図４－１①)してしまう可能性が高くなります。また，保育者がそのしつけ方法を表面的に理解した様子を装っても，保育者と保護者の心の関係は，ズレたもの(図４－１②)になってしまう可能性があります。そこで，保育者と保護者が信頼し合い，協力し合って子どもを育てていくという相互の「心を寄り添わせた関係」(図４－１③)の構築が大切になります。この保育者と保護者の「心を寄り添わせた関係」が，相談援助・支援を進めるための基本になると考えられます。

保育者と保護者の「心を寄り添わせた関係」の構築を試みるにあたり，注意したいことがあります。「心を寄り添わせた関係」とは，保育者が保護者の心を完璧に理解した関係というものではありません。人の心を100％理解することは誰にも不可能です。気持ちをすべて理解したと思った瞬間，その関係が対立関係(図４－１①)や，ズレた関係(図４－１②)になってしまうこともあるからです。

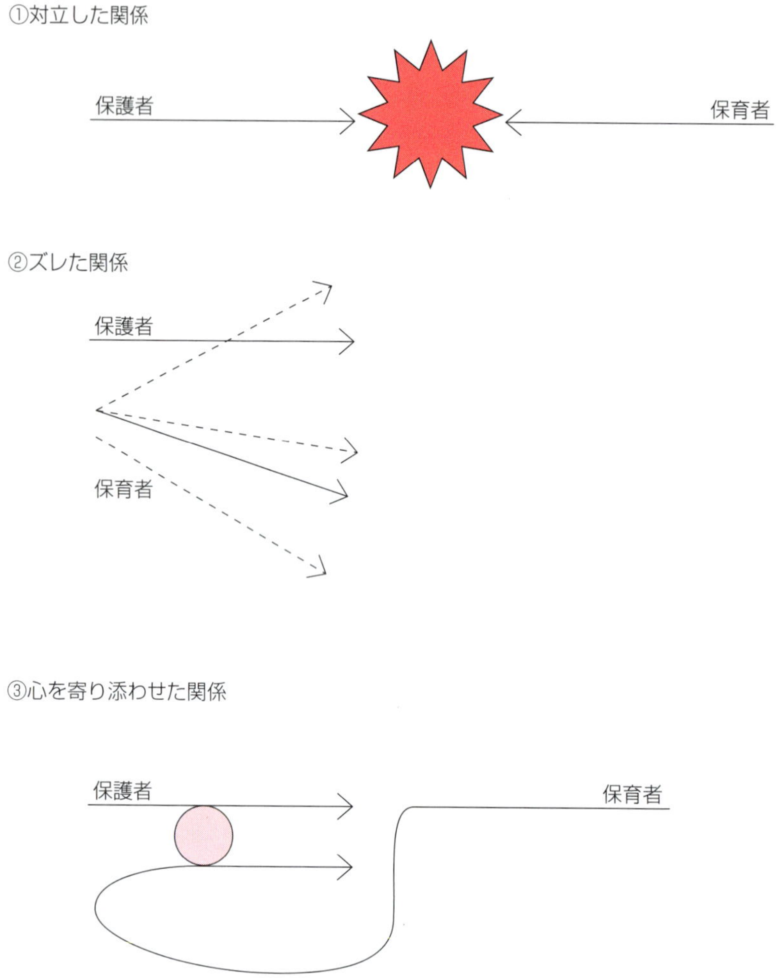

図４－１　保育者と保護者の心の関係

出典）伊藤明芳「カウンセリング的アプローチ」『現代のエスプリ471』至文堂，2006を増補

ですから，保護者の心を「理解する，理解している（understand）」のではなく，「理解しようとする，理解しようと試みる（try to understand）」という感覚（図４－１③の●の部分で表された距離感）が必要であると考えられます。この距離感の度合は「保育者と保護者の関係の質」に応じて変化し，決して重なることはありません。しかし，この感覚を保育者が常に携えて，保護者の心の動きに応じてかかわり，働きかけることを実践していくことが，保護者の心を受け止めること，保護者の心に伴走することになります。これが保育者と保護者が互いに「心を寄り添わせた関係」となります。保育者と保護者がこうした関係になり，ともに信頼し合って子どもの問題に取り組み，子どもの心身を育んでいくことができると，保育者の心の健康も保たれていくことになります。

3）相談援助・支援に活かすカウンセリングの考え方と方法

（1）指導とカウンセリング

では保育者が，保護者・子どもとの間で「心を寄り添わせた関係」を構築し，実りある相談援助・支援を行うにはどのようにすればよいでしょうか。近年，カウンセリングやソーシャルワークなどの分野からのさまざまな考え方や方法が紹介され，実践が試みられています。

そこで，ここでは相談援助・支援に有効となる手段のひとつで，「心を寄り添わせた関係」の構築に役立つカウンセリングの意味と方法について説明します。ここで用いるカウンセラーという名称は，対象の幅を拡げて保育者，教師，福祉担当者などを含んだ「相談を受ける専門家」としてとらえて考えます。また，クライエント（来談者，相談者）は，保護者（母親，父親など）が中心となります。

ところで，カウンセリング（counseling）の定義は「言語的および非言語的コミュニケーションを通して，健常者の行動変容を試みる人間関係である」（国分，1990）です。

ところが保育や教育現場では，保育者や教師によっては「（子どもへの）指導とカウンセリングは相いれないもの，カウンセリングは子どもを甘やかすものではないか」との疑問や誤解を持っている人がいます。しかし，子どもの社会性や規範意識などを教え導く「指導」と，子どもの心をまず受け止めて，その心を大切にして一緒に考えていくという「カウンセリング」とは，子どもの心を育むために必要な両輪であると考えねばなりません。

相談援助・支援では，カウンセリングを「クライエント（保護者など）とカウンセラー（保育者など）が対等な立場で，子どものしあわせのために『お互いの心を寄り添わせて』子どもの問題を一緒に考えていくこと」ととらえ，活用していくことにしています。同時に，これが保育の相談援助・支援を進めるための基本理念でもあります。

（2）カウンセリング・マインド

相談援助・支援を担当する相談員（保育者など）にとって，カウンセリング・マインド（counseling mind）が重要となります。カウンセリング・マインドとは「カウンセラーがクライエントに対して，あたたかい信頼関係に満ちた人間関係を作る姿勢・態度・心構え」（中根，2004）を意味します。つまりカウンセリングや相談を行う人間が持たなければならない心の姿勢です。相談援助を実践する相談員は，相談者を「受容」しようとし，「共感的理解」を試みる態度を携えた，このカウンセリング・マインドをもって相談援助・支援を行うことが大切です。

カウンセリング，相談を実践するにあたって，一番はじめに大切なことは「傾《けい》聴《ちょう》」です。まずは，相談者に向き合い，相談者の言葉や話を一生懸命，丁寧に誠実に「聴く」ことです。

4）傾聴の効果

ここで，以下の２つのケース（事例）から傾聴の効果について考えてみます。

［ケース１］傾聴の効果

幼稚園での教育相談で，定期的にカウンセラー（臨床心理士）のもとへ来談した母親のAさんがいました。Aさんは長年，服飾関係の仕事に就いていました。Aさんはひとり親家庭で，お子さんは二人で，年長と小学６年生の娘さんがいました。相談の内容は養育不安でした。

近頃，小学生の長女が完全な不登校状態になってしまいました。長女や小学校の担任教諭に不登校になった理由を尋ねても要領を得ず，有効な解決策が講じられることもありませんでした。Aさんはどうしたらよいか途方に暮れ，二人の娘の養育に自信を失ってきました。同時に，好きで就いた現在の仕事ですが，このまま続けていてもよいものなのか，経済的な不安はあるが，子どものために辞めるべきなのか，と迷いが生じていました。遠くに住むAさんの実家に相談しても，Aさんの両親は「子どもがこのようなとき（長女の不登校）は母親ができるだけ子どものそばにいなければならない，ただちに今の仕事を辞めて，今より短時間労働の仕事に替えるべきだ」と一方的にいうのみでした。

しばらくカウンセラーによる教育相談が続き，やがてAさんは自ら，今は仕事を辞めないで，信頼できる次女の幼稚園の担任のB先生をはじめとする幼稚園や長女の小学校のサポートなどを積極的に受けて子育てを頑張ることを決意しました。

Aさんの（人生の）選択にあたって，何がベストなのかカウンセラーにはわかりませんし，またそれをカウンセラーが決めるものでもありません。毎回の教育相談でカウンセラーはAさんに必要に応じて助言をしましたが，カウンセリングの中心はAさんの話を一生懸命に聴くことでした。ここで重要なことは，カウンセラーがAさんの話す内容の是非については判断をせずに，そのまま受容し，最後まで話を遮らないで聴き切ることに努めたことです。こうしたカウンセラーの態度が，Aさんが安心して自分について内省することにつながったのではないでしょうか。

［ケース２］カウンセラーの傾聴から保護者同士での問題解決へ

幼稚園でのある母親（Kさん）からの相談です。いつもおとなしく穏やかなKさんは，その日は何やら落ち着きなく興奮した様子でした。数日前に，幼稚園登園時のおしゃべり中のふとしたことばの行き違いから，仲良しの母親Ｆさんと絶交状態になってしまったというのです。

Ｋさんは，Ｋさんのことを勝手に誤解し怒って遠ざかっているＦさんへの不満を強い口調で訴えました。カウンセラーはＫさんの話を丁寧に聴いていきました。ここでは，母親同士がおとなげないなどといった価値判断は一切せずに，時折，カウンセラー自身の思いや意見を優しく，決めつけずに提示することだけに努めました。少々引っ込み思案なところもあるＫさんですが，じっくりと自ら考えたり，自分の意見をしっかりと述べることができるようになりました。そしてＫさんの本心が，Ｆさんともとのような仲良しに戻りたい，ということであることにＫさん自身で気づき，それをカウンセラーに話すことができました。カウンセラーはＫさんのその思いを受け止めることを試みました。

つぎに，Ｆさんと仲直りするための方法を，カウンセラーと話し合いました。Ｋさんは実行できそうなひとつの方法，それは仲直りしたいという本当の思いを，勇気をふりしぼってＦさんに伝えること，を実行してみることにしました。

後日，園庭でＫさんとＦさんが親しげに談笑している姿が見られました。

ここで重要なことは，カウンセラーがＫさんの話を傾聴する姿勢によって，Ｋさんは安心感を持ち，なかなかほかの人にはうまく話せなかった心のなかの本当の思いを，表現すること（対象化すること）ができたということです。

傾聴の要点は，「相手の話に熱心に耳を傾け，表面的な事実にとらわれることなく，その背景にある気持ちに焦点を当て，相手の立場に立ってその心情を理解しようと努めるといったことである」（沢崎，2005）です。また，傾聴には「よく聴いてもらうことによって，人は安心し，満足し，希望を持つことができる。そうした体験が彼らの中にある成長力を強化するのである」（沢崎，2005）という効用があります。ほかにも，相談者の心の癒し，問題の気づき，整理，軽減，解決などといった効用もあります。

さらに，人の話を傾聴する際，相談を受ける側（カウンセラー，保育者など）のことば以外の表現方法である，非言語的態度や雰囲気にも注意を配る必要があります。たとえば姿勢，表情，眼差《まなざ》し，頷《うなず》き，相槌《あいづち》，相手とのペース合わせ，などが大切です。

なお，保育者が，乳幼児期の子どもに直接かかわる場合は，おとなとは違って子どもの言語能力は，十分に発達していないことを考慮に入れておく必要があります。そして，その子どもの言語能力に合わせた，保育者の丁寧なサポートや導きが必要となります（⇒ p.74，第４章第２節 2）「子どもを対象にした相談援助の特徴・特性」）。

2 保育の相談援助・支援の特性

1）保護者への相談援助・支援

保育（教育）における相談援助・支援の対象者は，おもに保護者となります。その際，担任の保育者，主任保育者，園長先生などが相談を担当することになります。しかし，ときには相談担当の保育者と保護者との関係がこじれたり，対立関係に陥ることがあります。そして当事者同士での関係修復が難しい場合，第三者の相談担当者（カウンセラー，保育者など）が両者の間に立ち，両者と信頼関係を結び，関係改善を試みる相談を展開しなければならないケースがあります。

ここでは，幼稚園で担任教諭と保護者の関係がこじれてしまったケースについて考えてみましょう。

［ケース３］保護者と保育者のつなぎ役としてのカウンセラー

年中のＥ男さんのお母さんが，副園長先生に勧められて，カウンセラーに相談に来ました。Ｅ男さんが，クラスで粗暴な言動や振る舞いをする男子園児の影響から，不登園状態になってしまったそうです。ただし，その男子園児がＥ男さんにしつこくちょっかいを出しているという訳ではありませんでした。事実を知ったお母さんは，担任のＮ先生に相談しました。ところが，お母さんは，Ｎ先生がその粗暴な男子園児に対して何の指導もしておらず，Ｅ男さんのことは放ったらかしにしている，という印象を持ったのでした。

お母さんとカウンセラーの面談がはじまりました。お母さんははじめ，カウンセラーに対して緊張し，警戒心がある様子でした。そこでカウンセラーは，カウンセラーの役割が相談者の秘密を守り（守秘義務），相談者の悩みや問題の軽減・解決のお手伝いをするものであることを，わかりやすく説明しました。

面談が進み，お母さんは時折涙を流しながら，Ｎ先生への不満や怒りをカウンセラーに吐露するようになりました。カウンセラーはまず，そのお母さんの苦しい気持ちを丁寧に聴き続けました。ここではカウンセラー自身の意見や解釈，そして，お母さんの思いや理解の是非についてはあまり述べませんでした。

同時に，カウンセラーはＮ先生ともＥ男さんのことについて話し合いました。Ｎ先生は，お母さんが思っているようにＥ男さんを放ったらかしにしているのではありませんでした。Ｎ先生から見るＥ男さんはおとなしく優しい性格なのですが，気弱なところがあり，他人の言動に敏感すぎる傾向が強く，気持ちが落ち込みやすい子どもである，とのことでした。このようなE男さんが，幼稚園の生活に適応して，E男さんのよさが活かされるためにも，E男さんにはもう少し心が柔軟で，そして強くなってほしいとN先生は考えていました。

面談がしばらく続き，お母さんは落ち着いて安心した様子で考えたり話したりするようになっていました。N先生への不満だけでなく，E男さん自身のことやお母さん自身のことに思いをはせるようになりました。実はお母さんは，E男さんのおとなしく大変気弱な性格をこれまで気にしており，もっと強い精神力を身につけてもらいたいと，本当は強く願っていたそうです。しかし今回のように，E男さんが幼稚園に行けなくなったことのもうひとつの原因が，E男さん自身の気持ちの弱さであることを認めてしまうと，そのように育てた母親の責任だと，同居している夫方の母（姑）に非難されてしまうことを，お母さんは恐れていたのでした。

やがて，お母さんは，E男さんの心の成長と園生活への適応を第一に考えていくことにしました。そのためにも，担任のN先生との関係をもう一度冷静に考え直し，歩み寄ることを決心しました。

その後，お母さんとN先生，カウンセラーの3人で話し合い，さらに，副園長先生を加えた4人でも話し合いました。登園に向けては，E男さんの気持ちやペースを大切にしながら，家庭訪問などを通じてN先生とE男さんの交流を図り，つぎに職員室登園からはじめていくことにしました。

お母さんとN先生の歩み寄りと関係修復，E男さんへのN先生や副園長先生，仲の良い友だちの働きかけ，そして勇気の湧いたE男さんの踏ん張りがあり，しばらくしてE男さんは登園できるようになりました。お母さんとカウンセラーの面談は終結となりました。

［ケース3］では，保護者が，子どもの問題が原因で，担任保育者に不信感を抱くようになってしまいました。そして，次ページの図4－2に示すように，保育者と保護者の関係が，これまでの関係（図4－2の①）から対立関係（図4－2の②）になってしまいました。その後，カウンセラーが保護者，担任保育者のそれぞれとつながり（図4－2の③），相談（カウンセリング）がはじまりました。

相談の過程でカウンセラーは，保護者，保育者のそれぞれの思いを理解しようと努め，双方ともに「子どものしあわせ」を願っているということを再確認し，それを双方に伝え，具体的に一緒に考えていくことに努めました（図4－2の④）。

やがて，保護者と担任は歩み寄ること（図4－2の⑤）ができました。そして，以前よりも一層，保護者と担任保育者が手を携えて，子どもの問題に取り組めるようになりました（図4－2の⑥）。

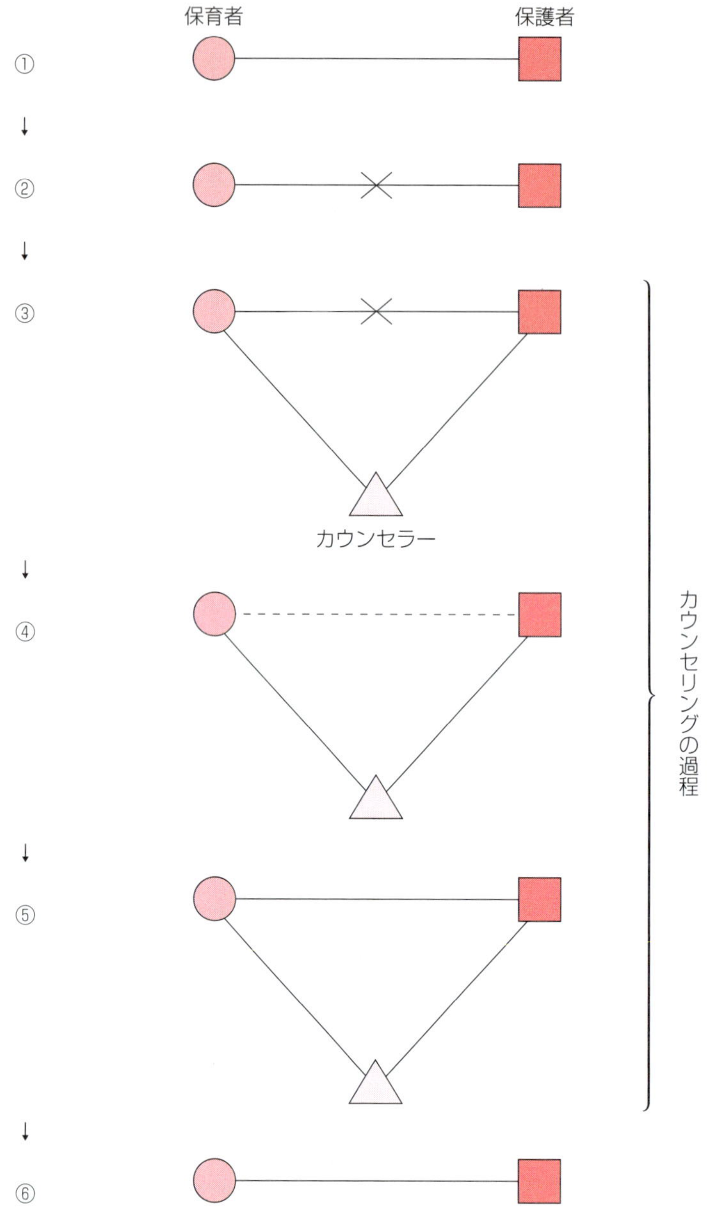

図4－2　カウンセラーのつなぎ役

2）子どもを対象にした相談援助の特性・特徴

おとなでも自分の心の内側を，ことばで十分に表現することが難しい場合があります。ましてや，言語による表現能力が未熟で，発達途上にある子どもにとっては，なおさらのことです。そのため子どもたちは，心の内側を言語以外のさまざまな形で表現します。子どもには，<ことば>では「うまく言えない<ことば>」「行動で訴える<ことば>」「体で訴える<ことば>」「いまはこころの奥底に押し隠されている＜ことば＞」（菅野，2001）があります。そのため保育者にとっては，こうしたさまざまな形で表現される子どもの心の現われを感知できるように意識し，丁寧に子どもをみていき，そしてその子への理解と対応を試みることが非常に大切になります。

ここでは，不登校になった小学校１年生の女の子のケースを例に考えてみます。学校に行きたがらない子どもにとって，学校はどんなものだったのでしょうか。また，それは＜ことば＞以外の，どのような方法で表現されたのでしょうか。

［ケース４］ことば以外で心を表現する子ども

小学１年生Ｇ子さんは，入学して間もなく登校を渋るようになりました。いじめなどはなく，原因は不明でした。家では普通に過ごしているＧ子さんをみて，お母さんは不思議に思っていました。担任のＨ先生からの紹介で，小学校の相談室に母子で訪れるようになりました。やがてＧ子さんはカウンセラーに慣れて，カウンセラーと２人で相談室で過ごせるようになりました。カウンセラーは，学校に行かなくてはいけない，というメッセージ（登校刺激）を，Ｇ子さんに投げかけることはしませんでした。やがて，Ｇ子さんには，友だちと一緒に勉強をしたり，遊んだりして学校生活を送りたいという，希望があることがわかってきました。

Ｇ子さんは，相談室で大好きなクレヨンのお絵かきをするようになりました。はじめ，校内を多くのお化けが飛び交っている小学校を描きました。Ｇ子さんは，これまで通園した保育園とは違って，小学校をこのようにお化けを象徴とした，怖い存在として感じていたのでしょうか。しばらくすると，放課後にＨ先生と教室探検を試みるようになりました。やがて，学校の絵からお化けは消えていき，現実の校舎，校庭，教室，保健室，相談室などが描かれ，そこに担任のＨ先生，養護の先生，カウンセラー，友だちが描き加えられるようになりました。

ある日の夕方，お母さんからＨ先生に連絡が入りました。Ｇ子さんが「明日登校してみる」とお母さんに話したそうです。その後，Ｈ先生やほかの先生からのＧ子さんのペースに合った配慮と働きかけにより，Ｇ子さんは登校できない日や遅刻することもありましたが，徐々に学校に慣れて登校できるようになっていきました。

３）発達障がいに対する相談援助・支援

発達障がい＊1は，発達支援法（2004）において「自閉症，アスペルガー症候群，その他の広汎性発達障害，学習障害，注意欠陥多動性障害その他これに類する脳機能の障害であってその症状が通常低年齢において発現するもの」と定義されています。

＊1　発達障がい：何らかの原因で脳の機能がうまく働かず，周囲に無配慮な衝動的な振る舞い，あるいは他者の気持ちを推測することが不得手，などとして現れる行動・能力のこと。発達上の障がい・偏りとしてとらえられている。子どもの性格や，保護者のしつけ不足，保護者の指導力不足が原因ではなく，保護者には子どもの特性に合わせた理解と働きかけ，保護者へのサポートなどの支援が求められる。

５歳児における学習障がい（LD），注意欠陥多動性障がい（ADHD），高機能広汎性発達障がい（高機能自閉症，アスペルガー症候群）などの軽度発達障がいの発生頻度は，8.2 ～ 9.3％程度（2006 年度厚生労働省）とされており，発達障がいを抱えた子どもがクラスにいることは,決して不自然なことではないのです。では，発達障がいが疑われたり，診断を受けた子どもとその保護者に対して，保育者はどのような理解と対応を試みたらよいでしょうか。

［ケース５］発達障がいの疑いのある子どもへのアプローチ

幼稚園年長児のＩ男さんには,園での活動中に勝手に席を離れて歩き回る,保育室を飛び出す，危険をかえりみないで高いところにのぼる，ほかの子どもの冗談や普通のことばに突然，激高し暴れるなど，ほかの子どもにはみられない逸脱した言動行動がみられました。この傾向は年少時からみられ，Ｊ先生は発達障がいの可能性を疑っていました。

Ｉ男さんの行動（暴れるなど）に，クラスのほかの子どもたちがおびえ，それを聞いた保護者たちから心配の声もあがりはじめました。Ｊ先生はほかの職員にも協力を要請し，Ｉ男さんの興奮が収まらないときは，Ｉ男さんは園長室に行って気持ちが落ち着くまで在室してよいことになり，園長先生が定期的にＩ男さんと遊ぶ時間を設けることにしました。

園長先生によると，Ｉ男さんは宇宙が大好きで，就学前とは思えないほどの知識を持っているとのことでした。また，人に対する優しさもあるとのことです。そこでＪ先生は，Ｉ男さんが園長室で描いた絵を保育室に持っていき，みんなの前でほめてあげました。Ｉ男さんは，これまで園ではみせたことのない満面の笑みを浮かべたそうです。またＪ先生は，すぐに席を離れてしまうＩ男さんに，クラスのみんなに何かを配るなどの役割を与えることも試みました。Ｉ男さんは嬉々としてその役をこなし，友だちに感謝される機会が増え，クラスのなかでＩ男さんが喜びを実感できることが多くなりました。そして，着席して作業に向かう時間が少しずつ増えていき，ほかの子どもの些細《ささい》な言動に過敏に反応して，激高して暴れることが少なくなりました。

一方，Ｊ先生は，これまで来園を渋っていたＩ男さんのお母さんとの面談を開始しました。面談を通じて,Ｊ先生はお母さんとの間で信頼関係（ラポール）を築くことができるようになりました。お母さんはＪ先生に，保健所でのＩ男さんの健康診断（１歳６か月健診，３歳児健診）の際に，Ｉ男さんの育てにくさや逸脱行動は，生まれる前から持っていた（先天的な）原因によるものの可能性があるといわれたこと，また，そのことをお母さんのせいにされてしまうことを恐れて，これまで誰にも話せないでいたことを打ち明けました。Ｊ先生は，お母さんが話された思いに十分に共感し，今後のＩ男さんの心身の健やかな成長や社会適応には，どのような理解と対応が必要なのか話し合いました。

そして，お母さんは，家族にＩ男さんの事情を正直に打ち明け，Ｊ先生をはじめ幼稚園の教職員の支援を受けて，Ｉ男さんを育てていくことに決めました。さらに，Ｉ男さんは児童精神科を受診し，発達障がいとの診断結果が出され，一定期間の投薬治療を受けることになりました。またＪ先生，園長先生，そしてカウンセラーの３人は，医療の面からのＩ男さんの理解と対応での注意点について，医師から助言をもらい，今後の家庭と幼稚園，病院の連携を確認しました。

発達障がいは，何らかの脳の機能不全が原因で，就学前に発現することが多い障がいです。脳のさまざまな機能（感覚，知覚，認知，言語，運動など）がうまく機能せず，学習場面や人間関係などでつまずきが生じてしまうことが多いのです。たとえば，注意欠陥多動性障がい，学習障がい，自閉症，アスペルガー症候群，そのほかの広汎性発達障がいがありますが，診断名や特徴が同じでも，その程度や現れ方には個人差があります。

発達障がいの診断は，乳幼児期では困難であり，同時に，保護者にとっては，児童精神科医に受診することへの，大きな心理的抵抗が生じる場合があります。子どもが年少であればあるほど，単なる性格の問題と考えたり，今後のしつけや教育によって改善されるはずだと，希望的にとらえがちになります。そして，小学校，中学校，高校などに進学してはじめて，受診に至ることが少なくないのです。このような障がいが判明する以前および判明した時点，そして障がいを受け入れなければならない時点，それぞれの段階での保護者の苦しみや悩みに，保育者が寄り添う試みと，子どもの成長をうながす働きかけは大切になります。

［ケース５］において，担任の保育者は，問題を自分一人でだけで抱えようとせずにほかの保育者と連携し，クラスの子どもたちの指導とともに，対象の子どものよいところをみつけ，それを発揮できるようほめることを中心に導き，励ますことを試みました。その結果，その子は心があたためられたのでしょう。以前より頑張ったり，我慢できたり，友だちと交流する場面が増えてきました。

これは，「問題以外の，健康的な部分を大きくしていくことで，相対的に問題が小さくなっていき」「健康的な部分が十分に大きくなると，子どもの心にもゆとりが生じ，素直になったり柔軟になったりするもの」（菅野，2009）と考えられます。

たとえ，保護者が子どもの発達障がい（傾向）を認め難く，診断も受けないとしても，もともとの障がい（一次障がい）に焦点を当てるのではなく，周囲の人々の無理解によって自己肯定感や自尊心が低下して自暴自棄になったり，自分を嫌い（二次障がい）にならないように，「子どものよいところを探す」ことを心がけて，「子どものよいところを伸ばす」ことを試みることは，保育者のできる子どもの成長をうながす尊い働きかけであると考えます。

発達障がいの子どもにかかわることは，保育者や教師にとって安易にできることではありません。ともすれば保育者が，その子どものせいでクラス運営が困難になった，と認識してしまうことがあります。しかし保育者は，その子ども自身が苦しんでいること，またその子どもの保護者もさまざまな悲しみや不安，ストレスを抱えていることに思いをはせることのできる，心の余裕を携えておく必要があります。そして，子どもと保護者の心に寄り添って，子どもの健やかな心身の養育に取り組むことのできる保育者をめざしたいものです。

3 子育て支援と相談援助・支援

1）人間の心について考えるための基礎理論

人の心の苦しみの発生やその軽減について考えるときに，活用できる基礎理論のひとつとして，アメリカの心理学者のロジャーズによる「自己」についての考え方があります（なお，ロジャーズの「クライエント（来談者）中心療法」については第５章第４節で詳しく紹介していますので，そちらを参照してください。⇒ p.104）。

クライエント（来談者）中心療法を創始したロジャーズは，人間は誰でも豊かに成長する資質（才能，可能性，潜在能力，動機など）を，生まれながらにして自己の内部に持っていて，日々その資質を成長させ，発揮することへ向かうもの（自己実現傾向）であると考えました。さらに，（心の）問題などが生じるのは，その資質を発揮しようとすることが，何らかの障がいによって妨げられるからだと考えました。そして，カウンセリングや相談において，相談を受ける人（たとえば保育者）が，相談者（たとえば保護者）の問題や悩みを傾聴することなどによって，問題を抱えた人は再び自分の力で，自己実現などに向かって歩んでいくことが可能になると考えたのです。

このような人間観から，ロジャーズは，パーソナリティー（性格）における自己の機能についての理論である「自己理論」（図４－３）を唱えました。

人は誰でも，自分をどうみるかという，ある種の自己像（自己概念）を持っています。これは，幼少期からの保護者からの評価や自分の経験から，形づくられるとされます。問題が生じるのは，図４－３①のように，「自己概念」と「経験」とのズレが大きくなり，その結果「I」の領域は小さくなって，「自己不一致（不適応）」の状態になってしまった場合です。この状態は，葛藤が大きく，心は苦しい状態にあります。しかし，図４－３②のように，カウンセリングや相談援助・支援により，相談者（保護者）の持つ「自己概念」と「経験」のズレをできるだけ減少させていくと，「Ｉ」の領域は大きくなり，「自己一致（適応）」の状態へと変化していくと考えられます。こうなると保護者の心は元気になり，前に歩む

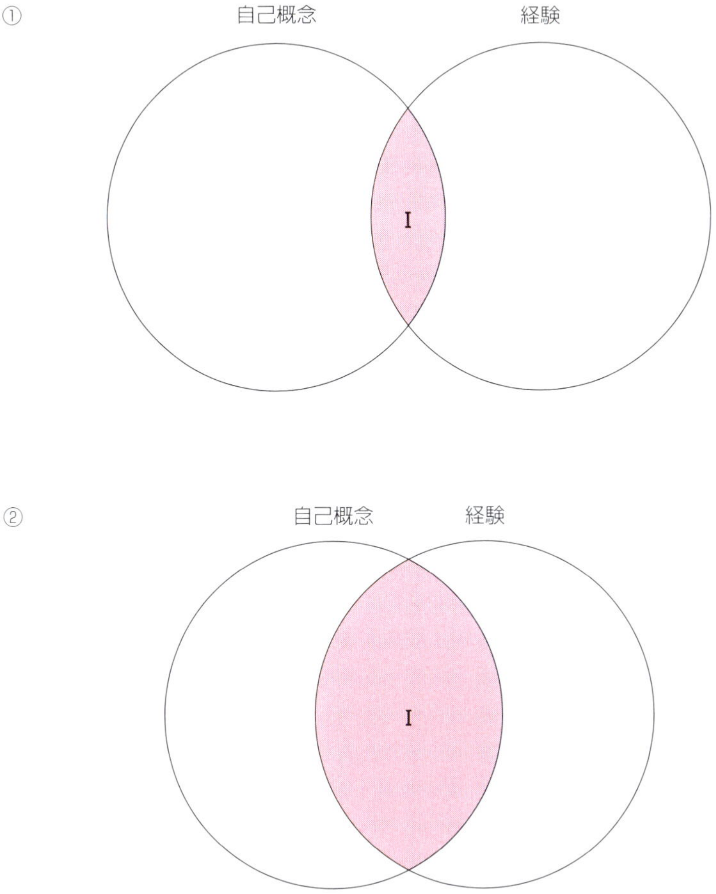

図4－3　ロジャーズの自己理論
出典）C.R.Rogers. 1951，所収の図を援用して使用

勇気が湧く可能性が高くなると考えられます。

ロジャーズは，その人間観や自己理論に基づいたカウンセリング（クライエント中心療法）の考え方と実践方法を創始し，カウンセリングにおける望ましいパーソナリティの変容について必要な6つの条件をあげています。そして，そのなかから有名な，カウンセラーがクライエント（相談者）に対して携える基本的な態度として「共感的理解」「無条件の肯定的配慮（積極的関心）」「自己一致（純粋性）」の3つの条件を提示しました（⇒ p.105，表5－1）。

2）カウンセリングを活用した相談援助・支援の方法

子育て支援と相談援助・支援に活用できるカウンセリングは，どのように進むのでしょうか。カウンセリングの3段階である①リレーションをつくる，②問題の核心をつかむ，③適切な処置をする（国分，1979）を援用して考えてみましょう。

①リレーションをつくる

リレーション［relation］とは，保護者（相談者）と保育者の関係やつながりを表します。めざす関係は保育者と保護者の相互の信頼関係，そして「心を寄り添わせた関係」の構築です。ですから保育者は，日常的に顔見知りの保護者との「普段の関係」を大切にするようにしましょう。

そして相談を受けたならば，まず相談日を決めます。相談日を決めるときは，行き違いが生じないように具体的な日時を決めます。たとえば何月何日の午後何時に園の応接室にて，担当は担任の○○先生など，相談の日時，場所を設定（面接の構造化）し，担当者を決めます。これは相談者と相談担当者を守ることにもなります。

また，相談をはじめるにあたって，はじめの「あいさつ」がとても大切になります。まず，相手を思いやって相談に訪れた保護者を労《ねぎら》います。たとえば「よくいらっしゃいました」「本日はお越しいただきありがとうございます」などです。あいさつのほかにも担当者以外の職員の対応や，職員室の雰囲気などが，相談者に思わぬ心の元気をもたらすことがあります。

対面したときの保育者の座る位置や距離にも，保護者がリラックスできるように配慮します。相談者の状況や関係に応じて，座る位置や距離を臨機応変に変えます。

そして，保護者が困っている問題（主訴）を把握して，保護者の話を傾聴し，受容し，質問し，（保護者の思いや感情を）明確化し，（保護者の発したことばを）くり返したりしながら相談を進めていきます。

②問題の核心をつかむ

問題の原因の理解や対応方法について，保護者と一緒に考えていきます。

たとえば，保護者の抱えている問題が子どもについてであれば，必要に応じて，園ではわからない子どもの成（生）育歴，家庭状況，性格，健康状態，現在の生活状況などについて聴取していきます。そして，園での保育者のみる子どもの日常観察の情報や他の専門機関で行った検査結果（知能検査，心理検査など）も加えて，できるだけ多面的，立体的に正確に子どもと子どもの問題を理解し（心理アセスメント），よりよい支援方法を決めていきます。その際，ひとつの仮説を絶対視せずに，複数の仮説を立てて，それらを吟味する試みも重要な場合があります。なお，さまざまな事柄を保護者から聴いていくとき，相談を受ける保育者は，知らない事柄について，また，相手の日常生活での思いなどについても想像力を働かせ，理解するようにします。

③適切な処置をする

そして問題の対応方法や解決方法などを考え，相談者への提示を試みます。

この場合，「助言」により保育者の専門性を提供する，「他機関紹介」により問題の解決や軽減のためのよりふさわしい機関を勧める，「相談者（保護者）の心に寄り添う」ことにより問題に対する相談者の気づき，整理，軽減，解決策の発見，心の元気などを生み出す，などの対応・解決方法があります。ここでの３番目の方法（心に寄り添う）は，相談者の話を聴く（傾聴）だけに終始し，答えがでていないようにみえますが，実は答えがでないことが肝要である場合があります。また，これ以外に，問題に応じて，相談者との関係に応じ保育者が自ら対応策，解決策をつくり出して実行し，投げかけるなどの方法もあります。

なお，「他機関紹介」を行う場合，保育者が相談者である保護者を，他機関に丸投げするのではなく，保護者が安心して他機関に赴《おもむ》くことができるように，保育者から他機関利用の必要性，他機関の役割と機能などについて，事前に説明することがあります。また，他機関利用前後にかけての保育者のサポート，保育者と他機関の連携（多くの場合，保護者の許可を得てからの）が有効な場合があります。

3）子育て支援と相談援助・支援の実践的展開

保育者をめざす学生の多くが，「子育て支援と相談援助・支援」の実践において不安なこととして，保護者の理解と対応をあげます。

現代の保育・幼児教育の現場では，保育者が，子どもだけでなく，保護者と子をセットにして理解し対応する必要のある「（子どもの）問題」が多く現れるようになりました。そのため，保護者への対応がうまくいかずに，保育者としての心の健康（メンタルヘルス）が減退し，保育や幼児教育への意欲が損なわれていく保育者の姿を，時折見かけることがあります。一方では，保育者と保護者とのよい関係（信頼関係，心を寄り添わせた関係など）が保育者の心を元気にし，互いの心の豊かな成長をうながし合っている例も，多くみられます。

そこで実りある「子育て支援と相談援助・支援」を，現実の保育者と保護者のかかわりのなかで有効に実践し展開するには，つぎのような観点が必要となります。

①（子どもの）問題に対して，現時点での理解とかかわり方について，自分の「基本の形（雛形《ひながた》）」を持ち，ブレることのないよう足元を安定させる。

②困難な問題を保育者が一人で抱えて悩み過ぎないように，「他者のサポートを受ける」ことを恥ずかしがらずに行い，心のバランスを保つ。

③保育者自身の「（物事の）受け取り方（考え方，信念，価値観など）」を常に点検し，相手（保護者）の思いや言動の背景を推測し，ときには自分の考え方に修正を施し，保育者と保護者が互いに意欲をもって協力し合える方向へと転換を図る。

④保護者と保育者の「心を寄り添わせた関係」の構築を試みていく。

こうすることで，子どもや保護者ばかりではなく保育者の心の成長もうながされると考えられます。

そしてその前提としては，保育や幼児教育を学ぶ学生が，専門の教科などで学んだ知識を中心とした「引き出し」をできる限り充実させ，傾聴やペース合わせなどの「コミュニケーションの能力・技法・態度」を身につけ，「土台」となる人間性，価値観を磨いて，「(子どもの）問題」に取り組む姿勢を携えることが必要となります。この一つひとつを実践していくことが，いつか，その人独自の「(保育者としての）総合力」として結実するのではないでしょうか。

4 そのほかの相談援助・支援機関との連携・協力

1）他機関との連携

（子どもに関する）問題に応じて，保育者や園は，そのほかの機関や専門家と連携したり，協力したりする必要が生じます。そのほかの機関には，児童相談所，福祉事務所，都道府県・市区町村の各種行政窓口，保健所・保健センター，病院（児童精神科を含む)，療育機関，警察，家庭裁判所，教育相談所（センター)，小学校・中学校・高等学校など多数存在しています。こうした他機関との有効な連携・協力関係を構築するにあたっては，二方向からのアプローチが基本となります。それは，①他機関の機能や役割を知る努力をすること，②日常的にさまざまな機関との人的交流を育むこと，です。

以下では幼稚園と児童相談所とが連携・協力して問題を解決した事例をみていきます。

［ケース６］幼稚園と専門機関の連携

年長のＫ子さんは，幼稚園では緊張していることもあるのか，大変口数の少ない子どもでした。ある日，Ｋ子さんのこのような様子に困った母親が担任のＬ先生に相談に来ました。お母さんは興奮気味でした。お母さんはこれまでにもＫ子さんに，園でも子どもらしく元気に話しなさい，と口を酸っぱくいい聞かせてきたそうです。それでも少しもよくならず，ときには叩くこともあり，最近はじめて，軽くだが夕飯時にＫ子さんをガムテープで縛ってしまった，といいました。お母さんはＫ子さんを叩いたり縛ったりする行為をもうしないと，Ｌ先生と約束してくれましたが，Ｋ子さんの家では，お父さんが仕事の都合で家にいることが少ないため，明らかに情緒不安定な様子が，お母さんには見て取れました。

Ｌ先生はほかの職員と相談し，Ｋ子さんの身が危険にさらされるという事態を想定して，幼稚園から児童相談所に相談することになりました。すぐに，児童相談所からこの幼稚園のある地域を担当する，顔なじみの児童福祉司＊2のＭさんが来園し，園で定期的に会議を催すことになりました。会議のメンバーは児童福祉司のＭさん，児童委員＊3のＮさん，園長先生，主任教諭，担任のＬ先生，そしてカウンセラーなどでした。

そのころ，幼稚園でのＫ子さんの心身や服装などには，変わったところ

＊2 児童福祉司：
児童福祉法に基づき児童相談所に配置される職員。児童の福祉や保護などの相談に応じ，児童，保護者などの援助，指導を行う。社会学，心理学，ケースワークの技法などの専門的な知識が必要とされる。

＊3 児童委員：
地域の児童や子育てをする家庭の福祉のために支援を行う役割を持つ民間奉仕者。民生委員を兼務している。

はない様子でした。お母さんも定期的にL先生のもとに来談し，情緒は以前よりも安定するようになり，K子さんを叩いたり，縛ったりする行為はまったくないということでした。

児童委員のNさんは，K子さんの家庭の様子を観察し，何らかの異常が感じられることはありませんでした。そこで最初から児童相談所が介入するのではなく，まず，幼稚園を中心にして地域でこの家庭にかかわり，働きかけていくことになりました。

幼稚園のなかには，児童相談所がもっと積極的に動いて，K子さんを強制的にでも保護するものだと考え，今回の措置に関しては動きが遅いと，児童福祉司のMさんに対して不満を持つ先生もいました。そこで園長先生は，Mさんの協力を得て，園内の先生とともに児童相談所，児童福祉司の機能をあらためて勉強し，それぞれの機関のことを知る努力をはじめました。

やがて，K子さん親子はともに元気なっていきました。とくに，家庭内でのお母さんの気持ちが安定してきたことから，K子さんの幼稚園での緊張の度合いが減少しました。そして，以前よりも積極的に，発言するようになりました。

2）同職種・同職場内での連携・協力

同じ職場内での同僚同士が互いを尊重し，信頼し合えれば，保育者一人ひとりが安心して自分のよさを発揮できるでしょう。しかし，自分の担当する子どもに問題が発生したとき，ベテランの保育者のなかには，自分の保育者としてのキャリアの自負からか，ほかのスタッフに相談することなく，自分一人で解決しようとする傾向がみられます。自分で解決できる問題を，自分の力で解決しようとする責任感や職業意識は，確かに大切ですが，問題によっては自分一人の思い込みによって，事態を悪化させてしまうケースもみられます。同僚や上司に相談するということは，ただ単に助けてもらうということだけではなく，自分では気づかない問題点を客観的な立場からみてもらうという利点もあります。相談援助が必要なのは，何も子どもや保護者だけではありません。ときには保育者にも必要となることがあるのです。

以下の事例は，ベテラン保育者に陥りがちな問題点と，その際に周囲がどのようにサポートしたらよいのかを示したものです。

［ケース7］職場内における協力・相談援助

O先生はベテランの幼稚園教諭です。その年度は，久しぶりに年長のクラスを受け持ちました。O先生は，子どもが小学校に入学する前から物事のけじめや礼儀作法を身につけることが大切であると考えていました。作業中に自席にきちんと座っていられない，先生に対して失礼なことばづかいをする，などの言動が子どもたちにみられたときには，幼稚園児といえども厳しく指導することがありました。そして保護者にも厳しく諭《さと》すこともありました。

ところが一学期中に，クラスの荒れが目に見えて目立つようになってきました。ヒステリックに暴れたり，泣きわめく子どもが増えてきたのです。O先生に怯《おび》えてしまったのか，登園をいやがったり，不登園になる子どもも現れはじめました。さらに複数の保護者が一緒に来園し，声高にO先生への苦情を訴えるようにもなったのです。昔とは違う子どもや保護者の攻撃的な言動に，O先生は大変驚いたことでしょう。

二学期に入り，周囲の保育者からみてもO先生の心労は大きくなり，日に日に元気がなくなっていくのがわかりました。しかし，O先生は同僚の先生に相談を持ちかけることも，ほかの先生たちの支援を受け入れることもしませんでした。O先生には，強い責任感と自己の技量への自負があり，この問題を何とか一人で解決しようとしていたのかもしれません。また，同僚の先生に自分の弱みを見せたくない，自分の指導力不足を露呈したくない，といった思いがあったのかもしれません。

その状況を憂慮した園長先生は，O先生と個人的に話す機会を多く持つようにかかわりました。そして園長先生がO先生を心配していること，O先生への評価とは関係ないことにも言及しました。園長先生は，O先生がリラックスして自分の思いを話すことができるように，カウンセリング・マインドをもってO先生の話を傾聴しました。

やがて，O先生は落ち着きを取り戻し，年長クラスを受け持つほかの同僚の先生たちからのサポートを受けるようになりました。

3）子どもの家族・親戚などとの連携・協力

子どもに関する問題が発生した際に，保育者が直接，保護者にアプローチするのが困難な場合には，保護者のパートナー，あるいはその兄弟姉妹，祖父母，親戚，隣近所などと連携・協力して，保護者にアプローチし，問題に取り組むことが，有効な場合があります。専門機関だけでなく，さまざまなインフォーマルな資源を活用することも重要です（⇒p.52，第3章3節「保育現場における保育者による相談援助・支援」）。

また，問題によっては，ほかの子どもの保護者に協力してもらったり，クラスの子どもたちや年長の子どもたちに協力してもらうことが，解決に結びつくこともあります。とくに同じ年齢の子どもたちと一緒にいることで，その子どもが元気をもらったり，あるいは年長の子どもがお世話することで，その優しさにふれて安堵し，園での生活が安定することも珍しくありません。かつて子どもたちは，年齢にかかわりなく小さな子どもも，大きな子どもも一緒に遊び，その遊びを通して成長していきました。核家族化，少子化が進む現在だからこそ，子ども同士で助け合い，お世話することは，豊かな子どもの育ちを支える大切な要因だと考えられます。

引用・参考文献

(1) C. R. Rogers,1951，保坂・諸富・末武共訳『クライアント中心療法』岩崎学術出版社，2005
(2) Albert Ellis, *A New Guide to Rational Living*, A.& Harper, R,A. 1975（北見芳雄監修, 国分康孝・伊藤順康訳『論理療法』川島書店，1981）
(3) 伊藤明芳「カウンセリング的アプローチ」『現代のエスプリ 471』至文堂，2006
(4) 伊藤明芳「クライエント中心療法へのアプローチ」『子育て支援を考えるために』須永進編，蒼丘書林，2008
(5) 伊藤明芳「小学校低·中学年のいじめの特徴とは？」「小学校高学年のいじめの特徴とは？」「ケース検討―学業不振の場合は？〈いじめと学業不振〉」『いじめ　予防と対応Q & A73』菅野純・桂川泰典編，明治図書，2012
(6) 伊藤明芳「保護者の理解と対応における保育者の基本姿勢を考える」『全国保育者養成協議会第51回研究大会発表論文集』全国保育士養成協議会，2012
(7) 小野寺敦子『ゼロから教えて発達障害』かんき出版，2012
(8) 菅野純『教師のためのカウンセリングワークブック』金子書房，2001
(9) 菅野純『教師の心のスイッチ　心のエネルギーを補給するために』ほんの森出版，2009
(10) 国分康孝『カウンセリングの技法』誠信書房，1979
(11) 国分康孝『カウンセリング辞典』誠信書房，1990
(12) 沢崎達夫「傾聴と受容」『臨床心理学入門事典』岡堂哲雄編，至文堂，2005
(13) 中根伸二「カウンセリング・マインド」『カウンセリング大事典』小林司編，新曜社，2004

5章

相談援助・支援の理論とその方法

5 相談援助・支援の理論とその方法

1 相談援助・支援の実施機関とその特性

現在，保育に関する相談援助・支援を実施している機関については，保育所をはじめとする児童福祉施設のほか，幼稚園，医療機関，社会教育施設などの一部でも実施されています。ここでは，そのおもな実施機関について説明します。

1）さまざまな施設における相談援助

（1）児童福祉施設における相談援助・支援

① 保育所

保育所は，保護者の就労や疾病などによる「保育に欠ける乳幼児」を対象に保育する児童福祉施設で，エンゼルプラン（1994（平成６）年）では子育て支援における相談援助・支援の中心としてその役割が位置づけられています。

また，2008（平成20）年の『保育所保育指針』の改定では，保護者に対する支援（第６章）として，「子育て等に関する相談や援助」を実施することとされ，その際には「保護者の気持ちを受け止め，相互の信頼関係を基本に，保護者一人一人の自己決定を尊重する」という基本原則が明記されています。

こうした動きを受けて保育所では，何らかのかたちで保育に関する相談援助・支援を実施しているところがほとんどです。

また，その相談援助・支援を担当している者としては，保育所長（園長）や保育士で占められています(1)。

相談の内容としては，育児方法にはじまり，基本的生活習慣，身体の発育・社会性などがそのおもなものとなっています(2)。

② そのほかの児童福祉施設

保育所以外の児童福祉施設として，「乳児（保健上，安定した生活環境の確保その他の理由により特に必要ある場合には，幼児を含む）を入院させて，これを養育」することを目的とする乳児院があります。ここでは乳幼児養育のノウハウを活かし，子育て支援事業の一環として育児相談を行うようになりました。担当は，保育士や看護師の資格を有するスタッフがあたっています。

また，「保護者のない児童（乳児を除く。ただし，安定した生活環境の確保その他の理由により特に必要のある乳児を含む），虐待されている児童その他環境上養護を要する児童を入所させて，これを養護」する児童養護施設では，たとえば「育児相談等地域における子育て支援事業」を行っています。

このほか「地域の児童の福祉に関する各般の問題につき，児童に関する家庭その他からの相談のうち，専門的な知識及び技術を必要とするものに応じ，必要な助言を行う」児童家庭支援センターや児童厚生施設である児童館などでも，子育て支援対策としての機能を果たしているケースがみられます。

（２）幼稚園

幼稚園は「幼児を保育し，幼児の健やかな成長のために適当な環境を与えて，その心身の発達を助長する」（学校教育法第22条）学校教育機関のひとつで，満３歳から就学前の幼児が対象になっています。

この幼稚園では，通常の幼児の保育に加え，子育て支援としての機能が期待されており，『幼稚園教育要領』には以下のような記述がみられます。

「幼稚園の運営にあたっては，子育ての支援のために保護者や地域の人々に機能や施設を開放して・・・幼児期の教育に関する相談に応じたり，情報を提供したり・・・地域における幼児期の教育のセンターとしての役割を果たすよう努めること。」（第３章）（下線筆者）

すなわち，幼稚園は子育て支援策の一環として，幼児期の子どもの相談や情報の提供を行うことが求められているということです。現在，保育所同様に幼児の教育に関する相談事業を実施している幼稚園は数多く，なかには幼児教育の領域だけでなく，それに関連する福祉や医療に内容が及ぶケースも少なくありません。

（３）認定こども園

子どもの保育および教育，保護者への子育て支援を総合的に行う施設である認定こども園には，以下の４つのタイプがあります（2012（平成24）年４月１日現在）。

① 幼保連携型（486件）
　認可幼稚園と認可保育所の機能を一体化した施設。

② 幼稚園型（273件）
　認可幼稚園に保育所の機能を持たせた施設。

③ 保育所型（122件）
　認可保育所に幼稚園の機能を持たせた施設。

④ 地方裁量型（30件）
　認可のない地域にある教育・保育施設が認定こども園の機能を果たす施設。

この認定こども園は，「就学前の子どもに関する教育，保育等の総合的提供の推進に関する法律」（2006（平成18）年）に基づく幼保一体型施設で，2012（平成24）年現在911件，そのうち私立が占める割合は，８割を超えています。また，幼保一体化施設である幼保連携型は全体の過半数を超える割合になっています。

認定こども園では，通常の保育・教育のほかに，地域子育て支援として子育て相談を行っています。

（4）児童相談所

児童相談所は，子どもの抱えるさまざまな問題に対して家庭やその家族からの相談を受けて，調査・診断・判定を行い，処遇を行う行政機関です。対応する相談内容は，家庭内の子どものしつけや遊びなど子育てに関しての「育成相談」をはじめ，養護や障がい，問題行動などがそのおもなものです。

（5）福祉事務所

福祉事務所は，福祉６法（生活保護法，児童福祉法，母子及び寡婦福祉法，老人福祉法，身体障害者福祉法，知的障害者福祉法）に関する業務を行う社会福祉行政の第一線機関で，そのうち，家庭児童福祉に関する専門的相談援助・支援を行うのが家庭児童相談室になります。

（6）保健所・市町村保健センター

子どもの保健相談に関しては，地域保健法を法的根拠とする保健所あるいは保健センターがあります。

この保健所で行われる業務のうち，相談に関しては子どもの健康相談がそれにあたります。また，地域保健対策として1994（平成６）年に制定された地域保健法によって市町村保健センターが設置されています。その内容としては，乳幼児の保健指導や訪問指導，さらには乳幼児健診などを業務としていますが，その間あるいは別の機会に保健師や看護師による相談が行われています。

（7）児童家庭支援センター

児童家庭支援センターは，1997（平成９）年の児童福祉法改正で新設され，「地域の児童の福祉に関する各般の問題につき，児童に関する家庭その他からの相談のうち，専門的な知識及び技術を必要とするものに応じ，必要な助言を行う」（児童福祉法第44条の２）児童福祉施設です。

この児童家庭支援センターは，近年子どもへの虐待や引きこもり，いじめといったさまざまな問題に対処するために，社会的支援の拠点として迅速に対応したり，在宅の子どもへの支援を行うなどの役割があります。

また，先述した児童相談所ではカバーできない地域の家庭などからの相談へのきめ細かい対応や援助・支援が期待されています。

（8）民生委員・児童委員（主任児童委員）

専門機関による相談援助・支援のほかに，人的パワーとしての民生委員・児童委員（主任児童委員）による相談援助・支援があります。民生委員の任務としては「常に住民の立場に立って相談に応じ，及び必要な援助を行い，社会福祉の増進に努める」（民生委員法第１条）ことが規定され，地域住民のさまざまな相談に対応する役割を担っています。

一方，児童委員はこの民生委員が兼務します。子どもに対する援助・支援に関するおもな任務は「児童及び妊産婦につき，その保護，保健その他福祉に関し，サービスを適切に利用するために必要な情報の提供その他の援助及び指導を行う」（児童福祉法第17条の２）とされています。また主任児童委員は，地域の児童委員の活動を援助，協力するとともに，関係機関の調整や連携，児童や児童を取り巻く環境の情報収集などを任務としています。

（9）そのほか

このほか病院などの医療機関が，必要とされる相談援助・支援の実施機関として，その機能を果たしています。

たとえば病院では，疾病や保健に関する医療対応や相談のほか，医師をはじめ，医療ソーシャルワーカーや精神保健福祉士による福祉的な相談援助・支援が行われています。また，近年増加傾向にある子どもへの虐待の発見や，その後のフォローといった医療と福祉の連携による援助・支援にも取り組んでいます。

また，子どもの教育や養育などに関して，幼稚園のほか，小学校などの学校教育機関において，教員や学校スクールカウンセラーによる相談援助・支援の活動が行われています。

2）求められる課題

以上のように，今日では子どもの保育や教育，福祉などに関連する相談援助・支援の施設・機関や人的パワーが多様に用意され，それぞれの目的に沿った社会的支援が子育て支援の一環として行われています。

しかし，こうした相談援助・支援を行うための社会資源の機能や実際的な役割にあらためて目を転じてみると，課題も少なくありません。

各機関・施設それぞれに相談援助・支援への対応能力を持っていますが，場合によってはほかの機関・施設との協力や連携を必要とすることが少なくなく，今日それが，十分に機能しているとは言い難い状況にあるように思えます。それは，相談を必要とする人の抱える悩みや不安，問題が複雑化し，さまざまな要因が絡み合って解決の困難性を高めている傾向にあるからです。そのため単独の機関や施設では対応しきれなくなるケースが予想されます。

また，それに対応するための人的パワーの問題も軽視できません。多様化の進む保育の相談援助・支援に対応できる質の高い相談員をどう養成するのかが，早急に取り組むべき課題といえます。

2 実施機関での相談援助・支援の基本的方法(3)

つぎに，保育に対する相談援助・支援の実施機関のうち，蓄積されたノウハウを持つ，保育の専門的施設としての保育所を例に，その基本的方法について述べることにします。

なお，相談援助・支援の実施機関の別にかかわらず，相談の基本原則については第1章で述べているので，ここではさらにその点を含めた実際上の方法を取り上げることにします。

1）実施機関の特性を活かした相談方法

保育所によっては，相談のための特別な環境や設備を設けているところもありますが，児童相談所や福祉事務所と異なり，どちらかというとオープンな空間のなかで相談が行われるケースが多々あります。たとえば，園庭開放や送迎時といった機会がそれです。そのため，相談の日時や場所を決めずに，必要に応じて相談ができる点は，相談を必要としている相談者には利用しやすいといえます。

つぎのケースは子育てに不安を抱いている保護者が，保育所の送迎時を利用して相談し，その結果，問題を解決したケースです。

２歳を過ぎてから，少しもいうことをきかない子どものことで悩んでいたとき，たまたま保育室にいらした園長先生にそのことを話すと，「この年齢のお子さんは自我がめばえて，いうことをきかなくなることがよくありますので，もうしばらく様子をみてはどうですか」といわれました。その日，同じ年齢の子どもたちのいるクラスを見せてもらい，あらためて同じような子どもたちの姿に，安心しました。

このケースから，決められた時間ではなくても，送迎の時間を利用して気軽に悩みや不安を相談できる保育所が，相談者にとっては利用しやすく，信頼できる存在であることがわかります。

また，保育所での話し合いによる相談だけでなく，保護者への理解を図るために実際に子どもの動きや姿を観察できるという点も，幼稚園は別にしても，ほかの機関と大きく異なります。

このように，保育所という場を利用して，かたちにこだわらず，あくまで相談者の相談に応えるための迅速な対応がとれる体制がここではみられます。

以上のことから，相談ではその機関や施設の特性を活かして相談者に応えていくための体制が必要であることがわかります。

2）相談援助・支援の基本

つぎに，相談援助・支援の際に忘れてはならない相談者への対応の基本について，具体例を交えながら紹介します。

（1）相談者の気持ちを尊重する対応

ある保育所で，なかなかオムツがとれないで困っている子どもを持つ母親が，相談を担当する保育士に話すと「お母さんがもっときちんとしないといつまでたってもできませんよ」といわれ，かえってこの母親は落ち込んでしまったというエピソードがあります。詳しく聴いてみると，十分に話を聞いてもらえなかったことが母親にはつらかったそうで，相談者の気持ちを尊重する姿勢に欠けていたことがその原因といえます。

どのような相談であっても，相談者本人にとっては不安であり，悩んでいる事実を相談員はしっかり受け止めることが基本になります。

（2）わかりやすいことばで

相談を必要とする相談者に対して，相談員は十分話を聴くだけでなく，解決に向けて話し合っていくことになります。しかしその場合，専門用語はできるだけ控えて，わかりやすいことばで進めていくことが大切です。

たとえば，保育所の相談員のなかには相談者が理解できない，あるいはよくわからない専門用語をつかって，説明する人がいます。しかし，相談者といってもさまざまで，それぞれ理解力や判断力など多様であることから，難しい専門用語や外国語は避けて，相談者にわかる日常的なことばや表現法をつかって話し合うことが，相互理解を深め，信頼関係の成立には大切になります

（3）否定することばや突き放すような対応は禁物

相談を進めていく過程で相談員が，相談者の話に対して「それはよくないですね」や「だからだめなんですよ」といった相談者の話を否定するような対応をとるケースが見受けられます。相談員からこうした対応をとられた相談者は，自分の考え方ややり方が否定されたように感じ，心を閉じてしまったり，本当の気持ちをいわなくなるなど，相談に支障の生じることが考えられます。

また，相談を受けている際に，「このことが原因と思われるので～してはどうですか」と一方的に相談員から伝えられた相談者が，その間の話し合いが十分に理解されていなかったと感じたために，不安になったり，納得できない表情を示すことがあります。すると，相談員から「そのようにできないのであれば，少しご自分でお考えになってみますか」といわれたケースがあります。相談者にとっては，その一言で急に突き放されたかのように受け止められ，何もいえなくなり，この相談は中断してしまったということです。

こうした対応は，相談者の悩みや不安を受け入れ，相談者を尊重しようとする姿勢とはいえません。まず，相談者の思いを尊重して，肯定的に受け止め，さらによい方向に向かうように助言する方法が望ましい対応となります。

（4）形式より「できる」方法を

保育所に通っている子どもの母親から，父親が気に入らないとすぐ子どもを叩くなど，子どもへのしつけの方法を心配する相談がありました。相談員は母親の話を聞いた後に，結論として「こういう問題はよくお父さんと話し合ってみてください」という形式的な助言で終わり，相談者の母親は途方にくれてしまったそうです。

こうした相談員の対応は，相談者の母親はもちろん，被害を受けている子どもにとって，十分なものといえるでしょうか。

こうしたケースでは相談員は，まず父親がなぜ，子どもにそうした行為をとるようになったのか，相談者の話に傾聴しながらその原因を知るようにします。その原因がわかれば，そこから解決に向けての具体的な相談が進められるからです。

また，こうしたケースの助言では，形式的な方法ではなく，相談者が実際にで

きる，具体的な方法をともに考えていくことが重要になります。また必要に応じてほかの専門機関を紹介するのもひとつの方法です。

(5) 主訴に沿った相談を

近年，保育所における保育の相談のなかには，内容的に多様で困難なケースが少なくないといわれています。また，そのため相談を進めていく過程で話があちこちに移り，主訴，すなわち問題の所在がつかめなくなることがあります。

そのようにならないために，相談員は，相談者の話を聴きながら，つねに相談の主訴を明確に整理しながら，進めていくことが不可欠になります。それが十分でないといくら時間をかけても解決への糸口がみえてこないだけでなく，時間の浪費に終わってしまいます。

相談員は，話が広がったり，違う方向にいかないように，相談者の相談したい内容を常に頭に浮かべながら，話を進めていくようにする必要があります。

(6) 相談員の思いを押しつけない

保育や相談を受ける経験が長い相談員のなかには，相談者の話を聴くと，ある程度解決への道筋がみえてくる場合があります。これまでの経験を踏まえ，つい「〜したほうがよいのでは」と相談員自身の思いや考えを伝える場合があります。しかし，それが受け手である相談者にとっては，押しつけられたように感じることがあります。

そのため相談員には，相談者が自分の判断で結論を導き出せるように，十分留意した援助・支援が求められます。

(7) 相談者の成長を見守る姿勢

子育てについて，さまざまな悩みや不安を抱える保護者のなかには，どうしてよいのかわからず，判断に迷っている場合が少なくありません。一方，相談を受ける相談員のなかには，そうした相談者に対して，一般論を話したり，自らの経験による解決策を助言することがあります。これは，相談者の意思を尊重し，相談者自身による判断を大切にするという基本原則からいって，避けるべきです。

むしろ相談員には，相談者の話を十分に受け入れ，相談者自らによる解決に向けた対応を見守る姿勢が求められます。またその場合，相談者の考えや判断の結果が不十分に思えても，そこから解決に向けた相談を進めていくようにすべきです。言い換えると，まず相談者を受容し，その時点からの相談を通して相談者自身による判断で解決を図る方法を見つけ出していけるように相談者を励まし，その成長を見守っていく姿勢が相談員には必要になります。

(8) 相談後の援助・支援を大切に

通常，相談が終了後，特別な場合を除くと，相談員の側から相談者にコンタクトをとることはありませんが，その後の状況次第では援助・支援のための相談を行うことがあります。以下に紹介する子どもへの対応で悩んでいた保護者(母親)のケースもそのひとつです。

子どものしつけについて，近くに住んでいる祖父母と意見が合わず，最近ではそのことでイライラすることが多く，つい子どもにあたってしまいます。もっとしっかりしないと，と思えば思うほどイライラが増して精神的に不安定になります。

こうした悩みを持つ保護者に対して，その子どもが在園する保育所の保育者は機会あるごとに話を聴いたり，励ましてきました。また，相談後も援助・支援を継続した結果，次第に安定した子育てができるようになったそうです。

このように，相談者が相談を行う保育所の保護者である場合，相談後も継続した対応がとりやすく，また，子どもの様子も日々知ることができるという利点があります。相談の内容にもよりますが，保育所という身近な施設で，その特性を活かした方法で相談ができるため，相談者にとっては安心して継続的な援助・支援が受けられることになります。

(9) 関連機関との連携・協力

保育所や幼稚園における保育の相談援助・支援は，保育を通して得られたノウハウを背景に進められるところにその特性があります。しかし，こうした保育所や幼稚園での相談になじまない，あるいはより専門性が求められる相談内容もみられます。

そうしたケースでは，必要に応じてほかの専門機関を紹介したり，斡旋したりすることになります。筆者らが，過去に行った調査[(1)]によると，保育所や幼稚園で対応できないケースで紹介した機関としては，保健所・保健センター，児童相談所，福祉事務所，病院・診療所となっています。

また，保育所や幼稚園は子どもの保育を担う施設ですが，相談の内容によってはほかの関連機関と連携する必要性がある場合があります。そのため，それぞれの関連機関の特性や相談できる内容などをよく知っておくだけでなく，必要なときに連携がとれるような日常的な「関係づくり」に努めることが重要です。

たとえば，子どもの福祉に関連する内容では児童相談所や福祉事務所（家庭児童相談室）が，また子どもの発育・発達や病気，保健に関しては病院や保健所などがその対象になります。

保育所や幼稚園に限らず，保育の相談にかかわるどの施設・機関も自己完結的なかたちにこだわることなく，より専門的対応が必要と判断された場合には，保護者や子どもへの援助・支援という立場にたって，ほかの専門機関と連携・協力する方法を積極的に進めていくことが必要となります。

3）相談援助・支援に付随して

(1) 相談の記録の作成・活用

保育所に限らず，相談を行う機関ではどのようなケースであっても，かならず相談者の主訴，相談の具体的内容，実際の援助・支援の過程，担当者によるコメントなどを記した記録＝相談票（相談記録ともいいます）を作成することが求められます。

この相談票の記述形式は，実施施設や機関で統一した書式とします。それは，その後の相談や助言に活かすための重要な資料になるからです。またこうした相談票は，相談員にとっては相談技術を高めるための事例研究（ケーススタディ，Case Study）や相談内容の検討に欠かすことのできない資料ということになります。

相談票の取り扱いについて忘れてはいけない点として，保管の問題があります。相談票は，相談者個人に関する情報であるため，プライバシー保護の観点から相談票の保管には相談員個人はもちろん，施設全体で危機管理意識を持つことが重要となります。

（2）相談員の心身の健康

保育についての悩みや不安を抱える保護者に安心感を持ってもらうためには，相談員は常に安定した対応をとることが求められます。そしてそのためには，相談員自身の心身が健康であることが必要です。

保育所や幼稚園における相談員は，日常の保育に従事するとともに，必要に応じて相談にかかわるため，身体的，精神的負担が少なくありません。そのため相談員が疲れていたり，ほかのことで相談に集中できない状況では，相談者を受け入れ，援助・支援することは難しいといえます。

日常の保育活動に加えて，近年では保護者の要望や苦情に近い要求など，相談内容が多様化し，保育者の仕事は広汎にわたるようになっています。相談者の悩みに対応する相談員は，自らの心身の健康維持に留意するとともに，自身の悩みや不満，ストレスといった精神的不安定要因を可能な限り早い段階で取り除くように努力すべきです。

つまり相談員は，心身が健康であってはじめて，相談者への適切な相談援助・支援ができるということを知る必要があります。

3 ソーシャルワークの相談援助・支援の基礎理論

1）ソーシャルワークとは？

ソーシャルワークとは，ソーシャルワーカー（援助者）が，生活上の理由から課題を抱えて暮らす人々に対し，以下の３つを目的に人々と環境の複雑な相互作用に対して行う，専門的な働きかけのことをいいます。

①人々が本来持っているあらゆる可能性を十分に発展させる

②人々の暮らしを豊かにする

③人々が機能不全に陥るまえに防ぐことができるようにする

そして, ソーシャルワークは, その発展の歴史的経緯から, ケースワーク, グループワーク, コミュニティワークなどに分類されています。ほとんどの場合, いくつかの方法を組み合わせて援助が展開されます。また, ソーシャルワークが行われる場所は, 福祉関係の相談機関をはじめ, 病院, 福祉施設, 学校や地域など多様な広がりをみせており, 保育所における相談援助もそのうちのひとつです。

2）ソーシャルワークの特徴

ソーシャルワークは, なんらかの課題に直面している人々が, 課題を乗り越え, よりよく生きる力を再び取り戻すための実践です。ソーシャルワークにおいて重んじられるおもな特徴はつぎの通りです。

（1）人権の尊重と社会正義

どのような状況にある人でも, すべての人が生まれながらにして持っている権利を尊重した援助を行います。また差別, 貧困, 抑圧, 暴力, 排除, 環境破壊などのない, 自由, 平等, 共生に基づく社会正義の実現をめざしています。

（2）エンパワーメントとストレングス

人は誰でも, 社会のゆがみによってパワーレスネス（無力な状態）に陥る危険があります。しかしながら, どのような状況にあっても, 秘めた力と可能性を持っています。ソーシャルワークは, 人々が本来備えている力（ストレングス, Strength）に着目し, クライエント（相談者, Client）の力を引き出す（エンパワーメント, Empowerment）ための援助を行います。

（3）利用者本位

ソーシャルワーカーは, クライエント本位の援助を心がけることが大切です。しかし, 援助を進めるうちに援助する側の都合や価値観に基づく援助になりがちです。そうならないようにクライエントの立場を考えながらクライエントの意志を最大限尊重した援助を行います。

3）課題をとらえる視点（モデル）

ソーシャルワークは, 課題をとらえる視点によって援助の方針や方法が変わります。ソーシャルワークにおける課題のとらえ方として, 代表的な３つの方法を以下に紹介します。

（1）個人モデル

クライエントが直面する課題は, クライエント自身に何か原因があり, その結果として引き起こされます。そのため, 援助はおもに原因の除去を目的に進められ, 原因の除去によって状況が改善するという考え方です。

（2）生活モデル

クライエントは社会のなかで生活しており, 人と環境との相互作用の結果として課題が生じています。そのため, 人と環境との接点に働きかけながら, クライエントとともに課題の解決をめざすという考え方です。

（3）ストレングスモデル

クライエントが直面する課題は，生活モデルと同様に人と環境との相互作用の結果として生じていると考えます。そのうえで，人と環境との相互作用のなかにあるプラスの側面（強み）に注目しようとする考え方です。

4）課題への具体的対応方法（アプローチ）

ソーシャルワークは1960年代以降，課題の解決に向けて多様な方法が展開されてきました。ここでは，とくに90年代以降発展してきた新しいソーシャルワークの実践モデルのなかから，3つのアプローチを紹介します。

（1）エコロジカルアプローチ

人と環境との調和に視点を置いたアプローチです。人と環境がどのようにバランスを保ったり，崩したりするのかに注目し，人と環境の調和を図ることが問題解決に結びつくと考えるアプローチです。

（2）ナラティブアプローチ

クライエントが生きてきた歴史から紡《つむ》ぎだされる「語り」（narrative，ナラティブ）を大切にしたアプローチです。クライエントが，自分の人生を欠点や課題に満ちた過去と否定的にとらえるのではなく，肯定的にとらえることができるよう支援します。

（3）エンパワーメントアプローチ

自分が抑圧された状況下にあることをクライエントが認識したうえで，自分の潜在能力に気づき，高めることを大切にしたアプローチです。潜在能力を高め，クライエント自身が課題を解決していくための援助をします。

5）ソーシャルワーカーの基本的態度

ソーシャルワーカーがクライエントとともに課題の解決をめざすためには，まず，クライエントとの信頼関係（ラポール）を築くことが大切です。ソーシャルワーカーの基本的態度として，バイステック（Biestek,F.P）*1 が示した7つの原則を紹介します。

（1）クライエントを個人としてとらえる（個別化）

クライエントの抱く課題は，一人ひとり違います。そして，すべてのクライエントは，一人の個人として向き合ってほしいと願っています。ですからソーシャルワーカーは，クライエントに対して，偏見や先入観から離れ，独自性を持つ一人の個人としてかかわることが求められます。

（2）クライエントの感情表現を大切にする（意図的な感情の表出）

悩みを抱えるクライエントは，つらさや悲しみを語ることが多いかもしれません。ソーシャルワーカーは，喜びや楽しさばかりではなく，クライエントがつらさや悲しみも安心して語ることができるように，クライエントの感情表現を大切にします。

＊1　バイステック（Felix P.Biestek，1912-94）：1912年アメリカ合衆国イリノイ州に生まれる。イエズス会の司祭。1951年から25年間にわたりロヨラ大学で教鞭をとる。1957年にロヨラ大学出版局（Loyola University Press）から *The Casework Relationship* を出版する。

(3) ソーシャルワーカーは自分の感情を自覚して吟味する(統制された情緒的関与)

クライエントは，自分が表現した感情に対して，ソーシャルワーカーから共感的な理解と適切な反応を得たいと望んでいます。そのためソーシャルワーカーは，自分自身の感情を自覚し吟味しながら，クライエントに向き合うことが大切です。

(4) 受け止める(受容)

クライエントは，一人ひとりが固有の価値を持っています。ソーシャルワーカーは，個人的な感情でクライエントを判断せず，あるがままの姿を受け止めることが大切です。しかしながら，反社会的な行動などに対しては決して許容せず，同調することは避けなければなりません。

(5) クライエントを一方的に非難しない(非審判的態度)

ソーシャルワーカーの役割は，クライエントに審判を下し，非難することではありません。ソーシャルワーカーにとっては，クライエントの態度や価値判断の基準，あるいは行動について多面的に評価しようとすることが求められます。

(6) クライエントの自己決定をうながし尊重する(クライエントの自己決定)

ソーシャルワーカーは，クライエントが選択し決定する自由と権利について認識する必要があります。クライエントが自らの自己決定能力を活性化できるよう働きかけ，自分の進む道を自分の意志で決定できるよう援助することが大切です。

(7) 秘密を保持して信頼感を醸成する(守秘義務)

ソーシャルワーカーは，クライエントの秘密をきちんと守ることが大切です。秘密を打ち明けたクライエントの勇気と信頼を裏切ってはいけません。たとえほかの専門職へ情報を提供する必要がある場合でも，原則としてクライエント本人の了承が必要です。

6) 相談援助の過程

ソーシャルワークは，クライエントが本来持っているあらゆる可能性を十分に発展させることを大切にしています。そのため，援助の展開過程を重視しています。つまり，クライエントが抱える課題にクライエント自身が向き合い，よりよい方向へ自らの手で課題を乗り越えることが，可能性を発展させる契機になると考えているからです。ソーシャルワーカーは，援助の展開過程を，クライエントとともに歩むというイメージを持つとよいでしょう。援助は，おおむね図5－1のような過程を経て展開されます。

①インテーク(intake)

正式に相談を受理することの確認です。ソーシャルワーカーは，クライエントの訴えを傾聴し，不安感や緊張感を和らげ信頼関係を築いていきます。そのうえで，クライエントが抱える課題や求めているサービス，ニーズなどを把握します。

②アセスメント(assessment)

援助計画作成前の事前評価です。援助をはじめる前に，クライエントが抱える

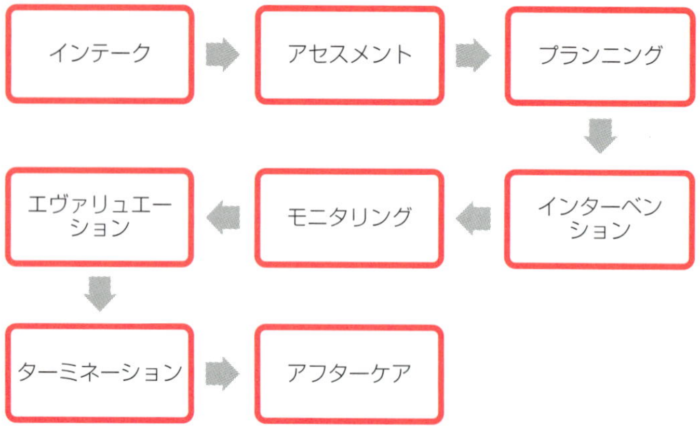

図５－１　ソーシャルワークにおける援助の流れ

課題を整理する必要があります。ソーシャルワーカーは収集した情報を全体的に把握したうえで援助の見立てを行います。

③プランニング（planning）

援助計画を作成します。だれが，いつ，どこで，どのように，どのくらいの期間，何をするのか，わかりやすく作成することが大切です。また，援助計画は，必要に応じて修正を加える場合もあることを考慮して作成します。

④インターベンション（intervention）

立案した援助計画を実施します。ソーシャルワーカーは，援助計画に基づき目標の達成に向けて，意図的な介入によってクライエントと環境の関係改善ために働きかけを行います。

⑤モニタリング（monitoring）

援助の過程で，クライエントに新たな課題が生じることも考えられます。クライエントに不都合が生じていないかを確認し，最適な援助を実施するために必要に応じて計画を修正します。

⑥エヴァリュエーション（evaluation）

援助の適切性や効果を，ソーシャルワーカーとクライエントが振り返る段階です。振り返りの過程で，クライエントは自分の力をあらためて確認できます。また，ソーシャルワーカーは，援助の経験を今後の実践につなげることが可能になります。

⑦ターミネーション（termination）

クライエントとソーシャルワーカーが互いに援助の終結を確認します。援助の終結は，課題が解決した場合や，クライエントが援助を拒否した場合などに訪れます。どのような場合でも，明確に援助関係を終える必要があります。

⑧アフターケア（aftercare）

援助は，計画の実施や目標の達成だけでは終わりません。援助の終結後も，効果の持続性や，新たな課題の発生を確認します。ソーシャルワーカーは，再び相談に応じることをクライエントに伝え，安心してもらえるよう配慮します。

7）保育相談援助・支援とソーシャルワーク

子育て家庭を取り巻く環境とそこから生じる課題は，ほかの章でもくわしく説明されているように，多様化し複雑化しています。それに伴い，対応すべき課題も複雑化し，困難の度合いを増している場合も考えられます。保育における相談援助・支援の役割は，ますます大きくなるでしょう。

本節では，ソーシャルワークの基本的な理論と方法について簡単に紹介してきました。そのほかにも，ソーシャルワークでは対応すべき課題に応じて多様な援助が展開されています。ここで紹介した理論と方法は，そのなかでもごく一部です。保育者は保育者独自の専門性を基盤にしながらも，ソーシャルワークの理論や方法を上手に活用し，子どもにとってよりよい育ちの環境を整えるための技術と知識を得ることが求められています。必要に応じて，皆さんも相談援助に関する学びを深めていきましょう。

4 臨床心理学の相談援助・支援の基礎理論

保育者が相談援助・支援を行うときに勉強しておくことが必要な分野として「臨床心理学」があります。臨床心理学は，心理学のなかでは応用心理学に区分されるもので，「心理的な障害や問題に悩む人を対象とする実践的な学問」であり「適応や自己実現，心の安定を目指す専門的な＜援助学＞」（野島，1995）です。したがって，臨床心理学の分野では，悩んでいる人に対してどのように援助していけばよいのか，ということが研究されています。また，臨床心理学の理論をベースに，実際に悩む人々に対する援助を行っているのが，「臨床心理士」をはじめとする心理カウンセラーです。心理カウンセラーは，悩んでいる人（以後クライエントと表記します）に対してカウンセリングを行うことで，クライエントが安心して自分らしく生活していくことができるように支援していきます。

心理カウンセリングの基本的な考え方として，クライエントの人格を尊重し，カウンセラーとクライエントが対等な立場でコミュニケーションをとっていくということがあります。また，悩んでいる人のことを「クライエント（来談者）」とよぶのは，悩むことは病気や障がいとされるような状態ではなく，したがって医療のような「患者」というよび方はふさわしくないという考え方が背景にあります。

保育現場における保護者からの相談援助・支援も，保育者と保護者は対等な立場を保って行われるべきものです。保育者と保護者がお互いを信頼し尊重し合って，相談というものは成立します。保育者が臨床心理学を学ぶことは，子どもや保護者に対して，必要以上に批判的な視点を持つことなく，あたたかい共感的な態度で接していくためにおおいに役立つと思われます。また，保護者が安心して自分らしく子育てできるよう支援しようとする保育者にとって，臨床心理学を学ぶことは，相談のためのスキルを向上させるためにおおいに役立ちます。

臨床心理学には，さまざまな理論があり，同時にさまざまな心理療法があります。心理カウンセラーたちはこうしたさまざまな理論について学んだうえで，援助の対象となるクライエントに適した心理療法を選択して援助を行っています。ここでは，相談援助・支援を行う保育者に知っておいてほしい臨床心理学の代表的な心理療法を紹介していきます。

1）精神分析学

（1）フロイト

「精神分析学」は，19 世紀の終わりから 20 世紀にかけて，おもにヨーロッパで活動を行った，医師フロイト（Freud,S.）＊2 によって確立された精神・心理療法です。フロイトは，19 世紀のヨーロッパで盛んだった催眠療法を用いた事例から，当時まだ治療法が確立されていなかったヒステリーのメカニズムを解明しました。人は幼少期の外傷体験（トラウマ）から自分自身を「防衛」するために無意識の領域に記憶を抑圧します。そして一見忘れられていたそれらの記憶が，おとなになってからのヒステリーの原因になっているとしたのです。フロイトは，この私たちが普段自覚することはできなくても，確実に心のなかに存在している「無意識」という領域に注目し，その無意識に抑圧された記憶を患者に自覚させるために「夢判断」や「自由連想法」など独自の方法を用いてさまざまな症例を扱い，その後「精神分析学」を確立しました。

フロイトの行っていた精神分析は，基本的にはおとなのためのものですが，おとなの性格傾向を分析していくと，乳幼児期の親子関係や体験が性格形成におおいに影響していることがわかったため，精神分析学の領域では子どもについての研究が数多くあります。また，フロイトの研究によって，おとなたちが健康的な生活を送っていくためには，その人の乳幼児期に精神的にある程度，満たされた環境で過ごしたことが重要であり，そのため子どもたちは大切に育てられる必要性があるということを社会に知らしめたことも，フロイトの重要な功績です。

また，精神分析では親と子どもの関係性から，乳児期から幼児期を「口唇期」「肛門期」「エディプス（男根）期」とよぶ独自の発達論を展開しています。筆者は，保育所で保護者からの相談を受ける際に，相談対象児の年齢などから，精神分析学の発達論を参考に考えていくことで，問題の状況をつかむようにしています。

一方で，精神分析は悩んでいる本人が自覚していない部分を探っていくという性質があります。ですから，たとえば子育てに苦しんでいる保護者の「無意識」の領域に抑圧された過去の体験が，その悩みの原因となっているとすると，専門的な訓練を受けていない保育者が不用意に分析的なかかわり方をすることで，そ

＊2　ジークムント・フロイト（Sigmund Freud, 1856-1939）：19 世紀末から 20 世紀前半にかけて，ヒステリーの治療などを行うなかで，人間の精神構造や性格形成について「精神分析学」とよばれる重要な理論を提唱した。精神医学や臨床心理学以外のさまざまな分野にも影響を与えている。

の保護者がさらに傷つけられてしまう危険性もあります。

保育者にとって精神分析学は，相談事例の問題点の理解や援助の切り口を探っていくヒントになると思われますが，同時に役割以上に深く相手の心に入ってしまい，より事態を悪化させる危険性をもたらしてしまうことも知っておいてほしいと思います。

(2) ウィニコット

精神分析学は，フロイト以降さらに発展をしており，心理療法の世界では主流の理論のひとつですが，相談援助・支援を行う保育者に知っておいてほしい精神分析家としてウィニコット（Winnicott,D.W.）*3 をあげておきます。ウィニコットはイギリスの小児科医でしたが，自分自身の悩みを解決するために精神分析の訓練を受けました。そして，精神分析の細かい方法にとらわれずに，独自の理論を用いて子どもたちにかかわりました。

そのなかでもとくに紹介したいのは，“holding” という概念です。ウィニコット自身は，母子関係に関する文脈のなかで，この概念を説明していますが，筆者自身子育て相談において，自分自身が保護者に対してどのように接していけばよいのかということについて迷いが生じた場合には，この概念を意識した接し方を考えています。

ウィニコットは，乳児と母親の最初期のかかわりとして「抱っこ」に注目しました。そして，乳児は母親に抱っこをされることで「親しみのある世界に信頼を作りあげ」ることを指摘しています。つまり，乳児にとって母親の抱っこは，安心して過ごすことができる環境として作用しており，子どもの健康的な成長にこの環境は欠かせないものです。また，ウィニコットはこの“holding”という概念を，乳児と母親との関係だけでなく，子どもの各発達段階における親の養育態度全般を含むものとして用いています。そのため，北山（1989）は，日本語においては「抱えること」という邦訳を用いて，そのニュアンスを正しく伝える必要性があることを指摘しています。

“holding” は，悩んでいる保護者に対して，援助を行う保育者がどのような心構えで接していけばよいのかということも示唆しています。相談を受ける保育者は，まるで乳児を「抱っこ」する母親のように，保護者に対して優しい気持ちで接しながら，保護者の様子を観察し，話す内容をよく聴き，さらには保護者が安心して相談ができる環境を提供できるように工夫する必要があります。

ウィニコットの用いた概念としては，そのほかに発達に応じて子どもを養育する必要があることを示す「ほどよい母親」という概念や，子どもに対して母親が母親としての役割を保ち続けることの必要性を示した「生き残ること*4」というものがあります。

援助を行う保育者も，やはり保護者の悩んでいる状態によって「ほどよく」援助を行っていく必要性があります。保護者の悩みが深刻なときには，より深く援助をしていく必要性がありますが，保護者がある程度元気になってきたときには，

＊3　ドナルド・ウッズ・ウィニコット（Donald Woods Winnicott，1896-1971）：イギリスの児童精神科医。精神分析の理論のひとつである対象関係論を，独自の視点から発展させた。子どもへの豊富な臨床経験から，子どもあるいは母子に関するさまざまな理論を提唱した。

＊4　生き残ること：母親は，子どもから攻撃性を向けられたとしても，母性を失わずに子どもに接し，子どもの「内面における母親」として生き残っていく必要がある，としたウィニコットによる概念。

ある程度保護者の自主性に任せることも大事です。また，保護者のために一生懸命相談を受けていても，保護者からはネガティブな反応が返ってくることがあります。そのようなときでも，保育者は「援助する側」という立場を保って，相手のために援助することをあきらめてはいけません。そうすることで援助者として「生き残ること」ができるのです。

2）行動療法

「心理学」の研究成果を心理療法に応用したのが「行動療法」です。行動療法は初期の心理学においてワトソン（Watson,J.B.）＊5 らが提唱した「行動主義」の影響を受けて，目に見えない心の内面を扱うのではなく，悩んだ結果として表れる不適応な問題行動を改善していこうとするものです。そのために，パブロフの犬として有名な「古典的条件付け」，スキナー（Skinner,B.F.）＊6 が提唱した「オペラント条件付け」などの学習理論を応用して心理療法に用いています。たとえば，なんらかのきっかけで登園したがらなくなった子どもは，毎朝イライラする母親の様子から，登園と母親の否定的な行動を対《つい》にして学習してしまい，登園することがさらにいやになってしまいます。そこで，母親に対してリラクセーション療法などを用いてリラックスさせることで，子どもに登園と母親のリラックスした雰囲気を再度，対にして学習させるのです。すると，子どもは登園したがらないという行動から，楽しく登園するという行動に変わっていくことができます。

行動療法には，ほかにも「嫌悪条件付け法」「拮抗反応法」「モデリング」など，さまざまな状況に対して用いるいくつもの技法があります。

3）クライエント中心療法

クライエント（来談者）中心療法は，アメリカの心理学者ロジャーズ（Rogers,C.R.）＊7 によって 20 世紀の半ばに確立された方法です。心理療法には多くの理論や技法がありますが，今日の心理カウンセラーの多くが，クライエント中心療法の考え方を取り入れています。また，相談援助・支援を行う保育者にとって一番取り入れやすい方法でもあると思います。

ロジャーズは，私たちには自分が理想とする自己と現実の自己があり，この両者の食い違いが大きくなると私たちは悩んでしまうと考えました。そして，現実の自己が他者から受容されることによってその食い違いが小さくなることで，私たちは自ら再び状況に適応し悩まなくなると考えました。そのためにロジャーズは，カウンセラーがクライエントに対して技法を用いたりアドバイスをするのではなく，ひたすら相手の話を聴く（傾聴）ということを重視した心理療法を行いました。

カウンセリングの方法になじみのない保育者は「聴いているだけで悩みが解決するのか？」という疑問を持つかもしれませんが，筆者はカウンセラーとしてクライエントの話を聴いているときに，クライエントからの「そうやって聴いても

＊5　ジョン・ブローダス・ワトソン（John Broadus Watson, 1878-1958）：アメリカの心理学者。20 世紀前半に，目に見えない心の事象を，目に見える行動から説明しようとした「行動主義」を提唱し，自然科学としての心理学の発展に貢献した。

＊6　バラス・フレデリック・スキナー（Burrhus Frederic Skinner, 1904-90）：アメリカの心理学者。スキナー箱とよばれる箱を用いたネズミの研究により，オペラント条件付けという概念を生んだ。また，理想的な環境があれば，理想的な社会ができると考えていた。

表5－1　カウンセラーの3つの条件

共感的理解	クライエントの私的な世界をあたかも自分自身のものであるように感じること。なおかつ「あたかも～ように」という性質を見失わないこと。
無条件の肯定的配慮（積極的関心）	クライエントの思いや考えを評価せずにありのまま受け止めること。悩んでいるクライエントに対して批判的にならずに受容的態度で接すること。
自己一致（純粋性）	カウンセリング中，カウンセラー自身がクライエントに対して感じるさまざまな感情を自覚すること。また，必要ならばそれを相手に伝えること。

＊7　カール・ランサム・ロジャーズ（Carl Ransom Rogers，1902-87）：20世紀中頃のアメリカで，精神分析とは異なる新たな心理療法として，セラピストのクライエントに対する受容と共感を重視した「クライエント中心療法」を提唱した。現代のカウンセラーの多くが，この理論の影響を受けている。

らえると，自分はおかしくないんだ，またがんばってみようと思える」ということばを幾度となく耳にします。悩んでいる人にとって「悩んでいることが認められる体験」は大きな力となるようです。

しかしながら，悩んでいる人の話を傾聴するという方法は，説明すると簡単に思えるかもしれませんが，実際に行うときにはなかなか困難なときがあります。表5－1にロジャーズのあげるクライエントに向き合うときのカウンセラーの3つの条件を紹介します。

保育者も悩んでいる保護者に対して，まず相手の立場になって「共感」してみることを考えてみましょう。そして，「だめだ」とか「だいじょうぶ」という評価的態度をとらずに，ありのままに「受容」してみましょう。また，相談援助・支援の際に，保護者に対して否定的な感情が生じたとしても，それを自覚しながらそれでも相手のためになる援助を心がけるとよいでしょう。

4）臨床心理学的視点を保育相談援助・支援に導入するときの注意点

本節では，臨床心理学の心理療法のための代表的な理論を紹介しました。実際には，心理カウンセラーは，ここであげた以外のさまざまな理論や技法を適宜選択して，心理療法を行っています。

保育者にとって，保育相談を行う際には，それらの臨床心理学的方法はおおいに参考になると思われますが，保育者と心理カウンセラーでは役割や学問体系が異なります。精神分析学の項目でも説明しましたが，安易にそれらを用いると，思わぬところで大きな失敗をする可能性もあります。自分が受けた相談に臨床心理学的視点を導入してみようと考える保育者は，心理カウンセラーなどから指導を受けながら，相談活動を行うことが望ましいと思われます。

5 保育・教育における相談援助・支援の基礎理論

保育・教育の場面での保護者に対する相談援助・支援において重要なのは，日常の「指導者」としての役割と，個別の相談に対する「援助者」としての役割のバランスをどのようにとるのかということです。ここでは，保育所での相談援助・支援を念頭に，そのことを説明していきたいと思います。

1）受容的援助と専門的援助のバランス

保育所での相談援助・支援においても，基本となるのは「子育てに関する相談や助言に当たっては，保護者の気持ちを受け止め，相互の信頼関係を基本に，保護者一人一人の自己決定を尊重する」（『保育所保育指針』第6章1－（5））という姿勢です。この「保護者の気持ちを受け止め」「自己決定を尊重する」という姿勢は，ケースワークの基本でもあり，前節で紹介した「クライエント中心療法」の考え方ともきわめて近いもので，保護者に対する受容的な視点を大切にした援助につながるものです。

一方で，保育者の職務は，児童福祉法で「児童の保育及び児童の保護者に対する保育に関する指導を行うこと」（第18条の4）と定められており，保護者とのかかわりにおいて保育者は「指導」をするという役割を持っています。保育者は，相談援助の最初の時点から受容的かかわりを行う心理カウンセラーとは異なり，日常の保護者とのかかわりの延長上に相談援助・支援を行う機会があります。したがって，保育者の相談援助には受容的なかかわりだけではなく，「指導」や「助言」などによる保育者の専門性（指導者としての専門性）を活かした援助も多くみられることになります。実際，前掲した『保育所保育指針』第6章1－（5）においても，「助言」が保護者に対する支援として含まれています。

ここで，相談援助・支援を行う保育者が考えなければいけないのが，前者の「受容的援助」と後者の「専門的援助」のバランスです。たとえば，筆者が保育者から聞いた保護者の悩みとして「赤ちゃんのおしっこが青くない」というものがあります。これはオムツのCMで視覚効果としておしっこが青で表現されていたものを見た保護者が，赤ちゃんのおしっこは青いものだと思い込んでしまったために生じてしまった悩みです。この悩み自体は「それはCMの演出によるもので，園にいるすべての赤ちゃんのおしっこは青くないですよ」と伝える専門的援助が容易な解決をもたらすと思われます。しかしながら，相談を受けた保育者が一方的に指導を行い，保護者に対して受容的な視点を持つことを忘れると，この悩みの背景にある，些細《ささい》なことが気になってしまいがちな保護者の性格面への援助や，そのような悩みが家庭で解決できない母親の孤立した環境への援助の機会が失われることになってしまいます。

網野（2008）は，「保育指導を，とかく文字通り保護者に対して指導を行うと受け止められる傾向が見られますが，そのような趣旨ではなく，保護者に対する援助業務の総体であるという意味を深く認識する必要があると思います」と述べています。これも表現は違いますが，保育者が「受容的援助」と「専門的援助」のバランスを考えながら，保護者を援助していくことの重要性を述べたものだと思います。

これらのことを踏まえて，保育場面での相談援助・支援を行う際の基本的な方法や留意点を以下にあげていきます。

2）保育者の専門性を活かした援助

保育場面での保護者に対する相談援助・支援において，保育者は「保育士の専門性」や「保育所の特性」を活かすことが求められています（『保育所保育指針』第６章１－（３））。ここでいう保育士の専門性とは，子どもへのかかわり方や子どもの発育・発達，遊びなど，保育者が日常的に保育を行う際に必要な知識や技術をさしています。また，保育所の特性とは同じ発達段階にある子どもの集団が常に存在することや，その子どもたちの発達を時間をかけて常に見守ることができる環境などがあります。保育者は，相談を受けた際にその解決につながると判断した場合には，これらの専門性や特性を活かして，保育者が持っている知識や情報などを保護者に提供することを意識していくとよいと思われます。

しかしながらその一方で，これらの専門的援助は前述したように「受容的態度」や「親の自己決定の尊重」を阻害してしまう危険性を持っています。そこで，援助が一方的な押しつけにならないよう以下の点に注意するとよいでしょう。

①保護者のやり方を尊重すること

保護者の子どもへの接し方に対して，保育者の立場から指摘したい部分があったとしても，「そのやり方はよくありません」などと否定してしまうと，保護者も納得しがたいものです。保護者がなぜそのような方法をとっていたのかを受容したうえで，「園ではこのようなやり方をしています」「保育の分野ではこのような考え方もあります」と別のやり方や考え方を提案するとよいでしょう。このような流れで相談を進めると，保護者は自分にとってよい方法を自己決定することができます。

②根拠を示すこと

保育者からの判断を伝えるときには，なぜそのような判断ができるのか，その根拠を伝えるようにしましょう。たとえば，ただ「だいじょうぶ」と伝えるのではなく「同じ月に生まれたほかのお子さんもみんな同じような成長ですよ」と伝えると，保護者も安心できます。

③見通しを示すこと

子どもに関する相談では，「もう少し様子をみてみないとはっきりしたことがわからない」場合や「今は困っていることはあっても時間がたてば解決する」場合がよくあります。このようなときに，保護者に「様子をみましょう」と伝えるだけでは不十分です。どれくらいの期間様子をみればよいのかを根拠とともに示し，その時期に再度相談の機会を設けることを提示するとよいでしょう。

3）援助するのにふさわしい別の機関を紹介する

保護者からの相談を受けたときに，必ずしも保育者が自ら解決のための援助を最後まで行わなければならないとは限りません。その問題を解決するのにふさわしい別の機関や専門家を紹介するのも「リファー（refer）」という援助法になります。

たとえば，保護者からの相談内容が子どもの体調面に関する内容であった場合に，園と提携している病院を紹介することによって，子どもと保護者はより専門的な援助を受けることができます。また，悩んでいる保護者の心理状態がかなり悪い場合や，相談の対象となっている子どもの状態を把握するときに，保育者の専門性だけでは十分に理解することができないと判断したときには，心理の専門職がいる相談機関などを紹介するのも有効です。

このように，保育・教育場面での保護者に対する相談援助・支援において，保育者以外の専門職や他機関の協力を得ることも，相談援助・支援を有効に進めていくために不可欠なことです。そのためには，保育所や幼稚園が，病院や教育相談所など，子どもや保護者を支援するほかの専門機関との連携を，積極的にとっていく必要があります。加賀谷・山屋・丸橋が行った調査（2009）では，保育所が子育て相談の際に連携をとる頻度が高い機関として，「市役所（保育主管課）」「保健センター・保健所」「医療機関」などがあげられています。

また，相談を受ける側の倫理として「役割や専門性を越えた支援を行ってはならない」ということがあります。たとえば，発達障がいが疑われる子どもを持つ保護者からの相談で「お子さんは○○障がいですね」と，保育者から保護者に伝えるのは役割外の行動です。なぜなら，その子どもが発達障がいかどうかを判断できるのは，責任をもって診断をする訓練を受け，それを伝える社会的役割を持っている医師だけだからです。ですから，このような場合も医療機関の受診を保護者に勧めることが大切になります。

紹介（リファー）を行う場合も，保護者にいきなり「病院に行ってください」などと伝えるのではなく，問題の状況などについてしっかりとコミュニケーションをとり，十分な信頼関係を保護者との間に築いたうえで，解決の手段のひとつとして他機関にいくことを勧めるのがよいでしょう。

また，相談援助・支援を行う保育者は，他人に対して優しく責任感が強い人が多いと思われます。したがって，このリファーという援助法を選択することは，せっかく相談に来た保護者を突き放すような感覚にとらわれて，抵抗を感じる保育者が多いかもしれません。しかしながら，自分では援助・支援することが難しい相談を一人で抱え込んでしまうと，最終的には子どもや保護者，そして保育者自身がつらくなってしまいます。子どもを取り巻く環境には，さまざまな専門性を持つ人々がいますから，お互い協力し合いながら問題に取り組んでいくのがよいでしょう。

4）保護者の気持ちを受け止めながらそばに寄り添う援助

保護者の悩みの内容や，相談援助・支援の状況によっては，これまで述べてきたような具体的な援助が困難であったり，あるいは必要がない場合があります。このようなときには，保護者の話をしっかりと聴き，気持ちを受け止めることが大切になってきます。

たとえば，「子どもが発達障がいと診断され，受け入れなければいけないが，今はまだショックを受けている」保護者に対しては，保育者が何か具体的なアドバイスをすることよりも，じっくりと保護者の気持ちを聴き，そばに寄り添い，「先生が自分の気持ちをわかってくれた」と感じてもらうことのほうが重要です。保護者は，自分の気持ちをわかってくれる人がそばにいてくれるという安心感から，より前向きな気持ちに自分から変わっていけるものです。

また，援助・支援が効果を奏し，それまで子どもへのかかわり方を十分に理解していなかった保護者が，ようやく望ましく子どもにかかわろうと努力しはじめた状況でも，このようなかかわり方が重要です。それは，保護者が方法を理解しても，すぐに正しいかかわり方を実行できるわけではないからです。保護者は「わかっていてもできない」という新たなジレンマを抱えることになり，この段階で保育者が助言を与えようとすると，そのジレンマを深める結果につながりかねません。むしろ，「わかっていてもできないもどかしい気持ち」を保育者が受け止めることで，保護者は努力し続けることができるようになることの方が多いのです。

このような保護者の気持ちを受け止めながら，そばに寄り添う援助を行っていくためには，前節で紹介した臨床心理学の「クライエント中心療法」を学ぶとよいでしょう。クライエント中心療法は「受容」と「共感的理解」を軸にした方法なので，保育者にとっても参考になる部分が多いと思います。

筆者は保育者から困っている事例についての相談を受ける機会が多いですが，そのなかでよくある相談として「すごく気の毒な状況だから聴いてあげることしかできない。もっと何かできないだろうか」というものがあります。このような，相談に対して筆者は「その聴いてあげるということが，本当にその保護者の力になっていると思いますよ」と伝えることにしています。保護者はつらい状況にあっても，子育てや生活に必要なさまざまなことを一生懸命やっているわけですから，保育者に相談しているときには「保育者に見守られながら安心して悩める」ことが貴重な体験になるでしょう。

5）保育・教育場面での相談援助・支援の特徴

保育・教育の場面で相談援助・支援を行う際の特徴として，複数の援助者が事例にかかわることがあげられます。筆者は，臨床心理士として病院と保育所でそれぞれ相談業務を行った経験があります。病院では，カウンセラーとクライエントという二者関係で相談援助が行われていきます（図５－２）。それに対して，

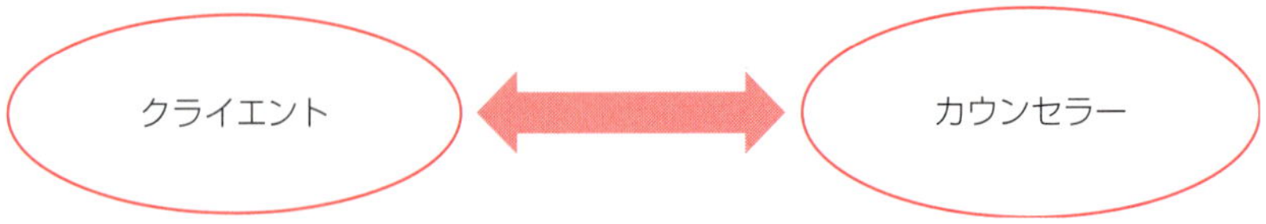

図５－２　カウンセリングの構造

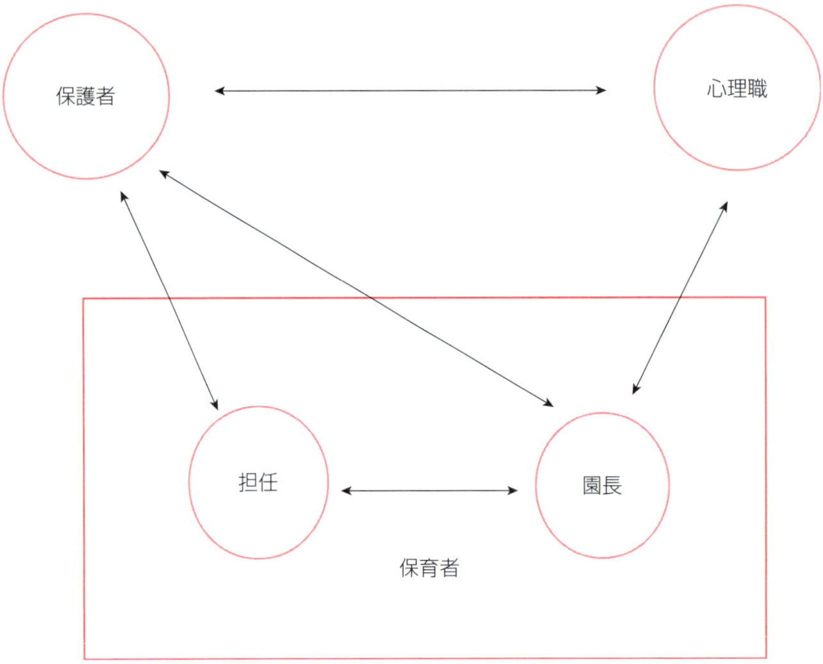

図５－３　保育所における相談の構造

筆者がかかわったある保育所の事例では，一人の子どもを援助していくために，保育者と保護者，保護者と心理職，保育者と心理職，保育者同士という組み合わせで相談が行われました（図５－３）。そのため，保育・教育場面での相談援助・支援では，情報や記録の共有，援助者同士の連携，そして守秘義務に関する配慮などが，子どもの利益という観点からなされることが必要になります。

参考文献・引用文献
第１節，第２節
（1）須永　進ほか『保育所における子育て相談に関する調査報告書』社会福祉法人日本保育協会，pp.75-77　2000 年
（2）（1）と同じ p.22
（3）保育，子育て相談の方法に関しては
須永　進ほか『子育て相談の手引』社会福祉法人日本保育協会，pp.1-46　1999 年

須永　進編著『改革期の保育と子どもの福祉』八千代出版，pp.146-153　2007 年
須永　進編著『子育て支援を考えるために』蒼丘書林，pp.81-91　2008 年
第３節
（1）F.P. バイステック著，尾崎新他訳『ケースワークの原則』誠信書房，2010 年
（2）久保紘章他編『ソーシャルワークの実践モデル』川島書店，2006 年
（3）国際ソーシャルワーカー連盟『ソーシャルワークの定義』相川書房，2009 年
（4）白澤政和他編『社会福祉援助方法』有斐閣，2003 年
（5）稲沢公一・岩崎晋也著『社会福祉をつかむ』有斐閣，2008 年
第４節
（1）野島一彦「臨床心理学入門」『臨床心理学への招待』（野島一彦編著）ミネルヴァ書房，p.2, 3, 1995）
（2）フロイト,S，芝伸太郎訳「ヒステリー研究」『フロイト全集２』岩波書店，2008
ウィニコット,D.W，成田義弘 / 根本真弓訳「赤ん坊と母親」『ウィニコット著作集１』岩崎学術出版社，1993
（3）北山修「ウィニコット“holding”についての覚え書き」『抱えることと解釈　精神分析治療の記録』（ウィニコット,D.W，北山修監訳）岩崎学術出版社，pp.358-363，1989
第５節
（1）網野武博「保育所の特性や保育士の専門性を生かした保護者支援」『ここが変わった！新保育所保育指針　改訂のポイントと解説』（大場幸夫監修）チャイルド本社，p.38, 39，2008
（2）加賀谷崇文･山屋春恵･丸橋聡美「保育所における子育て相談の現状（1）－他機関との連携－」『秋草学園短期大学紀要 26 号』pp.83-96，2009

6章

各実施機関における保育の相談援助・支援の実際

保育所の相談援助・支援の事例

A保育園のケース

問題点，性別／年齢，保育歴，家庭状況，保護者との関係および実際に行った援助・支援

２歳児クラスから入園してきたＮ君の保護者が，しばらくして「今日からパンツをはかせていますので，よろしくお願いします」と担任であるＢ先生に伝えてきました。Ｂ先生は様子をみることにしましたが，Ｎ君は排泄《はいせつ》の失敗を繰り返してしまい，またそのことへの罪悪感からか遊べなくなってしまうようなことがありました。

そこで，Ｂ先生は先輩保育士からのアドバイスもあり，Ｎ君の保護者とお迎えのときに話し合うことにしました。そこでは状況を淡々と伝え，園ではオムツで過ごしてもよいか保護者にきいたところ，それでもよいとの返答が貰えました。Ｎ君はオムツをはいているときには安心して遊べていましたが，家庭ではやはりおもらしをしてしまう状況が続いていたとのことです。そこでＢ先生は保護者面談の際に，この件を再度話し合うことにしました。保護者も，失敗してしまうＮ君に対して怒ってしまうことがあり，この件について相談をしたがっていました。

面談において，保護者は「子どもは失敗を繰り返して成長するのでは」「ここであきらめたら逆戻りしてしまうのではないか」という考えや不安を打ち明けました。Ｂ先生はそのことを受け止めたうえで，「園ではうまくできなくても，つぎがんばろうねと伝えたり，うまくできたときにほめるようにしていますよ」と助言し，またオムツをしているときの安心して遊んでいる様子を伝え，パンツをはくかどうかはＮ君に決めさせることを提案しました。また，園長先生からもこの時点でオムツが外れなくても大丈夫だと伝えたところ，保護者は安心し園の方針にまかせてみることになり，その後Ｎ君は楽しく遊べるようになりました。

point
1 この事例を取り上げた理由

本事例は，保育者の専門性を活かした援助です。子どもへのかかわり方や発達の理解が，家庭と保育所で食い違ってしまうことはよくあることだと思います。このような食い違いが大きくなると，保護者も保育者も大きなストレスを抱えることになります。本事例では，N 君の保護者は子どもへのかかわり方への意識も高く，一方で B 先生は２年目の若い保育士でしたから，場合によっては保護者にかかわることに不安を感じてしまう可能性もあったと思います。しかし，B 先生は，N 君が楽しく日常を過ごせることを常に願い，また，保護者の価値観や N 君の成長を否定しないようにしながらも，自分の意見を伝えていき保護者の信頼を得ました。そこには，保育者としての専門性と，B 先生を支える周囲の保育者のあたたかな雰囲気が大きく関与していましたので参考にしてほしいと思います。

point
2 事例から得られた結果

本事例のポイントは３つあります。最初のポイントは，２歳児にとってオムツをとることよりも楽しく過ごせることのほうが大事であるという保育者の専門的視点です（園によっては，この時点でオムツをとることができるという考えもあり，それも専門的視点です）。それを，押しつけずに園のやり方として保護者に伝えたのがよかったと思います。２番目は，最終的にオムツかパンツかの選択が N 君に委ねられたことです。これは，N 君自身の自己決定する力が非常に成長してきたことを，B 先生が把握していたことによって提案されたものです。この提案は，N 君の成長が保育者から否定されずに認められているという安心感を保護者にもたらし，この安心感から保護者は保育者の意見を受け入れやすくなったと思われます。３番目に関しては，「これからの課題」で述べます。

point
3 これからの課題

本事例のポイントの３番目は，まだ経験が浅かった B 先生を，園長先生や先輩保育士が支えたことです。経験の少ない保育者は，どうしても保護者に意見をぶつけることに不安があると思います。本事例では，介入のタイミングを先輩保育士が判断したり，オムツが外れなくても大丈夫なことを園長が保護者に伝えたりしています。保育所での相談援助・支援は，このように園全体で取り組んでいくとよいでしょう。しかしながら保育所によっては，規模や勤務体制の状況などで，この A 保育園のように，保護者・担任の先生が悩んでいることや，園児の状況などについてほかの保育者が把握することが難しい場合もあります。保育所が相談援助・支援を行っていく際には，本事例のように，園全体で連携をとりながら援助・支援を行っていくことを心がける必要があると思います。

【ワークシート】

テーマ

課　題

《 解決の方法を考えて書いてみよう 》

B保育園のケース

問題点，性別 / 年齢，保育歴，家庭状況，保護者との関係および実際に行った援助・支援

5歳児クラスのC君は，以前より園で暴れたり，ほかの園児に暴力をふるうなど，園で目立つ存在でした。D先生が担任となった4月からは，保育者に対し「死ね」「殺すぞ」と発言するなど，その傾向はますます強くなったため，D先生は家庭の様子を知る必要があると思い，園の駐車場で母親と話をしました。

C君の園での様子を母親に伝えると，母親はびっくりした様子で「家ではそんなことないのですが」と，家庭では問題がないことを強調しました。しかし，D先生やほかの保育者が，C君の発言を注意深くみていくうちに，C君の家庭では両親の不和が大きな問題となっている様子がうかがえました。そこで，D先生は母親と何回か面談を行いましたが，母親はあまり家庭の状況を問題と考えていない様子でした。D先生はますます様子が悪化していくC君をなんとかしたいと思いながらも，家庭の状況に対して保育者としてそれ以上は踏み込めないという判断をしました。

そこでB保育園の子育て相談を担当する臨床心理士への相談を母親に勧めたところ，母親も面談を希望しました。家庭の状況がC君に与える影響を重要視していた臨床心理士に，母親は家庭の状況を詳細に打ち明けたため，家庭ではかなり無理をして「よい子」になっているC君の様子が明らかになりました。そこで，保育者は臨床心理士と打ち合わせを行い，母親のケアは臨床心理士が担当すること，C君の抱えていた寂しさや不安はD先生を中心とした保育者が受け止めていくことにするなど，役割を決めて問題に取り組むこととしました。その結果，C君は徐々に落ち着きをみせるようになり，クラスにも適応できるようになりました。

point 1 この事例を取り上げた理由

本事例は，家庭の状況を保育者に打ち明けたがらない保護者に対して，臨床心理士への相談を勧めることで，状況を好転させた事例です。また，子どもの暴言や暴力は保育者にとってもかなりのストレスになります。さらに，保護者が解決に向けて積極的に努力をしてくれない状況が続くと，保育者は子どもや保護者に対して否定的な視点を持つようになってしまいがちです。本事例では，家庭の抱えている事情から保護者が育児に専念することが難しく，また保育所内でのC君の暴力も，それに巻き込まれた保育者が骨折をするなどかなり激しいものでしたから，保育者が前向きにかかわることが困難なケースでした。しかし，D先生はC君の様子を注意深く見守り，問題が家庭にあることに注目し，また臨床心理士という他の専門職と連携することで，この事例に取り組むことに成功しました。

point 2 事例から得られた結果

保護者や保育者を困らせる幼児の「困った行動」に関する事例を援助する際，まず考えなければならないのが，その行動をその子どもにとらせる背景に何があるのかということです。本事例では，C君の乱暴な言動をただ悪いこととしてとらえるのではなく，何か子どもが言語化できない要因が背景にあるのではないかと保育者が考え続けたことから，援助への道が開けてきたといえます。また，保護者に対して保育者自身が相談を受けることをある程度の段階でやめて，保護者が家庭の事情を打ち明けやすい臨床心理士に紹介したことも本事例解決のカギです。保育所で行う相談援助・支援をすべて保育者だけで行っていく必要はありません。医師や看護師，栄養士，ソーシャルワーカーなどさまざまな専門職や外部機関と連携をとって援助・支援を行うとよいでしょう。

point 3 これからの課題

本事例は，保育者からの臨床心理士への紹介と，その後の両者の連携による子どもと保護者への援助が功を奏した事例です。臨床心理士をはじめとする心理職と保育者の連携は，子どもや保護者の心理面をサポートする必要性がある事例においてはおおいに役立つと思いますが，心理職の保育所への関与は現時点ではまだはじまったばかりというのが実情です。そのため今後は，両者の連携がより広範囲で行われる必要があります。また，本事例のように「保育所で問題があっても，家庭では問題がない子ども」の保護者の場合，保護者から自発的に保育者に相談する可能性は低くなると思われます。保育者が先に子どもの問題に気づいた場合，積極的に情報を保護者に伝えて，相談援助・支援の機会をつくっていく必要がありますし，そのための援助技術の向上も保育者には求められます。

【ワークシート】

テーマ

課　題

《 解決の方法を考えて書いてみよう 》

保育所の相談援助・支援の事例

C保育園のケース

問題点，性別／年齢，保育歴，家庭状況，保護者との関係および実際に行った援助・支援

０歳児クラスに入園したＥちゃんは，３人兄弟の末っ子でした。Ｅちゃんの母親は４月の入園当初から，Ｅちゃんが保育所で過ごすために必要な着替えやオムツなどを持ってこないことが続きました。そこで，担任のＦ先生は母親に「困ったときには園のものを貸し出していますが，Ｅちゃんは自分のものの方が好きみたいですよ」と伝え，忘れものをしないようにうながしました。

しかし，しばらくするとＥちゃんの母親はＦ先生を避け，Ｆ先生が勤務していない時間帯に送迎してくるようになりました。母親とコミュニケーションがとれなくなったＦ先生は，勤務時間以外にもなるべく園にいるようにし，母親と顔を合わせる機会をつくるようにしました。そして，園でＥちゃんがよくできていることを母親に伝えながら，家での様子を尋ねるようにしていきました。すると，母親は「家では忙しくてなかなかＥにかかわる時間がない」と訴えてきたので，Ｆ先生は「お仕事しながらだと大変ですよね」と共感しました。

しばらくすると，母親のほうから「いつも忘れものばかりしてすみません」と話しかけてきたので，「お母さんが忙しいならそれをサポートするのも私たちの仕事なんですよ」と伝えたところ，母親は泣きながら聞き入れている様子でした。そして，しばらくしてＦ先生への相談を母親が希望してきたため，別の部屋で面談を行ったところ，育児への不安や夫への不満などをＦ先生に訴えてきました。Ｆ先生はその訴えに何か具体的な援助や助言を行うのではなく，母親の話を聴くことに専念しました。その後，Ｅちゃんの母親は落ち着いた様子で子どもにかかわることができるようになりました。

point 1 この事例を取り上げた理由

本事例は，保育者の受容的な態度が，保育者の指導を受け入れようとしなかった保護者の気持ちを解きほぐし，信頼関係をつくることに成功したケースです。また，その信頼関係をベースに保護者の育児上の不安や不満に，保育者が寄り添ったケースでもあります。円滑に保育を行うために，保育所にはさまざまな約束事があります。そのような約束事を守れない保護者に対して，保育者は指導を行わなければいけません。しかし，保護者の受け止め方によっては，保育者と保護者の関係が一時的に悪くなってしまうこともあると思います。本事例では，F先生は，それまでの保護者への指導的かかわりが行き詰ったときに，保護者に対し受容的にかかわっていくように方針を変えることにしました。その結果，信頼関係を取り戻し，その後の相談援助・支援へとつなぐことができました。

point 2 事例から得られた結果

保育者が，保護者に対して相談援助・支援を行う際に大切なことは，「日常の信頼関係」を確立していることです。保護者が悩んだときに，日頃の保育場面で信頼できると思う保育者に相談したくなることは自然なことです。本事例において，保育者は保護者の「家では忙しくて子どもにかかわる時間がない」という訴えに対して，助言や批判をするのではなく，「お仕事しながらだと大変ですよね」と共感を示しました。この発言によって保護者は保育者から「もっとかかわるように怒られるのでは」という不安を感じずにすみ，安堵したのではないかと考えられます。また，F先生はEちゃんの行動や成長を注意深く観察していましたので，子どもの様子を丁寧に保護者に伝えることができました。これらのことが，保護者の保育者に対する信頼感の獲得につながったのだと考えられます。

point 3 これからの課題

本事例では，保護者が保育者の勤務時間を避けて送り迎えをするという状況が生じています。現代の保育所は，子育てをする家庭のニーズに合わせて長時間保育を行っています。そのために，本事例ほど極端ではなくとも，必要なときに保育者と保護者が顔を合わせられないということがあると思います。F先生は，勤務時間外にも園にいるようにして，保護者とのコミュニケーションを図りました。この方法は，すべての保育者がとれる方法ではないのですが，状況に合わせ相談援助・支援につなげられるよう，保育者は柔軟な行動をとる必要があります。また，保育所での相談援助・支援では送迎時や保護者面談などの機会を利用することが中心になりますが，本事例の相談のように，日常の保育場面とは別の落ち着いた空間で保護者の相談を受けることができる環境も整えていきたいものです。

【ワークシート】

テーマ

課　題

《 解決の方法を考えて書いてみよう 》

幼稚園の相談援助・支援の事例

A幼稚園のケース

問題点，性別／年齢，保育歴，家庭状況，保護者との関係および実際に行った援助・支援

H男くんは年少の入園時にすでに，ひらがなとカタカナを読むことができるようになっていました。そのため本が大好きでした。食事，排泄，着脱衣などの基本的生活習慣もできていました。ところがパニックなどは起こさないのですが，ほかの園児とかかわらない傾向が強く，所属するクラスから勝手にいなくなり，ほかのクラスに入り込んで本に熱中していることなどが目立つようになりました。お母さんはH男くんの行動を，H男くんの個性ととらえ，とくに問題視していませんでした。しかし幼稚園の先生は，H男くんに何か持って生まれた特徴（発達障がい*[1]など）の可能性も考えられることから，H男くんのペースを大切にしながら教育にあたりました。H男くんにとって，幼稚園は楽しかったようでほとんど休まず通園しました。

やがてH男くんは卒園し，小学校に入学しました。幼稚園の先生は，小学校の先生に，H男くんのことを心をこめて申し送りしました。園長先生も小学校の校長先生と関係を保ち，積極的に情報交換を試みました。ところがH男くんの行動傾向は，小学校でさらに目立つようになりました。H男くんは教室からいなくなって図書室にいることが多くなりました。小学校では学習内容が難しくなり，同時にほかの児童とコミュニケーションをとって学習を進展させねばならないことが多くなります。それがH男くんにとって苦痛となったようでした。やがて，H男くんは不登校になりました。小学校の先生と保護者は話し合い，H男くんは専門の医療機関で診療を受け，発達障がいと診断されました。

その後，特別支援学級がある小学校に転校し，今，H男くんは毎日登校しているとのことです。

point 1 この事例を取り上げた理由

入園してくる子どもたちのなかには，問題となる行動特徴をみせる子どもがいます。その原因は，それまでのしつけや親子関係などの心理的・環境的原因ではなく，生来の脳の機能不全など発達障がい的原因が強く疑われることがあります。しかし発達段階初期の子どもの場合，保護者が発達障がい的原因を理解しない，あるいは認めないことがしばしばあります。そうした子どもの保護者の多くは，問題行動を子どもの個性ととらえ，年齢が上がり成長するに伴い改善されるはずと信じていることがあります。そのため，こうしたケースでは，保育者の子どもとのかかわりが重要となります。また，幼稚園と小学校との連携も重要です。小学校入学後の子どもの成長や保護者へのサポートには，子どもが卒園した幼稚園の保育者からの情報や，園と小学校との交流が役立つことがあるからです。

point 2 事例から得られた結果

H男くんの保護者は認めませんでしたが，H男くんは発達障がいの疑いのある子どもでした。しかし担任の保育者は，H男くんを放っておいたり，無視したり，あるいははれ物に触るように扱ったりはしませんでした。場面に応じてH男くんに特別な配慮をするにしても，できるだけクラスのほかの子どもたちと同様に，H男くんの長所を発見し伸ばす試みをしました。そして園全体でH男くんについての共通理解がなされ，H男くんへの一貫性ある，共通した働きかけが行われました。小学校に進んでからも園長先生が校長先生との関係を維持し，双方の先生が連携して情報交換しました。その結果，H男くんの保護者はH男くんの医療受診を決心し，発達障がいという受診結果を受け入れることできました。こうした流れがH男くんの特別支援学級への入級につながったと考えられます。

point 3 これからの課題

保育者からみて発達障がいの可能性が極めて高いにもかかわらず，保護者がそれを認めず，専門機関で受診していない子どもがクラスに在籍していることがあります。このような子どもに対し，保護者が認めないのでかかわりづらい，対応方法がわからないなどの理由で，保育者が働きかけを諦めてしまうと，問題を先送りするだけで，結果的に子どもの心の成長が損なわれてしまうことがあります。そこでまず，保育者には子どもの心身の成長をうながしながら，保護者の心の安定に寄与する試みが必要となります。そして保護者との信頼関係を築きながら，専門機関での受診，療育をうながしていくようにしたいものです。また，子どもの各発達段階を考えたとき，保育所・幼稚園と小学校（中・高校）の心の通った連携関係が大切になります。継続した支援こそが問題解決には重要だからです。

【ワークシート】

テーマ

課　題

《 解決の方法を考えて書いてみよう 》

B幼稚園のケース

問題点，性別 / 年齢，保育歴，家庭状況，保護者との関係および実際に行った援助・支援

年中のＴ子さんは児童精神科医から発達障がいの診断を受けていましたが，幼稚園での生活は可能と判断され入園を許可されました。行動の特徴は，気が向かないとやらない，勝手にクラスからいなくなる，砂を口に入れてしまうなどでした。しかし性格は明るく，友だちとは遊ぶことはできました。担任のＫ先生は，お母さんとの連絡を緊密にしてＴ子さんの教育にあたりました。年長になるとクラスのほかの子どもたちは，Ｋ先生のＴ子さんへの指導の仕方が，自分たちへのそれに比べて優しく鷹揚《おうよう》であると感じるようになりました。また，Ｔ子さんのことを子どもから聞きその様子を見た保護者から，手のかかるＴ子さんに別に一人の専門家をつけて（加配）ほしいとの要望が出されました。子どもたちは戸惑い，クラスの雰囲気はぎくしゃくしたものになってしまいました。

Ｔ子さんのお母さんはＫ先生に相談し，保護者会でＴ子さんの状態（できること，苦手なこと）をほかのお母さんたちに率直に述べて理解を求め，その上でおつき合いしてほしいと話しました。また園長先生は，Ｔ子さんに専属の人員を配置し個別にみていく必要がないとの考えを示し，Ｔ子さんを排除するのではなく，Ｔ子さんがクラスにいるからこそ，Ｔ子さんとほかの子どもたちの両方にとって有益な学びの機会が生じるのではないか，と話しました。

その後，ほかの保護者のＴ子さんへの意識と見方が変化し，それがクラスの子どもたちにも影響を与えたようです。ほかのお母さんからのＴ子さんのお母さんへの声がけや働きかけも増えました。もともと子どもたちもＴ子さんを交えて楽しく遊びたかったこともあって，クラスの雰囲気もあたたかくなっていきました。

point 1 この事例を取り上げた理由

入園してくる子どものなかには専門機関で発達障がいの診断を受け，保護者もその障がいを受容しているケースがあります。この場合，保育者は，その子の問題行動に対して保護者や，ときには医療機関，療育機関など専門機関と連携し，保育・教育に取り組むことがあります。ところが保育者のその子への対応が，ほかの子どもたちへのものとは異なることに子どもたちから不満が出ることがあります。同じ悪戯《いたずら》をしても，その子は先生から叱られないのに自分たちは叱られる，などです。さらに，こうしたことがほかの保護者たちの知るところとなり，その子の排斥や，担任保育者のクラス運営，ひいては園への不平不満，抗議に至ることもあります。この場合，保育者が，どのように当該の母子をはじめ，ほかの子どもたちとその保護者にかかわっていくべきか考える必要があります。

point 2 事例から得られた結果

本事例では，保護者が保育者とともに一生懸命子育てをしていても，ほかの保護者から，自分たちの子どもに不利益を及ぼさないよう，障がいのある子どもは別にすべき，との声が上がりました。そこでお母さんはＫ先生に相談を持ちかけ，保護者会で発言することにしました。それはＴ子さんの育ちを通じてＫ先生とお母さんとの間で信頼関係が築かれていたからです。そこでのお母さんの真摯《しんし》な思いと願い，また園長先生の「（障がいの有無ではなく）子どもたちの誰もが欠点や苦手な部分を持っている。それを互いに認め合っていくことが心の豊かさとなる」ということばが，ほかの保護者にも理解されました。それは園とほかの保護者との間にも信頼関係があったからだと考えられます。

point 3 これからの課題

障がいの診断結果が出ている子どもがクラスに在籍していることがあります。この場合，園生活における子どもの観察だけでなく，医療機関などからの情報がその子の育ちに有益となります。またわが子の障がいを受容ができていると推測される保護者に対しても，「障がい告知・受容」の以前と以後などそれぞれの時期を大切にし，寄り添いながら協力して子どもを育てていきたいものです。さらに本事例のように，ほかの保護者から障がいのある子どもへの不満の声が上がった際には，当該の子どもの保護者がつるし上げのような状態に陥らないよう細心の注意を払う必要があります。そして建設的な話し合いとするためには，保育者自身の心がブレないよう，常日頃からこうした問題に対する自身の価値観，信念を確認するとともに，保護者たちとの信頼関係を築いておくことが重要となります。

【ワークシート】

テーマ

課　題

《解決の方法を考えて書いてみよう》

C幼稚園のケース

問題点，性別／年齢，保育歴，家庭状況，保護者との関係および実際に行った援助・支援

同じ年の同じ年少クラスにそれぞれのお子さんが入園し，お母さん同士，CさんとDさんはすぐに仲良しになりました。双方とも子どもは一人です。年上のCさんはハキハキした物言いの，しっかり者の印象でした。年下のDさんは物静かでおとなしい印象でした。クラス担任のE先生は，そんな二人のお母さんの様子をほほえましく思い，ほかのお母さんたちと同様のかかわりを行ってきました。ところが二学期に入り，Dさんがこれまでと違い沈んだ様子でいることが多いことに気づきました。それに呼応するようにDさんの子どもも元気のない様子で登園を渋るようになってきました。三学期に入ると，E先生はDさんから一通の手紙をもらいました。内容は，CさんのDさんに対する嫌味や干渉が二学期中から限度を超えていて精神的に参ってしまった，というものでした。一人で悶々と悩んでいたDさんでしたが，Dさん母子のことをあたたかく気にかけてくれているE先生に勇気を出して相談を試みたのです。

そこでE先生は，どちらがよくどちらが悪いという判断はせずに，Cさん，Dさんともそれぞれ同じように丁寧にかかわるようにしました。Cさんには昼間，家庭で一人でいる寂しさを察して，その思いを傾聴することを大切にしました。またDさんには相談してきた勇気をたたえ，ほかの保護者とも交流できるよう配慮するとともに，Dさんの子どもには，その子のペースで登園できるよう働きかけました。そして新年度に，CさんとDさんの子どもを別々のクラスにしました。やがて，Dさんは以前よりも明るくなり，積極的にほかのお母さんたちとも交流できるようになりました。また，子どもも元気を取り戻し，毎日楽しそうに登園するようになりました。

point 1 この事例を取り上げた理由

日常の園ではさまざまな問題が発生します。それには，子ども自身あるいは子ども同士の関係，子どもと保護者の関係，子どもあるいは保護者と保育者との関係だけでなく，保護者同士の関係から生じる問題もあります。それが子どもの心にも影響を及ぼし，子どもの園生活に支障（本事例では登園渋り）をきたすことがあります。また保護者の心も疲れ果ててしまい，子育てのやりがいや意欲が低下してしまうことがあります。保護者同士の関係は，保育者からはうかがい知れない園外でのそれぞれの生活圏でも生じ，展開されます。一人ひとりの保護者にはそれぞれの事情が存在し，当事者以外の人間関係の影響などが複雑に絡み合って，すぐには理解し対応できないケースがあります。このような保護者間の関係の問題に対して保育者はどのようにかかわっていけばよいでしょうか。

point 2 事例から得られた結果

本事例のような保護者間の問題に対し，E 先生はどちらか一方のお母さん（C さん）を悪者とすることなく，両方のお母さんに平等に接することを心がけました。そして同僚や先輩保育者に相談し，次年度にクラス替えをした以外は両者の話を聴き，それぞれの心に寄り添って見守っていくことにしました。C さんには普段，家のなかで一人でいる寂しい思いを推測して優しく丁寧に話を聴き，また D さんには相談した勇気をたたえ，ほかの保護者とも交流できるよう配慮しました。そして D さんの子どもにはその子のペースに合わせ働きかけました。E 先生は根気強く，当事者双方にかかわることに努めました。本事例で問題が解決した要因として，E 先生のあたたかなバランス感覚ある人間性，子育ての楽しさを大切にする思い，問題を一人で抱えず同僚に相談できる度量などがあげられます。

point 3 これからの課題

園や保育者が直接関係しないところで，保護者間で問題が発生することがあります。しかし，当事者それぞれに事情や理由があるため，介入が必要な深刻なケースを除いては，保育者としても明快な解決策が出すのが難しくなります。そこで本事例のように，勧善懲悪のような解決策ではなく，保育者がそれぞれの保護者の心に寄り添い，保護者の気づきと成長をうながし，待つという支援の形態が有効となります。そのような場合，保育者には，明確な答えの出ない問題に根気強くかかわっていく忍耐力，当該の問題において大切にしたい自分の価値観，また同僚など第三者に教えや支援を仰ぐことのできる度量などをバランスよく携えておくことが重要となります。また入園時など，事前に保護者間でのトラブルとなるような付き合い方に注意をうながすことも大切でしょう。

【ワークシート】

テーマ

課　題

《解決の方法を考えて書いてみよう》

子育て支援センターの相談援助・支援の事例

A子育て支援センターのケース

問題点，性別 / 年齢，保育歴，家庭状況，保護者との関係および実際に行った援助・支援

A保育所は2002（平成14）年から，待機児童の増加や，地域で生活する子どもの保護者からのニーズが寄せられたことから，市からの受託事業として地域子育て支援センターを開設しています。この保育所を利用しているOさん一家は，父・母・長女（1歳）の3人家族です。両親とも20歳になる前に結婚しました。長女が生まれて最初のころ，長女が昼夜を問わずに泣くことが多く，当時は相談相手が両親の周囲にいなかったことから日常的に長女の子育てをするなかで戸惑うこともありました。

こうした毎日を積み重ねていくうちに，母親はストレスが増加し，子どもとの関係もうまくいかないことも増えてきました。一方，父親は典型的なサラリーマンであったことから，平日は夜遅くまで残業などがあり，子育ての協力を得るには難しい状況でした。

そのころ母親が近所に住む子育て支援センターでボランティアをしているCさんから子育て支援センターのことを聞きました。はじめのうちは，子育て支援センターに行くことに消極的でしたが，Cさんと一緒に訪れることにしました。センターでは，子育て支援担当の保育者が，「こんにちは」と出迎えてくれ，母親に同年代の子育てをしている母親を間に入って紹介してくれました。また保育者は，「泣くことが多い」という相談に，一緒に考えながら，子どもの発達について解説し，対応を助言しました。こうしたセンターの保育者や利用しているほかの保護者とのかかわりを通して「わたしだけが困っているのではない」ということに自ら気づくことにつながりました。

その後は，両親ともにセンターを利用しながら子育てに対する知識や情報を収集しながら両親で協力して子育てをしています。

point
❶ この事例を取り上げた理由

日々の保育のなかでは，子どもや保護者の変化を敏感に感じ取ることが大切です。子どもの生活の様子や遊び，ほかの子どもとのかかわり，また送迎時の保護者の表情，子どもと保護者のやりとりなどをこまかに観察し，些細《ささい》な変化に気づけるようにその感覚を磨くことが，保育者には求められます。そして，保育者は，日常的な何げない行為のなかで，子どもの発達の状態を解説したり，さりげなく保護者に行為の体験をうながしたりすることによって，保護者の子育てや「親である力」を支えていくのです。これらは，保育者の専門性に根ざした，保育者独自の保護者支援であるといえます。

point
❷ 事例から得られた結果

国が行った調査では，３歳未満児の約７～８割は家庭で子育てを行っているとの結果があります。このほか，核家族化の進展，地域のつながりの希薄化が課題となっていることから，子育てを行う親子が安心して利用できる地域拠点づくりが求められています。同時に子育ての経験がない家族に対して，子どもとのかかわり，子育ての方法などについて保育者が指導や助言をすることも期待されています。この事例のように子どもを育てたことがない保護者が，子どもに対してどのようにかかわることが望ましいか，また子どもとのかかわりのなかで行き詰った際に，相談できる相手を見つけることができることは大変重要です。また子どもの成長や発達には個人差があることを保護者自身が理解し，その上で精神的に余裕を持ち，子育てすることのできるように支援していくことも必要な視点です。

point
❸ これからの課題

子育て家庭では，ときとしてさまざまな育児不安や負担感が存在することが懸念されます。そこで，子育てを家庭内のみで抱えるのではなく，必要に応じて地域にある社会資源を活用することで，子育てにおいてどのような充実感が得られるか，配慮していく必要があります。その点から子育て支援センターの開設のほかにも，多様な子育て支援環境を整えていく必要があります。その体制を整えていくためには，地域の協力をもとにした仕組みを構築していくことが望まれます。それは子育てが家族の責任だけで行われるのではなく，社会全体によって取り組まれる「子育ての社会化」に向けた視点であるともいえます。また，実際にサービスを利用する子どもや保護者が，利用しやすい子育て支援プログラムを提供していくことも必要であるため，子どもや保護者の声を吸い上げるなどの工夫も大切です。

【ワークシート】

テーマ

課　題

《解決の方法を考えて書いてみよう》

子育て支援センターの相談援助・支援の事例

B子育て支援センターのケース

問題点，性別 / 年齢，保育歴，家庭状況，保護者との関係および実際に行った援助・支援

B子育て支援センターは，市内の空き家を使って子育て支援活動を行っています。ある日，センターに新しく参加申し込みに来たGさんがいました。申し込みを終えた翌週の開催日に子ども（1歳・女児）を連れて参加してきました。子どもとスタッフが遊んでいる間，別のスタッフがGさんと話をしました。

Gさんは昨年，人間関係のトラブルと育児疲れで自分の気持ちをコントロールすることができなくなり，その結果，子どもの父親との関係にひずみが生じてしまい離婚し，先月市内に引っ越してきた，とのことでした。また自身の実家とも疎遠で，Gさんは「一人で子どもを育てなければならない」という責任感でこれまで生活してきたということでした。引越しをしたため，近くに知り合いもおらず，今後これからどのように過ごしていこうかと考えていたところ，子どもを遊ばせることのできる子育て広場があることを知り利用したとのことです。

スタッフは「いろいろと変化があるなかでよく子育て広場に来ていただきました。子育てもお一人では大変なところもあるでしょうから，よければこれからも気軽に子育て広場に来ていただき，ほかのご家庭とも交流しながら知り合いを増やしていければいいですね。」と声をかけました。最初はGさんも子どももすぐにはほかの利用者と深くかかわることはできませんでしたが，スタッフの配慮で母親同士が話し合える場などを設定するなど，何回か子育て広場に来ているなかで，子育て仲間をつくることができました。また最近では，子育て広場で知り合った母親同士の輪にも入り，グループで外出する機会もあり，Gさんと子どもに笑顔が増えていきました。

point
1 この事例を取り上げた理由

本事例では，離婚や引越しという生活環境の大きな変化によって，話し相手や相談相手が身近になく，生活上のさまざまな不安や変化，重荷に耐えているＧさんにどのように寄り添い，援助すべきなのかが，大きな課題となっています。ときとしてこのような子育て家庭への支援の場合，子育てに関する相談援助だけでなく，生活全般にわたる相談を受けることもあります。今回の事例では，Ｇさんに対して子育て支援センターのスタッフが示したように，多様な保護者の価値観を受け止めたことによって，ひとり親家庭の環境の安定が図られ，結果として子どもの生活向上にもつながったといえます。またスタッフの支援のあり方として，Ｇさんのこれまでの気持ちをねぎらうなど，受容するという相談援助にとって必要な姿勢が，問題解決に大きく役立ったという点も見逃すことができないでしょう。

point
2 事例から得られた結果

今回の事例の特徴は，子育て中のＧさんが自らの悩みや子育て環境について何とかしたいという思いで子育て広場を利用したのではなく，はじめは何気なく訪れてみようという気持ちで参加したことがあげられます。そして，その過程で家庭の問題について相談に応じるようになり，家庭環境の安定が図られました。このように偶然参加した子育て支援活動を通じて，保護者から子育てに関する悩みや課題が寄せられることがあります。保育者などの相談員は，いつでも相談に応じることができるよう，利用者（相談者）の話に耳を傾け，利用者が気持ちを自由に表現できるように配慮する必要があります。また保育者や相談員には，利用者に対して特別なアドバイスがなくても，利用者の不安や焦《あせ》り，悲しみなど負の感情に対しても受容的・共感的態度で接することが求められます。

point
3 これからの課題

この事例では子育て家庭を孤立から防ぐ取り組みが行われています。しかし今後のかかわりのなかで考えていかなければならないことは，母子と周囲の保護者や子どもとのつながりを継続的に構築していくと同時に，母子との信頼関係，変化への迅速な気づきです。たとえば母子の家庭環境が，今後大きく変化する可能性があります。その要因として，家族関係や家族と社会との関係，さらには子どもの発達上の変化などが考えられます。相談員は，こうした変化がいつ起きたとしても，保護者とともに対応できるようにしておくことが重要です。そのためには新たな課題が発生した際，家族が相談員に気軽に相談できる信頼関係を構築すること，また家族の変化について相談員が気づくことができ，必要に応じて援助・支援を行うことのできる視点を持つことがあげられます。

【ワークシート】

テーマ

課　題

《 解決の方法を考えて書いてみよう 》

子育て支援センターの相談援助・支援の事例

C子育て支援センターのケース

問題点，性別／年齢，保育歴，家庭状況，保護者との関係および実際に行った援助・支援

C子育て支援センターは，児童館の子育て支援プログラムとして，平日の午前中の３時間，地域で子育てを行う家庭につどいの場として開放されています。参加者のＨさん（母親）とＴくん（男児・２歳）は，児童館での子育て支援プログラムに半年ほど前から参加し，月に２～３回来館しています。当初から親子関係は良好でしたが，Ｔくんがほかの子どもたちと一緒に遊んでいるとき，とくに理由もなく急に怒ったり，突然泣き出したりすることがありました。スタッフはＴくんに対し，ほかの子どもとの様子をみながらその状況ごとに対応するとともに，母親には「感情豊かなお子さんですね」と声がけするようにしました。しかし，母親はほかの子どもとの関係もあり，申し訳なさそうにしていました。

ある日，Ｈさんからスタッフの保育者に話を聞いてほしいと相談の依頼がありました。保育者はＴくんの対応を別のスタッフにお願いし，Ｈさんを別室に案内しました。するとＨさんは急に泣き出し「実は前から気になっていた，Ｔの人とのコミュニケーションの様子が日に日に気になっています。人やものへのこだわりが激しくなり，自分中心に人とかかわるようになっています。親としてどのようにすればよいかわからなくて。」と相談してきました。保育者はＨさんの話を傾聴し受け止めた上で，Ｔくんのこれまでの様子も振り返りながら，母親に状況によっては専門機関に相談することも有効であると提案しました。

後日，Ｈさんは保育者の助言を受けて児童相談センターに相談し，医師の診断を受けました。診断の結果，Ｔくんに発達障がいの可能性があるということになり，経過観察することとなりました。

point 1 この事例を取り上げた理由

今回の事例では，Tくんの発達障がいの可能性が発見できたように，遊びのなかで子どもの発達の状況や親子関係の変化などを，早期に発見することはよくあります。とくに児童館で行う子育て支援では，施設の機能や専門性でもある遊びの提供を通じて，子どもの生活の変化などに着目できるメリットがあります。それは，遊びが子どもの生活そのものを表わすことが多く，保育者が子どもの遊びを通して，子どもや家庭での生活を多角的にとらえることができるからです。またこの事例では，母親であるHさんと相談する際に，別の保育者がTくんの対応を担当するなど，施設内での役割分担や連携が図られている点，またHさんからの相談や児童館でのTくんの様子を踏まえて，専門機関である児童相談センターを紹介するなど，ほかの機関との連携が図られている点が注目できます。

point 2 事例から得られた結果

Hさんは子育てをするなかで，Tくんの人とのかかわりに不安を感じていましたが，これまで専門機関に相談する機会がありませんでした。しかし今回，Hさん自身の抱えていた気持ちを伝えることができ，それを受け止めた保育者が子どもの様子も踏まえて助言した結果，子育て支援活動を糸口にTくんの発達について専門機関を紹介することができました。こうしたことから児童館での地域子育て支援活動は，子育て家庭の居場所や子どもへの遊びの提供といった，一般に考えられている地域の児童福祉施設としての役割のほかに，子どもの発達に対しても助言する役割があると考えられます。そのため保育者には，保護者が抱える悩みや気になる点についての相談に応じることのできる専門的知識と，相談援助のための援助技術の修得が求められているのです。

point 3 これからの課題

今回の事例は，発達障がいに関する事例でした。しかし，ほかの専門機関を紹介したことで援助が終結したわけではありません。本当に大切なのは，今後のHさんやTくんの実際の生活をいかに改善していくか，そのための役割分担と支援のネットワークをどう構築するかということです。つまり，子育て支援センターと，そのほかの専門機関である児童相談センターや医療機関との間で，HさんやTくんに対する支援の役割をどのように分担し，かかわりをもっていくのかということが必要となります。また本事例でもわかるように，子育て支援活動にかかわる保育者は，専門職として子どもの発達について助言が求められるため，保育者自身が常に援助に必要な専門的知識を修得し，必要に応じて保護者や子どもからの相談に応じられるように準備することが重要です。

【ワークシート】

テーマ

課　題

《 解決の方法を考えて書いてみよう 》

児童館の相談援助・支援の事例

A児童館のケース

問題点，性別 / 年齢，保育歴，家庭状況，保護者との関係および実際に行った援助・支援

Iさんから，児童館の放課後児童クラブに所属する小学校２年の長女N子さんの夜尿症について相談を受けました。家族環境は父親（38歳），母親（Iさん，40歳），長女（N子さん，８歳），次女（２歳）の４人家族です。内容は「N子の夜尿症がひどくなり，治療の効果がみられない。自分の育て方，かかわり方が悪いのかと考えると情緒不安定になり，イライラが募り，手を上げる頻度や強さが増してきている。N子をかわいいとは思えない。」というものでした。

２歳の次女は療養相談を受けており，次女の養育に手がかかるため，Iさんに余裕がないように見受けられました。N子さんは小学１年から放課後児童クラブに在籍していますが，入会当初から集団生活になじめず，ぐずる・泣くなど精神的に不安定な状態にあり，友だちの言い分を聴こうとする姿勢や譲歩がみられず些細《ささい》なことでトラブルに発展してしまう，恒常的に失禁してしまう，友だちの所有しているかわいい文房具を持って帰ってしまう，などの問題がありました。

面談では，Iさんの負担を考慮し週１回30分程度で継続的に実施し，Iさんの孤独感を解消できるよう受容に努め，かたよっていると思えるような思いも否定せずに受け止め整理していきました。また，N子さんの家庭や放課後クラブでの様子を丁寧に振り返り，IさんがN子さんの心の状態を理解できるようわかりやすく話を進めました。援助については，児童相談所，地域の支援機関，学校と連携してケース会議[*2]を実施し，当分は児童館の定期的面談を重視した支援を行うことを決定しました。またN子さんについては，児童相談所の児童精神科による医療的援助を実施しました。

point 1 この事例を取り上げた理由

Ｉさんと N 子さんは，お互いに大切な存在と感じながらも，さまざまな出来事から溝が深まっていく経過を学童期に過ごしていました。N 子さんは，さまざまなストレスから夜尿症を悪化させ，精神的にも不安定になり，丁寧な支援が必要となっていました。そのため，この事例における支援の大切な要点は，「子どもへの丁寧なケア」と「母親の気持ちの整理」でした。「わが子をかわいいとは思えない」というＩさんの切実な訴えを冷静に受け止め，混乱している親子関係とＩさんの気持ちを，丁寧にほぐしていくことが起点となった事例です。また，ほかの機関と連携をとりながら適切なアセスメントを行い，援助の方向性を定めていくことの重要性を確信した事例でもありました。

point 2 事例から得られた結果

Ｉさんの状態から，日常的な N 子さんへの虐待に発展する危険性が強く感じられました。また N 子さんの不安定な様子からは，専門機関の診断も必要ではないかとの様子がうかがえました。Ｉさんとの接点が多い児童館の立場としては，「母親への日々のかかわりが，この親子にどう影響するのか」不安になる場面もありました。しかし，学校やほかの支援機関に相談を持ちかけることにより，適切なアセスメントと支援の方向性を探ることができました。とくにケース会議により，専門的な視点から親子の状態や関係性を確認できたことにより，より適切な日々の援助を行うことができました。重厚な支援ネットワークが，事例の解決の糸口となるケースでした。

point 3 これからの課題

この事例においては，「母親の気持ちの整理」と「専門機関による子どものケアの充実」により，親子の生活は，いったん落ち着きを取り戻しました。しかし，支援の過程で，母親と手を携えていかなければならない「父親」へのアプローチが困難でした。Ｉさんと N 子さんの問題について，夫婦間で会話が交わされている様子はうかがえましたが，父親の母親と長女に対する厳しい姿勢には，依然として変化が見られず，また支援サイドから父親に接触しようと試みましたが，父親は拒み続けました。この事例においては，その後の支援が途絶えることなく行われるよう，「支援継続のシステムづくり」を行うことと同時に，家庭内にて大切な役割を担う「父親」への適切なかかわりが，今後の課題として残りました。

【ワークシート】

テーマ

課　題

《 解決の方法を考えて書いてみよう 》

保健所の相談援助・支援の事例

G保健所のケース

問題点，性別／年齢，保育歴，家庭状況，保護者との関係および実際に行った援助・支援

家庭環境は，父親（35歳），母親（35歳），Fくん（３歳４か月）の３人家族です。Fくんの出生状況は，妊娠35週に緊急帝王切開で出生しました。出生時の体重は2,038g，身長46cmで，そのほかにはとくに異常はありませんでした。その後の発育はやや小さいものの順調でしたが，発達は首のすわり５か月，お座り10か月，ハイハイ15か月とやや遅めで，乳幼児健診や予防接種などの機会や乳幼児相談に来所することを勧め，その際に継続的に発育・発達を確認しました。Fくんは低出生体重児ということもあり，出産医療機関にて定期的に受診していました。

１歳６か月健康診査時には，一人歩きや意味のあることばの発語ができず，健診中は母親のそばを離れることなく泣いていました。保健師は発達にやや問題があると判断し，母親に発達をうながすかかわり方を学ぶために親子教室（遊びの教室）を勧めましたが，母親の対応は病院で定期受診しているため必要ないとのものでした。しかし，保健師は半年後の２歳児歯科健診時に発達を確認するための受診を勧めました。

２歳児歯科健診時点においても，Fくんは一人歩きや意味のあることばを発語することはできません。また，健診中は常に動きまわり，手に取ったものは何でも口に入れようとし，保健師と視線を合わすことはできず，表情はどちらかというとぼんやりした感じでした。この健診の際に，親戚の１歳半の子どもが歩き，話すことができることを見てFくんの発達を心配した母親が保健師に相談したため，専門医療機関を紹介しました。そこで「自閉症[*3]」の診断を受け，その後，Fくんは療育[*4]教室（発達をうながす教室）への通所を開始し，保育所にも入所しました。

point
1 この事例を取り上げた理由

この事例は，直接的には低出生体重児，発達に遅れがみられる子どもに対する支援ですが，医療機関にて定期受診中との理由で保健師による早期支援を断る保護者に対する支援の一例でもあります。支援を受け入れることが難しい保護者に対し，保健師は機会あるごとに声がけをし，保護者が自分の子どもが少しでもほかの子どもと違うと感じたときに，支援をうまく開始できるよう働きかけます。また，保護者の多くは子どもが「自閉症」など何らかの障がいであるとの診断をうけても，地域の保育所への入所を希望します。ここでは，「自閉症」など何らかの診断を受けた子どもが保育所という集団の場に進むときに，保健師が臨床心理士その他の専門職種との連携をとるためのコーディネーターとして活動し，専門職チームを組んで母子の育ちを支援しました。

point
2 事例から得られた結果

母親は低出生体重児ということもあり，F くんを過保護に養育していました。F くんの発達に関しても「まだできなくても」「病院へかかっているから」との受け止め方でした。しかし保健師は機会あるごとに母親と面接し，自分が母親の相談相手であるとの意識づけを行いました。その結果，母親が相談したいと思ったときに適切に対応し，専門医療機関の受診へとつなぐことができ，地域の療育教室への通所が開始されました。また，所内で開催している臨床心理士の相談会への参加もうながし，相談会にも定期的に参加するようになりました。保育所入所の際には保護者の了解のもと，保健師が保育所に現在までの情報を提供し，職員の加配配置が可能になりました。入所後は保健師や臨床心理士，療育の先生たちと定期的に園を訪問し，よい連携がとれています。

point
3 これからの課題

保健師とは，母親が安心して生み育てるために妊娠期からかかわり，出産後は家庭訪問や健康相談，乳幼児健診，歯科健診などで親子に接することが多い，発育・発達を援助する職種です。乳幼児健診は，疾病や発達の遅れを早期に見つけることも目的のひとつとしています。また，出生直後から母親からいろいろな相談を受けることがあります。これらの活動を通じて保健師は障がいの有無にかかわらず，母親の気持ちに寄り添い，受け止め，母親自身が子どもの発達過程を知り，自分の子どもの現状を判断する力をつけ，解決方法を見いだせるよう支援をします。発達障がいの診断を受けた子どもが集団生活に適応できずにトラブルとなってしまう前に，母親や周囲の人々がその子どもの特徴を理解し，生活しやすい支援をするために，早期に診断ができるよう援助・支援することが重要となります。

【ワークシート】

テーマ

課　題

《 解決の方法を考えて書いてみよう 》

保健所の相談援助・支援の事例

M保健所のケース

問題点，性別／年齢，保育歴，家庭状況，保護者との関係および実際に行った援助・支援

家庭環境は，父（30歳），母親（29歳），長女（Yちゃん，3歳10か月），次女（1歳3か月）の4人家族です。Yちゃんの出生，その後の発育・発達は順調でしたが，1歳6か月児健診時に2語文は話すのですが問診中座っておられず，保健師との会話が成立しませんでした。また多動がみられたため，母親に親子教室（遊びの教室）を紹介しましたが，母親はYちゃんは歩きはじめたばかりで問題はないとして，参加を拒否しました。2歳児健診時では，3語文を話しましたが，話したいことだけを話し会話にならない状態や，ほかの子の玩具を力ずくでとってしまう行動がみられました。再度，親子教室を紹介しましたが，母親はYちゃんの状態を発達の一段階ととらえ教室参加を拒否し，結局，家庭訪問や母親の話を聞きながら経過をみることにしました。

3歳児健診時でも，やはりYちゃんとの会話は成立せず，動きは多動でマイペースでした。母親は「Yは怒るといつまでも泣きやまない。自分の思いどおりにならないと怒って手がつけられない。スーパーでは走っていってしまい目が離せない。」など対応に困るようになっており，保健師に相談がありました。その結果，母子で親子教室に通うようになりましたが，Yちゃんは親子教室でも走り回ることが多く，母親がイライラしていることがわかりました。保育所入所に際し，母親から集団生活に不安があるとの訴えがあったため，発達検査を勧めました。その結果，「境界域*5」との診断を受けため，療育教室への通所を勧めましたが，母親は拒否しました。そこで母親の了解のもと，保育所に情報を提供し，保健師による園訪問などの対応ができました。

point 1 この事例を取り上げた理由

出生や発育，発達には異常はみられませんが，多動をおもな訴えとする保護者からの相談は，1歳6か月児健康診査や3歳児健康診査において多くみられます。一方，保護者が自分の子どもはやんちゃ，活発な子と受け止めるケースも多くなっています。この事例も保健師は早期からYちゃんの行動に疑問を持って母親に対応しましたが，母親はYちゃんの行動をその子の発達ととらえ，あまり心配していませんでした。保健師は急ぐことなく機会あるごとに母親に接し，母親の思いを聴くことや相談相手であることを示しつつ，信頼関係を保つことに努力しました。その結果，母親が本当に困って援助を求めてきたとき，母親の気持ちを大切にしながら，専門機関でのYちゃんの診断を可能とし，ほかの専門職種とも連携を密にとりながら，チームを組んでスムーズに支援できたケースです。

point 2 事例から得られた結果

保健師は，Yちゃんの乳幼児健診で疑問を感じ，次女の赤ちゃん訪問時などの機会に自宅でYちゃんの状態を観察しました。また健診・相談の機会を利用し，母親の困っていることや思いなどを聴き，対応の仕方などの支援を行い，親子教室では子どもへのかかわり方などを学んでもらいました。教室卒業時，母親がYちゃんの集団生活を心配したことが検査につながり「境界域」の診断を受けましたが，療育教室には参加しないというのが母親の意向でした。保健師は母親の気持ちを大切にすることで信頼関係を築き，母親が発達の問題を受け入れられるよう，その気持ちを理解することに努め，その結果，保育所入所前に親子教室へ通うようになりました。入所後は保健師や臨床心理士，療育教室の先生とチームを組み，園訪問を実施し，保育者の支援や情報の共有ができるようになりました。

point 3 これからの課題

どの保護者も，わが子の発達の遅れを認めることに拒否反応を示す傾向があります。しかし，診断を受け，適切な時期にその子にどのような支援が必要かを判断し，個々の発達に基づいた療育を受けることができれば，発達をうながすことができます。本事例の子どもの場合は，会話が成り立たないことに加え，視線が合わない，じっとしていられないなど母親が子どもへの対応に困り，集団生活への不安を持ったことで発達診断を受け，「境界域」との診断がなされました。保健師にとっては，乳幼児健診を充実させ，発育・発達に問題があると思われる子どもの場合には，保護者の気持ちを十分に聴き，ともに子どもの発達をうながす人であることを認識してもらうことで，早期に療育が受けられるよう働きかけることが，今後ますます重要であると考えられます。

#【ワークシート】

テーマ

課　題

《 解決の方法を考えて書いてみよう 》

障がい児施設の相談援助・支援の事例

知的障がい児通園施設K園のケース

問題点，性別／年齢，保育歴，家庭状況，保護者との関係および実際に行った援助・支援

Sくん（5歳）が，知的障がい児通園施設K園に通いはじめ3か月になります。家族構成は，父親（34歳），母親（32歳），兄（7歳），Sくんの4人家族です。保育所に通いはじめた3歳6か月のとき保育者から専門機関での受診をすすめられ，自閉症という診断を受けました。しかし，母親はわが子の障がいをなかなか受け入れられず，療育手帳の取得にも消極的でした。Sくんは，体が大きく肥満気味で，体重は30kgを超えています。ことばによるコミュニケーションが苦手で，相手のことばの理解もやや困難です。父親は仕事が忙しく，園に来たことは一度もありません。毎日，S君を送迎する母親に保育者は声をかけますが，表情は暗く，ほかの保護者との交流も少ない状況が続いていました。一方，Sくんは，園での生活にも次第に慣れ，それまで一人ではできなかったトイレができるようになってきました。

しかし家ではオムツを使用し，食事についても栄養士からのアドバイスがあったものの「Sがほしがるから」と改善がみられず，体重が増加している状況でした。保育者は，今の母親のありのままを受容し，共感した態度で接するようにしました。そして，できるだけ母親の思い，悩みを聴きだし，家庭での食事のことやSくんへの接し方などを語ってもらうようにしました。それから，1か月ほど過ぎた頃，母親から保育者に話しかけてくれるようになりました。それを契機に，週3回実施している親子プログラムへの参加をすすめました。現在では親子プログラムに参加し，ほかの保護者との関係性も深まりつつあります。園でのSくんの様子を見た母親から「家でもトイレができるようにしてみます」と保育者に話しかけてきました。

point 1 この事例を取り上げた理由

早期の療育・支援を受けることで，子どもの生活が安定する可能性が高くなるにもかかわらず，知的障がい児通園施設などに通いはじめる当初，保護者が子どもの障がいを受け入れられていないケースがあります。また，障がい児本人との言語によるコミュニケーションが難しい場合，保護者や身近な支援者が「代わって伝える」ことが多くなるため，保護者が子どもの障がいを受け入れられないと，保護者の意向や思いのみがそのまま本人の支援に結びついてしまう危険性があります。しかし本件では，母親が子どもの障がいと向き合うきっかけを，保育者が意図的につくりだしています。ただし，はげましや，お世辞などはいわず，深い相手への関心，思いやりを伝えました。その際，相手がいいにくいこと，直面するのを避けたいと思うようなことでも，相手を十分に尊重しながら話しかけました。その結果，母親の小さな変化がつぎのステップにつながっていきました。

point 2 事例から得られた結果

通所施設などでは，保護者との協働によって支援を進めていかなくてはなりません。つまり，どれだけ施設で子どもへの療育・支援を行っていても，帰宅後に何もしていなければ意味がないのです。そのため保育者にとっては，子どもの家庭での生活を理解することが重要ですし，帰宅後の生活を変えようとする子どもや保護者に対する動機づけが必要となります。本事例では，保護者が園での子どもの姿を見て，「家でもトイレができる」「私の子どもにはその能力がある」ということに，また，ほかの保護者との交流のなかで，あたたかく支えてくれる人や，自分と同じような苦しみを抱えている人がたくさんまわりにいたことに気づいています。こうした保護者同士の交流を通して，抱えている問題を再認識し，解決のための方法や工夫を話し合う機会づくりが大切になります。

point 3 これからの課題

知的障がい児通園施設に在園する子どもとその保護者は，小学校に入学する前に新たな問題に直面します。それは，普通学級の学校に入学するのか，特別支援学校に入学するのかの選択です。そのためには，支援の当面の目標を明確化し，これからの発達の様子をみながら，どのような療育・支援がその子どもにとってふさわしいのかを長期的視点から判断していく必要があります。また本事例では，子どもの養育が母親任せとなり，父親の存在が見えないという問題があります。今後のＳくんの長期的な成長の上で，母親とともに父親もまたＳくんの障がいの受け入れていく必要があります。そのため，父親参観日，親子教室などを通じて，父親の養育への参加をうながしていくことが重要となります。

【ワークシート】

テーマ

課　題

《 解決の方法を考えて書いてみよう 》

第6章　脚注

＊1　発達障がい：

第4章p.75脚注参照。

＊2　ケース会議：

ケースワークにおいて，ソーシャルワーカーや医師など援助に携わる者が集まって行う事例検討会。（大辞林　三省堂）

＊3　自閉症：

1943年カナーによって早期幼児自閉症として報告された発達障害のひとつ。症状は①社会性の障害，②反復性，儀式的，異常行動，固執性がある。男児に多く早期療育が有効である。（看護大辞典第2版　医学書院）

＊4　療育：

児童福祉法に基づいて心身に疾患のあると思われる児童に対して疾患の早期発見・治療をすると同時に教育をすること。（看護大辞典第2版　医学書院）

＊5　境界域（ボーダーライン）：

知能検査で知能指数（IQ）がおおよそ70～85程度あり，知的障害とは認定されないが，知能の低さから理解力等に問題がある。（参考文献：精神医学大辞典　講談社・改訂3版精神保健マニュアル　吉川武彦著，南山堂）

7章

保育者養成と相談援助・支援

7 保育者養成と相談援助・支援

1 保育課程への相談援助・支援の導入とその背景

1）「相談」による支援

新しい『保育所保育指針』では，保育の目標を達成するために行っていく保育の基本や子ども，家庭および地域の実情を考慮し，それぞれの保育所に適した形で編成していく保育の全体的な計画を「保育課程」とよんでいます。旧指針では，保育課程は保育計画とよばれていましたが，行政用語としての保育計画と混同しやすいなどの理由から，幼稚園などの「教育課程」に対応させる形でよび方が変わりました。この保育課程に指導計画をあわせたものが「保育の計画」となりますから，適切な保育課程の編成は，保育者にとって自分が子どもたちに対してどのようなかかわりを持っていけばよいのかを示す重要なものです。

厚生労働省（2008 年）では，入所児童の保護者への支援や地域の子育て支援は，保育課程に密接に関連して行われる業務としています。このとき保護者への支援や子育て支援で，もっとも多く行われているのが，「相談」による支援です。たとえば加賀谷，山屋，丸橋の調査（2009）では，調査対象園のうち 93.4％の保育所で入所児童の保護者からの相談の希望が「よくある」「時々ある」という回答を得られています（図７－１）。また，同調査では保育所が行う子育て支援事業の内容として，やはり「相談」がもっとも多くの園で行われていることも明ら

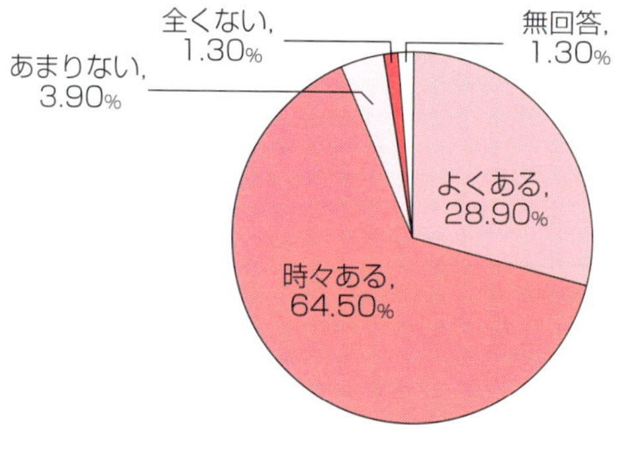

図７－１　入所児童保護者からの相談

出典）加賀谷崇文・山屋春恵・丸橋聡美「保育所における子育て相談の現状（1）－他機関との連携－」『秋草学園短期大学紀要 26 号』p.83-96，2009 より作成）

かになっています。

また須永，荻須らの調査（2005）においても，同様に地域における子育て支援事業として「相談」がもっとも多く行われていることが明らかになっています。また，藤井が行った調査（2005）では，母親が子育てに関して相談してみたいと思う相手として，「保育士」は「先輩や年長のママ」についで多くの回答者からあげられています（幼稚園の先生をあわせるともっとも多くなります）。

これらのことから，保護者を支援していくときにもっとも多く用いられている援助法が「相談」であり，保育者はその相手として保護者から期待されているのだということがわかります。では，なぜ相談による保護者への援助・支援が，保育課程と密接に関連して行われる必要があるのでしょうか。本書の第１章などで，保育場面における相談援助・支援の必要性についての詳細を説明していますので，ここでは事例を通してその必要性を説明します。

保育所へ行かなくなったＡちゃん

３歳児クラスのＡちゃんの母親は，担任保育士に不満を持っていました。きっかけは些細《ささい》なことでしたが，そのことで不安になってＡちゃんに「保育所楽しい？」と聞いて保育所での生活に満足しているか確認するようにしていたところ，「行きたくない。だって担任の先生はＡのこと嫌いだから」と答え，園に登園することをいやがるようになりました。驚いた母親は，担任や園長にＡちゃんの様子を尋ねました。確かに母親は，Ａちゃんの様子が最近おかしいことは把握していましたが，担任のかかわり方に問題があることにはまったく気づいていない様子でした。ますます不安になった母親は，Ａちゃんに「先生イヤなこといわなかった？」と確認していくと，Ａちゃんは「先生にいじめられた」と訴えるようになったのです。この時点で，担任や保育所に対する母親の不満は耐え難いものになりました。

担任保育士や園長も悩んでいました。担任としてはＡちゃんを嫌ったり特別に厳しくしているつもりはなかったものの，Ａちゃんは保育所で明らかに，情緒が不安定で楽しくなさそうに過ごしていたからです。また，担任はＡちゃんの保育目標を決めて保育課程を編成していましたが，明らかにうまくいっていなかったために，変更していく必要がありましたが，母親の視線は担任の自信を奪うのに十分，批判的なものでした。また，この時期担任は，子どもたちが希望する内容の当番を自分で選択することができるようになることをクラス全体の目標にしていました。しかし，そのことに対してもＡちゃんの母親は，「やりたくない内容の当番を押しつけられているのでは」と不満を持っていました。

これ以上，保育者と保護者の信頼関係が壊れ，Ａちゃんへの保育そのものがうまくいかなくなってしまうことを恐れた園長は，母親と相談担当者（心理職）による面談を設定しました。最初は，相談担当者に対しても不信感を持っていた母親でしたが，相談担当者が「Aちゃんが楽しくなることを優先して話し合っていきましょう」と伝えると，徐々に「子どもを保育所に預ける寂しさや罪悪感」や「担任保育士のミスがそれをさらに増長させていること」を打ち明けるようになりました。しばらく面談を続けていましたが，ある朝，母親はふと気づくと，いつものように「今日は保育所に行ける？」と尋ねるのではなく，「担任の先生，Aのこと好きだから大丈夫だよ」とAちゃんに言い聞かせていました。すると，その日，Aちゃんは登園を嫌がらずに保育所に行き，その日を境に「保育所楽しい」というようになったのです。また，当番についても「Aはそれがやりたいからやっているの」と母親に伝えるようになりました。

Aちゃんが楽しく保育所で過ごす様子は，母親・担任保育士の双方によい効果を与えました。担任は自信をもってAちゃんへの保育を行い，母親は安心してAちゃんと離れられるようになったのです。

2）批判を受容することで問題を解決

この事例では，母親も後述する声がけ以外では，Aちゃんに対してかかわり方を大きく変えるようになったわけではありません。また，保育者も事例の前と後でかかわり方の基本を大きく変えたわけではなく，相談担当者もAちゃんの母親に対して，何か具体的なアドバイスをしたわけではありません。しかし，先生に嫌われているので保育所に行きたくないといっていたAちゃんは，母親の「担任の先生，Aのこと好きだから大丈夫だよ」という声がけによって，保育所に楽しく通えるようになったのです。

子どもは，一見無邪気に自由気ままにやっているようにみえるかもしれません。確かに，元気に過ごしているとき，子どもは伸び伸びと自分のやりたいことをやっています。しかし，3歳から4歳にかけての子どもは，まだまだ親から自立して生活しているわけではありません。ですから，自分の親が何を思って何を感じているかということについて，敏感に感じている部分があります。Aちゃんの母親は，保育者の些細なミスから保育に対する不安を感じるようになり，Aちゃんに毎日のように保育所でイヤなことがなかったか，確認していました。Aちゃんと担任保育士の間に何があったかはわかりませんが，Aちゃんはむしろ心配する母親に合わせる形で，保育所のイヤなところを母親に報告していたのではないかと思われます。母親は，相談担当者によって保育所に対する否定的な感情を受容されることで，Aちゃんを支えていこうとする気持ちを取り戻し，その結果が「担任の先生，Aのこと好きだから大丈夫だよ」という声がけにつながりました。そして，母親が落ち着いていることを感じたAちゃんは，再び楽しく保育所に行くことができるようになったのだと考えられます。

この事例からもわかるように，保育者が子どものために保育課程や指導計画に従って保育を行っていくときには，保護者の気持ちにも配慮することが不可欠です。筆者は，ここであげた事例に限らず，保育所・幼稚園の方針や方法に対して，保護者が納得できずに不満を抱えているケースをさまざまなところで耳にします。このようなときには，保育者は「保護者がわかってくれない」ことをただ嘆くのではなく，保護者の不安や不満を受け止めて，お互いに子どものために何をしてあげられるのかを話し合うべきだと思います。『保育所保育指針』では「子どもの利益と福祉を重視する」（第６章１―（１））ことや保育者と保護者が,「子どもの成長の喜びを共有する」（第６章１―（２））ことが明記されています。保育者と保護者が，子どものために話し合いながら，一緒に子どもの成長を喜んでいくのは，子どもたちの大きな力になることですし，同時に保育課程を遂行するにあたって不可欠なことです。

また，保護者が保育者に対して「相談」しやすい関係をつくるためにも，日常の子どもへの保育や送迎時の保護者とのコミュニケーションをしっかりと行っていることが大事になるのはいうまでもありません。

❷「保育相談支援」の内容と方法

１）保育士養成課程のカリキュラム変更

2009（平成 21）年４月１日から施行された新しい『保育所保育指針』に対応する形で，保育士養成課程のカリキュラムは 2011（平成 23）年度より改正されました。したがって，平成 23 年度から保育士養成課程（大学，短期大学，専門学校）に入学した学生は,この新しいカリキュラムに従って授業を受けています。これは，保育士養成課程等研究会によって 2010（平成 22）年３月 24 日に発表された「保育士養成課程等の改正について（中間まとめ）」に従ったものです。おもな変更点は以下のようになります。

◎新設教科目
・「保育者論」（講義２単位）
・「保育の心理学Ⅰ」（講義２単位),「保育の心理学Ⅱ」（演習１単位）
・「保育課程論」（講義２単位）
・「保育相談支援」（演習１科目）
◎教科目の名称の変更等
・「児童福祉」→「児童家庭福祉」
・「養護原理」「養護内容」→「社会的養護」「社会的養護内容」
・「小児保健」→「子どもの保健Ⅰ」「子どもの保健Ⅱ」
・「小児栄養」→「子どもの食と栄養」
・「家族援助論」→「家庭支援論」
・「社会福祉援助技術」→「相談援助」

・「基礎技能」→「保育表現技術」

上記の教科目に関する変更以外にも，従来の教科目の内容の一部がほかの教科目に移行したり，単位数の変更，実習受け入れ施設の見直しなどがあります。

「保育士養成課程等の改正について（中間まとめ）」によれば，これらのカリキュラムは，新『保育所保育指針』が，「保育所が地域における保育の専門機関として社会的責任果たすこと」「子どもの保育と保護者支援を担う保育士の専門性の向上」「養護と教育を一体的に行う保育の特性」「保育課程の編成や自己評価による保育の改善」などをめざして改定されたことに対応して改正されたものです。

このなかで「保育相談支援」は，「保護者に対する保育に関する指導」（児童福祉法第18条の4）について具体的に学ぶことが重要であるために新設されたことが明記されており，「保育の内容・方法に関する科目」の1科目として設定されています。また，授業内容としては，『保育所保育指針』第6章を踏まえて，保育実践に活用され応用される相談支援の内容と方法を学ぶこと，またその際には「相談援助」「家庭支援論」などの科目との関連性や整合性に配慮することなどの必要性があげられています。

「相談援助」はおもにソーシャルワークの概要を学ぶ科目です。また「家庭支援論」はおもに子育てにおける家庭の役割や支援の必要性などを学ぶ科目です。したがって，「保育相談支援」は，それらの前提を踏まえて，おもに「相談」を用いた援助法について具体的に学んでいく科目だといえます。

表7－1に「保育士養成課程等の改正について（中間まとめ）」において提示された，「保育相談支援」の講義内容をあげます。

保育士養成課程における「保育相談支援」の講義では，表7－1の内容が網羅される必要があります。本書も「保育相談支援」の講義で用いることができるように構成されています。ここでは，「保育相談支援」を学ぶうえで，どのような点に注意して学べばよいのかを説明していきます。

2）保育相談支援の意義と原則

保護者に対して，なぜ相談援助・支援を行う必要があるのかは，ここまでのところで十分に説明してきました。現代の保育者の多くが，保護者との連携や保護者に対する援助の意義を理解し，日々の保育を行っていると思います。しかしながら，保育士養成校で学ぶ多くの学生の年代では，周囲に乳幼児の子育てを行っている保護者の知人があまり多くなくて当然です。また，保育所実習などの際にも，実習生である学生が保護者とコミュニケーションをとる機会は，あまり多くないのではないでしょうか。筆者自身，保育士養成校にて保育士をめざす若い学生に対し，保護者支援に関する指導を行っていますが，学生のなかには，保育の仕事になぜ保護者への指導や支援が含まれているのか実感できない人がいます。保育を行う現場に出てみないと，保護者のニーズや保護者への指導・支援の必要性は実感しにくいものですが，「保育相談支援」の意義と原則を理解するためには，

表７－１保育相談支援の講義内容

＜科目名＞ 保育相談支援（演習・１単位）
＜目標＞ １．保育相談支援の意義と原則について理解する。 ２．保護者支援の基本を理解する。 ３．保育相談支援の実際を学び，内容や方法を理解する。 ４．保育所等児童福祉施設における保護者支援の実際について理解する。
＜内容＞ １．保育相談支援の意義 （１）保護者に対する保育相談支援の意義 （２）保育の特性と保育士の専門性を生かした支援 ２．保育相談支援の基本 （１）子どもの最善の利益と福祉の重視 （２）子どもの成長の喜びの共有 （３）保護者の養育力の向上に資する支援 （４）信頼関係を基本とした受容的かかわり，自己決定，秘密保持の尊重 （５）地域の資源の活用と関係機関等との連携・協力 ３．保育相談支援の実際 （１）保育に関する保護者に対する指導 （２）保護者支援の内容 （３）保護者支援の方法と技術 （４）保護者支援の計画，記録，評価，カンファレンス ４．児童福祉施設における保育相談支援 （１）保育所における保育相談支援の実際 （２）保育所における特別な対応を要する家庭への支援 （３）児童養護施設等要保護児童の家庭に対する支援 （４）障がい児施設，母子生活支援施設等における保育相談支援

できるだけ保育現場の状況を踏まえながら学ぶことが大切になります。

（1）保護者支援の基本を理解する。

保育所における保護者支援の基本として，①子どもの最善の利益と福祉の重視，②子どもの成長の喜びの共有，③保護者の養育力の向上に資する支援，④信頼関係を基本とした受容的かかわり，および自己決定，守秘義務の尊重，⑤地域の資源の活用と関係機関などとの連携・協力，の５点があげられています。これら一つひとつはとくに難しい考え方ではありません。しかしながら，実際の相談場面を想定してみると，これらの概念を実際の援助に矛盾なく反映させるのはなかなか難しいものです。

たとえば，保護者の相談を受ける際に，目の前の保護者との信頼関係を築くことを重視して，保護者の考えを受容しようとすると，それが子どもの利益とは相反する考え方であることに気づいてしまう場合があります。また，関係機関などとの連携・協力を仰《あお》ぐ際にも，保護者・子どもの秘密保持はどこまで守られる必要があるのでしょうか。

このように支援を実際に行っていく際には，基本となる考え方をどう適用していくのかがカギになります。ですから，保護者支援の基本を理解するためには，実際の相談事例などを参考に学んでいくとよいでしょう。

（2）保育相談支援の実際を学び，内容や方法を理解する

保育相談支援の実際を学ぼうとするときに難しいのが，公開される形で行われる保護者の相談場面がまずないだろうということです。ですから，保育士をめざす学生が保育相談の実際を学ぶには工夫が必要です。

最初の方法として，先ほど述べた事例を学ぶ方法があります。

二番目の方法として，DVDなどを活用して，著名な心理療法家などの映像をみて学ぶ方法があります。心理療法家の心理療法場面は，保育相談とは異なった側面を持っていますが，悩んでいる人にどう耳を傾けているのかを知ることは，保育相談場面でもおおいに参考になると思います。

三番目の方法として「ロールプレイ」があります。これは，3人一組になって，そのなかで役割（ロール）をきめて相談の練習をする方法です。まず，1人目は相談担当者（相談員）になります。相談員は，本当の相談を受けるつもりで相手の話を聴きます。2人目は，保護者（相談者）になります。そして，相談者が悩みがちな問題を想定して相談員役に相談していきます。このときに大事なのは，本当に悩んでいる相談者が，どのような内容の相談をどのように語るのか（話し方，姿勢，視線，表情など）を考えて，相談することです。そうすることで，悩んでいる相談者の気持ちを推測することができます。3人目は，観察者になって，ほかの2人のやり取りを客観的にみていきます。5分ほど相談を行った後に，3人で相談場面を振り返ります。このとき，3人の視点から意見を出し合うことで，相談をどう行っていけばよいのかがわかるようになります。そして，役割を変えて面接の練習を続けていき，3人がすべての役割を体験してみるとよいでしょう。

これらの方法を用いて，保育相談支援の実際を学びながら，相談の内容や方法を学んでいくとよいでしょう。「保育相談支援」では，子どもへの福祉という観点から，相談方法として本書でも取り扱っている「ソーシャルワーク」の方法を用いることが重視されています。加えて，第5章4節で説明した，臨床心理学の視点や技法を取り入れてみるとよいと思います（⇒ p.101）。「臨床心理学」は，保育士養成校では選択科目として設定されている場合が多いですから，科目として学ぶ機会がなかった学生も多いと思われます。しかし，相談場面のさまざまな局面で参考にすることができる内容を多く含んでいますので，ぜひ勉強してもらいたいと思います。

3）保育所など児童福祉施設における保護者支援の実際

保育所など児童福祉施設における保護者支援の実際について理解するためには，やはり事例を学ぶことが重要です。本書でも，多くの事例を取り扱っていますので参考にしてください。事例を学ぶ際には，ただ読み物として読んでいくのではなく，自分だったらどう相談を受けたか，そのような援助法を選択したのかなどを考えながら，事例の経緯を追っていくとよいでしょう。

3 『保育所保育指針』『幼稚園教育要領』との関連

前節で説明したとおり，「保育相談支援」は2009（平成21）年からの『保育所保育指針』の改定に対応するための科目です。そこで本節ではこの『保育所保育指針』の改定は，どのような背景からなされ，その内容はどのようなものであったのかについて，保護者に対する相談援助・支援に関連する部分を中心に説明していきます。

1）『保育所保育指針』と『幼稚園教育要領』

『保育所保育指針』の変遷は，『幼稚園教育要領』の変遷の流れと密接な関係にあります（表７－２）。

保育所は児童福祉施設であり，幼稚園は教育機関です。また，保育所は厚生労働省（旧厚生省），幼稚園は文部科学省（旧文部省）の管轄ですから，保育所と幼稚園では考え方や目的が異なっている部分があります。しかし，子どもの保育を行うという部分では，時代の流れとともに変化していく地域社会や保育のニーズに対して，多くの共通した考え方を持っているのも確かです。また，初期の『保育指針』では，４歳以上の子どもに対する保育内容について『幼稚園教育要領』におおむね合致することが求められていたために，『保育所保育指針』の改定は，『幼稚園教育要領』の改訂の内容に合わせていく必要もありました。表７－２に

表７－２ 『幼稚園教育要領』と『保育所保育指針』の流れ

年	幼稚園関連	保育所関連
1947（昭和22）年	学校教育法	児童福祉法
1948（昭和23）年	保育要領	児童福祉施設最低基準
1950（昭和25）年		保育所運営要領
1952（昭和27）年	幼稚園基準	保育指針
1956（昭和31）年	幼稚園設置基準・幼稚園教育要領	
1964（昭和39）年	幼稚園教育要領第１次改訂	
1965（昭和40）年		保育所保育指針
1989（平成元）年	幼稚園教育要領第２次改訂	
1990（平成２）年		保育所保育指針第１次改定
1998（平成10）年	幼稚園教育要領第３次改訂	
1999（平成11）年		保育所保育指針第２次改定
2008（平成20）年	幼稚園教育要領第４次改訂	保育所保育指針第３次改定

示すように，『保育所保育指針』の 1999（平成 11）年までの改定は，『幼稚園教育要領』の改訂の翌年に行われていますが，そこにはそのような事情も関係しています。

2）『保育要領』

保育所・幼稚園に関する教育，援助の方向性を示すものとしてもっとも早い時期に出されたのが，1948（昭和 23）年の文部省による『保育要領―幼児教育の手引き―』です。この『保育要領』は，基本的には幼稚園における教育の方向性を示すものですが，保育所の保育士や家庭の保護者にも読まれることが想定されており，1948 年当時の子どもへのかかわり方に関する普遍的な考え方を知ることができます。

この『保育要領』のなかで，今日の保育相談支援につながる部分としては，「七 家庭と幼稚園」があげられます。このなかの「1 父母と先生の会」という項目で，幼稚園・保育所と家庭の連携について「家庭との密接な連絡と協力がなくては，幼稚園も保育所もその任務を全《まっと》うし得《う》るものではない」と示しています。また「家庭との関連を密にするには，幼稚園や保育所がひとりひとりの子供の家庭環境をよく知ることが，最もたいせつである」ことから「父母と先生の会」をつくることの重要性を述べています。また，この「父母と先生の会」は子どもの教育のために保育のさまざまな面に関する「話し合い」や「語り合うこと」などが活動内容として含まれています。このことから，『保育要領』が刊行された時点で，保育者と保護者がコミュニケーションをとっていくことの重要性が広く認識されていたことがわかります。

さらに，「2 父母の教育」では，父母に対する子育ての教育が「現在の子供の保護者のみでなく，広く近所の親たちにまで及ぶならば，幼稚園や保育所が，その町や村に存在する意義が一段と大きくなるであろう。」と記されています。これは，現代の「地域子育て支援」につながる発想といえます。

一方で，この『保育要領』では保護者を保育者が「教育していく」という立場をとっており，保護者の自己決定を尊重しようという今日の保護者支援の考え方とは異なっている部分があるのも確かです。

3）『幼稚園教育要領』の変遷と相談援助

『幼稚園教育要領』は，『保育要領』を改訂して 1956（昭和 31）年に文部省より発刊されています。そして，その後 1964（昭和 39）年，1989（平成元）年，1998（平成 10）年，2008（平成 20）年と 4 回にわたって改訂されています。

このなかで 3 回目の改訂版にあたる 1998 年の『幼稚園教育要領』において，「幼稚園の運営に当たっては，子育ての支援のために地域の人々に施設や機能を開放して，幼児教育に関する相談に応じるなど，地域の幼児教育センターとしての役割を果たすように努めること」（平成 10 年幼稚園教育要領第 2 章 2 の（5））として，幼稚園が「地域における子育ての支援活動」の役割を担うことが示され，また，その方法として「幼児教育に関する相談」をあげています。教育機関には，教育のための相談である「教育相談」という方法がありましたが，幼稚園ではそれを子育てを支援する方法として用いることが，求められるようになったわけです。

そして，最近の改訂がなされた2008年度の『幼稚園教育要領』では，その相談が「幼児期の教育」に関して「園内体制の整備や関係機関との連携及び協力に配慮しつつ」行われることが示され，幼稚園がより細やかな相談援助を保護者に対して行っていくことが，求められるようになったといえます。

4）『保育所保育指針』の変遷と相談援助

『保育所保育指針』は，1965（昭和40）年に制定され，その後1990（平成2）年，1999（平成11）年，2008（平成20）年の3回にわたって改定されています。そして，1998年の『幼稚園教育要領』の改訂に対応して改定された1999年の『保育所保育指針』では，幼稚園同様，保育所が子育て支援を積極的に行うことが示されています（第13章）。また，「地域における子育て支援」における「乳幼児の保育に関する相談・助言」（第13章3―（3））では，保育所が「保育に関する専門性を有する地域に最も密着した児童福祉施設」として相談に応じ，助言を行うことや，そのための方法や留意点について細かく記載されています。

1998年の『幼稚園教育要領』と1999年の『保育所保育指針』を比較してみると，両者とも地域における子育ての支援を行うことについて言及されています。しかし，保護者の「相談」を受けるという部分では，『保育所保育指針』は『幼稚園教育要領』よりもかなり積極的な表記がなされている印象があります。

この傾向は，2008年の『保育所保育指針』でさらに顕著になります。新しい『保育所保育指針』では，第6章全体が「保護者に対する支援」として説明に割《さ》かれており，また，その内容として「相談援助・支援」に関する記述が多くなっています。この改定の背景には，従来は「児童福祉施設において児童の保育に従事する者」とされていた保育士の役割が，2001年に行われた児童福祉法の改正で「児童の保育及び児童の保護者に対する保育に関する指導を行うこと」（第18条の4）と定められたことにあります。

『保育所保育指針』『幼稚園教育要領』の変遷をたどっていくと，現代の保育所で働く保育者にとって，保護者に対する相談援助・支援を行うことが重要なテーマとなっていることがよくわかります。

また，『保育所保育指針』第6章「保護者に対する支援」は「1保育所における保護者に対する支援の基本」「2保育所に入所している子どもの保護者に対する支援」「3地域における子育て支援」という3節に分かれていますが，どの節にも「相談」に関して言及された項目があります。「保育相談支援」を学び，保護者に対する相談援助・支援の方法を身につけることが，保育者にとって不可欠であることは，このことからもよく理解できると思います。

④ 相談援助・支援の質の向上と保育者養成

1）保育の現場に求められる相談援助・支援能力

本章では，おもに新しい『保育所保育指針』の内容と「保育相談支援」を中心に，保護者に対する保育者の相談援助・支援の必要性や習得法について説明をしてきました。民秋ら（2008）は，『保育所保育指針』の変遷をうながした社会の変化として，1965（昭和40）年以降からの「都市化」「核家族化」「少子化」の３点をあげています。

（1）都市化，核家族化，少子化

「都市化」とは，都市部に人口が集中することです。都心部の生活では，子育てをしている保護者が子どもを園に預けて，自分たちは別の地域に仕事に出かけ，そのため地域において近所づきあいや交流などが生じにくくなることがあります。このような状況では，子育てにおいても近所の住民同士での助け合いが期待できず，子育て家庭が孤立する危険性が高くなります。

「核家族化」とは，一緒に住んでいる家族が夫婦のみかあるいは保護者とその子どもだけで，祖父母やそのほかの親せきなどが同居しない状況が増えていることです。図７－２で示したのは，平成に入ってから（1990年以降）の，１世帯当たりの人員の推移ですが，常に３人を下回っており，さらに減少していっている状況がわかると思います。

この家族の人数が２人台という数値は，単純に考えれば夫婦に対して子どもが１人いるかいないかという数値になります。このような核家族化が進んだ現代の社会では，祖父母の世代からの育児の方法，文化の伝承や，親族からの実際的な

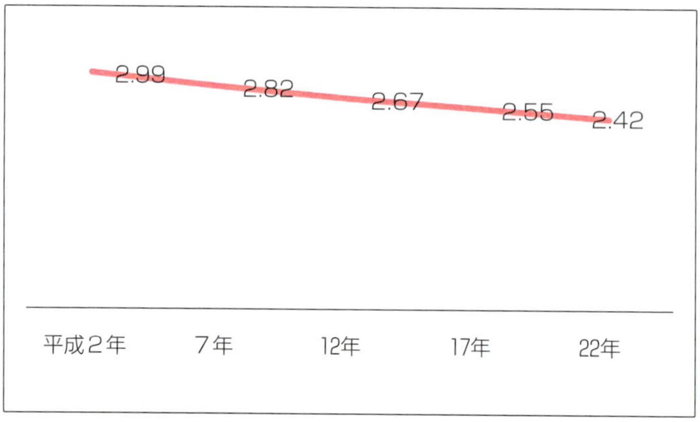

図７－２　一般世帯の１世帯当たり人員の推移－全国（平成２年～ 22 年）
出典）平成２２年国勢調査より作成

子育てへの援助などが期待できないため，保護者にかかる負担が大きくなっています。

「少子化」は，出生率の低下にも表わされるように，子どもの数が減っていることです（図７－３）。子どもの数の減少は，きょうだい関係の経験や，遊び仲間の確保を困難にします。子どもは，子ども同士の遊びのなかでさまざまなスキルを獲得しますが，少子化の進行はそれらのスキルの獲得を阻害してしまいます。現代の子どもたちは，普段の生活のなかで体験できることの幅が限られてしまっているのかもしれません。

これらのことから，現代の保護者は子育てを手伝ってくれるような近所づきあいがなく，また子育ての実際的なアドバイスをしたり，やり方を教えてくれるような子育ての先輩が少なく，また自分の子ども以外の同世代の子どもをみる機会が圧倒的に少ないことが推測できます。

一方で，現代の保護者はインターネットや育児書などから子育ての知識を気軽に得ることができます。ですから，保護者のなかには最新の子育てに関する情報を常に得て，保育者よりも詳しい知識を身につけている人も少なくないでしょう。しかし，このことは必ずしも保護者の不安のない育児につながってくるとは限りません。たとえば，オムツを外す時期や方法，指しゃぶりがやめられないときにどうすればよいかなど，一般的な子育ての疑問に関してもさまざまな意見や情報，知識がネットでは飛び交っています。それに対して，保護者は「自分の子どもには何が正しいのか」という判断が結局はできずに悩んでしまいます。情報というものは多ければよいというものではありません。ですから，正しく情報を適用できる専門家の存在が重要になってくるわけです。

（2）保育者としての専門性

このような状況で，保育の現場に求められる相談援助・支援能力とはどのよう

図７－３　出生数の推移（昭和 35 年～平成 21 年）

出典）総務省統計局「日本の統計 2012」より作成

なものなのでしょうか？『保育所保育指針』では，第６章１－（３）において「保育士の専門性」や「保育所の特性」を保護者支援に活かしていくことが求められています。厚生労働省（2008年）は「保育所の特性」を，「専門性を有する職員が配置され」「地域において最も身近な児童福祉施設であり，乳児から就学前の様々な育ちを理解し支える保育を実践している場」であることとしています。また「保育者の専門性」とは，子どもに保育を行うために必要な知識や技術，保育の経験のなかで培われる子どもへの理解をさします。

ですから保育者は，少子化の影響で保護者が目にしにくくなった「同世代の集団の中にいる子ども」をよく知っており，社会化や核家族化の影響で保護者の周辺から姿を消した「子育てについて助言できる存在」「子育てを援助できる存在」となることができます。また，保育者は数多くの子どもの保育を行うため，保護者よりもより多くの子どもの行動や発達を見て過ごしています，したがって，子育てなどについての数多くの情報のなかから，「何がその子どもに適した情報なのか」を選択することができます。

保育者が保護者に対して相談援助・支援を行う際には，保育者としての専門性を磨き，自分たちが保育を行っている保育所の特性を利用していけることが重要になってきます。

『保育所保育指針』では保護者に対する支援を「保育所に入所している子どもの保護者に対する支援」と「地域における子育て支援」に大別していますので，つぎに，この２つの支援について考えていきたいと思います。

２）保護者に対する相談援助・支援

最初に結論を提示しておきたいと思います。保育所に入所している子どもの保護者に対する相談援助・支援のために必要なのは，「子どもに対する保育を一生懸命行う」ということと「コミュニケーション能力」です。

たとえば，同じ相談による援助を行う心理カウンセリングについて，國分

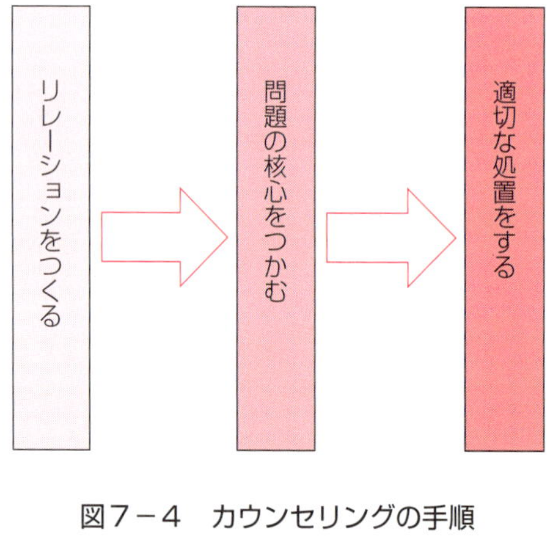

図７－４　カウンセリングの手順

(1979) は,「リレーションをつくる」「問題の核心をつかむ」「適切な処置をする」という３つの手順があることを指摘しています（図７－４)。

初対面のクライエントから，プライベートな事柄について聴いていく必要がある心理カウンセリングでは，クライエントがカウンセラーに対して「この相手になら悩みを打ち明けられる」と感じられることが重要になってきます。したがって，心理カウンセラーはクライエントとの「リレーション（信頼関係）づくり」に，非常に神経を使います。

では，保育所における入所している子どもの保護者に対する相談援助・支援の場合を考えてみましょう。加賀谷・山屋・丸橋の調査（2009）では，保育所に入所している子どもの保護者からの相談を受ける基本的担当者が，「担任保育士」であるという回答が76園中39園から得られています。また，相談を受ける基本的担当者が「所長」であるのが23園,「主任保育士」であるのが19園と回答されています。

このことは，保育所の保護者が自分の子どもについて悩みごとがあるときには,「自分の子どもを一番よく見ていて」「日ごろからよく話す機会がある」担任保育者に相談する傾向が強いことがわかります。このとき，保護者が担任の保育者に相談するのは，日常の保育とコミュニケーションを通じて両者の間に「リレーション」がすでに成立しているからでしょう。また，園長や主任の立場にある保育者が相談を受けることが多いのは，保護者が園長・主任に対して「保育者としての専門性が高いこと」を期待することによるものだと思われます。

したがって，保育所に入所している子どもの保護者に対する相談援助・支援においては，図７－５に示す流れでとらえることができます。

このように「日常の保育のなかでのリレーションづくり」を心がけることが，保護者に対する相談援助・支援につながるわけです。保育所に入所している子どもの保護者に対する相談援助・支援を十分に行っていくためには，冒頭に述べたように保育者が「子どもに対する保育を一生懸命行い」高い専門性を有していること，また，それを保護者に伝え，理解してもらい，同時に話しやすい雰囲気を持った「コミュニケーション能力」のある保育者であることが求められます。

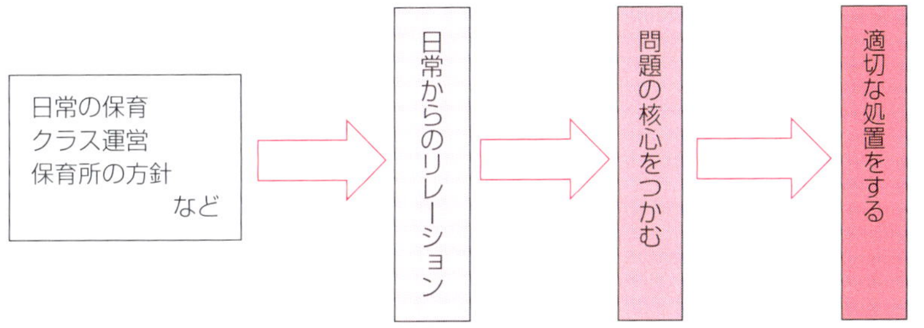

図７－５　保育相談の手順

筆者は，保護者との相談場面で，保護者の保育者に対する不満を耳にする場合があります。ほとんどの場合，問題の本質は保育者の行っている保育の方法にあるのではなく，保育者の「説明の仕方」や「伝え方」に問題があると思われます。保護者に，自分たちがやっている保育をどう伝えていくのかということも，「リレーションづくり」で重要な意味合いを持っています。

3）地域における子育て支援としての相談援助・支援

一方で，地域における子育て支援の一環として行われる相談援助・支援の場合は，日常の保育場面で接していない保護者からの相談を受けるという意味で，心理カウンセリングの流れと似ている部分があります。加賀谷・山屋・丸橋の調査（2009）では，保育所での地域子育て相談の基本的担当者は，「所長」であるという回答がもっとも多くの園から得られています。これは，初対面の保護者に対して「子どもに対して高い専門性をもっていること」を示しやすいという意味で，園長の立場にある保育者が保護者からの信頼を得やすいことが関係していると思われます。子育て支援における「相談」の担当者の選び方は，その点に配慮する必要があるでしょう。

また，子育て支援などでよく行われている「園庭開放」や「預かり保育」「子育て教室」などから自然に相談が派生する場合があります。加賀谷・山屋・丸橋の調査（2009）では，相談以外の子育て支援事業のなかでの，保護者からの悩みの打ち明けに対応するのは，「支援担当保育士」であることが多いことが明らかになっています。保護者は子育て支援事業を通して，担当者の「がんばり」や「コミュニケーション能力」，外部の保護者でも相談できる「オープンな雰囲気づくり」を感じ，その結果「相談してみよう」という気持ちになるのだと思われます。ここでも，保育者の「一生懸命さ」と「コミュニケーション能力」が大事になるといえます。

保育所が地域の保護者に有効な相談援助・支援を行うことは，その地域に「専門的援助の窓口」を開くということでもあります。子育て支援事業が，本当に子育てをしている家庭の力となるためにも，単なるイベント的な事業を行うだけでなく，そこから保育所の専門的な力を地域に対してアピールする必要があります。

4）相談援助・支援能力の向上のために

保育者が相談援助・支援能力の向上をめざすためには，以下の方法を取り入れるとよいでしょう。

①事例検討会

難しい相談内容や，相談援助の方向性がみえないときなどは，保育者同士で意見を述べ，援助法について意見を出し合ってみるのがよいでしょう。このとき，守秘義務に十分注意を払い，検討に関係のない情報は出さないようにする必要があります。

②スーパービジョン

保育者だけで話し合っても相談援助についてうまく進められないときには,「相談」を専門とする臨床心理士などから,援助のための方法や事例の分析についてスーパービジョン（指導や助言など）を受けるのも相談援助・支援能力の向上につながります。保護者からの相談内容やその経緯は記録として残しますが,その記録内容などをスーパーバイザー（指導者）と一緒に振り返り,検討していくのが一般的な方法です。また,記録をとり整理する作業自体も,相談援助・支援能力の向上につながります。

5）保育者養成に求められる相談援助・支援教育

現在,保育士資格・幼稚園教諭免許を取得する方法は大きく分けて２つあります。

ひとつ目の方法は,保育者を目指す人が自分で勉強をして,都道府県が実施する試験に合格することです。もうひとつは,厚生労働省や文部科学省によって保育士・幼稚園教諭養成施設の指定を受けた大学・短大・専門学校（以後養成校と表記します）で所定の科目の単位を修得することで,それらの資格・免許を取得する方法です。

ここでは,養成校の現状を説明するとともに,養成校で保育者を目指して努力している若い学生さんが,将来,相談援助・支援を行える保育者になるにはどのように学んでいけばよいのかを説明していきたいと思います。

（1）養成校の現状

筆者は３年制の短期大学に所属して,日々保育者をめざす学生への教育に従事しています。そのなかで気づいたのが,養成校の学生は,保護者に当たる世代の人とのコミュニケーションをとる機会が,圧倒的に少ないということです。保護者に当たる世代の人とは,20 代後半から 40 代くらいの人になると思われます。つまり 20 歳前後の学生は,自分たちより上の保護者の世代の人たちと接する機会が圧倒的に少ないということです。

これは,とくに養成校に限った話ではなく,日本で行われている教育は同世代の集団に対して行われることが圧倒的に多いですから,日本人の多くは社会に出てはじめてさまざまな世代の人々と交流するようになるのが普通です。しかしながら,保育者は養成校を卒業してすぐに保護者にかかわりはじめるわけですから,できれば学生時代からさまざまな世代の人々と交流する機会を持つとよいでしょう。

養成校のカリキュラムは,先に述べたように現状の保育ニーズに合わせて見直しが行われています。本書で扱った「保育相談支援」のように,保護者への援助を想定した教科も設定され,保育者が保護者と接していくための教育が意識されるようになってきています。一方で,養成校の学生は実際に子育てをしている保護者と接する機会が少ないという現状もあります。乳幼児に対しては,保育所・

幼稚園実習の際に実際に接してかかわり方を学ぶことができますが，保護者とかかわる機会を実習生が持つことは難しいのではないでしょうか。

また，養成校の学生は「子どもが好き」で保育に興味を持ったという人が大部分だと思われます。たとえば，大橋の調査（2010）では，調査対象となったある養成校の学生のなかで，全体の33.56％の学生が保育に関する職業を希望する動機として「子どもが好き」という理由をあげています。ところが，「親のサポートをしたい」ことを希望動機としてあげた学生は全体の1.34％に留まっています。また，筆者自身の経験として「おとなは怖いから子どもに接したい」と発言した学生もいました。これは極端な例だとしても，養成校で学ぶ学生の多くは，子どもに対する意識に較べて，保護者に対する意識が低いのが現状ではないでしょうか。

そこで，養成校は，学生が保護者とかかわることを学ぶ機会を，学校ごとに工夫して設定していく必要があります。筆者が所属する３年制短大では，学生が「保護者」あるいは「おとな」とかかわる機会を持つことができるように，いくつかの試みを教育課程に取り入れています。

まず，「地域活動Ⅰ・Ⅱ」という必修科目があります。これは，学生が保育所や幼稚園などの施設の活動あるいは地域でのイベントなどにボランティアとして参加することで単位が認定される科目です。このなかで，地域のイベントや保育所などでのイベントに参加することは，学生とおとなのスタッフたちとの交流の機会ともなります。

また，「地域子育て支援論」という選択科目を設定しています。これは，授業のなかで実際に２，３歳児と保護者に来てもらい，親子活動を行ってもらうとい

表７−３　「地域子育て支援論」親子活動のタイムスケジュール

時間	活動内容
8:30	集合．準備開始
9:45	門・玄関にて誘導開始
	受付開始・自由遊び
10:00	プログラムスタート
	当番学生による挨拶・説明
10:10	メインプログラム開始
	ちぎり絵・工作・運動会など
10:50	休憩・おやつ
11:10	学生による手遊びやパネルシアターなど
11:20	全員で歌・ダンスなど
11:30	解散
	終了後は学生食堂を親子に開放

う内容です。表7－3は，その活動のタイムスケジュールです。

このような活動を通して，学生は保護者とコミュニケーションをとり，保護者の気持ちを理解し，子どもと一緒に過ごす保護者の様子をみることで子どもを大切にする保護者の愛情を知ることができます。また，保護者からも「若い学生さんと話ができてよかった」「学生さんと過ごす自分の子どもの様子がみられてよかった」と好意的な感想を得られています。学生は，最初は保護者と一緒に活動することに緊張するようですが，回数を重ねるごとに，保護者とも自然にコミュニケーションをとるようになってきます。

（2）相談援助・支援能力を高めるための学生生活

筆者が知っている保育所に保護者から大変頼りにされて，さまざまな相談を受けている保育者がいました。まだ若い保育者でしたし，失礼ながら，筆者と話をしているときにはとくに目立つ何かがあるわけではなかったので，「なぜこの人はこんなに保護者から信頼されているのだろう？」と思って様子を見ていました。そこでわかったのは，この保育者は相手の雰囲気に合わせることが非常に上手だということです。礼儀正しい保護者にはきちんとしたことばづかいで，フレンドリーな保護者には親しげに，つらそうな保護者にはつらさを受け止める雰囲気で。大げさにいえば，まるで別人のように保護者に接していくその保育者を見て，なぜ彼女が保護者から信頼されるのか，筆者は非常に納得がいったわけです。

その保育者のその能力のベースにあったのは，保護者の話をきちんと聴き，保護者の様子を正確に観察する態度であったと，筆者は思っています。もちろん，その保育者のようにすべての人が上手に相手に合わせることができるわけではありませんが，若い養成校の学生は，國分（1979）がカウンセラーに望ましいパーソナリティとしてあげている「人好き」「共感性」「無構え」「自分の人生を持っていること」の4点を意識して，学生生活を過ごすとよいでしょう。

これは，そのまま相談援助・支援を行う保育者にも必要なパーソナリティといえます。

①人好き

保護者から相談を持ちかけられたときには，相手に対してなんとかしようという気持ちを持つことが必要です。そのときあまりにも，自分自身に対して否定的な感情がある保育者は，他者を好きになれずに厳しい感情を向けてしまいがちになります。学生時代にさまざまな経験をしていくなかで，自分の長所を知り，自分に対して適度な肯定感を持てるようにしておくとよいでしょう。

②共感性

保護者の悩みに対して共感的な気持ちになるためには，やはり多くの感情豊かな体験を学生時代にしておく必要があります。まったく悩んだことがないという学生はいないと思いますが，困難な場面を避けて何事もない生活をしようとしすぎると，他者の悩みに対して共感することができない保育者になってしまう恐れがあります。

③無構え

「○○しなければいけない」という考え方が強すぎると，保護者の気持ちを受け入れることが難しくなってしまいます。現代の若い学生のなかには，意外と価値観や考え方の幅が狭い人がいます。学生時代には，さまざまなタイプの人と交流することで，世間にはいろいろな価値観や考え方があることを知ってほしいと思います。

④自分の人生を持っていること

相談援助・支援の場面で，相手の気持ちを受け入れていくときには，保育者自身が自分自身の生活に対してある程度充実感を持っていることが大事です。もし，自分の生活に対して不満がありすぎると，保護者の悩みに対して「それどころではない」という気分になってしまうからです。学生時代には，勉強だけでなく遊びを含めたさまざまな体験をしておくことが，その人の充実した人生のベースとなります。何事も一生懸命やるようにすることが大切です。

これらの点に注意して学生生活を過ごすことで，保護者や子どもの気持ちに寄り添える保育者となることができるでしょう。

参考文献・引用文献

（1）厚生労働省編『保育所保育指針解説書』フレーベル館，p.127，2008
（2）加賀谷崇文・山屋春恵・丸橋聡美「保育所における子育て相談の現状（1）－他機関との連携－」『秋草学園短期大学紀要 26 号』pp.83-96，2009
（3）須永　進，荻須隆雄ほか『保育及び子育て支援に関する調査研究報告書』社会福祉法人日本保育協会，pp.59-71，2005
（4）藤井和枝「子育て支援にたいする母親のニーズ（2）－子育て支援施設および保育所の利用と子育て相談についてー」『人間環境学会紀要第３号』pp.17-31，2005
（5）民秋言編『幼稚園教育要領・保育所保育指針の成立と変遷』萌文書林，p.8, 9，2008
（6）大橋伸次「保育学生の理想的保育者像について」『国際学院埼玉短期大学研究紀要 31 号』pp.37-42，2010
（7）國分康孝『カウンセリングの技法』誠信書房，pp.10-14, 25，1979
（8）加賀谷崇文・山屋春恵・丸橋聡美「保育所における子育て相談の現状（1）－他機関との連携－」『秋草学園短期大学紀要 26 号』pp.83-96，2009

資料編

「日韓の子育て観の比較」調査にみる保護者の意識

「日韓の子育て観に関する比較研究」(2005) から,「社会的支援の必要性」と「子育ての不安や悩みの理由」についての調査結果を紹介します。調査対象者は保育所を利用している家庭の保護者です (日本 1,020 名, 韓国 1,436 名)。

その他の調査結果および基本的データ等の結果詳細は, 須永進・青木知史・趙晤衍「日韓の子育て観に関する比較研究」(『秋草学園短期大学紀要第 22 号』p.113 ~ 144, 2005 年) を参照してください。

いま、子育てしているあなたにとって、社会的支援は必要ですか

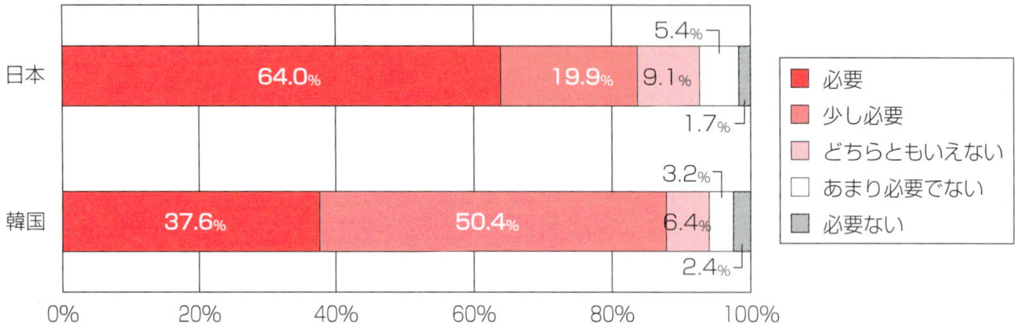

子育てに不安や悩みをもつ女性が増えているといわれますが、その理由は

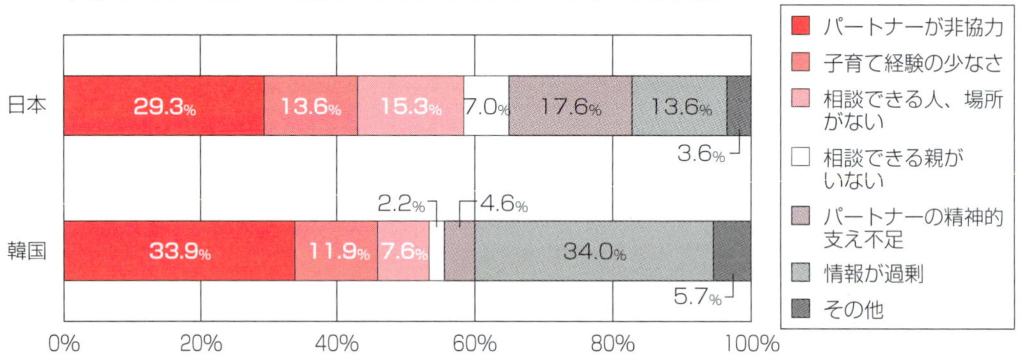

「保育ニーズ研究」にみる保育者の意識

保育者に対し,「子育て支援に対する考え方」を質問しました。調査対象者は保育所の保育士 (187 名) および幼稚園教諭 (114 名) です。

結果の詳細およびこの調査のその他結果については, 本書第 2 章および須永進・青木知史・齋藤幸子・山屋春恵「保護者の保育ニーズとその対応に関する研究Ⅲ」(『愛知淑徳大学論集 福祉貢献学部篇第 2 号』愛知淑徳大学福祉貢献学部, p.51-68, 2012 年) を参照してください。

子育て支援に対する保育者の考え

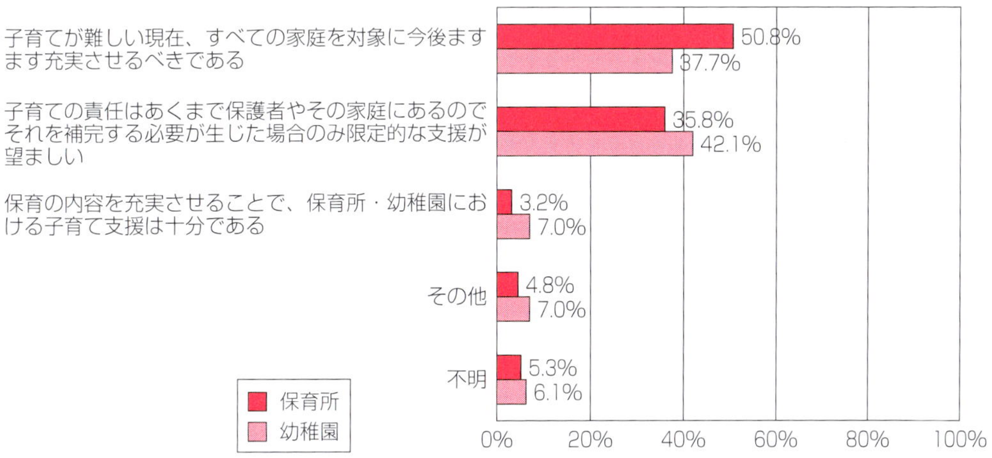

社会福祉法（抄）

（昭和二十六年三月二十九日法律第四十五号）
最終改正：平成二十四年八月二十二日法律第六十七号

（福祉サービスの質の向上のための措置等）

第七十八条　社会福祉事業の経営者は，自らその提供する福祉サービスの質の評価を行うことその他の措置を講ずることにより，常に福祉サービスを受ける者の立場に立つて良質かつ適切な福祉サービスを提供するよう努めなければならない。

2　国は，社会福祉事業の経営者が行う福祉サービスの質の向上のための措置を援助するために，福祉サービスの質の公正かつ適切な評価の実施に資するための措置を講ずるよう努めなければならない。

児童福祉法（抄）

（昭和二十二年十二月十二日法律第百六十四号）
最終改正：平成二十四年八月二十二日法律第六十七号

第一章　総則

第一条　すべて国民は，児童が心身ともに健やかに生まれ，且つ，育成されるよう努めなければならない。

○2　すべて児童は，ひとしくその生活を保障され，愛護されなければならない。

第二条　国及び地方公共団体は，児童の保護者とともに，児童を心身ともに健やかに育成する責任を負う。

第三条　前二条に規定するところは，児童の福祉を保障するための原理であり，この原理は，すべて児童に関する法令の施行にあたつて，常に尊重されなければならない。

第一節　定義

第四条　この法律で，児童とは，満十八歳に満たない者をいい，児童を左のように分ける。

一　乳児　満一歳に満たない者

二　幼児　満一歳から，小学校就学の始期に達するまでの者

三　少年　小学校就学の始期から，満十八歳に達するまでの者

○2　この法律で，障害児とは，身体に障害のある児童，知的障害のある児童又は精神に障害のある児童（発達障害者支援法（平成十六年法律第百六十七号）第二条第二項 に規定する発達障害児を含む。）をいう。

第六条　この法律で，保護者とは，親権を行う者，未成年後見人その他の者で，児童を現に監護する者をいう。

第六条の二　この法律で，障害児通所支援とは，児童発達支援，医療型児童発達支援，放課後等デイサービス及び保育所等訪問支援をいい，障害児通所支援事業とは，障害児通所支援を行う事業をいう。

○2　この法律で，児童発達支援とは，障害児につき，児童発達支援センターその他の厚生労働省令で定める施設に通わせ，日常生活における基本的な動作の指導，知識技能の付与，集団生活への適応訓練その他の厚生労働省令で定める便宜を供与することをいう。

○3　この法律で，医療型児童発達支援とは，上肢，下肢又は体幹の機能の障害（以下「肢体不自由」という。）のある児童につき，医療型児童発達支援センター又は独立行政法人国立病院機構若しくは独立行政法人国立精神・神経医療研究センターの設置する医療機関であつて厚生労働大臣が指定するもの（以下「指定医療機関」と

いう。）に通わせ，児童発達支援及び治療を行うことをいう。
○4　この法律で，放課後等デイサービスとは，学校教育法（昭和二十二年法律第二十六号）第一条 に規定する学校（幼稚園及び大学を除く。）に就学している障害児につき，授業の終了後又は休業日に児童発達支援センターその他の厚生労働省令で定める施設に通わせ，生活能力の向上のために必要な訓練，社会との交流の促進その他の便宜を供与することをいう。
○5　この法律で，保育所等訪問支援とは，保育所その他の児童が集団生活を営む施設として厚生労働省令で定めるものに通う障害児につき，当該施設を訪問し，当該施設における障害児以外の児童との集団生活への適応のための専門的な支援その他の便宜を供与することをいう。
○6　この法律で，障害児相談支援とは，障害児支援利用援助及び継続障害児支援利用援助を行うことをいい，障害児相談支援事業とは，障害児相談支援を行う事業をいう。
○7　この法律で，障害児支援利用援助とは，第二十一条の五の六第一項又は第二十一条の五の八第一項の申請に係る障害児の心身の状況，その置かれている環境，当該障害児又はその保護者の障害児通所支援の利用に関する意向その他の事情を勘案し，利用する障害児通所支援の種類及び内容その他の厚生労働省令で定める事項を定めた計画（以下「障害児支援利用計画案」という。）を作成し，第二十一条の五の五第一項に規定する通所給付決定（次項において「通所給付決定」という。）又は第二十一条の五の八第二項に規定する通所給付決定の変更の決定（次項において「通所給付決定の変更の決定」という。）（以下この条及び第二十四条の二十六第一項第一号において「給付決定等」と総称する。）が行われた後に，第二十一条の五の三第一項に規定する指定障害児通所支援事業者等その他の者（次項において「関係者」という。）との連絡調整その他の便宜を供与するとともに，当該給付決定等に係る障害児通所支援の種類及び内容，これを担当する者その他の厚生労働省令で定める事項を記載した計画（次項において「障害児支援利用計画」という。）を作成することをいう。
○8　この法律で，継続障害児支援利用援助とは，通所給付決定に係る障害児の保護者（以下「通所給付決定保護者」という。）が，第二十一条の五の七第八項に規定する通所給付決定の有効期間内において，継続して障害児通所支援を適切に利用することができるよう，当該通所給付決定に係る障害児支援利用計画（この項の規定により変更されたものを含む。以下この項において同じ。）が適切であるかどうかにつき，厚生労働省令で定める期間ごとに，当該通所給付決定保護者の障害児通所支援の利用状況を検証し，その結果及び当該通所給付決定に係る障害児の心身の状況，その置かれている環境，当該障害児又はその保護者の障害児通所支援の利用に関する意向その他の事情を勘案し，障害児支援利用計画の見直しを行い，その結果に基づき，次のいずれかの便宜の供与を行うことをいう。
一　障害児支援利用計画を変更するとともに，関係者との連絡調整その他の便宜の供与を行うこと。
二　新たな通所給付決定又は通所給付決定の変更の決定が必要であると認められる場合において，当該給付決定等に係る障害児の保護者に対し，給付決定等に係る申請の勧奨を行うこと。
第六条の三　この法律で，児童自立生活援助事業とは，第二十五条の七第一項第三号に規定する児童自立生活援助の実施に係る義務教育終了児童等（義務教育を終了した児童又は児童以外の満二十歳に満たない者であつて，第二十七条第一項第三号に規定する措置のうち政令で定めるものを解除されたものその他政令で定めるものをいう。以下同じ。）につき第三十三条の六第一項に規定する住居において同項に規定する日常生活上の援助及び生活指導並びに就業の支援を行い，あわせて第二十五条の七第一項第三号に規定する児童自立生活援助の実施を解除された者につき相談その他の援助を行う事業をいう。
○2　この法律で，放課後児童健全育成事業とは，小学校に就学しているおおむね十歳未満の児童であつて，その保護者が労働等により昼間家庭にいないものに，政令で定める基準に従い，授業の終了後に児童厚生施設等の施設を利用して適切な遊び及び生活の場を与えて，その健全な育成を図る事業をいう。
○3　この法律で，子育て短期支援事業とは，保護者の疾病その他の理由により家庭において養育を受けることが一時的に困難となつた児童について，厚生労働省令で定めるところにより，児童養護施設その他の厚生労働省令で定める施設に入所させ，その者につき必要な保護を行う事業をいう。
○4　この法律で，乳児家庭全戸訪問事業とは，一の市町村（特別区を含む。以下同じ。）の区域内における原則としてすべての乳児のいる家庭を訪問することにより，厚生労働省令で定めるところにより，子育てに関する情報の提供並びに乳児及びその保護者の心身の状況及び養育環境の把握を行うほか，養育についての相談に応じ，助言その他の援助を行う事業をいう。
○5　この法律で，養育支援訪問事業とは，厚生労働省令で定めるところにより，乳児家庭全戸訪問事業の実施その他により把握した保護者の養育を支援することが特に必要と認められる児童（第八項に規定する要保護児童に該当するものを除く。以下「要支援児童」という。）若しくは保護者に監護させることが不適当であると認められる児童及びその保護者又は出産後の養育について出産前において支援を行うことが特に必要と認められる妊婦（以下「特定妊婦」という。）（以下「要支援児童等」という。）に対し，その養育が適切に行われるよう，当該要支援児童等の居宅において，養育に関する相談，指導，助言その他必要な支援を行う事業をいう。
○6　この法律で，地域子育て支援拠点事業とは，厚生労働省令で定めるところにより，乳児又は幼児及びその保護者が相互の交流を行う場所を開設し，子育てについての相談，情報の提供，助言その他の援助を行う事業をいう。
○7　この法律で，一時預かり事業とは，家庭において保育を受けることが一時的に困難となつた乳児又は幼児について，厚生労働省令で定めるところにより，主として昼間において，保育所その他の場所において，一時的に預かり，必要な保護を行う事業をいう。
○8　この法律で，小規模住居型児童養育事業とは，第二十七条第一項第三号の措置に係る児童について，厚生労働省令で定めるところにより，保護者のない児童又は保護者に監護させることが不適当であると認められる児童（以下「要保護児童」という。）の養育に関し相当の経験を有する者その他の厚生労働省令で定める者（次条第一項に規定する里親を除く。）の住居において養育を行う事業をいう。
○9　この法律で，家庭的保育事業とは，乳児又は幼児であつて，市町村が第二十四条第一項に規定する児童に該当すると認めるものについて，家庭的保育者（市町村長

（特別区の区長を含む。以下同じ。）が行う研修を修了した保育士その他の厚生労働省令で定める者であつて，これらの乳児又は幼児の保育を行う者として市町村長が適当と認めるものをいう。以下同じ。）の居宅その他の場所において，家庭的保育者による保育を行う事業をいう。

第六条の四　この法律で，里親とは，養育里親及び厚生労働省令で定める人数以下の要保護児童を養育することを希望する者であつて，養子縁組によつて養親となることを希望するものその他のこれに類する者として厚生労働省令で定めるもののうち，都道府県知事が第二十七条第一項第三号の規定により児童を委託する者として適当と認めるものをいう。

○2　この法律で，養育里親とは，前項に規定する厚生労働省令で定める人数以下の要保護児童を養育することを希望し，かつ，都道府県知事が厚生労働省令で定めるところにより行う研修を修了したことその他の厚生労働省令で定める要件を満たす者であつて，第三十四条の十九に規定する養育里親名簿に登録されたものをいう。

第七条　この法律で，児童福祉施設とは，助産施設，乳児院，母子生活支援施設，保育所，児童厚生施設，児童養護施設，障害児入所施設，児童発達支援センター，情緒障害児短期治療施設，児童自立支援施設及び児童家庭支援センターとする。

○2　この法律で，障害児入所支援とは，障害児入所施設に入所し，又は指定医療機関に入院する障害児に対して行われる保護，日常生活の指導及び知識技能の付与並びに障害児入所施設に入所し，又は指定医療機関に入院する障害児のうち知的障害のある児童，肢体不自由のある児童又は重度の知的障害及び重度の肢体不自由が重複している児童（以下「重症心身障害児」という。）に対し行われる治療をいう。

第三節　実施機関

第十二条　都道府県は，児童相談所を設置しなければならない。

○2　児童相談所は，児童の福祉に関し，主として前条第一項第一号に掲げる業務（市町村職員の研修を除く。）及び同項第二号ロからホまでに掲げる業務並びに障害者自立支援法（平成十七年法律第百二十三号）第二十二条第二項 及び第三項 並びに第二十六条第一項 に規定する業務を行うものとする。

○3　児童相談所は，必要に応じ，巡回して，前項に規定する業務（前条第一項第二号ホに掲げる業務を除く。）を行うことができる。

○4　児童相談所長は，その管轄区域内の社会福祉法 に規定する福祉に関する事務所（以下「福祉事務所」という。）の長（以下「福祉事務所長」という。）に必要な調査を委嘱することができる。

第十二条の二　児童相談所には，所長及び所員を置く。

○2　所長は，都道府県知事の監督を受け，所務を掌理する。

○3　所員は，所長の監督を受け，前条に規定する業務をつかさどる。

○4　児童相談所には，第一項に規定するもののほか，必要な職員を置くことができる。

第十二条の三　児童相談所の所長及び所員は，都道府県知事の補助機関である職員とする。

○2　所長は，次の各号のいずれかに該当する者でなければならない。

一　医師であつて，精神保健に関して学識経験を有する者

二　学校教育法 に基づく大学又は旧大学令（大正七年勅令第三百八十八号）に基づく大学において，心理学を専修する学科又はこれに相当する課程を修めて卒業した者

三　社会福祉士

四　児童の福祉に関する事務をつかさどる職員（以下「児童福祉司」という。）として二年以上勤務した者又は児童福祉司たる資格を得た後二年以上所員として勤務した者

五　前各号に掲げる者と同等以上の能力を有すると認められる者であつて，厚生労働省令で定めるもの

○3　所長は，厚生労働大臣が定める基準に適合する研修を受けなければならない。

○5　相談及び調査をつかさどる所員は，児童福祉司たる資格を有する者でなければならない。

第十二条の四　児童相談所には，必要に応じ，児童を一時保護する施設を設けなければならない。

第十二条の五　この法律で定めるもののほか，児童相談所の管轄区域その他児童相談所に関し必要な事項は，命令でこれを定める。

第十二条の六　保健所は，この法律の施行に関し，主として次の業務を行うものとする。

一　児童の保健について，正しい衛生知識の普及を図ること。

二　児童の健康相談に応じ，又は健康診査を行い，必要に応じ，保健指導を行うこと。

三　身体に障害のある児童及び疾病により長期にわたり療養を必要とする児童の療育について，指導を行うこと。

四　児童福祉施設に対し，栄養の改善その他衛生に関し，必要な助言を与えること。

○2　児童相談所長は，相談に応じた児童，その保護者又は妊産婦について，保健所に対し，保健指導その他の必要な協力を求めることができる。

第四節　児童福祉司

第十三条　都道府県は，その設置する児童相談所に，児童福祉司を置かなければならない。

○2　児童福祉司は，都道府県知事の補助機関である職員とし，次の各号のいずれかに該当する者のうちから，任用しなければならない。

一　厚生労働大臣の指定する児童福祉司若しくは児童福祉施設の職員を養成する学校その他の施設を卒業し，又は厚生労働大臣の指定する講習会の課程を修了した者

二　学校教育法 に基づく大学又は旧大学令に基づく大学において，心理学，教育学若しくは社会学を専修する学科又はこれらに相当する課程を修めて卒業した者であつて，厚生労働省令で定める施設において一年以上児童その他の者の福祉に関する相談に応じ，助言，指導その他の援助を行う業務に従事したもの

三　医師

三の二　社会福祉士

四　社会福祉主事として，二年以上児童福祉事業に従事した者

五　前各号に掲げる者と同等以上の能力を有すると認められる者であつて，厚生労働省令で定めるもの

○3　児童福祉司は，児童相談所長の命を受けて，児童の保護その他児童の福祉に関する事項について，相談に応じ，専門的技術に基いて必要な指導を行う等児童の福祉増進に努める。

○4　児童福祉司は，政令の定めるところにより児童相談所長が定める担当区域により，前項の職務を行い，担当

区域内の市町村長に協力を求めることができる。
第十四条　市町村長は，前条第三項に規定する事項に関し，児童福祉司に必要な状況の通報及び資料の提供並びに必要な援助を求めることができる。
○２　児童福祉司は，その担当区域内における児童に関し，必要な事項につき，その担当区域を管轄する児童相談所長又は市町村長にその状況を通知し，併せて意見を述べなければならない。
第十五条　この法律で定めるもののほか，児童福祉司の任用叙級その他児童福祉司に関し必要な事項は，命令でこれを定める。

第五節　児童委員

第十六条　市町村の区域に児童委員を置く。
○２　民生委員法（昭和二十三年法律第百九十八号）による民生委員は，児童委員に充てられたものとする。
○３　厚生労働大臣は，児童委員のうちから，主任児童委員を指名する。
○４　前項の規定による厚生労働大臣の指名は，民生委員法第五条 の規定による推薦によつて行う。
第十七条　児童委員は，次に掲げる職務を行う。
一　児童及び妊産婦につき，その生活及び取り巻く環境の状況を適切に把握しておくこと。
二　児童及び妊産婦につき，その保護，保健その他福祉に関し，サービスを適切に利用するために必要な情報の提供その他の援助及び指導を行うこと。
三　児童及び妊産婦に係る社会福祉を目的とする事業を経営する者又は児童の健やかな育成に関する活動を行う者と密接に連携し，その事業又は活動を支援すること。
四　児童福祉司又は福祉事務所の社会福祉主事の行う職務に協力すること。
五　児童の健やかな育成に関する気運の醸成に努めること。
六　前各号に掲げるもののほか，必要に応じて，児童及び妊産婦の福祉の増進を図るための活動を行うこと。
○２　主任児童委員は，前項各号に掲げる児童委員の職務について，児童の福祉に関する機関と児童委員（主任児童委員である者を除く。以下この項において同じ。）との連絡調整を行うとともに，児童委員の活動に対する援助及び協力を行う。
○３　前項の規定は，主任児童委員が第一項各号に掲げる児童委員の職務を行うことを妨げるものではない。
○４　児童委員は，その職務に関し，都道府県知事の指揮監督を受ける。
第十八条　市町村長は，前条第一項又は第二項に規定する事項に関し，児童委員に必要な状況の通報及び資料の提供を求め，並びに必要な指示をすることができる。
○２　児童委員は，その担当区域内における児童又は妊産婦に関し，必要な事項につき，その担当区域を管轄する児童相談所長又は市町村長にその状況を通知し，併せて意見を述べなければならない。
○３　児童委員が，児童相談所長に前項の通知をするときは，緊急の必要があると認める場合を除き，市町村長を経由するものとする。
○４　児童相談所長は，その管轄区域内の児童委員に必要な調査を委嘱することができる。
第十八条の二　都道府県知事は，児童委員の研修を実施しなければならない。
第十八条の三　この法律で定めるものの外，児童福祉司の任用叙級その他児童福祉司及び児童委員に関し必要な事項は，命令でこれを定める。

第六節　保育士

第十八条の四　この法律で，保育士とは，第十八条の十八第一項の登録を受け，保育士の名称を用いて，専門的知識及び技術をもつて，児童の保育及び児童の保護者に対する保育に関する指導を行うことを業とする者をいう。
第十八条の六　次の各号のいずれかに該当する者は，保育士となる資格を有する。
一　厚生労働大臣の指定する保育士を養成する学校その他の施設（以下「指定保育士養成施設」という。）を卒業した者
二　保育士試験に合格した者

第二章　福祉の保障

第二節　居宅生活の支援

第六款　子育て支援事業

第二十一条の八　市町村は，次条に規定する子育て支援事業に係る福祉サービスその他地域の実情に応じたきめ細かな福祉サービスが積極的に提供され，保護者が，その児童及び保護者の心身の状況，これらの者の置かれている環境その他の状況に応じて，当該児童を養育するために最も適切な支援が総合的に受けられるように，福祉サービスを提供する者又はこれに参画する者の活動の連携及び調整を図るようにすることその他の地域の実情に応じた体制の整備に努めなければならない。
第二十一条の九　市町村は，児童の健全な育成に資するため，その区域内において，放課後児童健全育成事業，子育て短期支援事業，乳児家庭全戸訪問事業，養育支援訪問事業，地域子育て支援拠点事業及び一時預かり事業並びに次に掲げる事業であつて主務省令で定めるもの（以下「子育て支援事業」という。）が着実に実施されるよう，必要な措置の実施に努めなければならない。
一　児童及びその保護者又はその他の者の居宅において保護者の児童の養育を支援する事業
二　保育所その他の施設において保護者の児童の養育を支援する事業
三　地域の児童の養育に関する各般の問題につき，保護者からの相談に応じ，必要な情報の提供及び助言を行う事業
第二十一条の十　市町村は，児童の健全な育成に資するため，地域の実情に応じた放課後児童健全育成事業を行うとともに，当該市町村以外の放課後児童健全育成事業を行う者との連携を図る等により，第六条の三第二項に規定する児童の放課後児童健全育成事業の利用の促進に努めなければならない。
第二十一条の十の二　市町村は，児童の健全な育成に資するため，乳児家庭全戸訪問事業及び養育支援訪問事業を行うよう努めるとともに，乳児家庭全戸訪問事業により要支援児童等（特定妊婦を除く。）を把握したときは，当該要支援児童等に対し，養育支援訪問事業の実施その他の必要な支援を行うものとする。
○２　市町村は，母子保健法（昭和四十年法律第百四十一号）第十条 ，第十一条第一項若しくは第二項又は第十七条第一項の指導（保健所を設置する市又は特別区にあつては，同法第十九条第一項 の指導を含む。）に併せて，乳児家庭全戸訪問事業を行うことができる。
○３　市町村は，乳児家庭全戸訪問事業又は養育支援訪問事業の事務の全部又は一部を当該市町村以外の厚生労働省令で定める者に委託することができる。
○４　前項の規定により行われる乳児家庭全戸訪問事業又は養育支援訪問事業の事務に従事する者又は従事して

いた者は，その事務に関して知り得た秘密を漏らしてはならない。

第二十一条の十の三　市町村は，乳児家庭全戸訪問事業又は養育支援訪問事業の実施に当たつては，母子保健法に基づく母子保健に関する事業との連携及び調和の確保に努めなければならない。

第二十一条の十の四　都道府県知事は，母子保健法に基づく母子保健に関する事業又は事務の実施に際して要支援児童等と思われる者を把握したときは，これを当該者の現在地の市町村長に通知するものとする。

第二十一条の十一　市町村は，子育て支援事業に関し必要な情報の提供を行うとともに，保護者から求めがあつたときは，当該保護者の希望，その児童の養育の状況，当該児童に必要な支援の内容その他の事情を勘案し，当該保護者が最も適切な子育て支援事業の利用ができるよう，相談に応じ，必要な助言を行うものとする。

○2　市町村は，前項の助言を受けた保護者から求めがあつた場合には，必要に応じて，子育て支援事業の利用についてあつせん又は調整を行うとともに，子育て支援事業を行う者に対し，当該保護者の利用の要請を行うものとする。

○3　市町村は，第一項の情報の提供，相談及び助言並びに前項のあつせん，調整及び要請の事務を当該市町村以外の者に委託することができる。

○4　子育て支援事業を行う者は，前二項の規定により行われるあつせん，調整及び要請に対し，できる限り協力しなければならない。

第二十一条の十二　前条第三項の規定により行われる情報の提供，相談及び助言並びにあつせん，調整及び要請の事務（次条及び第二十一条の十四第一項において「調整等の事務」という。）に従事する者又は従事していた者は，その事務に関して知り得た秘密を漏らしてはならない。

第三章　事業，養育里親及び施設

第三十六条　助産施設は，保健上必要があるにもかかわらず，経済的理由により，入院助産を受けることができない妊産婦を入所させて，助産を受けさせることを目的とする施設とする。

第三十七条　乳児院は，乳児（保健上，安定した生活環境の確保その他の理由により特に必要のある場合には，幼児を含む。）を入院させて，これを養育し，あわせて退院した者について相談その他の援助を行うことを目的とする施設とする。

第三十八条　母子生活支援施設は，配偶者のない女子又はこれに準ずる事情にある女子及びその者の監護すべき児童を入所させて，これらの者を保護するとともに，これらの者の自立の促進のためにその生活を支援し，あわせて退所した者について相談その他の援助を行うことを目的とする施設とする。

第三十九条　保育所は，日日保護者の委託を受けて，保育に欠けるその乳児又は幼児を保育することを目的とする施設とする。

○2　保育所は，前項の規定にかかわらず，特に必要があるときは，日日保護者の委託を受けて，保育に欠けるその他の児童を保育することができる。

第四十条　児童厚生施設は，児童遊園，児童館等児童に健全な遊びを与えて，その健康を増進し，又は情操をゆたかにすることを目的とする施設とする。

第四十一条　児童養護施設は，保護者のない児童（乳児を除く。ただし，安定した生活環境の確保その他の理由により特に必要のある場合には，乳児を含む。以下この条において同じ。），虐待されている児童その他環境上養護を要する児童を入所させて，これを養護し，あわせて退所した者に対する相談その他の自立のための援助を行うことを目的とする施設とする。

第四十二条　障害児入所施設は，次の各号に掲げる区分に応じ，障害児を入所させて，当該各号に定める支援を行うことを目的とする施設とする。

一　福祉型障害児入所施設　保護，日常生活の指導及び独立自活に必要な知識技能の付与

二　医療型障害児入所施設　保護，日常生活の指導，独立自活に必要な知識技能の付与及び治療

第四十三条　児童発達支援センターは，次の各号に掲げる区分に応じ，障害児を日々保護者の下から通わせて，当該各号に定める支援を提供することを目的とする施設とする。

一　福祉型児童発達支援センター　日常生活における基本的動作の指導，独立自活に必要な知識技能の付与又は集団生活への適応のための訓練

二　医療型児童発達支援センター　日常生活における基本的動作の指導，独立自活に必要な知識技能の付与又は集団生活への適応のための訓練及び治療

第四十三条の二　情緒障害児短期治療施設は，軽度の情緒障害を有する児童を，短期間，入所させ，又は保護者の下から通わせて，その情緒障害を治し，あわせて退所した者について相談その他の援助を行うことを目的とする施設とする。

第四十四条　児童自立支援施設は，不良行為をなし，又はなすおそれのある児童及び家庭環境その他の環境上の理由により生活指導等を要する児童を入所させ，又は保護者の下から通わせて，個々の児童の状況に応じて必要な指導を行い，その自立を支援し，あわせて退所した者について相談その他の援助を行うことを目的とする施設とする。

第四十四条の二　児童家庭支援センターは，地域の児童の福祉に関する各般の問題につき，児童に関する家庭その他からの相談のうち，専門的な知識及び技術を必要とするものに応じ，必要な助言を行うとともに，市町村の求めに応じ，技術的助言その他必要な援助を行うほか，第二十六条第一項第二号及び第二十七条第一項第二号の規定による指導を行い，あわせて児童相談所，児童福祉施設等との連絡調整その他厚生労働省令の定める援助を総合的に行うことを目的とする施設とする。

○2　児童家庭支援センターの職員は，その職務を遂行するに当たつては，個人の身上に関する秘密を守らなければならない。

第四十八条の三　保育所は，当該保育所が主として利用される地域の住民に対してその行う保育に関し情報の提供を行い，並びにその行う保育に支障がない限りにおいて，乳児，幼児等の保育に関する相談に応じ，及び助言を行うよう努めなければならない。

2　保育所に勤務する保育士は，乳児，幼児等の保育に関する相談に応じ，及び助言を行うために必要な知識及び技能の修得，維持及び向上に努めなければならない。

学校教育法（抄）

（昭和二十二年三月三十一日法律第二十六号）
最終改正：平成二三年六月三日法律第六一号

第二十四条 幼稚園においては，第二十二条に規定する目的を実現するための教育を行うほか，幼児期の教育に関する各般の問題につき，保護者及び地域住民その他の関係者からの相談に応じ，必要な情報の提供及び助言を行うなど，家庭及び地域における幼児期の教育の支援に努めるものとする。

全国保育士会倫理綱領

社会福祉法人 全国社会福祉協議会
全国保育協議会
全国保育士会

すべての子どもは，豊かな愛情のなかで心身ともに健やかに育てられ，自ら伸びていく無限の可能性を持っています。

私たちは，子どもが現在（いま）を幸せに生活し，未来（あす）を生きる力を育てる保育の仕事に誇りと責任をもって，自らの人間性と専門性の向上に努め，一人ひとりの子どもを心から尊重し，次のことを行います。

私たちは，子どもの育ちを支えます。
私たちは，保護者の子育てを支えます。
私たちは，子どもと子育てにやさしい社会をつくります。

（子どもの最善の利益の尊重）
1．私たちは，一人ひとりの子どもの最善の利益を第一に考え，保育を通してその福祉を積極的に増進するよう努めます。

（子どもの発達保障）
2．私たちは，養護と教育が一体となった保育を通して，一人ひとりの子どもが心身ともに健康，安全で情緒の安定した生活ができる環境を用意し，生きる喜びと力を育むことを基本として，その健やかな育ちを支えます。

（保護者との協力）
3．私たちは，子どもと保護者のおかれた状況や意向を受けとめ，保護者とより良い協力関係を築きながら，子どもの育ちや子育てを支えます。

（プライバシーの保護）
4．私たちは，一人ひとりのプライバシーを保護するため，保育を通して知り得た個人の情報や秘密を守ります。

（チームワークと自己評価）
5．私たちは，職場におけるチームワークや，関係する他の専門機関との連携を大切にします。
また，自らの行う保育について，常に子どもの視点に立って自己評価を行い，保育の質の向上を図ります。

（利用者の代弁）
6．私たちは，日々の保育や子育て支援の活動を通して子どものニーズを受けとめ，子どもの立場に立ってそれを代弁します。
　また，子育てをしているすべての保護者のニーズを受けとめ，それを代弁していくことも重要な役割と考え，行動します。

（地域の子育て支援）
7．私たちは，地域の人々や関係機関とともに子育てを支援し，そのネットワークにより，地域で子どもを育てる環境づくりに努めます。

（専門職としての責務）
8．私たちは，研修や自己研鑽を通して，常に自らの人間性と専門性の向上に努め，専門職としての責務を果たします。

今後の子育て支援のための施策の基本的方向について（エンゼルプラン）

平成 6 年 12 月 16 日
文部省　厚生省　労働省　建設省

1．少子化への対応の必要性

平成 5 年のわが国の出生数は，118 万人であり，これは，戦争直後（昭和 22 年）の 268 万人の半分以下である。また，女性が一生の間に生む子どもの数を示す合計特殊出生率は 1.46 と史上最低を記録した。

少子化については，子ども同士のふれあいの減少等により自主性や社会性が育ちにくいといった影響や，年金などの社会保障費用に係る現役世代の負担の増大，若年労働力の減少等による社会の活力の低下等の影響が懸念されている。

こうした状況を踏まえ，少子化の原因や背景となる要因に対応して子ども自身が健やかに育っていける社会，子育てに喜びや楽しみを持ち安心して子どもを生み育てることができる社会を形成していくことが必要である。

子育てはとかく夫婦や家庭の問題ととられがちであるが，その様々な制約要因を除外していくことは，国や地方自治体はもとより，企業・職場や地域社会の役割でもある。そうした観点から子育て支援社会の構築を目指すことが要請されている。

2．わが国の少子化の原因と背景

(1) 少子化の原因

(晩婚化の進行)

わが国においては，男女とも晩婚化による未婚率が増大している。昭和50年頃から未婚率は，どの年齢層においても上昇しており，特に，25歳から30歳までの女性についてみると，未婚率は昭和50年に18.1%であったものが平成2年には40.2%と飛躍的に増大している。

(夫婦の出生力の低下)

夫婦の持つ子ども数を示す合計結婚出生率は昭和60年には2.17であったが，平成元年には2.05とわずかであるが低下している。今後，晩婚化の進行が止まっても年齢的な限界から子どもを生むことを断念せざるを得ない人が増加し，出生率は低下傾向が続くという予測もある。

(2) 少子化の背景となる要因

(女性の職場進出と子育てと仕事の両立の難しさ)

わが国においては，女性の高学歴化，自己実現意欲の高まり等から女性の職場進出が進み，各年齢層において労働力率が上昇しており，将来においても引き続き伸びる見通しである。一方で，子育て支援体制が十分でないこと等から子育てと仕事の両立の難しさが存在していると考えられる。

(育児の心理的，肉体的負担)

わが国の夫婦の子育てについての意識をみると，理想とする子ども数を持とうとしない理由としては，育児の心理的，肉体的負担に耐えられないという理由がかなり存在している。また，晩婚化の要因としても，女性の経済力の向上や独身生活の方が自由ということのほかに，家事，育児への負担感や拘束感が大きいということがあげられている。

(住宅事情と出生動向)

わが国においては，大都市圏を中心に，住宅事情が厳しい地域で，出生率が低いという傾向がみられる。

(教育費等の子育てコストの増大)

平成5年の厚生白書によると，子どもを持つ世帯の子育てに要する経費は相当に多額なものになっており，夫婦と子ども2人世帯のモデルの場合，第2子が大学へ入学する時点での子育てコストは可処分所得の約70%と試算される。また，一方で，近年教育関係費の消費支出に占める割合も増加してきている。

3．子育て支援のための施策の趣旨及び基本的視点

(施策の趣旨)

子育てをめぐる環境が厳しさを増しつつある中で，少子化傾向が今後とも続き，子ども自身に与える影響や将来の少子化による社会経済への影響が一層深刻化し，現実のものとなることを看過できない状況にある。

従来から子育て支援のための施策は，国及び地方公共団体等で講じられてきたが，21世紀の少子・高齢社会を目前に控えた現時点において，子育て支援を企業や地域社会を含め社会全体として取り組むべき課題と位置付けるとともに，将来を見据え今後概ね10年間を目途として取り組むべき施策について総合的・計画的に推進する。

(基本的視点)

その際，以下の視点に立つことが必要である。

[1] 子どもを生むか生まないかは個人の選択に委ねられるべき事柄であるが，「子どもを持ちたい人が持てない状況」を解消し，安心して子どもを生み育てることができるような環境を整えること。

[2] 今後とも家庭における子育てが基本であるが，家庭における子育てを支えるため，国，地方公共団体，地域，企業，学校，社会教育施設，児童福祉施設，医療機関などあらゆる社会の構成メンバーが協力していくシステムを構築すること。

[3] 子育て支援のための施策については，子どもの利益が最大限尊重されるよう配慮すること。

4．子育て支援のための施策の基本的方向

子育てにかかる状況を勘案すると子育て支援のための施策の基本的方向は次のとおりとする。

(1) 子育てと仕事の両立支援の推進

育児休業制度の充実や労働時間の短縮の推進をはじめ労働者が子育てをしながら安心して働くことができる雇用環境を整備する。さらに，低年齢児保育の拡充など保育サービスの整備を図るとともに保育所制度の改善・見直しを含めた保育システムの多様化・弾力化を進める。

(2) 家庭における子育て支援

子育ては家庭の持つ重要な機能であることに鑑み，その機能が損なわれないよう，夫婦で家事・育児を分担するような男女共同参画社会をつくりあげていくための環境づくりなど含め，家庭生活における子育て支援策を強化する。

また，核家族化の進行に伴い，育児の孤立感や不安感を招くことにならないよう，安心して出産できる母子保健医療体制を整備するとともに，児童委員等のボランティアの協力のもとに地域子育てネットワークづくりを推進する。

(3) 子育てのための住宅及び生活環境の整備

ゆとりをもって子どもを生み育てることができるよう，良質な住宅の供給及び住替えの促進等により，ライフサイクルに応じた住宅の確保が容易にできるようにするとともに，家族のだんらんのあるゆとりある住生活を実現する。

子どもの健全な成長を支えるため，遊び，自然とのふれあい，家族の交流等の場，児童厚生施設，スポーツ施設，社会教育施設，文化施設等を整備するとともに，子どもにとって安全な生活環境を整備する。

(4) ゆとりある教育の実現と健全育成の推進

子育て家庭の子育てに伴う心理的な負担を軽減するため，ゆとりある教育を実現する。また，青少年団体の諸活動，文化・スポーツ活動等の推進による多様な生活・文化体験の機会の提供，子ども同士や高齢者との地域社会におけるふれあい，ボランティア体験などを通じて子どもが豊かな人間性を育めるような家庭や社会の環境づくりを推進する。

(5) 子育てコストの軽減

子育てに伴う家計の負担の軽減を図るとともに，社会全体としてどのような支援方策を講じていくか検討する。

5．重点施策

今後，子育てのための支援策としては，基本的方向にそって，教育，雇用，住宅，福祉の面で総合的に推進していく必要があるが，少子化の原因や子育て家庭の意識等に鑑み，特に，次の施策を重点的に実施する。

(1) 仕事と育児との両立のための雇用環境の整備

[1] 育児休業給付の実施など育児休業を気兼ねなくとることのできる環境整備
雇用保険制度による育児休業給付を着実に実施する。また，事業主等に対し育児休業に関する相談・指導や円滑な職場復帰のための指導・援助を行う。

[2] 事業所内託児施設の設置促進など子育てしながら働き続けることのできる環境整備
育児期間中の勤務時間の短縮等の措置の普及を進めるとともに，従業員向けに事業所内託児施設の設置や育児費用の経済的支援を行う事業主に対し援助を行うことにより，事業主による育児支援措置への自主的取組みを促進する。

また，保育サービス等に関する地域の具体的な情報を提供するほか，育児相互援助活動への支援，両立支援施設の設置等地域における支援体制の整備を進める。さらに，仕事と育児との両立に必要な相談·指導·講習等を実施する。

[3] 育児のために退職した者の再就職の支援
再雇用制度の普及を促進するとともに，再就職希望者に対し，職業情報の提供や自己啓発への援助，多様な就業ニーズに合った講習や職業訓練などを実施する。

[4] 労働時間の短縮等の推進
年間総労働時間1800時間を実現するため，週40時間労働制の実現に向けた対策の推進，所定外労働削減に向けた啓発指導，及び年次有給休暇の完全取得に向けた労使の自主的な取組みの促進を図る。

また，働きながら子育てのできる条件整備を図る観点から，フレックスタイム制等の弾力的な労働時間制度の普及促進を図る。

(2) 多様な保育サービスの充実

[1] 保育システムの多様化・弾力化の促進
保育所制度の改善・見直しを含めた保育システムの多様化・弾力化を進める。その際，駅型保育，在宅保育サービス等の育成・振興を図る。

[2] 低年齢児保育，延長保育，一時的保育事業の拡充

ア．低年齢児受け入れ枠の拡大
育児休業制度の定着，女性就労の増加等に伴い入所希望が増大すると見込まれる0歳児から2歳児までの低年齢児について，入所を必要とする低年齢児を保育所に受け入れられるようにする。

イ．延長保育の拡充
通常の保育時間（おおむね午後6時まで）を超えて保育時間の延長を行う保育所を誰でも利用できるよう都市部を中心として普及整備する。

ウ．一時的保育事業の拡充
母親が病気の時に緊急に児童を預けたり，仕事の都合で一時的な保育が必要なときに利用できるための一時的保育事業を普及整備する。

[3] 保育所の多機能化のための整備
延長保育，乳児保育，相談指導等の多様なサービスを提供するため，保母配置の充実等を図る。

また，保育所が，地域子育て支援の中心的な機能を果たし，乳児保育，相談指導，子育てサークル支援等の多様なニーズに対応できるよう施設・設備の整備を図る。

[4] 放課後児童対策の充実
昼間保護者のいない家庭の小学生（主に1年から3年）を対象に，児童館，児童センターや実情に応じ学校の余裕教室などにおいて，健全育成を行う放課後児童クラブを身近に利用できるようにする。

(3) 安心して子どもを生み育てることができる母子保健医療体制の充実

[1] 地域における母子保健医療体制の整備
妊婦や乳幼児の健康診査，新生児訪問指導や保健指導等の母子保健サービスを住民に身近な市町村で一貫して受けられるようにする等，母子保健医療体制の整備を進める。また，周産期，新生児の医療の充実のための施設・設備の整備を推進する。

[2] 乳幼児健康支援デイサービス事業の推進
病気回復時の乳幼児で，保護者による家庭での育児が困難な児童が身近にデイサービスを受けられるよう乳幼児健康支援デイサービス事業を推進する。

(4) 住宅及び生活環境の整備

[1] 良質なファミリー向けの住宅の供給
特定優良賃貸住宅，公団賃貸住宅等公的賃貸住宅の供給，住宅金融公庫融資等による良質なファミリー向け民間賃貸住宅の供給及び良質な持家の取得に向け積極的な誘導を図るなど，より質の高い住宅ストックの形成を促進する。また，公共賃貸住宅における世帯人員等に応じた住替えの促進を図る。

[2] 子育てと仕事の両立，家族のだんらんのためのゆとりある住生活の実現
子育てと仕事の両立及び家族のだんらんのための時間のとれる住生活の実現を図るため，職住近接を目指した都心居住を推進するとともに，住む・働くなどの多機能を有するニュータウンの建設を促進する。

また，新たな住宅団地の開発や既成市街地の再開発に当たっては，保育所等の計画的立地を推進する。

[3] 子どもの遊び場，安全な生活環境等の整備
公園，水辺空間などの身近な遊び等の場，家族が自然の中ですごせるオートキャンプ場，市民農園，自転車道等の整備を推進する。

また，ベビーカー，自転車等の安全を確保するための幅の広い歩道，コミュニティ道路，通学路等安全な生活環境の整備を推進する。

(5) ゆとりある学校教育の推進と学校外活動・家庭教育の充実

[1] ゆとりある学校教育の推進
新学習指導要領の趣旨の徹底などによる教育内容・方法の改善・充実，豊かな教育環境の整備，入学者選抜方法の改善等による受験競争の緩和などの施策を着実に推進することにより，ゆとりある学校教育の確保に努める。

[2] 体験的活動機会の提供等による学校外活動の充実
子どもが心身の調和のとれた成人となるために必要な生活体験·活動体験を豊かにするため，文化·スポーツ・社会参加・自然体験等の体験的活動の機会を提供する事業の充実，青少年教育施設の整備等により，学校外活動の充実を図る。

[3] 子育てに関する相談体制の整備等による家庭教育の充実
親が安心して子どもを生み育てるための家庭教育の充実を図るため，家庭教育に関する学習機会の提供，相談体制の整備や情報提供及び父親の家庭教育への参加促進等により，家庭教育に関する環境整備を行うとともに，幼稚園における教育相談や各種講座の開催など，幼稚園を核とした子育て支援事業を推進する。

(6) 子育てに伴う経済的負担の軽減

幼稚園就園奨励事業の推進を図ることなどにより，幼稚園児の保護者の経済的負担の軽減を図る。

また，授業料等を含めた学生生活費の上昇などに対応

して，育英奨学事業の充実を図るとともに，修学上の経済的負担の軽減等に資するため，私学助成の推進を図る。

乳児や多子世帯の保育料を軽減するとともに，共働きの中間所得層の負担軽減等の保育料負担の公平化を図る。

さらに，経済的負担の軽減の観点から，税制上の措置や児童手当，年金等の社会保障制度等を含め子育てコストへの社会的支援の在り方について検討する。

(7) 子育て支援のための基盤整備

［1］地域子育て支援センターの整備

子育て中の夫婦が身近に育児相談に出向き，保育サービスの情報提供，地域の子育てサークルへの参加などが可能となるよう，子育てネットワークの中心として保育所等に地域子育て支援センターを整備する。

［2］地方自治体における取組み

都道府県及び市町村において，国の方針に対応し，計画的な子育て支援策の推進を図るなど地域の特性に応じた施策を推進するための基盤整備を進める。

保育所保育指針

平成二十年三月二十八日
厚生労働省

目次

第一章　総則

1　趣旨

（一）この指針は，児童福祉施設最低基準（昭和二十三年厚生省令第六十三号）第三十五条の規定に基づき，保育所における保育の内容に関する事項及びこれに関連する運営に関する事項を定めるものである。

（二）各保育所は，この指針において規定される保育の内容に係る基本原則に関する事項等を踏まえ，各保育所の実情に応じて創意工夫を図り，保育所の機能及び質の向上に努めなければならない。

2　保育所の役割

（一）保育所は，児童福祉法（昭和二十二年法律第百六十四号）第三十九条の規定に基づき，保育に欠ける子どもの保育を行い，その健全な心身の発達を図ることを目的とする児童福祉施設であり，入所する子どもの最善の利益を考慮し，その福祉を積極的に増進することに最もふさわしい生活の場でなければならない。

（二）保育所は，その目的を達成するために，保育に関する専門性を有する職員が，家庭との緊密な連携の下に，子どもの状況や発達過程を踏まえ，保育所における環境を通して，養護及び教育を一体的に行うことを特性としている。

（三）保育所は，入所する子どもを保育するとともに，家庭や地域の様々な社会資源との連携を図りながら，入所する子どもの保護者に対する支援及び地域の子育て家庭に対する支援等を行う役割を担うものである。

（四）保育所における保育士は，児童福祉法第十八条の四の規定を踏まえ，保育所の役割及び機能が適切に発揮されるように，倫理観に裏付けられた専門的知識，技術及び判断をもって，子どもを保育するとともに，子どもの保護者に対する保育に関する指導を行うものである。

3　保育の原理

（一）保育の目標

ア　保育所は，子どもが生涯にわたる人間形成にとって極めて重要な時期に，その生活時間の大半を過ごす場である。このため，保育所の保育は，子どもが現在を最も良く生き，望ましい未来をつくり出す力の基礎を培うために，次の目標を目指して行わなければならない。

（ア）十分に養護の行き届いた環境の下に，くつろいだ雰囲気の中で子どもの様々な欲求を満たし，生命の保持及び情緒の安定を図ること。

（イ）健康，安全など生活に必要な基本的な習慣や態度を養い，心身の健康の基礎を培うこと。

（ウ）人との関わりの中で，人に対する愛情と信頼感，そして人権を大切にする心を育てるとともに，自主，自立及び協調の態度を養い，道徳性の芽生えを培うこと。

（エ）生命，自然及び社会の事象についての興味や関心を育て，それらに対する豊かな心情や思考力の芽生えを培うこと。

（オ）生活の中で，言葉への興味や関心を育て，話したり，聞いたり，相手の話を理解しようとするなど，言葉の豊かさを養うこと。

（カ）様々な体験を通して，豊かな感性や表現力を育み，創造性の芽生えを培うこと。

イ　保育所は，入所する子どもの保護者に対し，その意向を受け止め，子どもと保護者の安定した関係に配慮し，保育所の特性や保育士等の専門性を生かして，その援助に当たらなければならない。

（二）保育の方法

保育の目標を達成するために，保育士等は，次の事項に留意して保育しなければならない。

ア　一人一人の子どもの状況や家庭及び地域社会での生活の実態を把握するとともに，子どもが安心感と信頼感を持って活動できるよう，子どもの主体としての思いや願いを受け止めること。

イ　子どもの生活リズムを大切にし，健康，安全で情緒の安定した生活ができる環境や，自己を十分に発揮できる環境を整えること。

ウ　子どもの発達について理解し，一人一人の発達過程に応じて保育すること。その際，子どもの個人差に十分配慮すること。

エ　子ども相互の関係作りや互いに尊重する心を大切にし，集団における活動を効果あるものにするよう援助すること。

オ　子どもが自発的，意欲的に関われるような環境を構成し，子どもの主体的な活動や子ども相互の関わりを大切にすること。特に，乳幼児期にふさわしい体験が得られるように，生活や遊びを通して総合的に保育すること。

カ　一人一人の保護者の状況やその意向を理解，受容し，それぞれの親子関係や家庭生活等に配慮しながら，様々な機会をとらえ，適切に援助すること。

(三) 保育の環境

保育の環境には，保育士等や子どもなどの人的環境，施設や遊具などの物的環境，更には自然や社会の事象などがある。保育所は，こうした人，物，場などの環境が相互に関連し合い，子どもの生活が豊かなものとなるよう，次の事項に留意しつつ，計画的に環境を構成し，工夫して保育しなければならない。

ア　子ども自らが環境に関わり，自発的に活動し，様々な経験を積んでいくことができるよう配慮すること。

イ　子どもの活動が豊かに展開されるよう，保育所の設備や環境を整え，保育所の保健的環境や安全の確保などに努めること。

ウ　保育室は，温かな親しみとくつろぎの場となるとともに，生き生きと活動できる場となるように配慮すること。

エ　子どもが人と関わる力を育てていくため，子ども自らが周囲の子どもや大人と関わっていくことができる環境を整えること。

4　保育所の社会的責任

(一) 保育所は，子どもの人権に十分配慮するとともに，子ども一人一人の人格を尊重して保育を行わなければならない。

(二) 保育所は，地域社会との交流や連携を図り，保護者や地域社会に，当該保育所が行う保育の内容を適切に説明するよう努めなければならない。

(三) 保育所は，入所する子ども等の個人情報を適切に取り扱うとともに，保護者の苦情などに対し，その解決を図るよう努めなければならない。

第二章　子どもの発達

子どもは，様々な環境との相互作用により発達していく。すなわち，子どもの発達は，子どもがそれまでの体験を基にして，環境に働きかけ，環境との相互作用を通して，豊かな心情，意欲及び態度を身に付け，新たな能力を獲得していく過程である。特に大切なのは，人との関わりであり，愛情豊かで思慮深い大人による保護や世話などを通して，大人と子どもの相互の関わりが十分に行われることが重要である。この関係を起点として，次第に他の子どもとの間でも相互に働きかけ，関わりを深め，人への信頼感と自己の主体性を形成していくのである。

これらのことを踏まえ，保育士等は，次に示す子どもの発達の特性や発達過程を理解し，発達及び生活の連続性に配慮して保育しなければならない。その際，保育士等は，子どもと生活や遊びを共にする中で，一人一人の子どもの心身の状態を把握しながら，その発達の援助を行うことが必要である。

1　乳幼児期の発達の特性

(一) 子どもは，大人によって生命を守られ，愛され，信頼されることにより，情緒が安定するとともに，人への信頼感が育つ。そして，身近な環境（人，自然，事物，出来事など）に興味や関心を持ち，自発的に働きかけるなど，次第に自我が芽生える。

(二) 子どもは，子どもを取り巻く環境に主体的に関わることにより，心身の発達が促される。

(三) 子どもは，大人との信頼関係を基にして，子ども同士の関係を持つようになる。この相互の関わりを通じて，身体的な発達及び知的な発達とともに，情緒的，社会的及び道徳的な発達が促される。

(四) 乳幼児期は，生理的，身体的な諸条件や生育環境の違いにより，一人一人の心身の発達の個人差が大きい。

(五) 子どもは，遊びを通して，仲間との関係を育み，その中で個の成長も促される。

(六) 乳幼児期は，生涯にわたる生きる力の基礎が培われる時期であり，特に身体感覚を伴う多様な経験が積み重なることにより，豊かな感性とともに好奇心，探究心や思考力が養われる。また，それらがその後の生活や学びの基礎になる。

2　発達過程

子どもの発達過程は，おおむね次に示す八つの区分としてとらえられる。ただし，この区分は，同年齢の子どもの均一的な発達の基準ではなく，一人一人の子どもの発達過程としてとらえるべきものである。また，様々な条件により，子どもに発達上の課題や保育所の生活になじみにくいなどの状態が見られても，保育士等は，子ども自身の力を十分に認め，一人一人の発達過程や心身の状態に応じた適切な援助及び環境構成を行うことが重要である。

(一) おおむね六か月未満

誕生後，母体内から外界への急激な環境の変化に適応し，著しい発達が見られる。首がすわり，手足の動きが活発になり，その後，寝返り，腹ばいなど全身の動きが活発になる。視覚，聴覚などの感覚の発達はめざましく，泣く，笑うなどの表情の変化や体の動き，喃（なん）語などで自分の欲求を表現し，これに応答的に関わる特定の大人との間に情緒的な絆（きずな）が形成される。

(二) おおむね六か月から一歳三か月未満

座る，はう，立つ，つたい歩きといった運動機能が発達すること，及び腕や手先を意図的に動かせるようになることにより，周囲の人や物に興味を示し，探索活動が活発になる。特定の大人との応答的な関わりにより，情緒的な絆（きずな）が深まり，あやしてもらうと喜ぶなどやり取りが盛んになる一方で，人見知りをするようになる。また，身近な大人との関係の中で，自分の意思や欲求を身振りなどで伝えようとし，大人から自分に向けられた気持ちや簡単な言葉が分かるようになる。食事は，離乳食から幼児食へ徐々に移行する。

(三) おおむね一歳三か月から二歳未満

歩き始め，手を使い，言葉を話すようになることにより，身近な人や身の回りの物に自発的に働きかけていく。歩く，押す，つまむ，めくるなど様々な運動機能の発達や新しい行動の獲得により，環境に働きかける意欲を一層高める。その中で，物をやり取りしたり，取り合ったりする姿が見られるとともに，玩（がん）具等を実物に見立てるなどの象徴機能が発達し，人や物との関わりが強まる。また，大人の言うことが分かるようになり，自分の意思を親しい大人に伝えたいという欲求が高まる。指差し，身振り，片言などを盛んに使うようになり，二語文を話し始める。

(四) おおむね二歳

歩く，走る，跳ぶなどの基本的な運動機能や，指先の機能が発達する。それに伴い，食事，衣類の着脱など身の回りのことを自分でしようとする。また，排泄（せつ）の自立のための身体的機能も整ってくる。発声が明瞭（りょう）になり，語彙（い）も著しく増加し，自分の意思や欲求を言葉で表出できるようになる。行動範囲が広がり探索活動が盛んになる中，自我の育ちの表れとして，強く自己主張する姿が見られる。盛んに模倣し，物事の間の共通性を見いだすことができるようになるとともに，象徴機能の発達により，大人と一緒に簡単なごっこ遊びを楽しむようになる。

（五）おおむね三歳

基本的な運動機能が伸び，それに伴い，食事，排泄（せつ），衣類の着脱などもほぼ自立できるようになる。話し言葉の基礎ができて，盛んに質問するなど知的興味や関心が高まる。自我がよりはっきりしてくるとともに，友達との関わりが多くなるが，実際には，同じ場所で同じような遊びをそれぞれが楽しんでいる平行遊びであることが多い。大人の行動や日常生活において経験したことをごっこ遊びに取り入れたり，象徴機能や観察力を発揮して，遊びの内容に発展性が見られるようになる。予想や意図，期待を持って行動できるようになる。

（六）おおむね四歳

全身のバランスを取る能力が発達し，体の動きが巧みになる。自然など身近な環境に積極的に関わり，様々な物の特性を知り，それらとの関わり方や遊び方を体得していく。想像力が豊かになり，目的を持って行動し，つくったり，かいたり，試したりするようになるが，自分の行動やその結果を予測して不安になるなどの葛藤（かっとう）も経験する。仲間とのつながりが強くなる中で，けんかも増えてくる。その一方で，決まりの大切さに気付き，守ろうとするようになる。感情が豊かになり，身近な人の気持ちを察し，少しずつ自分の気持ちを抑えられたり，我慢ができるようになってくる。

（七）おおむね五歳

基本的な生活習慣が身に付き，運動機能はますます伸び，喜んで運動遊びをしたり，仲間とともに活発に遊ぶ。言葉により共通のイメージを持って遊んだり，目的に向かって集団で行動することが増える。さらに，遊びを発展させ，楽しむために，自分たちで決まりを作ったりする。また，自分なりに考えて判断したり，批判する力が生まれ，けんかを自分たちで解決しようとするなど，お互いに相手を許したり，異なる思いや考えを認めたりといった社会生活に必要な基本的な力を身に付けていく。他人の役に立つことを嬉（うれ）しく感じたりして，仲間の中の一人としての自覚が生まれる。

（八）おおむね六歳

全身運動が滑らかで巧みになり，快活に跳び回るようになる。これまでの体験から，自信や，予想や見通しを立てる力が育ち，心身ともに力があふれ，意欲が旺盛になる。仲間の意思を大切にしようとし，役割の分担が生まれるような協同遊びやごっこ遊びを行い，満足するまで取り組もうとする。様々な知識や経験を生かし，創意工夫を重ね，遊びを発展させる。思考力や認識力も高まり，自然事象や社会事象，文字などへの興味や関心も深まっていく。身近な大人に甘え，気持ちを休めることもあるが，様々な経験を通して自立心が一層高まっていく。

第三章　保育の内容

保育の内容は，「ねらい」及び「内容」で構成される。「ねらい」は，第一章（総則）に示された保育の目標をより具体化したものであり，子どもが保育所において，安定した生活を送り，充実した活動ができるように，保育士等が行わなければならない事項及び子どもが身に付けることが望まれる心情，意欲，態度などの事項を示したものである。また，「内容」は，「ねらい」を達成するために，子どもの生活やその状況に応じて保育士等が適切に行う事項と，保育士等が援助して子どもが環境に関わって経験する事項を示したものである。

保育士等が，「ねらい」及び「内容」を具体的に把握するための視点として，「養護に関わるねらい及び内容」と「教育に関わるねらい及び内容」との両面から示しているが，実際の保育においては，養護と教育が一体となって展開されることに留意することが必要である。

ここにいう「養護」とは，子どもの生命の保持及び情緒の安定を図るために保育士等が行う援助や関わりである。また，「教育」とは，子どもが健やかに成長し，その活動がより豊かに展開されるための発達の援助であり，「健康」，「人間関係」，「環境」，「言葉」及び「表現」の五領域から構成される。この五領域並びに「生命の保持」及び「情緒の安定」に関わる保育の内容は，子どもの生活や遊びを通して相互に関連を持ちながら，総合的に展開されるものである。

1　保育のねらい及び内容

（一）養護に関わるねらい及び内容

ア　生命の保持

（ア）ねらい

① 一人一人の子どもが，快適に生活できるようにする。

② 一人一人の子どもが，健康で安全に過ごせるようにする。

③ 一人一人の子どもの生理的欲求が，十分に満たされるようにする。

④ 一人一人の子どもの健康増進が，積極的に図られるようにする。

（イ）内容

① 一人一人の子どもの平常の健康状態や発育及び発達状態を的確に把握し，異常を感じる場合は，速やかに適切に対応する。

② 家庭との連絡を密にし，嘱託医等との連携を図りながら，子どもの疾病や事故防止に関する認識を深め，保健的で安全な保育環境の維持及び向上に努める。

③ 清潔で安全な環境を整え，適切な援助や応答的な関わりを通して，子どもの生理的欲求を満たしていく。また，家庭と協力しながら，子どもの発達過程等に応じた適切な生活リズムが作られていくようにする。

④ 子どもの発達過程等に応じて，適度な運動と休息を取ることができるようにする。また，食事，排泄（せつ），睡眠，衣類の着脱，身の回りを清潔にすることなどについて，子どもが意欲的に生活できるよう適切に援助する。

イ　情緒の安定

（ア）ねらい

① 一人一人の子どもが，安定感を持って過ごせるようにする。

② 一人一人の子どもが，自分の気持ちを安心し

て表すことができるようにする。

③　一人一人の子どもが，周囲から主体として受け止められ，主体として育ち，自分を肯定する気持ちが育まれていくようにする。

④　一人一人の子どもの心身の疲れが癒されるようにする。

（イ）内容

①　一人一人の子どもの置かれている状態や発達過程などを的確に把握し，子どもの欲求を適切に満たしながら，応答的な触れ合いや言葉がけを行う。

②　一人一人の子どもの気持ちを受容し，共感しながら，子どもとの継続的な信頼関係を築いていく。

③　保育士等との信頼関係を基盤に，一人一人の子どもが主体的に活動し，自発性や探索意欲などを高めるとともに，自分への自信を持つことができるよう成長の過程を見守り，適切に働きかける。

④　一人一人の子どもの生活リズム，発達過程，保育時間などに応じて，活動内容のバランスや調和を図りながら，適切な食事や休息が取れるようにする。

（二）教育に関わるねらい及び内容

ア　健康

健康な心と体を育て，自ら健康で安全な生活をつくり出す力を養う。

（ア）ねらい

①　明るく伸び伸びと行動し，充実感を味わう。

②　自分の体を十分に動かし，進んで運動しようとする。

③　健康，安全な生活に必要な習慣や態度を身に付ける。

（イ）内容

①　保育士等や友達と触れ合い，安定感を持って生活する。

②　いろいろな遊びの中で十分に体を動かす。

③　進んで戸外で遊ぶ。

④　様々な活動に親しみ，楽しんで取り組む。

⑤　健康な生活のリズムを身に付け，楽しんで食事をする。

⑥　身の回りを清潔にし，衣類の着脱，食事，排泄（せつ）など生活に必要な活動を自分でする。

⑦　保育所における生活の仕方を知り，自分たちで生活の場を整えながら見通しを持って行動する。

⑧　自分の健康に関心を持ち，病気の予防などに必要な活動を進んで行う。

⑨　危険な場所や災害時などの行動の仕方が分かり，安全に気を付けて行動する。

イ　人間関係

他の人々と親しみ，支え合って生活するために，自立心を育て，人と関わる力を養う。

（ア）ねらい

①　保育所生活を楽しみ，自分の力で行動することの充実感を味わう。

②　身近な人と親しみ，関わりを深め，愛情や信頼感を持つ。

③　社会生活における望ましい習慣や態度を身に付ける。

（イ）内容

①　安心できる保育士等との関係の下で，身近な大人や友達に関心を持ち，模倣して遊んだり，親しみを持って自ら関わろうとする。

②　保育士等や友達との安定した関係の中で，共に過ごすことの喜びを味わう。

③　自分で考え，自分で行動する。

④　自分でできることは自分でする。

⑤　友達と積極的に関わりながら喜びや悲しみを共感し合う。

⑥　自分の思ったことを相手に伝え，相手の思っていることに気付く。

⑦　友達の良さに気付き，一緒に活動する楽しさを味わう。

⑧　友達と一緒に活動する中で，共通の目的を見いだし，協力して物事をやり遂げようとする気持ちを持つ。

⑨　良いことや悪いことがあることに気付き，考えながら行動する。

⑩　身近な友達との関わりを深めるとともに，異年齢の友達など，様々な友達と関わり，思いやりや親しみを持つ。

⑪　友達と楽しく生活する中で決まりの大切さに気付き，守ろうとする。

⑫　共同の遊具や用具を大切にし，みんなで使う。

⑬　高齢者を始め地域の人々など自分の生活に関係の深いいろいろな人に親しみを持つ。

⑭　外国人など，自分とは異なる文化を持った人に親しみを持つ。

ウ　環境

周囲の様々な環境に好奇心や探究心を持って関わり，それらを生活に取り入れていこうとする力を養う。

（ア）ねらい

①　身近な環境に親しみ，自然と触れ合う中で様々な事象に興味や関心を持つ。

②　身近な環境に自分から関わり，発見を楽しんだり，考えたりし，それを生活に取り入れようとする。

③　身近な事物を見たり，考えたり，扱ったりする中で，物の性質や数量，文字などに対する感覚を豊かにする。

（イ）内容

①　安心できる人的及び物的環境の下で，聞く，見る，触れる，嗅（か）ぐ，味わうなどの感覚の働きを豊かにする。

②　好きな玩（がん）具や遊具に興味を持って関わり，様々な遊びを楽しむ。

③　自然に触れて生活し，その大きさ，美しさ，不思議さなどに気付く。

④　生活の中で，様々な物に触れ，その性質や仕組みに興味や関心を持つ。

⑤　季節により自然や人間の生活に変化のあることに気付く。

⑥　自然などの身近な事象に関心を持ち，遊びや生活に取り入れようとする。

⑦　身近な動植物に親しみを持ち，いたわったり，大切にしたり，作物を育てたり，味わうなどして，生命の尊さに気付く。

⑧　身近な物を大切にする。

⑨　身近な物や遊具に興味を持って関わり，考えたり，試したりして工夫して遊ぶ。

⑩　日常生活の中で数量や図形などに関心を持つ。
⑪　日常生活の中で簡単な標識や文字などに関心を持つ。
⑫　近隣の生活に興味や関心を持ち，保育所内外の行事などに喜んで参加する。

エ　言葉

経験したことや考えたことなどを自分なりの言葉で表現し，相手の話す言葉を聞こうとする意欲や態度を育て，言葉に対する感覚や言葉で表現する力を養う。

（ア）ねらい

①　自分の気持ちを言葉で表現する楽しさを味わう。
②　人の言葉や話などをよく聞き，自分の経験したことや考えたことを話し，伝え合う喜びを味わう。
③　日常生活に必要な言葉が分かるようになるとともに，絵本や物語などに親しみ，保育士等や友達と心を通わせる。

（イ）内容

①　保育士等の応答的な関わりや話しかけにより，自ら言葉を使おうとする。
②　保育士等と一緒にごっこ遊びなどをする中で，言葉のやり取りを楽しむ。
③　保育士等や友達の言葉や話に興味や関心を持ち，親しみを持って聞いたり，話したりする。
④　したこと，見たこと，聞いたこと，味わったこと，感じたこと，考えたことを自分なりに言葉で表現する。
⑤　したいこと，してほしいことを言葉で表現したり，分からないことを尋ねたりする。
⑥　人の話を注意して聞き，相手に分かるように話す。
⑦　生活の中で必要な言葉が分かり，使う。
⑧　親しみを持って日常のあいさつをする。
⑨　生活の中で言葉の楽しさや美しさに気付く。
⑩　いろいろな体験を通じてイメージや言葉を豊かにする。
⑪　絵本や物語などに親しみ，興味を持って聞き，想像する楽しさを味わう。
⑫　日常生活の中で，文字などで伝える楽しさを味わう。

オ　表現

感じたことや考えたことを自分なりに表現することを通して，豊かな感性や表現する力を養い，創造性を豊かにする。

（ア）ねらい

①　いろいろな物の美しさなどに対する豊かな感性を持つ。
②　感じたことや考えたことを自分なりに表現して楽しむ。
③　生活の中でイメージを豊かにし，様々な表現を楽しむ。

（イ）内容

①　水，砂，土，紙，粘土など様々な素材に触れて楽しむ。
②　保育士等と一緒に歌ったり，手遊びをしたり，リズムに合わせて体を動かしたりして遊ぶ。
③　生活の中で様々な音，色，形，手触り，動き，味，香りなどに気付いたり，感じたりして楽しむ。
④　生活の中で様々な出来事に触れ，イメージを豊かにする。
⑤　様々な出来事の中で，感動したことを伝え合う楽しさを味わう。
⑥　感じたこと，考えたことなどを音や動きなどで表現したり，自由にかいたり，つくったりする。
⑦　いろいろな素材や用具に親しみ，工夫して遊ぶ。
⑧　音楽に親しみ，歌を歌ったり，簡単なリズム楽器を使ったりする楽しさを味わう。
⑨　かいたり，つくったりすることを楽しみ，それを遊びに使ったり，飾ったりする。
⑩　自分のイメージを動きや言葉などで表現したり，演じて遊んだりする楽しさを味わう。

2　保育の実施上の配慮事項

保育士等は，一人一人の子どもの発達過程やその連続性を踏まえ，ねらいや内容を柔軟に取り扱うとともに，特に，次の事項に配慮して保育しなければならない。

㈠　保育に関わる全般的な配慮事項

ア　子どもの心身の発達及び活動の実態などの個人差を踏まえるとともに，一人一人の子どもの気持ちを受け止め，援助すること。
イ　子どもの健康は，生理的，身体的な育ちとともに，自主性や社会性，豊かな感性の育ちとがあいまってもたらされることに留意すること。
ウ　子どもが自ら周囲に働きかけ，試行錯誤しつつ自分の力で行う活動を見守りながら，適切に援助すること。
エ　子どもの入所時の保育に当たっては，できるだけ個別的に対応し，子どもが安定感を得て，次第に保育所の生活になじんでいくようにするとともに，既に入所している子どもに不安や動揺を与えないよう配慮すること。
オ　子どもの国籍や文化の違いを認め，互いに尊重する心を育てるよう配慮すること。
カ　子どもの性差や個人差にも留意しつつ，性別などによる固定的な意識を植え付けることがないよう配慮すること。

㈡　乳児保育に関わる配慮事項

ア　乳児は疾病への抵抗力が弱く，心身の機能の未熟さに伴う疾病の発生が多いことから，一人一人の発育及び発達状態や健康状態についての適切な判断に基づく保健的な対応を行うこと。
イ　一人一人の子どもの生育歴の違いに留意しつつ，欲求を適切に満たし，特定の保育士が応答的に関わるように努めること。
ウ　乳児保育に関わる職員間の連携や嘱託医との連携を図り，第五章（健康及び安全）に示された事項を踏まえ，適切に対応すること。栄養士及び看護師等が配置されている場合は，その専門性を生かした対応を図ること。
エ　保護者との信頼関係を築きながら保育を進めるとともに，保護者からの相談に応じ，保護者への支援に努めていくこと。
オ　担当の保育士が替わる場合には，子どものそれまでの経験や発達過程に留意し，職員間で協力して対応すること。

㈢　三歳未満児の保育に関わる配慮事項

ア　特に感染症にかかりやすい時期であるので，体の状態，機嫌，食欲などの日常の状態の観察を十分に行うとともに，適切な判断に基づく保健的な対応を心がけること。

イ　食事，排泄（せつ），睡眠，衣類の着脱，身の回りを清潔にすることなど，生活に必要な基本的な習慣については，一人一人の状態に応じ，落ち着いた雰囲気の中で行うようにし，子どもが自分でしようとする気持ちを尊重すること。

ウ　探索活動が十分できるように，事故防止に努めながら活動しやすい環境を整え，全身を使う遊びなど様々な遊びを取り入れること。

エ　子どもの自我の育ちを見守り，その気持ちを受け止めるとともに，保育士等が仲立ちとなって，友達の気持ちや友達との関わり方を丁寧に伝えていくこと。

オ　情緒の安定を図りながら，子どもの自発的な活動を促していくこと。

カ　担当の保育士が替わる場合には，子どものそれまでの経験や発達過程に留意し，職員間で協力して対応すること。

(四)　三歳以上児の保育に関わる配慮事項

ア　生活に必要な基本的な習慣や態度を身に付けることの大切さを理解し，適切な行動を選択できるよう配慮すること。

イ　子どもの情緒が安定し，自己を十分に発揮して活動することを通して，やり遂げる喜びや自信を持つことができるように配慮すること。

ウ　様々な遊びの中で，全身を動かして意欲的に活動することにより，体の諸機能の発達が促されることに留意し，子どもの興味や関心が戸外にも向くようにすること。

エ　けんかなど葛藤（かっとう）を経験しながら次第に相手の気持ちを理解し，相互に必要な存在であることを実感できるよう配慮すること。

オ　生活や遊びを通して，決まりがあることの大切さに気付き，自ら判断して行動できるよう配慮すること。

カ　自然との触れ合いにより，子どもの豊かな感性や認識力，思考力及び表現力が培われることを踏まえ，自然との関わりを深めることができるよう工夫すること。

キ　自分の気持ちや経験を自分なりの言葉で表現することの大切さに留意し，子どもの話しかけに応じるよう心がけること。また，子どもが仲間と伝え合ったり，話し合うことの楽しさが味わえるようにすること。

ク　感じたことや思ったこと，想像したことなどを，様々な方法で創意工夫を凝らして自由に表現できるよう，保育に必要な素材や用具を始め，様々な環境の設定に留意すること。

ケ　保育所の保育が，小学校以降の生活や学習の基盤の育成につながることに留意し，幼児期にふさわしい生活を通して，創造的な思考や主体的な生活態度などの基礎を培うようにすること。

第四章　保育の計画及び評価

保育所は，第一章（総則）に示された保育の目標を達成するために，保育の基本となる「保育課程」を編成するとともに，これを具体化した「指導計画」を作成しなければならない。

保育課程及び指導計画（以下「保育の計画」という。）は，すべての子どもが，入所している間，安定した生活を送り，充実した活動ができるように，柔軟で発展的なものとし，また，一貫性のあるものとなるよう配慮することが重要である。

また，保育所は，保育の計画に基づいて保育し，保育の内容の評価及びこれに基づく改善に努め，保育の質の向上を図るとともに，その社会的責任を果たさなければならない。

1　保育の計画

(一)　保育課程

ア　保育課程は，各保育所の保育の方針や目標に基づき，第二章（子どもの発達）に示された子どもの発達過程を踏まえ，前章（保育の内容）に示されたねらい及び内容が保育所生活の全体を通して，総合的に展開されるよう，編成されなければならない。

イ　保育課程は，地域の実態，子どもや家庭の状況，保育時間などを考慮し，子どもの育ちに関する長期的見通しを持って適切に編成されなければならない。

ウ　保育課程は，子どもの生活の連続性や発達の連続性に留意し，各保育所が創意工夫して保育できるよう，編成されなければならない。

(二)　指導計画

ア　指導計画の作成

指導計画の作成に当たっては，次の事項に留意しなければならない。

(ア)　保育課程に基づき，子どもの生活や発達を見通した長期的な指導計画と，それに関連しながら，より具体的な子どもの日々の生活に即した短期的な指導計画を作成して，保育が適切に展開されるようにすること。

(イ)　子ども一人一人の発達過程や状況を十分に踏まえること。

(ウ)　保育所の生活における子どもの発達過程を見通し，生活の連続性，季節の変化などを考慮し，子どもの実態に即した具体的なねらい及び内容を設定すること。

(エ)　具体的なねらいが達成されるよう，子どもの生活する姿や発想を大切にして適切な環境を構成し，子どもが主体的に活動できるようにすること。

イ　指導計画の展開

指導計画に基づく保育の実施に当たっては，次の事項に留意しなければならない。

(ア)　施設長，保育士などすべての職員による適切な役割分担と協力体制を整えること。

(イ)　子どもが行う具体的な活動は，生活の中で様々に変化することに留意して，子どもが望ましい方向に向かって自ら活動を展開できるよう必要な援助を行うこと。

(ウ)　子どもの主体的な活動を促すためには，保育士等が多様な関わりを持つことが重要であることを踏まえ，子どもの情緒の安定や発達に必要な豊かな体験が得られるよう援助すること。

(エ)　保育士等は，子どもの実態や子どもを取り巻く状況の変化などに即して保育の過程を記録するとともに，これらを踏まえ，指導計画に基づく保育の内容の見直しを行い，改善を図ること。

(三)　指導計画の作成上，特に留意すべき事項

指導計画の作成に当たっては，第二章（子どもの発達），前章（保育の内容）及びその他の関連する章に示された事項を踏まえ，特に次の事項に留意しなけれ

ばならない。

ア　発達過程に応じた保育

（ア）三歳未満児については，一人一人の子どもの生育歴，心身の発達，活動の実態等に即して，個別的な計画を作成すること。

（イ）三歳以上児については，個の成長と，子ども相互の関係や協同的な活動が促されるよう配慮すること。

（ウ）異年齢で構成される組やグループでの保育においては，一人一人の子どもの生活や経験，発達過程などを把握し，適切な援助や環境構成ができるよう配慮すること。

イ　長時間にわたる保育

長時間にわたる保育については，子どもの発達過程，生活のリズム及び心身の状態に十分配慮して，保育の内容や方法，職員の協力体制，家庭との連携などを指導計画に位置付けること。

ウ　障害のある子どもの保育

（ア）障害のある子どもの保育については，一人一人の子どもの発達過程や障害の状態を把握し，適切な環境の下で，障害のある子どもが他の子どもとの生活を通して共に成長できるよう，指導計画の中に位置付けること。また，子どもの状況に応じた保育を実施する観点から，家庭や関係機関と連携した支援のための計画を個別に作成するなど適切な対応を図ること。

（イ）保育の展開に当たっては，その子どもの発達の状況や日々の状態によっては，指導計画にとらわれず，柔軟に保育したり，職員の連携体制の中で個別の関わりが十分行えるようにすること。

（ウ）家庭との連携を密にし，保護者との相互理解を図りながら，適切に対応すること。

（エ）専門機関との連携を図り，必要に応じて助言等を得ること。

エ　小学校との連携

（ア）子どもの生活や発達の連続性を踏まえ，保育の内容の工夫を図るとともに，就学に向けて，保育所の子どもと小学校の児童との交流，職員同士の交流，情報共有や相互理解など小学校との積極的な連携を図るよう配慮すること。

（イ）子どもに関する情報共有に関して，保育所に入所している子どもの就学に際し，市町村の支援の下に，子どもの育ちを支えるための資料が保育所から小学校へ送付されるようにすること。

オ　家庭及び地域社会との連携

子どもの生活の連続性を踏まえ，家庭及び地域社会と連携して保育が展開されるよう配慮すること。その際，家庭や地域の機関及び団体の協力を得て，地域の自然，人材，行事，施設等の資源を積極的に活用し，豊かな生活体験を始め保育内容の充実が図られるよう配慮すること。

2　保育の内容等の自己評価

（一）保育士等の自己評価

ア　保育士等は，保育の計画や保育の記録を通して，自らの保育実践を振り返り，自己評価することを通して，その専門性の向上や保育実践の改善に努めなければならない。

イ　保育士等による自己評価に当たっては，次の事項に留意しなければならない。

（ア）子どもの活動内容やその結果だけでなく，子どもの心の育ちや意欲，取り組む過程などに十分配慮すること。

（イ）自らの保育実践の振り返りや職員相互の話し合い等を通じて，専門性の向上及び保育の質の向上のための課題を明確にするとともに，保育所全体の保育の内容に関する認識を深めること。

（二）保育所の自己評価

ア　保育所は，保育の質の向上を図るため，保育の計画の展開や保育士等の自己評価を踏まえ，当該保育所の保育の内容等について，自ら評価を行い，その結果を公表するよう努めなければならない。

イ　保育所の自己評価を行うに当たっては，次の事項に留意しなければならない。

（ア）地域の実情や保育所の実態に即して，適切に評価の観点や項目等を設定し，全職員による共通理解を持って取り組むとともに，評価の結果を踏まえ，当該保育所の保育の内容等の改善を図ること。

（イ）児童福祉施設最低基準第三十六条の趣旨を踏まえ，保育の内容等の評価に関し，保護者及び地域住民等の意見を聴くことが望ましいこと。

第五章　健康及び安全

子どもの健康及び安全は，子どもの生命の保持と健やかな生活の基本であり，保育所においては，一人一人の子どもの健康の保持及び増進並びに安全の確保とともに，保育所の子ども集団全体の健康及び安全の確保に努めなければならない。また，子どもが，自らの体や健康に関心を持ち，心身の機能を高めていくことが大切である。このため，保育所は，第一章（総則），第三章（保育の内容）等の関連する事項に留意し，次に示す事項を踏まえ，保育しなければならない。

1　子どもの健康支援

（一）子どもの健康状態並びに発育及び発達状態の把握

ア　子どもの心身の状態に応じて保育するために，子どもの健康状態並びに発育及び発達状態について，定期的，継続的に，また，必要に応じて随時，把握すること。

イ　保護者からの情報とともに，登所時及び保育中を通じて子どもの状態を観察し，何らかの疾病が疑われる状態や傷害が認められた場合には，保護者に連絡するとともに，嘱託医と相談するなど適切な対応を図ること。

ウ　子どもの心身の状態等を観察し，不適切な養育の兆候が見られる場合には，市町村や関係機関と連携し，児童福祉法第二十五条の二第一項に規定する要保護児童対策地域協議会（以下「要保護児童対策地域協議会」という。）で検討するなど適切な対応を図ること。また，虐待が疑われる場合には，速やかに市町村又は児童相談所に通告し，適切な対応を図ること。

（二）健康増進

ア　子どもの健康に関する保健計画を作成し，全職員がそのねらいや内容を明確にしながら，一人一人の子どもの健康の保持及び増進に努めていくこと。

イ　子どもの心身の健康状態や疾病等の把握のために，嘱託医等により定期的に健康診断を行い，その結果を記録し，保育に活用するとともに，保護者に連絡し，保護者が子どもの状態を理解し，日常生活に活用できるようにすること。

（三）疾病等への対応

ア　保育中に体調不良や傷害が発生した場合には，その子どもの状態等に応じて，保護者に連絡するとともに，適宜，嘱託医や子どものかかりつけ医等と相談し，適切な処置を行うこと。看護師等が配置されている場合には，その専門性を生かした対応を図ること。

イ　感染症やその他の疾病の発生予防に努め，その発生や疑いがある場合には，必要に応じて嘱託医，市町村，保健所等に連絡し，その指示に従うとともに，保護者や全職員に連絡し，協力を求めること。また，感染症に関する保育所の対応方法等について，あらかじめ関係機関の協力を得ておくこと。看護師等が配置されている場合には，その専門性を生かした対応を図ること。

ウ　子どもの疾病等の事態に備え，医務室等の環境を整え，救急用の薬品，材料等を常備し，適切な管理の下に全職員が対応できるようにしておくこと。

2　環境及び衛生管理並びに安全管理

(一) 環境及び衛生管理

ア　施設の温度，湿度，換気，採光，音などの環境を常に適切な状態に保持するとともに，施設内外の設備，用具等の衛生管理に努めること。

イ　子ども及び職員が，手洗い等により清潔を保つようにするとともに，施設内外の保健的環境の維持及び向上に努めること。

(二) 事故防止及び安全対策

ア　保育中の事故防止のために，子どもの心身の状態等を踏まえつつ，保育所内外の安全点検に努め，安全対策のために職員の共通理解や体制作りを図るとともに，家庭や地域の諸機関の協力の下に安全指導を行うこと。

イ　災害や事故の発生に備え，危険箇所の点検や避難訓練を実施するとともに，外部からの不審者等の侵入防止のための措置や訓練など不測の事態に備えて必要な対応を図ること。また，子どもの精神保健面における対応に留意すること。

3　食育の推進

保育所における食育は，健康な生活の基本としての「食を営む力」の育成に向け，その基礎を培うことを目標として，次の事項に留意して実施しなければならない。

(一) 子どもが生活と遊びの中で，意欲を持って食に関わる体験を積み重ね，食べることを楽しみ，食事を楽しみ合う子どもに成長していくことを期待するものであること。

(二) 乳幼児期にふさわしい食生活が展開され，適切な援助が行われるよう，食事の提供を含む食育の計画を作成し，保育の計画に位置付けるとともに，その評価及び改善に努めること。

(三) 子どもが自らの感覚や体験を通して，自然の恵みとしての食材や調理する人への感謝の気持ちが育つように，子どもと調理員との関わりや，調理室など食に関わる保育環境に配慮すること。

(四) 体調不良，食物アレルギー，障害のある子どもなど，一人一人の子どもの心身の状態等に応じ，嘱託医，かかりつけ医等の指示や協力の下に適切に対応すること。栄養士が配置されている場合は，専門性を生かした対応を図ること。

4　健康及び安全の実施体制等

施設長は，入所する子どもの健康及び安全に最終的な責任を有することにかんがみ，この章の1から3までに規定する事項が保育所において適切に実施されるように，次の事項に留意し，保育所における健康及び安全の実施体制等の整備に努めなければならない。

(一) 全職員が健康及び安全に関する共通理解を深め，適切な分担と協力の下に年間を通じて計画的に取り組むこと。

(二) 取組の方針や具体的な活動の企画立案及び保育所内外の連絡調整の業務について，専門的職員が担当することが望ましいこと。栄養士及び看護師等が配置されている場合には，その専門性を生かして業務に当たること。

(三) 保護者と常に密接な連携を図るとともに，保育所全体の方針や取組について，周知するよう努めること。

(四) 市町村の支援の下に，地域の関係機関等との日常的な連携を図り，必要な協力が得られるよう努めること。

第六章　保護者に対する支援

保育所における保護者への支援は，保育士等の業務であり，その専門性を生かした子育て支援の役割は，特に重要なものである。保育所は，第一章（総則）に示されているように，その特性を生かし，保育所に入所する子どもの保護者に対する支援及び地域の子育て家庭への支援について，職員間の連携を図りながら，次の事項に留意して，積極的に取り組むことが求められる。

1　保育所における保護者に対する支援の基本

(一) 子どもの最善の利益を考慮し，子どもの福祉を重視すること。

(二) 保護者とともに，子どもの成長の喜びを共有すること。

(三) 保育に関する知識や技術などの保育士の専門性や，子どもの集団が常に存在する環境など，保育所の特性を生かすこと。

(四) 一人一人の保護者の状況を踏まえ，子どもと保護者の安定した関係に配慮して，保護者の養育力の向上に資するよう，適切に支援すること。

(五) 子育て等に関する相談や助言に当たっては，保護者の気持ちを受け止め，相互の信頼関係を基本に，保護者一人一人の自己決定を尊重すること。

(六) 子どもの利益に反しない限りにおいて，保護者や子どものプライバシーの保護，知り得た事柄の秘密保持に留意すること。

(七) 地域の子育て支援に関する資源を積極的に活用するとともに，子育て支援に関する地域の関係機関，団体等との連携及び協力を図ること。

2　保育所に入所している子どもの保護者に対する支援

(一) 保育所に入所している子どもの保護者に対する支援は，子どもの保育との密接な関連の中で，子どもの送迎時の対応，相談や助言，連絡や通信，会合や行事など様々な機会を活用して行うこと。

(二) 保護者に対し，保育所における子どもの様子や日々の保育の意図などを説明し，保護者との相互理解を図るよう努めること。

(三) 保育所において，保護者の仕事と子育ての両立等を支援するため，通常の保育に加えて，保育時間の延長，休日，夜間の保育，病児・病後児に対する保育など多様な保育を実施する場合には，保護者の状況に配慮するとともに，子どもの福祉が尊重されるよう努めること。

(四) 子どもに障害や発達上の課題が見られる場合には，市町村や関係機関と連携及び協力を図りつつ，保護者に対する個別の支援を行うよう努めること。

（五）保護者に育児不安等が見られる場合には，保護者の希望に応じて個別の支援を行うよう努めること。

（六）保護者に不適切な養育等が疑われる場合には，市町村や関係機関と連携し，要保護児童対策地域協議会で検討するなど適切な対応を図ること。また，虐待が疑われる場合には，速やかに市町村又は児童相談所に通告し，適切な対応を図ること。

3　地域における子育て支援

（一）保育所は，児童福祉法第四十八条の三の規定に基づき，その行う保育に支障がない限りにおいて，地域の実情や当該保育所の体制等を踏まえ，次に掲げるような地域の保護者等に対する子育て支援を積極的に行うよう努めること。

ア　地域の子育ての拠点としての機能

（ア）子育て家庭への保育所機能の開放（施設及び設備の開放，体験保育等）

（イ）子育て等に関する相談や援助の実施

（ウ）子育て家庭の交流の場の提供及び交流の促進

（エ）地域の子育て支援に関する情報の提供

イ　一時保育

（二）市町村の支援を得て，地域の関係機関，団体等との積極的な連携及び協力を図るとともに，子育て支援に関わる地域の人材の積極的な活用を図るよう努めること。

（三）地域の要保護児童への対応など，地域の子どもをめぐる諸課題に対し，要保護児童対策地域協議会など関係機関等と連携，協力して取り組むよう努めること。

第七章　職員の資質向上

第一章（総則）から前章（保護者に対する支援）までに示された事項を踏まえ，保育所は，質の高い保育を展開するため，絶えず，一人一人の職員についての資質向上及び職員全体の専門性の向上を図るよう努めなければならない。

1　職員の資質向上に関する基本的事項

職員の資質向上に関しては，次の事項に留意して取り組むよう努めなければならない。

（一）子どもの最善の利益を考慮し，人権に配慮した保育を行うためには，職員一人一人の倫理観，人間性並びに保育所職員としての職務及び責任の理解と自覚が基盤となること。

（二）保育所全体の保育の質の向上を図るため，職員一人一人が，保育実践や研修などを通じて保育の専門性などを高めるとともに，保育実践や保育の内容に関する職員の共通理解を図り，協働性を高めていくこと。

（三）職員同士の信頼関係とともに，職員と子ども及び職員と保護者との信頼関係を形成していく中で，常に自己研鑽（さん）に努め，喜びや意欲を持って保育に当たること。

2　施設長の責務

施設長は，保育の質及び職員の資質の向上のため，次の事項に留意するとともに，必要な環境の確保に努めなければならない。

（一）施設長は，保育所の役割や社会的責任を遂行するために，法令等を遵守し，保育所を取り巻く社会情勢などを踏まえ，その専門性等の向上に努めること。

（二）第四章（保育の計画及び評価）の２の（一）（保育士等の自己評価）及び（二）（保育所の自己評価）等を踏まえ，職員が保育所の課題について共通理解を深め，協力して改善に努めることができる体制を作ること。

（三）職員及び保育所の課題を踏まえた保育所内外の研修を体系的，計画的に実施するとともに，職員の自己研鑽（さん）に対する援助や助言に努めること。

3　職員の研修等

（一）職員は，子どもの保育及び保護者に対する保育に関する指導が適切に行われるように，自己評価に基づく課題等を踏まえ，保育所内外の研修等を通じて，必要な知識及び技術の修得，維持及び向上に努めなければならない。

（二）職員一人一人が課題を持って主体的に学ぶとともに，他の職員や地域の関係機関など，様々な人や場との関わりの中で共に学び合う環境を醸成していくことにより，保育所の活性化を図っていくことが求められる。

幼稚園教育要領

平成20年3月28日
文部科学省

目次

第１章　総則

第１　幼稚園教育の基本

幼児期における教育は，生涯にわたる人格形成の基礎を培う重要なものであり，幼稚園教育は，学校教育法第22条に規定する目的を達成するため，幼児期の特性を踏まえ，環境を通して行うものであることを基本とする。

このため，教師は幼児との信頼関係を十分に築き，幼児と共によりよい教育環境を創造するように努めるものとする。これらを踏まえ，次に示す事項を重視して教育を行わなければならない。

1　幼児は安定した情緒の下で自己を十分に発揮することにより発達に必要な体験を得ていくものであることを考慮して，幼児の主体的な活動を促し，幼児期にふさわしい生活が展開されるようにすること。

2　幼児の自発的な活動としての遊びは，心身の調和のとれた発達の基礎を培う重要な学習であることを考慮して，遊びを通しての指導を中心として第2章に示すねらいが総合的に達成されるようにすること。

3　幼児の発達は，心身の諸側面が相互に関連し合い，多様な経過をたどって成し遂げられていくものであること，また，幼児の生活経験がそれぞれ異なることなどを考慮して，幼児一人一人の特性に応じ，発達の課題に即した指導を行うようにすること。

その際，教師は，幼児の主体的な活動が確保されるよう幼児一人一人の行動の理解と予想に基づき，計画的に環境を構成しなければならない。この場合において，教師は，幼児と人やものとのかかわりが重要であることを踏まえ，物的・空間的環境を構成しなければならない。また，教師は，幼児一人一人の活動の場面に応じて，様々な役割を果たし，その活動を豊かにしなければならない。

第2　教育課程の編成

幼稚園は，家庭との連携を図りながら，この章の第1に示す幼稚園教育の基本に基づいて展開される幼稚園生活を通して，生きる力の基礎を育成するよう学校教育法第23条に規定する幼稚園教育の目標の達成に努めなければならない。幼稚園は，このことにより，義務教育及びその後の教育の基礎を培うものとする。

これらを踏まえ，各幼稚園においては，教育基本法及び学校教育法その他の法令並びにこの幼稚園教育要領の示すところに従い，創意工夫を生かし，幼児の心身の発達と幼稚園及び地域の実態に即応した適切な教育課程を編成するものとする。

1　幼稚園生活の全体を通して第2章に示すねらいが総合的に達成されるよう，教育課程に係る教育期間や幼児の生活経験や発達の過程などを考慮して具体的なねらいと内容を組織しなければならないこと。この場合においては，特に，自我が芽生え，他者の存在を意識し，自己を抑制しようとする気持ちが生まれる幼児期の発達の特性を踏まえ，入園から修了に至るまでの長期的な視野をもって充実した生活が展開できるように配慮しなければならないこと。

2　幼稚園の毎学年の教育課程に係る教育週数は，特別の事情のある場合を除き，39週を下ってはならないこと。

3　幼稚園の1日の教育課程に係る教育時間は，4時間を標準とすること。ただし，幼児の心身の発達の程度や季節などに適切に配慮すること。

第3　教育課程に係る教育時間の終了後等に行う教育活動など

幼稚園は，地域の実態や保護者の要請により教育課程に係る教育時間の終了後等に希望する者を対象に行う教育活動について，学校教育法第22条及び第23条並びにこの章の第1に示す幼稚園教育の基本を踏まえ実施すること。また，幼稚園の目的の達成に資するため，幼児の生活全体が豊かなものとなるよう家庭や地域における幼児期の教育の支援に努めること。

第2章　ねらい及び内容

この章に示すねらいは，幼稚園修了までに育つことが期待される生きる力の基礎となる心情，意欲，態度などであり，内容は，ねらいを達成するために指導する事項である。これらを幼児の発達の側面から，心身の健康に関する領域「健康」，人とのかかわりに関する領域「人間関係」，身近な環境とのかかわりに関する領域「環境」，言葉の獲得に関する領域「言葉」及び感性と表現に関する領域「表現」としてまとめ，示したものである。

各領域に示すねらいは，幼稚園における生活の全体を通じ，幼児が様々な体験を積み重ねる中で相互に関連をもちながら次第に達成に向かうものであること，内容は，幼児が環境にかかわって展開する具体的な活動を通して総合的に指導されるものであることに留意しなければならない。

なお，特に必要な場合には，各領域に示すねらいの趣旨に基づいて適切な，具体的な内容を工夫し，それを加えても差し支えないが，その場合には，それが第1章の第1に示す幼稚園教育の基本を逸脱しないよう慎重に配慮する必要がある。

健康

健康な心と体を育て，自ら健康で安全な生活をつくり出す力を養う。

1　ねらい

(1)　明るく伸び伸びと行動し，充実感を味わう。

(2)　自分の体を十分に動かし，進んで運動しようとする。

(3)　健康，安全な生活に必要な習慣や態度を身に付ける。

2　内容

(1)　先生や友達と触れ合い，安定感をもって行動する。

(2)　いろいろな遊びの中で十分に体を動かす。

(3)　進んで戸外で遊ぶ。

(4)　様々な活動に親しみ，楽しんで取り組む。

(5)　先生や友達と食べることを楽しむ。

(6)　健康な生活のリズムを身に付ける。

(7)　身の回りを清潔にし，衣服の着脱，食事，排泄（せつ）などの生活に必要な活動を自分でする。

(8)　幼稚園における生活の仕方を知り，自分たちで生活の場を整えながら見通しをもって行動する。

(9)　自分の健康に関心をもち，病気の予防などに必要な活動を進んで行う。

(10)　危険な場所，危険な遊び方，災害時などの行動の仕方が分かり，安全に気を付けて行動する。

3　内容の取扱い

上記の取扱いに当たっては，次の事項に留意する必要がある。

(1)　心と体の健康は，相互に密接な関連があるものであることを踏まえ，幼児が教師や他の幼児との温かい触れ合いの中で自己の存在感や充実感を味わうことなどを基盤として，しなやかな心と体の発達を促すこと。特に，十分に体を動かす気持ちよさを体験し，自ら体を動かそうとする意欲が育つようにすること。

(2)　様々な遊びの中で，幼児が興味や関心，能力に応じて全身を使って活動することにより，体を動かす楽しさを味わい，安全についての構えを身に付け，自分の体を大切にしようとする気持ちが育つようにすること。

(3)　自然の中で伸び伸びと体を動かして遊ぶことにより，体の諸機能の発達が促されることに留意し，幼児の興味や関心が戸外にも向くようにすること。その際，幼児の動線に配慮した園庭や遊具の配置などを工夫すること。

(4) 健康な心と体を育てるためには食育を通じた望ましい食習慣の形成が大切であることを踏まえ，幼児の食生活の実情に配慮し，和やかな雰囲気の中で教師や他の幼児と食べる喜びや楽しさを味わったり，様々な食べ物への興味や関心をもったりするなどし，進んで食べようとする気持ちが育つようにすること。

(5) 基本的な生活習慣の形成に当たっては，家庭での生活経験に配慮し，幼児の自立心を育て，幼児が他の幼児とかかわりながら主体的な活動を展開する中で，生活に必要な習慣を身に付けるようにすること。

人間関係

他の人々と親しみ，支え合って生活するために，自立心を育て，人とかかわる力を養う。

1 ねらい

(1) 幼稚園生活を楽しみ，自分の力で行動することの充実感を味わう。

(2) 身近な人と親しみ，かかわりを深め，愛情や信頼感をもつ。

(3) 社会生活における望ましい習慣や態度を身に付ける。

2 内容

(1) 先生や友達と共に過ごすことの喜びを味わう。

(2) 自分で考え，自分で行動する。

(3) 自分でできることは自分でする。

(4) いろいろな遊びを楽しみながら物事をやり遂げようとする気持ちをもつ。

(5) 友達と積極的にかかわりながら喜びや悲しみを共感し合う。

(6) 自分の思ったことを相手に伝え，相手の思っていることに気付く。

(7) 友達のよさに気付き，一緒に活動する楽しさを味わう。

(8) 友達と楽しく活動する中で，共通の目的を見いだし，工夫したり，協力したりなどする。

(9) よいことや悪いことがあることに気付き，考えながら行動する。

(10) 友達とのかかわりを深め，思いやりをもつ。

(11) 友達と楽しく生活する中できまりの大切さに気付き，守ろうとする。

(12) 共同の遊具や用具を大切にし，みんなで使う。

(13) 高齢者をはじめ地域の人々などの自分の生活に関係の深いいろいろな人に親しみをもつ。

3 内容の取扱い

上記の取扱いに当たっては，次の事項に留意する必要がある。

(1) 教師との信頼関係に支えられて自分自身の生活を確立していくことが人とかかわる基盤となることを考慮し，幼児が自ら周囲に働き掛けることにより多様な感情を体験し，試行錯誤しながら自分の力で行うことの充実感を味わうことができるよう，幼児の行動を見守りながら適切な援助を行うようにすること。

(2) 幼児の主体的な活動は，他の幼児とのかかわりの中で深まり，豊かになるものであり，幼児はその中で互いに必要な存在であることを認識するようになることを踏まえ，一人一人を生かした集団を形成しながら人とかかわる力を育てていくようにすること。特に，集団の生活の中で，幼児が自己を発揮し，教師や他の幼児に認められる体験をし，自信をもって行動できるようにすること。

(3) 幼児が互いにかかわりを深め，協同して遊ぶようになるため，自ら行動する力を育てるようにするとともに，他の幼児と試行錯誤しながら活動を展開する楽しさや共通の目的が実現する喜びを味わうことができるようにすること。

(4) 道徳性の芽生えを培うに当たっては，基本的な生活習慣の形成を図るとともに，幼児が他の幼児とのかかわりの中で他人の存在に気付き，相手を尊重する気持ちをもって行動できるようにし，また，自然や身近な動植物に親しむことなどを通して豊かな心情が育つようにすること。特に，人に対する信頼感や思いやりの気持ちは，葛藤（かっとう）やつまずきをも体験し，それらを乗り越えることにより次第に芽生えてくることに配慮すること。

(5) 集団の生活を通して，幼児が人とのかかわりを深め，規範意識の芽生えが培われることを考慮し，幼児が教師との信頼関係に支えられて自己を発揮する中で，互いに思いを主張し，折り合いを付ける体験をし，きまりの必要性などに気付き，自分の気持ちを調整する力が育つようにすること。

(6) 高齢者をはじめ地域の人々などの自分の生活に関係の深いいろいろな人と触れ合い，自分の感情や意志を表現しながら共に楽しみ，共感し合う体験を通して，これらの人々などに親しみをもち，人とかかわることの楽しさや人の役に立つ喜びを味わうことができるようにすること。また，生活を通して親や祖父母などの家族の愛情に気付き，家族を大切にしようとする気持ちが育つようにすること。

環境

周囲の様々な環境に好奇心や探究心をもってかかわり，それらを生活に取り入れていこうとする力を養う。

1 ねらい

(1) 身近な環境に親しみ，自然と触れ合う中で様々な事象に興味や関心をもつ。

(2) 身近な環境に自分からかかわり，発見を楽しんだり，考えたりし，それを生活に取り入れようとする。

(3) 身近な事象を見たり，考えたり，扱ったりする中で，物の性質や数量，文字などに対する感覚を豊かにする。

2 内容

(1) 自然に触れて生活し，その大きさ，美しさ，不思議さなどに気付く。

(2) 生活の中で，様々な物に触れ，その性質や仕組みに興味や関心をもつ。

(3) 季節により自然や人間の生活に変化のあることに気付く。

(4) 自然などの身近な事象に関心をもち，取り入れて遊ぶ。

(5) 身近な動植物に親しみをもって接し，生命の尊さに気付き，いたわったり，大切にしたりする。

(6) 身近な物を大切にする。

(7) 身近な物や遊具に興味をもってかかわり，考えたり，試したりして工夫して遊ぶ。

(8) 日常生活の中で数量や図形などに関心をもつ。

(9) 日常生活の中で簡単な標識や文字などに関心をもつ。

(10) 生活に関係の深い情報や施設などに興味や関心をもつ。

⑾　幼稚園内外の行事において国旗に親しむ。

3　内容の取扱い

上記の取扱いに当たっては，次の事項に留意する必要がある。

⑴　幼児が，遊びの中で周囲の環境とかかわり，次第に周囲の世界に好奇心を抱き，その意味や操作の仕方に関心をもち，物事の法則性に気付き，自分なりに考えることができるようになる過程を大切にすること。特に，他の幼児の考えなどに触れ，新しい考えを生み出す喜びや楽しさを味わい，自ら考えようとする気持ちが育つようにすること。

⑵　幼児期において自然のもつ意味は大きく，自然の大きさ，美しさ，不思議さなどに直接触れる体験を通して，幼児の心が安らぎ，豊かな感情，好奇心，思考力，表現力の基礎が培われることを踏まえ，幼児が自然とのかかわりを深めることができるよう工夫すること。

⑶　身近な事象や動植物に対する感動を伝え合い，共感し合うことなどを通して自分からかかわろうとする意欲を育てるとともに，様々なかかわり方を通してそれらに対する親しみや畏（い）敬の念，生命を大切にする気持ち，公共心，探究心などが養われるようにすること。

⑷　数量や文字などに関しては，日常生活の中で幼児自身の必要感に基づく体験を大切にし，数量や文字などに関する興味や関心，感覚が養われるようにすること。

言葉

経験したことや考えたことなどを自分なりの言葉で表現し，相手の話す言葉を聞こうとする意欲や態度を育て，言葉に対する感覚や言葉で表現する力を養う。

1　ねらい

⑴　自分の気持ちを言葉で表現する楽しさを味わう。

⑵　人の言葉や話などをよく聞き，自分の経験したことや考えたことを話し，伝え合う喜びを味わう。

⑶　日常生活に必要な言葉が分かるようになるとともに，絵本や物語などに親しみ，先生や友達と心を通わせる。

2　内容

⑴　先生や友達の言葉や話に興味や関心をもち，親しみをもって聞いたり，話したりする。

⑵　したり，見たり，聞いたり，感じたり，考えたりなどしたことを自分なりに言葉で表現する。

⑶　したいこと，してほしいことを言葉で表現したり，分からないことを尋ねたりする。

⑷　人の話を注意して聞き，相手に分かるように話す。

⑸　生活の中で必要な言葉が分かり，使う。

⑹　親しみをもって日常のあいさつをする。

⑺　生活の中で言葉の楽しさや美しさに気付く。

⑻　いろいろな体験を通じてイメージや言葉を豊かにする。

⑼　絵本や物語などに親しみ，興味をもって聞き，想像をする楽しさを味わう。

⑽　日常生活の中で，文字などで伝える楽しさを味わう。

3　内容の取扱い

上記の取扱いに当たっては，次の事項に留意する必要がある。

⑴　言葉は，身近な人に親しみをもって接し，自分の感情や意志などを伝え，それに相手が応答し，その言葉を聞くことを通して次第に獲得されていくものであることを考慮して，幼児が教師や他の幼児とかかわることにより心を動かすような体験をし，言葉を交わす喜びを味わえるようにすること。

⑵　幼児が自分の思いを言葉で伝えるとともに，教師や他の幼児などの話を興味をもって注意して聞くことを通して次第に話を理解するようになっていき，言葉による伝え合いができるようにすること。

⑶　絵本や物語などで，その内容と自分の経験とを結び付けたり，想像を巡らせたりするなど，楽しみを十分に味わうことによって，次第に豊かなイメージをもち，言葉に対する感覚が養われるようにすること。

⑷　幼児が日常生活の中で，文字などを使いながら思ったことや考えたことを伝える喜びや楽しさを味わい，文字に対する興味や関心をもつようにすること。

表現

感じたことや考えたことを自分なりに表現することを通して，豊かな感性や表現する力を養い，創造性を豊かにする。

1　ねらい

⑴　いろいろなものの美しさなどに対する豊かな感性をもつ。

⑵　感じたことや考えたことを自分なりに表現して楽しむ。

⑶　生活の中でイメージを豊かにし，様々な表現を楽しむ。

2　内容

⑴　生活の中で様々な音，色，形，手触り，動きなどに気付いたり，感じたりするなどして楽しむ。

⑵　生活の中で美しいものや心を動かす出来事に触れ，イメージを豊かにする。

⑶　様々な出来事の中で，感動したことを伝え合う楽しさを味わう。

⑷　感じたこと，考えたことなどを音や動きなどで表現したり，自由にかいたり，つくったりなどする。

⑸　いろいろな素材に親しみ，工夫して遊ぶ。

⑹　音楽に親しみ，歌を歌ったり，簡単なリズム楽器を使ったりなどする楽しさを味わう。

⑺　かいたり，つくったりすることを楽しみ，遊びに使ったり，飾ったりなどする。

⑻　自分のイメージを動きや言葉などで表現したり，演じて遊んだりするなどの楽しさを味わう。

3　内容の取扱い

上記の取扱いに当たっては，次の事項に留意する必要がある。

⑴　豊かな感性は，自然などの身近な環境と十分にかかわる中で美しいもの，優れたもの，心を動かす出来事などに出会い，そこから得た感動を他の幼児や教師と共有し，様々に表現することなどを通して養われるようにすること。

⑵　幼児の自己表現は素朴な形で行われることが多いので，教師はそのような表現を受容し，幼児自身の表現しようとする意欲を受け止めて，幼児が生活の中で幼児らしい様々な表現を楽しむことができるようにすること。

⑶　生活経験や発達に応じ，自ら様々な表現を楽しみ，表現する意欲を十分に発揮させることができるように，遊具や用具などを整えたり，他の幼児の表現に触れられるよう配慮したりし，表現する過程を大切にして自己表現を楽しめるように工夫すること。

第３章　指導計画及び教育課程に係る教育時間の終了後等に行う教育活動などの留意事項

第１　指導計画の作成に当たっての留意事項

幼稚園教育は，幼児が自ら意欲をもって環境とかかわることによりつくり出される具体的な活動を通して，その目標の達成を図るものである。

幼稚園においてはこのことを踏まえ，幼児期にふさわしい生活が展開され，適切な指導が行われるよう，次の事項に留意して調和のとれた組織的，発展的な指導計画を作成し，幼児の活動に沿った柔軟な指導を行わなければならない。

１　一般的な留意事項

(1)　指導計画は，幼児の発達に即して一人一人の幼児が幼児期にふさわしい生活を展開し，必要な体験を得られるようにするために，具体的に作成すること。

(2)　指導計画の作成に当たっては，次に示すところにより，具体的なねらい及び内容を明確に設定し，適切な環境を構成することなどにより活動が選択・展開されるようにすること。

ア　具体的なねらい及び内容は，幼稚園生活における幼児の発達の過程を見通し，幼児の生活の連続性，季節の変化などを考慮して，幼児の興味や関心，発達の実情などに応じて設定すること。

イ　環境は，具体的なねらいを達成するために適切なものとなるように構成し，幼児が自らその環境にかかわることにより様々な活動を展開しつつ必要な体験を得られるようにすること。その際，幼児の生活する姿や発想を大切にし，常にその環境が適切なものとなるようにすること。

ウ　幼児の行う具体的な活動は，生活の流れの中で様々に変化するものであることに留意し，幼児が望ましい方向に向かって自ら活動を展開していくことができるよう必要な援助をすること。

その際，幼児の実態及び幼児を取り巻く状況の変化などに即して指導の過程についての反省や評価を適切に行い，常に指導計画の改善を図ること。

(3)　幼児の生活は，入園当初の一人一人の遊びや教師との触れ合いを通して幼稚園生活に親しみ，安定していく時期から，やがて友達同士で目的をもって幼稚園生活を展開し，深めていく時期などに至るまでの過程を様々に経ながら広げられていくものであることを考慮し，活動がそれぞれの時期にふさわしく展開されるようにすること。その際，入園当初，特に，3歳児の入園については，家庭との連携を緊密にし，生活のリズムや安全面に十分配慮すること。また，認定こども園（就学前の子どもに関する教育，保育等の総合的な提供の推進に関する法律（平成18年法律第77号）第6条第2項に規定する認定こども園をいう。）である幼稚園については，幼稚園入園前の当該認定こども園における生活経験に配慮すること。

(4)　幼児が様々な人やものとのかかわりを通して，多様な体験をし，心身の調和のとれた発達を促すようにしていくこと。その際，心が動かされる体験が次の活動を生み出すことを考慮し，一つ一つの体験が相互に結び付き，幼稚園生活が充実するようにすること。

(5)　長期的に発達を見通した年，学期，月などにわたる長期の指導計画やこれとの関連を保ちながらより具体的な幼児の生活に即した週，日などの短期の指導計画を作成し，適切な指導が行われるようにすること。特に，週，日などの短期の指導計画については，幼児の生活のリズムに配慮し，幼児の意識や興味の連続性のある活動が相互に関連して幼稚園生活の自然な流れの中に組み込まれるようにすること。

(6)　幼児の行う活動は，個人，グループ，学級全体などで多様に展開されるものであるが，いずれの場合にも，幼稚園全体の教師による協力体制をつくりながら，一人一人の幼児が興味や欲求を十分に満足させるよう適切な援助を行うようにすること。

(7)　幼児の主体的な活動を促すためには，教師が多様なかかわりをもつことが重要であることを踏まえ，教師は，理解者，共同作業者など様々な役割を果たし，幼児の発達に必要な豊かな体験が得られるよう，活動の場面に応じて，適切な指導を行うようにすること。

(8)　幼児の生活は，家庭を基盤として地域社会を通じて次第に広がりをもつものであることに留意し，家庭との連携を十分に図るなど，幼稚園における生活が家庭や地域社会と連続性を保ちつつ展開されるようにすること。その際，地域の自然，人材，行事や公共施設などの地域の資源を積極的に活用し，幼児が豊かな生活体験を得られるように工夫すること。また，家庭との連携に当たっては，保護者との情報交換の機会を設けたり，保護者と幼児との活動の機会を設けたりなどすることを通じて，保護者の幼児期の教育に関する理解が深まるよう配慮すること。

(9)　幼稚園においては，幼稚園教育が，小学校以降の生活や学習の基盤の育成につながることに配慮し，幼児期にふさわしい生活を通して，創造的な思考や主体的な生活態度などの基礎を培うようにすること。

２　特に留意する事項

(1)　安全に関する指導に当たっては，情緒の安定を図り，遊びを通して状況に応じて機敏に自分の体を動かすことができるようにするとともに，危険な場所や事物などが分かり，安全についての理解を深めるようにすること。また，交通安全の習慣を身に付けるようにするとともに，災害などの緊急時に適切な行動がとれるようにするための訓練なども行うようにすること。

(2)　障害のある幼児の指導に当たっては，集団の中で生活することを通して全体的な発達を促していくことに配慮し，特別支援学校などの助言又は援助を活用しつつ，例えば指導についての計画又は家庭や医療，福祉などの業務を行う関係機関と連携した支援のための計画を個別に作成することなどにより，個々の幼児の障害の状態などに応じた指導内容や指導方法の工夫を計画的，組織的に行うこと。

(3)　幼児の社会性や豊かな人間性をはぐくむため，地域や幼稚園の実態等により，特別支援学校などの障害のある幼児との活動を共にする機会を積極的に設けるよう配慮すること。

(4)　行事の指導に当たっては，幼稚園生活の自然の流れの中で生活に変化や潤いを与え，幼児が主体的に楽しく活動できるようにすること。なお，それぞれの行事についてはその教育的価値を十分検討し，適切なものを精選し，幼児の負担にならないようにすること。

(5)　幼稚園教育と小学校教育との円滑な接続のため，幼児と児童の交流の機会を設けたり，小学校の教師との意見交換や合同の研究の機会を設けたりするなど，連携を図るようにすること。

第２　教育課程に係る教育時間の終了後等に行う教育活動などの留意事項

1　地域の実態や保護者の要請により，教育課程に係る教育時間の終了後等に希望する者を対象に行う教育活動については，幼児の心身の負担に配慮すること。また，以下の点にも留意すること。

(1)　教育課程に基づく活動を考慮し，幼児期にふさわしい無理のないものとなるようにすること。その際，教育課程に基づく活動を担当する教師と緊密な連携を図るようにすること。

(2)　家庭や地域での幼児の生活も考慮し，教育課程に係る教育時間の終了後等に行う教育活動の計画を作成するようにすること。その際，地域の様々な資源を活用しつつ，多様な体験ができるようにすること。

(3)　家庭との緊密な連携を図るようにすること。その際，情報交換の機会を設けたりするなど，保護者が，幼稚園と共に幼児を育てるという意識が高まるようにすること。

(4)　地域の実態や保護者の事情とともに幼児の生活のリズムを踏まえつつ，例えば実施日数や時間などについて，弾力的な運用に配慮すること。

(5)　適切な指導体制を整備した上で，幼稚園の教師の責任と指導の下に行うようにすること。

2　幼稚園の運営に当たっては，子育ての支援のために保護者や地域の人々に機能や施設を開放して，園内体制の整備や関係機関との連携及び協力に配慮しつつ，幼児期の教育に関する相談に応じたり，情報を提供したり，幼児と保護者との登園を受け入れたり，保護者同士の交流の機会を提供したりするなど，地域における幼児期の教育のセンターとしての役割を果たすよう努めること。

索　引

し

す

せ

索　引

ほ

ま

み

む

め

も

よ

ら

り

ろ

わ

Afterword
おわりに

先日，ある保育所に子どもを通わせている保護者の方からつぎのような話を聞く機会がありました。

それは，インターネットによる情報交換の場で，その保育所で長年，保育相談を担当しているベテラン保育者の相談員には「相談しないほうがよい」といった書き込みがあったということです。なぜかというと，この相談員に相談しても，結局「～するように」という，ある意味，受け止め方によっては押しつけともとれる結論に終わるからだそうです。

実際，保育所や幼稚園など保育の現場で保育相談を担当する相談員の多くが，こうした保育の経験の長い保育者というデータがあります（須永進ほか『保育所における子育て相談に関する調査研究』2000年）。

相談援助・支援の対応には，確かに豊かな保育の経験や見識が必要ですが，相談を必要とする側に立つと，どうもそれだけではないような思いをこの保護者の話から感じました。

他方，本書を書き進めれば進めるほど，テーマである相談援助・支援の困難さを実感しています。おそらく，本文を読まれた方のなかには，その内容に納得がいかなかったり，理屈では理解できても実践ではどのように行えばよいのか，その難しさを感じられた方もいらっしゃるかと思います。しかし，保育の動向やこれからの方向性を考えるとき，適切な相談援助・支援を展開するためにも，その具体的内容や方法について，十分な認識を持つことが求められています。

このような新しい状況のもとで，本文の内容すべてを理解することで，すぐに実践できるようになるとは一概にいい切れません。しかし，本書をよく読み，理解を深めることにより，読者の方々の学びたい・知りたいという学習意欲を満たし，相談援助・支援に関する知識や知見を高める一助になってほしいと願っています。

最後に，執筆にご協力していただいた保育現場の先生方に厚くお礼申しあげます。

また，本書の企画をはじめ，編集，刊行にあたり，労を惜しまずご尽力いただきました同文書院編集部に執筆者を代表して謝意を表します。

2013年2月

編集および執筆者を代表して
須永　進

事例で学ぶ
保育のための相談援助・支援
～その方法と実際～

2013年3月1日　第一版第1刷発行
2014年4月25日　第一版第2刷発行

編著者　須永　進
著　者　青木知史・小口将典
伊藤明芳・木村淳也
加賀谷崇文・波多野里美
橋本廣子
装　丁　清原一隆（KIYO DESIGN）
装　画　加藤直美
発行者　宇野文博
発行所　株式会社 同文書院
〒112-0002
東京都文京区小石川5-24-3
TEL (03)3812-7777
FAX (03)3812-7792
振替　00100-4-1316

DTP　日本ハイコム株式会社
印刷・製本　日本ハイコム株式会社

Printed in Japan　ISBN978-4-8103-1413-7

《幼稚園教育要領 改訂
保育所保育指針 改定
幼保連携型認定こども園教育・保育要領 改訂》について

無藤 隆 監修

同文書院

目　次

第１章　幼稚園教育要領の改訂について

１．はじめに

新幼稚園教育要領（以下，新教育要領とも）は，2016（平成28）年12月の中央教育審議会による答申「幼稚園，小学校，中学校，高等学校及び特別支援学校の学習指導要領等の改善及び必要な方策等について」を踏まえ，幼稚園の教育課程の基準の改正を図ったものである。2017（平成29）年３月31日告示され，１年間の周知期間を経た後，2018（平成30）年４月１日から施行されることになる。

(1) 中央教育審議会による答申

今回の中央教育審議会による答申のポイントは，現行の学習指導要領で謳われている知（確かな学力）・徳（豊かな人間性）・体（健康・体力）にわたる「生きる力」を，将来子どもたちがより一層確実に育むためには何が必要かということにある。

今後，人工知能（AI）のさらなる進化によって，現在，小・中学校に通う子どもたちが成人となる2030年以降の世界では，現在ある仕事の半数近くが自動化される可能性があるといわれている。また子どもたちの65%が今は存在しない職業に就くであろうと予測されている。インターネットが地球の隅々まで普及した現代において，さまざまな情報が国境や地域を越えて共有化され，グローバル化の流れはとどまるところを知らない。今後，社会の変化はさらに速度を増し，今まで以上に予測困難なものとなっていくであろう。

こうした予測困難な未来社会において求められるのは，人類社会，日本社会，さらに個人としてどのような未来を創っていくのか，どのように社会や自らの人生をよりよいものにするのかという目的意識を主体的に持とうとすることである。そして，複雑に入り混じった環境の中でも状況を理解し，その目的に必要な情報を選択・理解し，自分の考えをまとめ，多様な他者と協働しながら，主体的に社会や世界と関わっていくこと，こうした資質・能力が求められている。

また近年，国際的にも忍耐力や自己制御，自尊心といった社会情動的スキル，いわゆる非認知的能力を幼児期に身につけることが，大人になってからの生活に大きな差を生じさせるといった研究成果が発表されている。非認知的能力とは，「学びに向かう力や姿勢」と呼ばれることもあり，「粘り強く取り組んでいくこと，難しい課題にチャレンジする姿勢」などの力をさす。従来はその子どもの気質，性格と考えられていたが，現在では適切な環境を与えることでどの子どもでも伸ばすことが可能な能力（スキル）として捉えられるようになっている。

そのため，今回の答申では，こうした資質・能力を育むための「主体的・対話的で深い学び」（アクティブ・ラーニング）の実現の重要性を強調している。その上で「何のために学ぶのか」という学習の意義を共有しながら，授業の創意工夫や教科書等の教材の改善を引き出していけるよう，すべての教科等また幼児教育について，①知識及び技能，②思考力，判断力，表現力等，③学びに向かう力，人間性等，の３つの柱に再整理している（図１−1）。

(2) 幼稚園を取り巻く環境

わが国の幼稚園児数は，1978（昭和53）年の249万7,895人をピークに減少し続けており，2009（平成21）年163万336人，2013（平成25）年158万3,610人，2016年133万9,761人，2017年

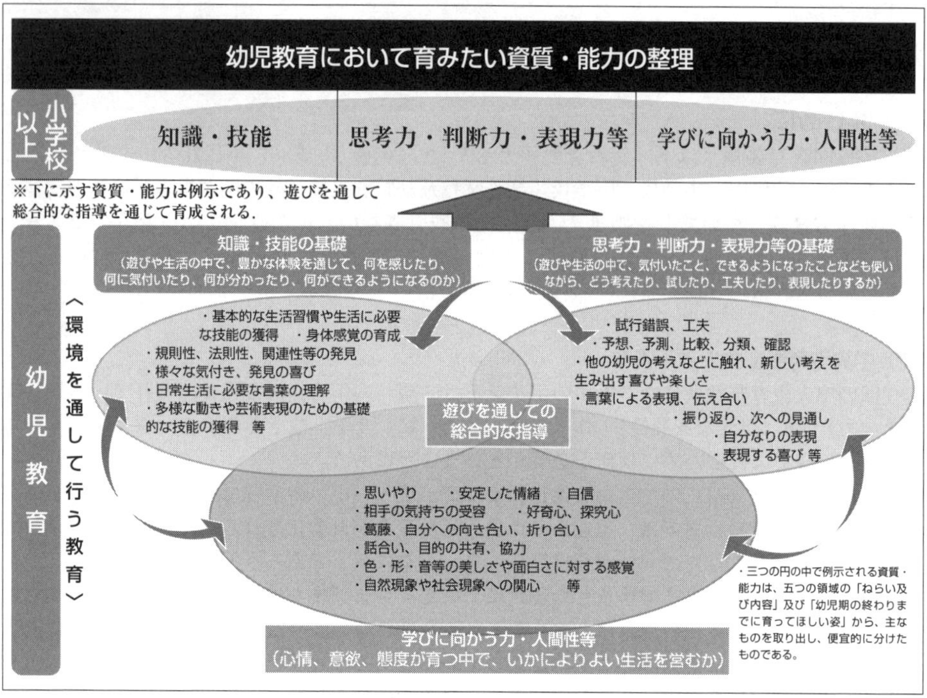

図１－１　幼児教育において育みたい資質・能力

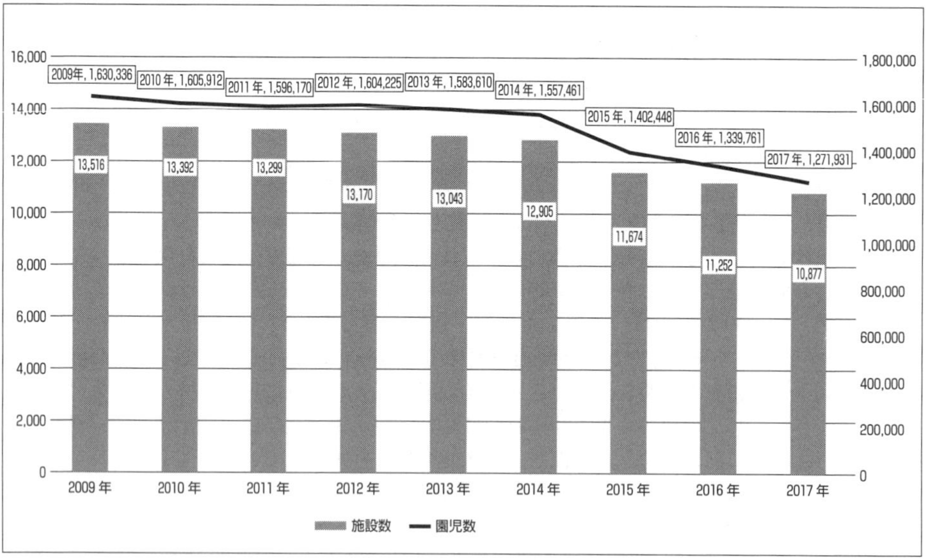

図１－２　幼稚園数と園児数の推移

人口推計に基づく将来の0～5歳児について（中位推計）

該当年齢人口全体の推計（0～5歳）

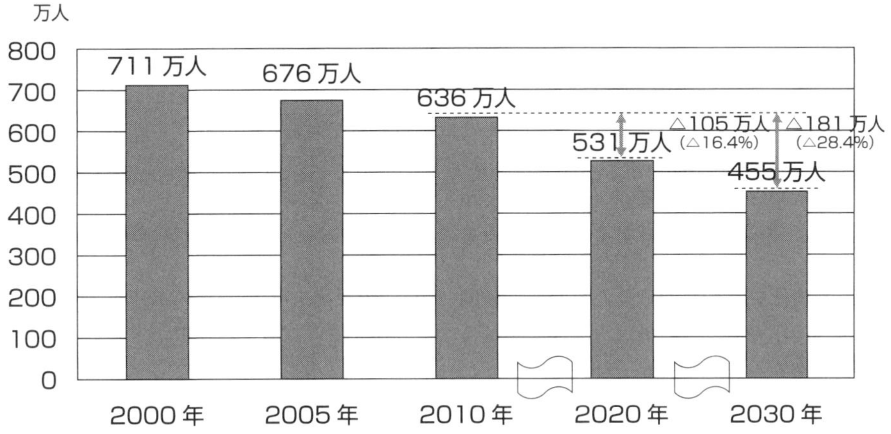

（出典）2000年、2005年、2010年については国勢調査による。2020年及び2030年の該当年齢人口については、「日本の将来の人口推計（出生中位、死亡中位）」（H24.1 国立社会保障・人口問題研究所）に基づき学齢計算。（各年10月1日時点）

図1－3　0～5歳児の人口推移

では127万1,931人となった。また幼稚園の設置数も，1985（昭和60）年の1万5,220園をピークに減少し，2009年1万3,516園，2013年1万3,043園，2016年1万1,252園，2017年では1万877園となっている（図1－2）（なお，2015年から2017年に認定こども園に移行した幼稚園は1,454園。詳細は『第3章　幼保連携型認定こども園教育・保育要領について』を参照）。一方，保育所等の入所児数は1980（昭和55）年まで増加し続け（1978年191万3,140人）その後一旦減少したが，1996（平成8）年から再び増加し，2009年には204万934人，2013年221万9,581人，さらに子ども・子育て支援新制度がスタートした2015年には237万3,614人，2017年は254万6,669人となっている（2015年からの数値は幼保連携型認定こども園，幼稚園型認定こども園等，特定地域型保育事業を含む，第2章図2－1参照）。

このように保育所利用児童の増加の一方で，わが国の0～5歳児の人口は2000（平成12）年の711万人から2030年には455万人まで減少すると予想されており，少子化傾向に歯止めが掛かる兆しは見えていない（図1－3）。全国的に幼稚園児数が減少し続けるのに対し，保育所等のニーズが増え続ける背景には，女性の社会進出に伴い乳幼児を持つ母親の就業が増えていること，長期化する景気の低迷から共働き家庭の増加や長時間労働の蔓延などがあげられている。なかでも3歳未満の待機児童数は毎年2万人前後で推移しており，この年齢層の保育ニーズはさらに増えていくものと見られている（第2章図2－3参照）。

日本総合研究所の調査によると，出生率が現状のまま推移し，乳幼児を持つ母親の就業率が過去10年間と同じペースで上昇する出生中位・就業中位の場合，保育所ニーズは2015年の233万人から2020年には254万人に増え，その後2040年までほぼ横ばいとなるとしている。一方，幼稚園ニーズは2015年の151万人から2040年には64万人に減少すると見ている。また，出生中位のまま母親の就業率が２倍のペースで増え続ける就業高位では，保育所ニーズが2040年に1.4倍の334万人と増える一方，幼稚園ニーズは2040年には35万人と2015年の４分の１に激減するとしている。

もし幼稚園が従来の３歳以上の子どもを対象とした教育時間内の幼児教育にのみ特化するならば，幼稚園を取り巻く環境が今後，好転することは難しいだろう。しかし，共働きの保護者の希望に応え，教育時間外に子どもを保育する「預かり保育」を積極的に実施している施設は増えている。私立幼稚園の預かり保育の実施率は，1997（平成９）年度には46％だったが，2014（平成26）年度には95.0％とほとんどの私立幼稚園で実施している（平成26年度幼児教育実態調査，文部科学省）。また，子ども・子育て支援新制度の開始により，３歳未満児の保育を行う小規模保育施設を併設した幼稚園も出てきている。従来の幼稚園という枠にとらわれることなく，幼児教育・保育をトータルに考え実践する幼稚園のみが生き残れる時代になったといえよう。

また教育という観点から見た場合，幼稚園には長年にわたる幼児教育の蓄積があり，保護者が幼稚園に求めるところは少なくない。特に今回の中央教育審議会の答申が求める①知識及び技能（の基礎），②思考力，判断力，表現力等（の基礎），③学びに向かう力，人間性等，の３つの資質・能力の基礎を育む場として，幼稚園の果たす役割はさらに重要度を増すものと考えられる。

本章では，新教育要領に記載されている今後の幼稚園教育に求められる「幼児教育において育みたい資質・能力」「幼児期の終わりまでに育ってほしい姿」などの具体的な内容について概説する。

２．幼稚園教育要領改訂のポイント

（1）学校教育における幼稚園教育の位置付けの強化

新教育要領において重要なことは，前回の改訂よりもさらに踏み込んで，幼稚園を学校教育の始まりとすることを強調している点である。現在の教育要領では，2008（平成20）年の学校教育法の改正により，幼稚園が学校教育の始まりとしてその存在が明確化され，幼児教育が公的な教育として捉えられている。さらに新教育要領ではその旨を新設した前文に明記している。

この背景には，幼児教育がその後の学校教育の基礎を培う時期として重視され，さらに今回，幼稚園・保育所・幼保連携型認定こども園がともに幼児教育を実践する共通の施設として，その基礎を形成する場として強調されたということがある。なかでも幼稚園はその幼児教育のあり方を先導してきた施設なのであり，今後もそうであることが期待される。

新教育要領で新設された「前文」には，「これからの幼稚園には，学校教育の始まりとして，こうした教育の目的及び目標の達成を目指しつつ，一人一人の幼児が，将来，自分のよさや可能性を認識するとともに，（中略）持続可能な社会の創り手となることができるようにするための基礎を培うことが求められる」とし，「幼稚園教育要領が果たす役割の一つは，公の性質を有する幼稚園における教育水準を全国的に確保することである」と記載されている。これは取りも直さず，より質の高い幼児教育の重要性の強調にほかならず，幼稚園教育（ひいては幼児教育）と小学校教育との円滑な接続が求められている。

(2) 幼稚園教育において育みたい資質・能力および「幼児期の終わりまでに育ってほしい姿」

では，ここで述べられている「幼稚園における教育水準」とは何を意味するのであろうか。それは小学校以降で行われる文字の読み書き，計算といった小学校教育の先取りではない。本来の意味は，幼児の自発的な活動である遊びや生活を通して，「幼稚園教育で育みたい３つの資質・能力」を育成し，その具体的な現れとして「幼児期の終わりまでに育ってほしい10の姿」を実現していくことにある。

なお，この３つの資質・能力は，これまでの幼稚園教育要領で規定されてきた５領域（「健康」「人間関係」「環境」「言語」「表現」）に基づく遊びを中心とした活動全体を通じて育まれていくものである。

① 豊かな体験を通じて，感じたり，気付いたり，分かったり，できるようになったりする「知識及び技能の基礎」

② 気付いたことや，できるようになったことなどを使い，考えたり，試したり，工夫したり，表現したりする「思考力，判断力，表現力等の基礎」

③ 心情，意欲，態度が育つ中で，よりよい生活を営もうとする「学びに向かう力，人間性等」

つまり，気付くこと，考えること，試し，工夫すること，また心動かし，やりたいことを見出し，それに向けて粘り強く取り組むことなどを指している。それらは相互に結びついて一体的に育成されていく。

そして，この３つの資質・能力が育まれている幼児の幼稚園修了時の具体的な姿「幼児期の終わりまでに育ってほしい10の姿」が以下の10項目である（詳細は「新教育要領」第１章 第２を参照）。ここで，実際の指導ではこれらが到達すべき目標を示したものではないことや，個別に取り出されて指導されるものではないことに十分留意する必要がある。

① 健康な心と体
② 自立心
③ 協同性
④ 道徳性・規範意識の芽生え
⑤ 社会生活との関わり
⑥ 思考力の芽生え
⑦ 自然との関わり・生命尊重
⑧ 数量や図形，標識や文字などへの関心・感覚
⑨ 言葉による伝え合い
⑩ 豊かな感性と表現

(3) カリキュラム・マネジメント

幼稚園では，教育基本法および学校教育法その他の法令ならびに幼稚園教育要領に基づき，それぞれの園の運営方針，指導方針の基礎となる教育課程を編成することが義務付けられている。教育課程や預かり保育の計画等を合わせて，全体的な計画と呼んでいる。新教育要領では，「幼児期の終わりまでに育ってほしい姿」を踏まえて教育課程を編成し，この教育課程を実施，評価し，改善を図っていくこと（PDCA サイクル），また教育課程の実施に必要な人的または物的な体制を，家庭や地域の外部の資源も含めて活用しながら，各幼稚園の教育活動の質の向上を図っていくカリキュラム・マネジメントの考え方が導入されている。幼稚園等では，教科書のような教材を用いずに，環境を通した教育を基本としており，また幼児の家庭との関係の緊密度が他校種と比べて高いこと，ならびに預かり保育・子育ての支援などの教育課程以外の活動が多くの幼稚園で実施されていることなどから，カリキュラム・マネジメントはきわめて重要とされている。

(4)「主体的・対話的で深い学び」(アクティブ・ラーニング)の実現

新教育要領では,「指導計画の作成上の留意事項」に「主体的・対話的で深い学び」(アクティブ・ラーニング)の考えが加わった。

中央教育審議会の答申で述べられているように,これからの予測困難な未来を切り開いていくためには,学ぶことに興味・関心を持ち,見通しを持って粘り強く取り組み,自己の学習活動を振り返って次につなげる「主体的な学び」,子ども同士の協働・教職員や地域の人との対話・先哲の考え方を手がかりに考えるなどを通じて,自己の考えを広め深める「対話的な学び」,そして得られた知識を相互に関連付けてより深く理解したり,情報を精査して考えを形成したり,問題を見出し解決策を思考したり,自分の思い・考えを基に創造へと向かう「深い学び」のアクティブ・ラーニングの実現が求められている。教育要領では,従来から重視されてきた,体験の多様性と関連性を進める中で,この3つの学びを実現していく。様々な心動かされる体験をして,そこから次にしたい活動が生まれ,さらに体験を重ねていき,それらの体験がつながりながら,学びを作り出す。その際,振り返ったり見通しを立てたり,考え工夫して様々に表現し対話を行い,さらに身近な環境への関わりから意味を見出していくのである。

幼児教育における重要な学習である「遊び」においても,この主体的・対話的で深い学びの視点,すなわちアクティブ・ラーニングの視点に基づいた指導計画の作成が必要となる。

(5) 言語活動の充実

新教育要領の「指導計画の作成上の留意事項」では「主体的・対話的で深い学び」とともに,「言語活動の充実」が新たに加えられた。これは「幼児期の終わりまでに育ってほしい10の姿」の9番目にある「言葉による伝え合い」および第2章「ねらい及び内容」の5領域の「言葉」とも関連する項目であるが,言語能力の発達が思考力等のさまざまな能力の発達に関連していることを踏まえ,絵本や物語,言葉遊びなどを通して,言葉や表現を豊かにすることで,自分の経験・考えを言葉にする思考力やそれを相手に伝えるコミュニケーション能力の発達を促していこうとの狙いが読み取れる。

(6) 地域における幼児教育の中心的役割の強化

前回の改訂から幼稚園の地域における保護者の幼児教育のセンターとしての役割が求められるようになった。さらにこの10年間では貧困家庭,外国籍家庭や海外から帰国した幼児など特別な配慮を必要とする家庭・子どもの増加,また児童虐待の相談件数の増加など,子どもと保護者を取り巻く状況も大きく変化している。このため新教育要領では,「心理や保健の専門家,地域の子育て経験者等と連携・協働しながら取り組むよう配慮する」との記載を追加することで,その役割のさらなる専門化を図っている。

3.新しい幼稚園教育要領の概要(中央説明会資料による)

(1) 前文の趣旨及び要点

今回の改訂では,新たに前文を設け,次の事項を示した。

① 教育基本法に規定する教育の目的や目標の明記とこれからの学校に求められること

②「社会に開かれた教育課程」の実現を目指すこと

教育課程を通して,これからの時代に求められる教育を実現していくためには,よりよい学校教育を通してよりよい社会を創るという理念を学校と社会とが共有することが求められる。

そのため，それぞれの幼稚園において，幼児期にふさわしい生活をどのように展開し，どのような資質・能力を育むようにするのかを教育課程において明確にしながら，社会との連携及び協働によりその実現を図っていく，「社会に開かれた教育課程」の実現が重要となることを示した。

③ 幼稚園教育要領を踏まえた創意工夫に基づく教育活動の充実

幼稚園教育要領は，公の性質を有する幼稚園における教育水準を全国的に確保することを目的に，教育課程の基準を大綱的に定めるものであり，それぞれの幼稚園は，幼稚園教育要領を踏まえ，各幼稚園の特色を生かして創意工夫を重ね，長年にわたり積み重ねられてきた教育実践や学術研究の蓄積を生かしながら，幼児や地域の現状や課題を捉え，家庭や地域社会と協力して，教育活動の更なる充実を図っていくことが重要であることを示した。

(2)「総則」の改訂の要点

総則については，幼稚園，家庭，地域の関係者で幅広く共有し活用できる「学びの地図」としての役割を果たすことができるよう，構成を抜本的に改善するとともに，以下のような改訂を行った。

① 幼稚園教育の基本

幼児期の教育における見方・考え方を新たに示すとともに，計画的な環境の構成に関連して教材を工夫することを新たに示した。

② 幼稚園教育において育みたい資質・能力及び「幼児期の終わりまでに育ってほしい姿」

幼稚園教育において育みたい資質・能力と「幼児期の終わりまでに育ってほしい姿」を新たに示すとともに，これらと第２章の「ねらい及び内容」との関係について新たに示した。

③ 教育課程の役割と編成等

次のことを新たに示した。

- 各幼稚園においてカリキュラム・マネジメントの充実に努めること
- 各幼稚園の教育目標を明確にし，教育課程の編成についての基本的な方針が家庭や地域とも共有されるよう努めること
- 満３歳児が学年の途中から入園することを考慮し，安心して幼稚園生活を過ごすことができるよう配慮すること
- 幼稚園生活が安全なものとなるよう，教職員による協力体制の下，園庭や園舎などの環境の配慮や指導の工夫を行うこと
- 「幼児期の終わりまでに育ってほしい姿」を共有するなど連携を図り，幼稚園教育と小学校教育との円滑な接続を図るよう努めること
- 教育課程を中心に，幼稚園の様々な計画を関連させ，一体的に教育活動が展開されるよう全体的な計画を作成すること

④ 指導計画の作成と幼児理解に基づいた評価

次のことを新たに示した。

- 多様な体験に関連して，幼児の発達に即して主体的・対話的で深い学びが実現するようにすること
- 幼児の発達を踏まえた言語環境を整え，言語活動の充実を図ること
- 幼児の実態を踏まえながら，教師や他の幼児と共に遊びや生活の中で見通しをもった

り，振り返ったりするよう工夫すること
・幼児期は直接的な体験が重要であることを踏まえ，視聴覚教材やコンピュータなど情報機器を活用する際には，幼稚園生活では得難い体験を補完するなど，幼児の体験との関連を考慮すること
・幼児一人一人のよさや可能性を把握するなど幼児理解に基づいた評価を実施すること
・評価の実施に当たっては，指導の過程を振り返りながら幼児の理解を進め，幼児一人一人のよさや可能性などを把握し，指導の改善に生かすようにすることに留意すること

⑤ 特別な配慮を必要とする幼児への指導

次のことを新たに示した。
・障害のある幼児などへの指導に当たっては，長期的な視点で幼児への教育的支援を行うための個別の教育支援計画と，個別の指導計画を作成し活用することに努めること
・海外から帰国した幼児や生活に必要な日本語の習得に困難のある幼児については，個々の幼児の実態に応じ，指導内容等の工夫を組織的かつ計画的に行うこと

⑥ 幼稚園運営上の留意事項

次のことを新たに示した。
・園長の方針の下に，教職員が適切に役割を分担，連携しつつ，教育課程や指導の改善を図るとともに，学校評価については，カリキュラム・マネジメントと関連付けながら実施するよう留意すること
・幼稚園間に加え，小学校等との間の連携や交流を図るとともに，障害のある幼児児童生徒との交流及び共同学習の機会を設け，協働して生活していく態度を育むよう努めること

(3)「ねらい及び内容」の改訂の要点

「ねらい」を幼稚園教育において育みたい資質・能力を幼児の生活する姿から捉えたもの，「内容の取扱い」を幼児の発達を踏まえた指導を行うに当たって留意すべき事項として新たに示すとともに，指導を行う際に「幼児期の終わりまでに育ってほしい姿」を考慮することを新たに示した。

① 領域「健康」

見通しをもって行動することを「ねらい」に新たに示した。また，食べ物への興味や関心をもつことを「内容」に示すとともに，「幼児期運動指針」（平成24年３月文部科学省）などを踏まえ，多様な動きを経験する中で，体の働きを調整するようにすることを「内容の取扱い」に新たに示した。さらに，これまで第３章指導計画作成に当たっての留意事項に示されていた安全に関する記述を，安全に関する指導の重要性の観点等から「内容の取扱い」に示した。

② 領域「人間関係」

工夫したり，協力したりして一緒に活動する楽しさを味わうことを「ねらい」に新たに示した。また，諦めずにやり遂げることの達成感や，前向きな見通しをもつことなどを「内容の取扱い」に新たに示した。

③ 領域「環境」

日常生活の中で，我が国や地域社会における様々な文化や伝統に親しむことなどを「内容」に新たに示した。また，文化や伝統に親しむ際には，正月や節句など我が国の伝統的な行

事，国歌，唱歌，わらべうたや伝統的な遊びに親しんだり，異なる文化に触れる活動に親しんだりすることを通じて，社会とのつながりの意識や国際理解の意識の芽生えなどが養われるようにすることなどを「内容の取扱い」に新たに示した。

④ 領域「言葉」

言葉に対する感覚を豊かにすることを「ねらい」に新たに示した。また，生活の中で，言葉の響きやリズム，新しい言葉や表現などに触れ，これらを使う楽しさを味わえるようにすることを「内容の取扱い」に新たに示した。

⑤ 領域「表現」

豊かな感性を養う際に，風の音や雨の音，身近にある草や花の形や色など自然の中にある音，形，色などに気付くようにすることを「内容の取扱い」に新たに示した。

(4)「教育課程に係る教育時間の終了後等に行う教育活動などの留意事項」の改訂の要点

① 教育課程に係る教育時間の終了後等に行う教育活動などの留意事項

教育課程に係る教育時間終了後等に行う教育活動の計画を作成する際に，地域の人々と連携するなど，地域の様々な資源を活用しつつ，多様な体験ができるようにすることを新たに示した。

② 子育ての支援

幼稚園が地域における幼児期の教育のセンターとしての役割を果たす際に，心理や保健の専門家，地域の子育て経験者等と連携・協働しながら取り組むことを新たに示した。

＜参考文献＞

文部科学省『幼稚園教育要領』2017.3.31

厚生労働省『保育所保育指針』2017.3.31

内閣府・文部科学省・厚生労働省『幼保連携型認定こども園教育・保育要領』2017.3.31

中央教育審議会『幼稚園，小学校，中学校，高等学校及び特別支援学校の学習指導要領等の改善及び必要な方策等について（答申）』2016.12.21

文部科学省『学校基本調査』

無藤　隆『今後の幼児教育とは　幼稚園教育要領，保育所保育指針，幼保連携型認定こども園教育・保育要領，小学校学習指導要領の改訂を受けて』2017.1.16 国立教育政策研究所　幼児教育研究センター発足記念 平成28年度教育研究公開シンポジウム

淵上　孝『私立幼稚園を取り巻く現状と課題について』2016.1.28 全日本私立幼稚園連合会 平成27年度第２回都道府県政策担当者会議

池本美香，立岡健二郎『保育ニーズの将来展望と対応の在り方』JRI レビュー Vol.3，No.42 ㈱日本総合研究所

文部科学省『平成26年度幼児教育実態調査』2015.10

東京都教育委員会『小１問題・中１ギャップの予防・解決のための「教員加配に関わる効果検証」に関する調査　最終報告書について』2013.4.25

第2章　保育所保育指針の改定について

1．はじめに

(1) 中央教育審議会の答申と保育所保育指針

2017（平成29）年３月31日，新保育所保育指針（以下，「新指針」とも）が告示され，これに続き，新指針の解説書『保育所保育指針解説書』の発行が通知された。

今回改定された新指針は，1965（昭和40）年に保育所保育指針が策定されてから４回目の改定となる。なかでも2008（平成20）年の前回の改定からは，それまでの局長通知から厚生労働大臣による告示となり，遵守すべき法令となっている。

今回の改定の特徴は，「第１章　幼稚園教育要領の改訂について」でも述べた2016（平成28）年12月の中央教育審議会による答申「幼稚園，小学校，中学校，高等学校及び特別支援学校の学習指導要領等の改善及び必要な方策等について」を踏まえ，新たな保育所保育指針においても「幼児教育を行う施設として共有すべき事項」として，３つの「育みたい資質・能力」ならびに10の「幼児期の終わりまでに育ってほしい姿」が記載されていることである。また，０歳から２歳児を中心とした３歳未満児の保育所利用児童数の増加といった保育所等における独自の問題への取り組みの積極的な対応も図られている。

(2) 保育所等を取り囲む環境

図２－１に示すように，保育所等の利用児童数および設置数は，2009（平成21）年から2017年までの間いずれも増加している。特に子ども・子育て支援新制度がスタートした2015（平成27）年からは幼保連携型認定こども園，幼稚園型認定こども園等，特定地域型保育事業（小規模保育事業，家庭的保育事業，事業所内保育事業，居宅訪問型保育事業）が加わったことで，2017年には利用児童数254万6,669人，施設数では３万2,793施設と大きく拡大した。これは女性の社会進出に伴い乳幼児を持つ母親の就業が増えていること，また長期化する景気の低迷から共働き家庭の増加，長時間労働の蔓延など，小学校入学前の乳幼児の保育ニーズが高まっていることによる。

なかでも３歳未満の乳幼児の利用数は多く，少子化が進んでいるにもかかわらず，2017年の保育所等を利用する３歳未満児数は103万1,486人と2009年の70万9,399人に比べ45.4％増，30万人近い増加となっている（図２－２）。また，３歳未満児の保育所等の待機児童数を見てみると，2009年から2017年にいたるまで毎年ほぼ２万人前後で推移している（図２－３）。これは保育所等の施設が近隣に新設されたことで，それまで出産を機に就業をあきらめていた女性たちが就業を目的に乳幼児の入所を希望するという，これまで表にあらわれなかった保育ニーズが顕在化しているためといわれている。産前産後休業後の職場復帰を考えている女性たちが子どもを預けるための保育所探しに奔走する「保活」という言葉が一般化しているように，３歳未満の乳幼児の保育ニーズが解消する兆しは見えていない。

このため新指針では，乳児，１歳以上３歳未満児の保育についての記載の充実を図ることで，今後さらに増えていくであろう３歳未満児の保育の質的な向上を目指している。また，2016年12月の中央教育審議会による答申「幼稚園，小学校，中学校，高等学校及び特別支援学校の学習指導要領等の改善及び必要な方策等について」を踏まえ，新幼稚園教育要領との整合性を図ったより質の高い幼児教育の提供，食育の推進・安全な保育環境の確保などを訴えて

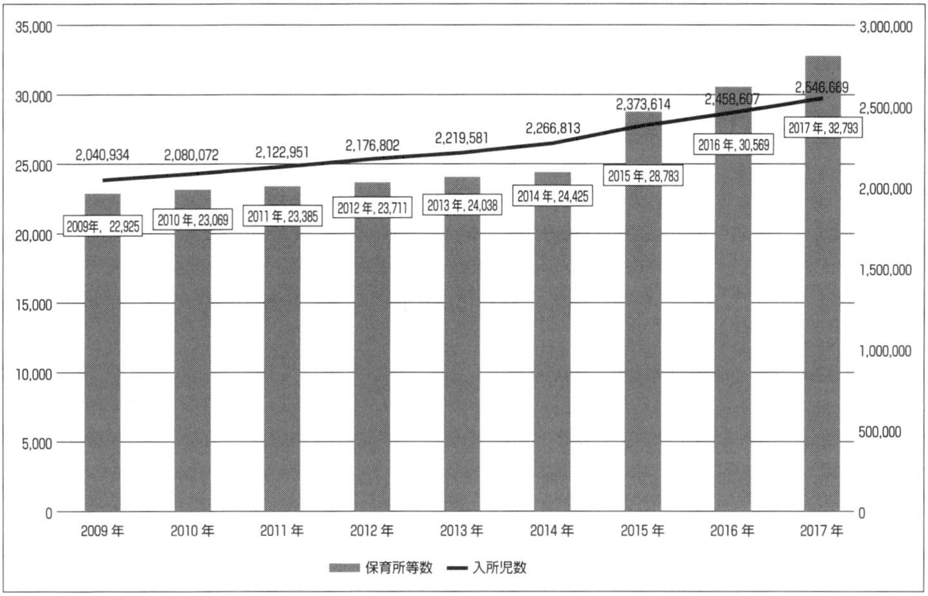

図２－１　保育所等施設数と入所児数の推移

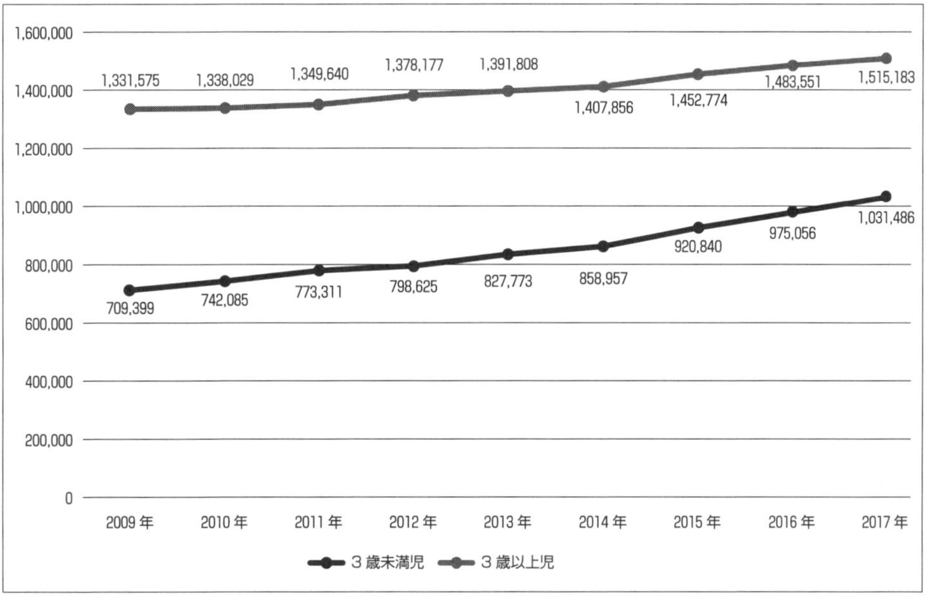

図２－２　保育所等の利用児数の推移（年齢層別）

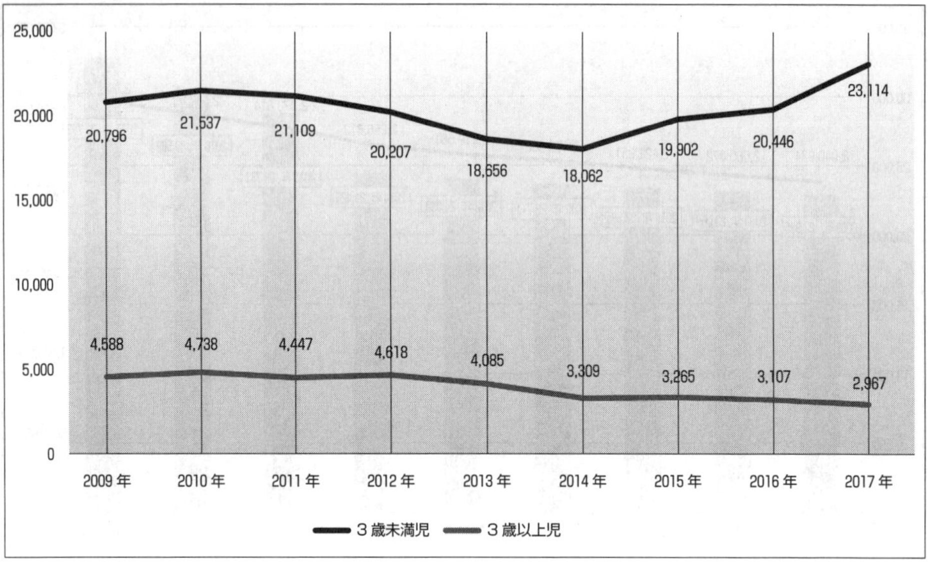

図２－３　保育所等待機児童数の推移（年齢層別）

いる。さらに，子育て世帯における子育ての負担や不安・孤立感の高まり・児童虐待相談件数の増加など子育てをめぐる地域や社会，家庭の状況の変化に対応し得る保育士としての専門性の向上など，今日的な施策を見据えた改定がなされている。

2．保育所保育指針改定のポイント

(1) 乳児・１歳以上３歳未満児の保育の重要性

2017年の就学前児童のうち保育所等利用率は42.4％で，このうち３歳未満児は35.1％，さらに１・２歳児は45.7％を占めるまでになっている（2017年４月１日時点)。これに対し，2008年の全体の保育所等利用率は30.7％，このうち１・２歳児の利用率が27.6％であった。また前述したように，2017年の３歳未満児の保育所等の利用児童数は，2008年の前回の改定時に比べ52.5％増の103万1,486人となっている。このことから前回の改定から幼児保育を取り巻く環境，特に３歳未満児の保育所保育の重要性が大きくなっていることがわかる。なかでも乳児から２歳児までの時期は，保護者や保育士など特定のおとなとの間での愛着関係が形成されると同時に，周囲の人やもの，自然などとの関わりから自我が形成されていく，子どもの心身の発達にとって非常に重要な時期である。

そのため，新指針では「第２章　保育の内容」を大きく変更している。前回の改定では，発達過程を８つの年齢に区分し，すべての年齢を通じた共通の記載となっていたが，新指針では「乳児」「１歳以上３歳未満児」「３歳以上児」の３年齢に区分している。そして各年齢における保育内容を５領域に則り，それぞれの年齢区分における成長の特徴を詳細に記載する内容となった（乳児に関しては，「健やかに伸び伸びと育つ」（健康の領域へ発展する)，「身近な人と気持ちが通じ合う」（人間関係の領域へ発展する)，「身近なものと関わり感性が育つ」（環境の領域へ発展する）の３つの関わりの視点)。なお「３歳以上児」については幼稚園教育要領の

「第２章　ねらい及び内容」に準拠している。

(2) 幼児教育の積極的な位置づけ

2016年12月の中央教育審議会による答申「幼稚園，小学校，中学校，高等学校及び特別支援学校の学習指導要領等の改善及び必要な方策等について」では，現行の学習指導要領で謳われている知（確かな学力）・徳（豊かな人間性）・体（健康・体力）にわたる「生きる力」を，将来子どもたちがより一層確実に育むためには何が必要かということをポイントに記載されている。特に今後，人工知能（AI）の技術が進み，社会環境・構造の大きな変化が予測される未来において，その変化を前向きに受け止め，主体的によりよい将来を創り出していこうとする姿勢がより重要となってくる。

そのため，新指針でも「幼児教育を行う施設として共有すべき事項」として，幼稚園教育要領および幼保連携型認定こども園教育・保育要領の改訂との整合性を図った「保育活動全体を通して育みたい」３つの「資質・能力」を記載している。

① 豊かな体験を通じて，感じたり，気付いたり，分かったり，できるようになったりする「知識及び技能の基礎」

② 気付いたことや，できるようになったことなどを使い，考えたり，試したり，工夫したり，表現したりする「思考力，判断力，表現力等の基礎」

③ 心情，意欲，態度が育つ中で，よりよい生活を営もうとする「学びに向かう力，人間性等」

そして以下の10項目が，この３つの資質・能力が育まれている幼児において「幼児期の終わりまでに育ってほしい具体的な姿」である。

① 健康な心と体
② 自立心
③ 協同性
④ 道徳性・規範意識の芽生え
⑤ 社会生活との関わり
⑥ 思考力の芽生え
⑦ 自然との関わり・生命尊重
⑧ 数量や図形，標識や文字などへの関心・感覚
⑨ 言葉による伝え合い
⑩ 豊かな感性と表現

保育所等における３歳以上の利用児童数は，前回の保育所保育指針の改定から増加傾向にあり，2015年からは子ども・子育て支援新制度の開始もあって幼稚園の園児数を上回るようになった（図１－２，図２－１参照）。こうした状況から，保育所等における幼児教育の重要性はさらに高まっていくものと考えられる。

なお幼稚園教育要領，幼保連携型認定こども園教育・保育要領に記載されている「主体的・対話的で深い学び」（アクティブ・ラーニング），「カリキュラム・マネジメント」については，新指針でそれらの用語を使っては触れていない。しかし，子どもの主体的な活動を促すために，全体的な計画などを子どもの実態や子どもを取り巻く状況の変化などに即して手直ししていく，PDCAの重要性について述べている（「主体的・対話的で深い学び」および「カリキュラム・マネジメント」については第１章を参照）。

(3) 小学校教育との円滑なつながり

従来，小学校教育はいわばゼロからスタートするものと考えられてきた。そのため，ほとんどの子どもが幼稚園，保育所，認定こども園などに通い，小学校教育に求められる幼児として

の資質・能力はある程度育成されており，既に多くを学んでいることが見逃されていた。そこで，幼児教育が保育所での教育を含め，小学校以降の学習や生活の基盤の育成につながる重要な機会であるとの認識から，保育所保育でも小学校とのつながりを一層図るべきことが強調されるようになった。

このため新指針では，前回以上に「小学校との連携」の項の充実を図っている。具体的には「幼児期にふさわしい生活を通じて，創造的な思考や主体的な生活態度などの基礎を培うようにする」などの幼児教育の「見方・考え方」に通ずる表現を盛り込むとともに，「保育所保育において育まれた資質・能力を踏まえ（中略），小学校教師との意見交換や合同の研究の機会などを設け（中略）『幼児期の終わりまでに育ってほしい姿』を共有するなど連携を図り」など，幼児期に育ってほしい資質・能力とその具体的な姿を幼保小で連携し円滑な接続に向けていくことの重要性が明記されている。

(4) 健康および安全な保育環境の確保

子どもの育ちをめぐる環境の変化を踏まえ，食育の推進，安全な保育環境の確保等の記載内容を変更している。食育に関しては，前回の改定以降，２回にわたる食育推進基本計画の策定を反映させ，保育所における食育のさらなる浸透を目指し，記述内容の充実を図っている。また，保育所における食物アレルギー有病率が4.9％（平成21年度日本保育園保健協議会調査(現：日本保健保育協議会)）と高率であることから，食物アレルギーに対する職員全員の共通理解を高める内容となった。

さらに2011（平成23）年３月11日の東日本大震災や2016年の熊本地震の経験を踏まえて，行政機関や地域の関係機関と連携しながら，日頃からの備えや危機管理体制づくり等を進めるとともに，災害発生時の保護者との連絡，子どもの引渡しの円滑化などが記載された。

(5) 子育て支援の充実

前回の改定から保育所に入所する子どもの保護者の支援が加わった（「保護者支援」）が，新指針では「保護者支援」の章を「子育て支援」に改め，保護者・家庭と連携した，質の高い子育てのための記述内容の充実を図っている。また，貧困家庭，外国籍家庭など特別な配慮を必要とする家庭の増加，児童虐待の相談件数の増加に対応した記述内容となっている。

(6) 職員の資質・専門性の向上

子育て環境をめぐる地域・家庭の状況が変化（核家族化により子育て支援・協力が困難，共働き家庭の増加，父親の長時間労働，兄弟姉妹の減少から乳幼児と触れ合う機会のないまま親となった保護者の増加等）から，保育士は今まで以上にその専門性を高めることが求められるようなった。こうした時代背景から，専門職としての保育士等の資質の向上を目指した記述内容の充実と，そのためのキャリアパス（career path）の明確化，研修計画の体系化について新たに記載された。

なお2015年度から実施されている「子ども・子育て支援新制度」では，より質の高い幼児教育提供のために，さまざまな支援が行われるようになった。その中で「幼稚園，保育所，認定こども園などの職員の処遇改善」が謳われており，具体的には職員の給与の改善，研修の充実など，キャリアップの取り組みに対する支援が掲げられている。

3．新しい保育所保育指針の概要（中央説明会資料による）

改定の方向性を踏まえて，前回の改定における大綱化の方針を維持しつつ，必要な章立ての見直しと記載内容の変更・追記等を行った。主な変更点及び新たな記載内容は，以下の通りである。

(1) 総則

保育所の役割や保育の目標など保育所保育に関する基本原則を示した上で，養護は保育所保育の基盤であり，保育所保育指針全体にとって重要なものであることから，「養護に関する基本的事項」(「生命の保持」と「情緒の安定」) を総則において記載することとした。

また，「保育の計画及び評価」についても総則で示すとともに，改定前の保育所保育指針における「保育課程の編成」については，「全体的な計画の作成」とし，幼保連携型認定こども園教育・保育要領，幼稚園教育要領との構成的な整合性を図った。

さらに，「幼児教育を行う施設として共有すべき事項」として，「育みたい資質・能力」３項目及び「幼児期の終わりまでに育ってほしい姿」10項目を，新たに示した。

(2) 保育の内容

保育所における教育については，幼保連携型認定こども園及び幼稚園と構成の共通化を図り，「健康・人間関係・環境・言葉・表現」の各領域における「ねらい」「内容」「内容の取扱い」を記載した。その際，保育所においては発達による変化が著しい乳幼児期の子どもが長期にわたって在籍することを踏まえ，乳児・１歳以上３歳未満児・３歳以上児に分けて記載するとともに，改定前の保育所保育指針第２章において示した「子どもの発達」に関する内容を，「基本的な事項」として，各時期のねらいや内容等とあわせて記述することとした。

乳児保育については，この時期の発達の特性を踏まえ，生活や遊びが充実することを通して，子どもたちの身体的・社会的精神的発達の基盤を培うという基本的な考え方の下，乳児を主体に，「健やかに伸び伸びと育つ」(健康な心と体を育て，自ら健康で安全な生活をつくり出す力の基盤を培う)，「身近な人と気持ちが通じ合う」(受容的・応答的な関わりの下で，何かを伝えようとする意欲や身近な大人との信頼関係を育て，人と関わる力の基盤を培う)，「身近なものと関わり感性が育つ」(身近な環境に興味や好奇心をもって関わり，感じたことや考えたことを表現する力の基盤を培う）という３つの視点から，保育の内容等を記載した。１歳以上３歳未満児については言葉と表現活動が生まれることに応じて，３歳以上と同様の５つの領域を構成している。

さらに，年齢別に記述するのみでは十分ではない項目については，別途配慮事項として示した。

(3) 健康及び安全

子どもの育ちをめぐる環境の変化や様々な研究，調査等による知見を踏まえ，アレルギー疾患を有する子どもの保育及び重大事故の発生しやすい保育の場面を具体的に提示しての事故防止の取組について，新たに記載した。

また，食育の推進に関する項目について，記述内容の充実を図った。さらに，子どもの生命を守るため，施設・設備等の安全確保や災害発生時の対応体制及び避難への備え，地域の関係機関との連携など，保育所における災害への備えに関する節を新たに設けた。

(4) 子育て支援

改定前の保育所保育指針と同様に，子育て家庭に対する支援についての基本的事項を示した上で，保育所を利用している保護者に対する子育て支援と，地域の保護者等に対する子育て支援について述べる構成となっている。

基本的事項については，改定前の保育所保育指針の考え方や留意事項を踏襲しつつ，記述内容を整理するとともに，「保護者が子どもの成長に気付き子育ての喜びを感じられるよう努める」ことを明記した。

また，保育所を利用している保護者に対する子育て支援については，保護者の子育てを自ら実践する力の向上に寄与する取組として，保育の活動に対する保護者の積極的な参加について記載するとともに，外国籍家庭など特別なニーズを有する家庭への個別的な支援に関する事項を新たに示した。

地域の保護者等に対する子育て支援に関しても，改定前の保育所保育指針において示された関係機関との連携や協働，要保護児童への対応等とともに，保育所保育の専門性を生かすことや一時預かり事業等における日常の保育との関連への配慮など，保育所がその環境や特性を生かして地域に開かれた子育て支援を行うことをより明示的に記載した。

(5) 職員の資質向上

職員の資質・専門性とその向上について，各々の自己研鑽とともに，保育所が組織として職員のキャリアパスを見据えた研修機会の確保や充実を図ることを重視し，施設長の責務や体系的・計画的な研修の実施体制の構築，保育士等の役割分担や職員の勤務体制の工夫等，取組の内容や方法を具体的に示した。

＜参考文献＞

厚生労働省『保育所保育指針』2017.3.31

文部科学省『幼稚園教育要領』2017.3.31

内閣府・文部科学省・厚生労働省『幼保連携型認定こども園教育・保育要領』2017.3.31

中央教育審議会『幼稚園，小学校，中学校，高等学校及び特別支援学校の学習指導要領等の改善及び必要な方策等について（答申）』2016.12.21

無藤　隆『今後の幼児教育とは　幼稚園教育要領，保育所保育指針，幼保連携型認定こども園教育・保育要領，小学校学習指導要領の改訂を受けて』2017.1.16 国立教育政策研究所 幼児教育研究センター発足記念 平成28年度教育研究公開シンポジウム

淵上　孝『私立幼稚園を取り巻く現状と課題について』2016.1.28 全日本私立幼稚園連合会 平成27年度第２回都道府県政策担当者会議

厚生労働省『保育所等関連状況取りまとめ（平成29年４月１日）』2017.9.2

池本美香，立岡健二郎『保育ニーズの将来展望と対応の在り方』JRI レビュー Vol.3，No.42 ㈱日本総合研究所

東京都教育委員会『小１問題・中１ギャップの予防・解決のための「教員加配に関わる効果検証」に関する調査　最終報告書について』2013.4.25

日本保育園保健協議会（現：日本保育保健協議会）『保育所における食物アレルギーにかかわる調査研究』2010.3

第3章　幼保連携型認定こども園教育・保育要領の改訂について

1．はじめに

(1) これまでの流れ

認定こども園は，小学校入学前の子どもに対する幼児教育・保育，ならびに保護者に対する子育ての支援を総合的に提供する施設として，2006（平成18）年に「就学前の子どもに関する教育，保育等の総合的な提供の推進に関する法律」（認定こども園法）の成立により，同年10月から開始された。周知のように認定こども園は，幼保連携型，幼稚園型，保育所型，地方裁量型の４タイプに分けられており，制度発足の当初は，幼稚園型が学校教育法に基づく認可，保育所型が児童福祉法に基づく認可，また幼保連携型が学校教育法および児童福祉法に基づくそれぞれの認可が必要であった。そのため2014（平成26）年に認定こども園法を改正し，幼保連携型認定こども園は認定こども園法に基づく単一の認可（教育基本法第６条の法律で定める学校）とし，管轄省庁も内閣府に一本化した。また同年には「幼保連携型認定こども園教育・保育要領」（以下，教育・保育要領）が策定され，０歳から小学校就学前までの子どもの一貫した保育・教育が実施されるようになった（幼保連携型認定こども園以外の認定こども園においても教育・保育要領を踏まえることとしている）。それらに基づき，2015年（平成27年）４月より，子ども・子育て支援新制度の開始とともに，新しい形の単一認可による幼保連携型認定こども園が発足した。

(2) 認定こども園を取り巻く環境

2017（平成29）年３月31日に告示された新しい教育・保育要領は，2014年の策定に続くもので，『幼稚園教育要領』『保育所保育指針』の改訂（改定）との整合性を図ったものとなっている。認定こども園の施設数は，2014年までは緩やかな増加となっていたが，2014年に幼保連携型の認可が一元化されたこと，また2015年から子ども・子育て支援新制度がスタートし施設給付型に変わったことなどから，幼保連携型施設が大幅に増加し，2016（平成28）年には認定こども園全体で4,001施設，2017（平成29）年では5,081施設となった（図３－１）。このうち幼稚園，保育所等の既存の施設から認定こども園に移行した施設は，幼稚園377か所（2015年639か所，2016年438か所），認可保育所715か所（2015年1,047か所，2016年786か所），その他の保育施設35か所と，既存の施設からの移行が９割以上を占めている（なお認定こども園から認定こども園以外の施設に移行した施設は2015年128か所，2016年４か所，2017年４か所となっている）。一方，新規開設した施設は比較的少ないが（2015年16か所，2016年37か所），2017年は60施設が新規開設となっており年々増加傾向にある。

認定こども園制度の一番の目的は，「待機児童ゼロ」政策の一環として，保護者の就労の有無に関わらず，小学校就学前の児童に対し幼稚園・保育所の制度の枠組みを超えた幼児教育・保育を提供することであった。しかし，待機児童数が減る兆しは一向にみえておらず，子ども・子育て支援新制度がスタートし保育所等の施設数・定員が増えた2015年，2016年においても，その数は減っていない。なかでも産前産後休業あるいは育児休業後の職場復帰を考えている共働き家庭で保育ニーズの高い３歳未満児の待機児童数は，若干の減少はみられても，ほぼ毎年２万人前後で推移している（図２－３参照）。これは，それまで保育所に入ることができずに母親の就労をあきらめていた家庭が保育施設の増設に伴い，幼児の保育所への入所を希

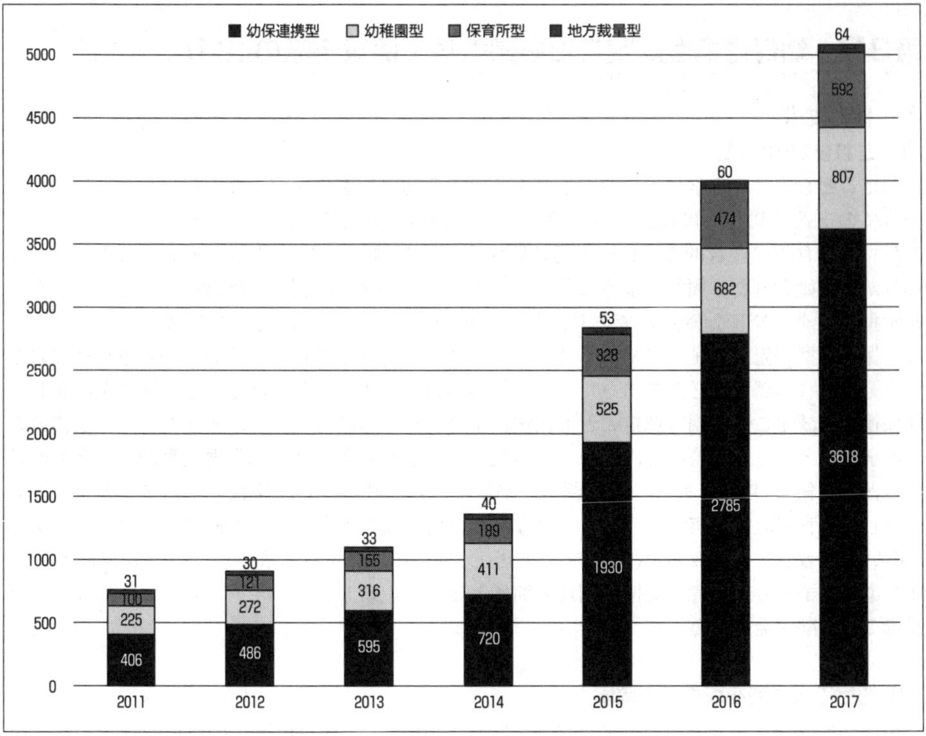

図３－１　認定こども園施設数の推移

望するようになったという隠れ需要が出てきていることによるといわれている。

今後も少子化の流れに変わりはないと思われるが，女性の社会進出がより進むことで５歳以下の幼児保育のニーズは増えていくと予想されている。また，第１章でも述べたように，中央教育審議会の求める「質の高い幼児教育」の提供という観点から幼児教育を担う幼稚園の存在意義はさらに大きくなるものと考えられる。こうしたことから幼稚園機能と保育所機能の両方を併せ持つ幼保連携型をはじめとする認定こども園の重要性はこれからさらに増していくものと思われる。

２．幼保連携型認定こども園教育・保育要領改訂のポイント

今回の改訂では，基本的には幼稚園教育要領での改訂，および保育所保育指針の改定に準拠したものとなっている。そのため，幼稚園教育要領および保育所保育指針の改訂（改定）のポイントなっている，幼児教育（保育）を通じて「育みたい資質・能力」および「幼児期の終わりまでに育ってほしい姿」が，新しい教育・保育要領の改訂版でも強調されている。なお，以下の（1）から（4）は幼稚園教育要領に準拠，また（5）から（7）は保育所保育指針に準拠した内容となっている。

(1) 幼保連携型認定こども園の教育および保育において育みたい資質・能力および「幼児期の終わりまでに育ってほしい姿」

現行の中央教育審議会の答申で述べられている「生きる力」の基礎を育むために子どもたちに以下の３つの資質・能力を育むことを明記している。

① 豊かな体験を通じて，感じたり，気付いたり，分かったり，できるようになったりする「知識及び技能の基礎」

② 気付いたことや，できるようになったことなどを使い，考えたり，試したり，工夫したり，表現したりする「思考力，判断力，表現力等の基礎」

③ 心情，意欲，態度が育つ中で，よりよい生活を営もうとする「学びに向かう力，人間性等」

そして，この３つの資質・能力が育まれている幼児の幼保連携型認定こども園修了時の具体的な姿が以下の10の姿である。

① 健康な心と体
② 自立心
③ 協同性
④ 道徳性・規範意識の芽生え
⑤ 社会生活との関わり
⑥ 思考力の芽生え
⑦ 自然との関わり・生命尊重
⑧ 数量や図形，標識や文字などへの関心・感覚
⑨ 言葉による伝え合い
⑩ 豊かな感性と表現

(2) カリキュラム・マネジメント

新教育・保育要領では，この「幼児期の終わりまでに育ってほしい姿」を踏まえて教育および保育の内容ならびに子育ての支援などに関する全体的な計画を作成し，その実施状況を評価して改善していくこと，また実施に必要な人的・物的な体制を確保し改善することで，幼保連携型認定こども園における教育および保育の質を高めていくカリキュラム・マネジメントの考え方が導入されている。

(3) 小学校教育との接続

幼保連携型認定こども園における教育および保育と小学校教育との円滑な接続の一層の強化を図ることを目的に，小学校教育との接続に関する記載が設けられた。ここでは幼保連携型認定こども園で育みたい３つの資質・能力を踏まえ，小学校の教諭との意見交換や合同研究の機会，また「幼児期の終わりまでに育ってほしい姿」を共有するなどの連携と接続の重要性が述べられている。

(4)「主体的・対話的で深い学び」（アクティブ・ラーニング）の実現

中央教育審議会の答申で述べられている，学ぶことに興味・関心を持ち，見通しを持って粘り強く取り組み，自己の学習活動を振り返って次につなげる「主体的な学び」，子ども同士の協働・教職員や地域の人との対話・先哲の考え方を手がかりに考えるなどを通じて，自己の考えを広め深める「対話的な学び」，そして得られた知識を相互に関連付けてより深く理解したり，情報を精査して考えを形成したり，問題を見出し解決策を思考したり，自分の思い・考えを基に創造へと向かう「深い学び」の実現を謳っている。幼保連携型認定こども園においては，子どもたちがさまざまな人やものとの関わりを通して，多様な体験をし，心身の調和の取れた発達を促す際に，この「主体的・対話的で深い学び」が実現されることを求めている。

(5) 乳児・1歳以上3才未満児の保育の記載を充実

新保育所保育指針との整合性を取り，「第2章　ねらい及び内容並びに配慮事項」では，乳児，1歳以上3才未満，満3歳以上の3つの年齢に分けている。そして各年齢における保育内容を原則として5領域に則り，それぞれの年齢区分における成長の特徴を詳細に記載する内容となっている。乳児に関しては，「健やかに伸び伸びと育つ」（健康な心と体を育て，自ら健康で安全な生活をつくりだす力の基盤を培う），「身近な人と気持ちが通じ合う」（受容的・応答的な関わりの下で，何かを伝えようとする意欲や身近な大人との信頼関係を育て，人と関わる力の基盤を培う），「身近なものと関わり感性が育つ」（身近な環境に興味や好奇心をもって関わり，感じたことや考えたことを表現する力の基盤を培う）という3つの関わりの視点とした。1歳以上3歳未満児については，言葉が生まれ，表現活動が始まることに応じて，3歳以上と同様の5つの領域を構成する。なお「3歳以上児」については，保育所保育指針と同じく，幼稚園教育要領の「第2章　ねらい及び内容」に準拠した内容となっている。

(6) 健康及び安全

新しい教育・保育要領では，これまで「幼保連携型認定こども園として特に配慮すべき事項」に含まれていた「健康支援」「食育の推進」「環境及び衛生管理並びに安全管理」の3項目に，新たに「災害の備え」を付け加えた「第3章　健康及び安全」を新設している。内容としては，新しい保育所保育指針に準拠することで，保育における子どもの健康，安全性の確保の重要性を明記している。

(7) 子育ての支援の充実

現行の教育・保育要領では「子育ての支援」は「幼保連携型認定こども園として特に配慮すべき事項」に含まれていたが，新しい教育・保育要領では「第4章　子育ての支援」として独立した章立てとし，園児の保護者ならびに地域の子育て家庭の保護者に向けた総合的な支援の提供を謳っている。内容としては，保育所保育指針との整合性を図っているほか，認定こども園独自の問題として，園に幼稚園機能を求める保護者と保育所機能を求める保護者との意識の違いの解消を目的とした記載もみられる。

3．新しい幼保連携型認定こども園教育・保育要領の概要（中央説明会資料による）

(1) 総則

① 幼保連携型認定こども園における教育及び保育の基本及び目標等

幼保連携型認定こども園における教育及び保育の基本の中で，幼児期の物事を捉える視点や考え方である幼児期における見方・考え方を新たに示すとともに，計画的な環境の構成に関連して，教材を工夫すること，また，教育及び保育は，園児が入園してから修了するまでの在園期間全体を通して行われるものであることを新たに示した。

さらに，幼保連携型認定こども園の教育及び保育において育みたい資質・能力と園児の幼保連携型認定こども園修了時の具体的な姿である「幼児期の終わりまでに育ってほしい姿」を新たに示すとともに，これらと第2章の「ねらい」及び「内容」との関係について新たに示した。

② 教育及び保育の内容並びに子育ての支援等に関する全体的な計画等

ア 教育及び保育の内容並びに子育ての支援等に関する全体的な計画の作成等

幼稚園教育要領等を踏まえて，次のことを新たに示した。

・教育及び保育の内容並びに子育ての支援等に関する全体的な計画（全体的な計画）は，どのような計画か

・各幼保連携型認定こども園においてカリキュラム・マネジメントに努めること

・各幼保連携型認定こども園の教育及び保育の目標を明確化及び全体的な計画の作成についての基本的な方針が共有されるよう努めること

・園長の方針の下，保育教諭等職員が適切に役割を分担，連携しつつ，全体的な計画や指導の改善を図るとともに，教育及び保育等に係る評価について，カリキュラム・マネジメントと関連を図りながら実施するよう留意すること

・「幼児期の終わりまでに育ってほしい姿」を共有するなど連携を図り，幼保連携型認定こども園における教育及び保育と小学校教育との円滑な接続を図るよう努めること

イ 指導計画の作成と園児の理解に基づいた評価

幼稚園教育要領を踏まえて，次のことを新たに示した。

・多様な体験に関連して，園児の発達に即して主体的・対話的で深い学びが実現するようにすること

・園児の発達を踏まえた言語環境を整え，言語活動の充実を図ること

・保育教諭等や他の園児と共に遊びや生活の中で見通しをもったり振り返ったりするよう工夫すること

・直接体験の重要性を踏まえ，視聴覚教材やコンピュータなど情報機器を活用する際には，園生活では得難い体験を補完するなど，園児の体験との関連を考慮すること

・幼保連携型認定こども園間に加え，小学校等との間の連携や交流を図るとともに，障害のある園児等との交流及び共同学習の機会を設け，協働して生活していく態度を育むよう努めること

・園児一人一人のよさや可能性を把握するなど園児の理解に基づいた評価を実施すること

・評価の実施の際には，他の園児との比較や一定の基準に対する達成度についての評定によって捉えるものではないことに留意すること

ウ 特別な配慮を必要とする園児への指導

幼稚園教育要領を踏まえて次のことを新たに示した。

・障害のある園児への指導に当たって，長期的な視点で園児への教育的支援を行うため，個別の教育及び保育支援計画や個別の指導計画を作成し活用することに努めること

・海外から帰国した園児や生活に必要な日本語の習得に困難のある園児については，個々の園児の実態に応じ，指導内容等の工夫を組織的かつ計画的に行うこと

③ 幼保連携型認定こども園として特に配慮すべき事項

前回の幼保連携型認定こども園教育・保育要領の策定，施行後の実践を踏まえた知見等を基に，次のことなどを新たに示した。

・満３歳以上の園児の入園時や移行時等の情報共有や，環境の工夫等について

・環境を通して行う教育及び保育の活動の充実を図るため，教育及び保育の環境の構成に当たっては，多様な経験を有する園児同士が学び合い，豊かな経験を積み重ねられるよう，工夫をすること

・長期的な休業中の多様な生活経験が長期的な休業などの終了後等の園生活に生かされるよう工夫をすること

(2) ねらい及び内容並びに配慮事項

満３歳未満の園児の保育に関するねらい及び内容並びに配慮事項等に関しては保育所保育指針の保育の内容の新たな記載を踏まえ，また，満３歳以上の園児の教育及び保育に関するねらい及び内容に関しては幼稚園教育要領のねらい及び内容の改善・充実を踏まえて，それぞれ新たに示した。

・「ねらい」は幼保連携型認定こども園の教育及び保育において育みたい資質・能力を園児の生活する姿から捉えたものであること
・「内容の取扱い」は園児の発達を踏まえた指導を行うに当たって留意すべき事項であること
・「幼児期の終わりまでに育ってほしい姿」は指導を行う際に考慮するものであること
・各視点や領域は，この時期の発達の特徴を踏まえ，乳幼児の発達の側面からまとめ示したものであること

また，幼保連携型認定こども園においては，長期にわたって在籍する園児もいることを踏まえ，乳児期・満１歳以上満３歳未満の園児・満３歳以上の園児に分けて記載するとともに，「子どもの発達」に関する内容を，「基本的な事項」として各時期のねらいや内容等とあわせて新たに示した。

① 乳児期の園児の保育に関するねらい及び内容

乳児期の発達の特徴を示すとともに，それらを踏まえ，ねらい及び内容について身体的発達に関する視点「健やかに伸び伸びと育つ」，社会的発達に関する視点「身近な人と気持ちが通じ合う」，精神的発達に関する視点「身近なものと関わり感性が育つ」としてまとめ，新たに示した。

② 満１ 歳以上満３歳未満の園児の保育に関するねらい及び内容

この時期の発達の特徴を示すとともに，それらを踏まえ，ねらい及び内容について心身の健康に関する領域「健康」，人との関わりに関する領域「人間関係」，身近な環境との関わりに関する領域「環境」，言葉の獲得に関する領域「言葉」及び感性と表現に関する領域「表現」としてまとめ，新たに示した。

③ 満３歳以上の園児の教育及び保育に関するねらい及び内容

この時期の発達の特徴を示すとともに，それらを踏まえ，ねらい及び内容について心身の健康に関する領域「健康」，人との関わりに関する領域「人間関係」，身近な環境との関わりに関する領域「環境」，言葉の獲得に関する領域「言葉」及び感性と表現に関する領域「表現」としてまとめ，内容の改善を図り，充実させた。

④ 教育及び保育の実施に関する配慮事項

保育所保育指針を踏まえて，次のことなどを新たに示した。

・心身の発達や個人差，個々の気持ち等を踏まえ，援助すること
・心と体の健康等に留意すること
・園児が自ら周囲へ働き掛け自ら行う活動を見守り，援助すること
・入園時の個別対応や周りの園児への留意等
・国籍や文化の違い等への留意等

・性差や個人差等への留意等

(3) 健康及び安全

現代的な諸課題を踏まえ，特に，以下の事項の改善・充実を図った。

また，全職員が相互に連携し，それぞれの専門性を生かしながら，組織的かつ適切な対応を行うことができるような体制整備や研修を行うことを新たに示した。

・アレルギー疾患を有する園児への対応や環境の整備等
・食育の推進における，保護者や地域，関係機関等との連携や協働
・環境及び衛生管理等における職員の衛生知識の向上
・重大事故防止の対策等
・災害への備えとして，施設・設備等の安全確保，災害発生時の対応や体制等，地域の関係機関との連携

(4) 子育ての支援

子育ての支援に関して，特に以下の事項の内容の改善・充実を図った。

○ 子育ての全般に関わる事項について
・保護者の自己決定の尊重や幼保連携型認定こども園の特性を生かすこと
・園全体の体制構築に努めることや地域の関係機関との連携構築，子どものプライバシーの保護・秘密保持

○ 幼保連携型認定こども園の園児の保護者に対する事項について
・多様な生活形態の保護者に対する教育及び保育の活動等への参加の工夫
・保護者同士の相互理解や気付き合い等への工夫や配慮
・保護者の多様化した教育及び保育の需要への対応等

○ 地域における子育て家庭の保護者に対する事項について
・地域の子どもに対する一時預かり事業などと教育及び保育との関連への考慮
・幼保連携型認定こども園の地域における役割等

＜参考文献＞

内閣府・文部科学省・厚生労働省『幼保連携型認定こども園教育・保育要領』2017.3.31

文部科学省『幼稚園教育要領』2017.3.31

厚生労働省『保育所保育指針』2017.3.31

中央教育審議会『幼稚園，小学校，中学校，高等学校及び特別支援学校の学習指導要領等の改善及び必要な方策等について（答申）』2016.12.21

無藤　隆『今後の幼児教育とは　幼稚園教育要領，保育所保育指針，幼保連携型認定こども園教育・保育要領，小学校学習指導要領の改訂を受けて』2017.1.16 国立教育政策研究所　幼児教育研究センター発足記念 平成28年度教育研究公開シンポジウム

淵上　孝『私立幼稚園を取り巻く現状と課題について』2016.1.28 全日本私立幼稚園連合会 平成27年度第２回都道府県政策担当者会議

池本美香，立岡健二郎『保育ニーズの将来展望と対応の在り方』JRIレビュー Vol.3. No. 42 ㈱日本総合研究所

内閣府『認定こども園に関する状況について（平成29年４月１日）』2017.9.8
文部科学省『平成26年度幼児教育実態調査』2015.10
厚生労働省『保育所等関連状況取りまとめ（平成29年４月１日）』2017.9.1
東京都教育委員会『小１問題・中１ギャップの予防・解決のための「教員加配に関わる効果検証」に関する調査　最終報告書について』2013.4.25

資料　幼稚園教育要領

（平成29年3月31日文部科学省告示第62号）
（平成30年4月1日から施行）

教育は，教育基本法第1条に定めるとおり，人格の完成を目指し，平和で民主的な国家及び社会の形成者として必要な資質を備えた心身ともに健康な国民の育成を期すという目的のもと，同法第2条に掲げる次の目標を達成するよう行われなければならない。

1　幅広い知識と教養を身に付け，真理を求める態度を養い，豊かな情操と道徳心を培うとともに，健やかな身体を養うこと。
2　個人の価値を尊重して，その能力を伸ばし，創造性を培い，自主及び自律の精神を養うとともに，職業及び生活との関連を重視し，勤労を重んずる態度を養うこと。
3　正義と責任，男女の平等，自他の敬愛と協力を重んずるとともに，公共の精神に基づき，主体的に社会の形成に参画し，その発展に寄与する態度を養うこと。
4　生命を尊び，自然を大切にし，環境の保全に寄与する態度を養うこと。
5　伝統と文化を尊重し，それらをはぐくんできた我が国と郷土を愛するとともに，他国を尊重し，国際社会の平和と発展に寄与する態度を養うこと。

また，幼児期の教育については，同法第11条に掲げるとおり，生涯にわたる人格形成の基礎を培う重要なものであることにかんがみ，国及び地方公共団体は，幼児の健やかな成長に資する良好な環境の整備その他適当な方法によって，その振興に努めなければならないこととされている。

これからの幼稚園には，学校教育の始まりとして，こうした教育の目的及び目標の達成を目指しつつ，一人一人の幼児が，将来，自分のよさや可能性を認識するとともに，あらゆる他者を価値のある存在として尊重し，多様な人々と協働しながら様々な社会的変化を乗り越え，豊かな人生を切り拓《ひら》き，持続可能な社会の創り手となることができるようにするための基礎を培うことが求められる。このために必要な教育の在り方を具体化するのが，各幼稚園において教育の内容等を組織的かつ計画的に組み立てた教育課程である。

教育課程を通して，これからの時代に求められる教育を実現していくためには，よりよい学校教育を通してよりよい社会を創るという理念を学校と社会とが共有し，それぞれの幼稚園において，幼児期にふさわしい生活をどのように展開し，どのような資質・能力を育むようにするのかを教育課程において明確にしながら，社会との連携及び協働によりその実現を図っていくという，社会に開かれた教育課程の実現が重要となる。

幼稚園教育要領とは，こうした理念の実現に向けて必要となる教育課程の基準を大綱的に定めるものである。幼稚園教育要領が果たす役割の一つは，公の性質を有する幼稚園における教育水準を全国的に確保することである。また，各幼稚園がその特色を生かして創意工夫を重ね，長年にわたり積み重ねられてきた教育実践や学術研究の蓄積を生かしながら，幼児や地域の現状や課題を捉え，家庭や地域社会と協力して，幼稚園教育要領を踏まえた教育活動の更なる充実を図っていくことも重要である。

幼児の自発的な活動としての遊びを生み出すために必要な環境を整え，一人一人の資質・能力を育んでいくことは，教職員をはじめとする幼稚園関係者はもとより，家庭や地域の人々も含め，様々な立場から幼児や幼稚園に関わる全ての大人に期待される役割である。家庭との緊密な連携の下，小学校以降の教育や生涯にわたる学習とのつながりを見通しながら，幼児の自発的な活動としての遊びを通しての総合的な指導をする際に広く活用されるものとなることを期待して，ここに幼稚園教育要領を定める。

第1章　総　則

第1　幼稚園教育の基本

幼児期の教育は，生涯にわたる人格形成の基礎を培う重要なものであり，幼稚園教育は，学校教育法に規定する目的及び目標を達成するため，幼児期の特性を踏まえ，環境を通して行うものであることを基本とする。

このため教師は，幼児との信頼関係を十分に築き，幼児が身近な環境に主体的に関わり，環境との関わり方や意味に気付き，これらを取り込もうとして，試行錯誤したり，考えたりするようになる幼児期の教育における見方・考え方を生かし，幼児と共によりよい教育環境を創造するように努めるものとする。これらを踏まえ，次に示す事項を重視して教育を行わなければならない。

1　幼児は安定した情緒の下で自己を十分に発揮することにより発達に必要な体験を得ていくものであることを考慮して，幼児の主体的な活動を促し，幼児期にふさわしい生活が展開されるようにすること。
2　幼児の自発的な活動としての遊びは，心身の調和のとれた発達の基礎を培う重要な学習であることを考慮して，遊びを通しての指導を中心として第2章に示すねらいが総合的に達成されるようにすること。
3　幼児の発達は，心身の諸側面が相互に関連し合い，多様な経過をたどって成し遂げられていくものであること，また，幼児の生活経験がそれぞれ異なることなどを考慮して，幼児一人一人の特性に応じ，発達の課題に即した指導を行うようにすること。

その際，教師は，幼児の主体的な活動が確保されるよう幼児一人一人の行動の理解と予想に基づき，計画的に環境を構成しなければならない。この場合において，教師は，幼児と人やものとの関わりが重要であることを踏まえ，教材を工夫し，物的・空間的環境を構成しなければならない。また，幼児一人一人の活動の場面に応じて，様々な役割を果たし，その活動を豊かにしなければならない。

第２　幼稚園教育において育みたい資質・能力及び「幼児期の終わりまでに育ってほしい姿」

1　幼稚園においては，生きる力の基礎を育むため，この章の第１に示す幼稚園教育の基本を踏まえ，次に掲げる資質・能力を一体的に育むよう努めるものとする。

(1) 豊かな体験を通じて，感じたり，気付いたり，分かったり，できるようになったりする「知識及び技能の基礎」

(2) 気付いたことや，できるようになったことなどを使い，考えたり，試したり，工夫したり，表現したりする「思考力，判断力，表現力等の基礎」

(3) 心情，意欲，態度が育つ中で，よりよい生活を営もうとする「学びに向かう力，人間性等」

2　１に示す資質・能力は，第２章に示すねらい及び内容に基づく活動全体によって育むものである。

3　次に示す「幼児期の終わりまでに育ってほしい姿」は，第２章に示すねらい及び内容に基づく活動全体を通して資質・能力が育まれている幼児の幼稚園修了時の具体的な姿であり，教師が指導を行う際に考慮するものである。

(1) 健康な心と体

幼稚園生活の中で，充実感をもって自分のやりたいことに向かって心と体を十分に働かせ，見通しをもって行動し，自ら健康で安全な生活をつくり出すようになる。

(2) 自立心

身近な環境に主体的に関わり様々な活動を楽しむ中で，しなければならないことを自覚し，自分の力で行うために考えたり，工夫したりしながら，諦めずにやり遂げることで達成感を味わい，自信をもって行動するようになる。

(3) 協同性

友達と関わる中で，互いの思いや考えなどを共有し，共通の目的の実現に向けて，考えたり，工夫したり，協力したりし，充実感をもってやり遂げるようになる。

(4) 道徳性・規範意識の芽生え

友達と様々な体験を重ねる中で，してよいことや悪いことが分かり，自分の行動を振り返ったり，友達の気持ちに共感したりし，相手の立場に立って行動するようになる。また，きまりを守る必要性が分かり，自分の気持ちを調整し，友達と折り合いを付けながら，きまりをつくったり，守ったりするようになる。

(5) 社会生活との関わり

家族を大切にしようとする気持ちをもつとともに，地域の身近な人と触れ合う中で，人との様々な関わり方に気付き，相手の気持ちを考えて関わり，自分が役に立つ喜びを感じ，地域に親しみをもつようになる。また，幼稚園内外の様々な環境に関わる中で，遊びや生活に必要な情報を取り入れ，情報に基づき判断したり，情報を伝え合ったり，活用したりするなど，情報を役立てながら活動するようになるとともに，公共の施設を大切に利用するなどして，社会とのつながりなどを意識するようになる。

(6) 思考力の芽生え

身近な事象に積極的に関わる中で，物の性質や仕組みなどを感じ取ったり，気付いたりし，考えたり，予想したり，工夫したりするなど，多様な関わりを楽しむようになる。また，友達の様々な考えに触れる中で，自分と異なる考えがあることに気付き，自ら判断したり，考え直したりするなど，新しい考えを生み出す喜びを味わいながら，自分の考えをよりよいものにするようになる。

(7) 自然との関わり・生命尊重

自然に触れて感動する体験を通して，自然の変化などを感じ取り，好奇心や探究心をもって考え言葉などで表現しながら，身近な事象への関心が高まるとともに，自然への愛情や畏敬の念をもつようになる。また，身近な動植物に心を動かされる中で，生命の不思議さや尊さに気付き，身近な動植物への接し方を考え，命あるものとしていたわり，大切にする気持ちをもって関わるようになる。

(8) 数量や図形，標識や文字などへの関心・感覚

遊びや生活の中で，数量や図形，標識や文字などに親しむ体験を重ねたり，標識や文字の役割に気付いたりし，自らの必要感に基づきこれらを活用し，興味や関心，感覚をもつようになる。

(9) 言葉による伝え合い

先生や友達と心を通わせる中で，絵本や物語などに親しみながら，豊かな言葉や表現を身に付け，経験したことや考えたことなどを言葉で伝えたり，相手の話を注意して聞いたりし，言葉による伝え合い

を楽しむようになる。

(10) 豊かな感性と表現

心を動かす出来事などに触れ感性を働かせる中で，様々な素材の特徴や表現の仕方などに気付き，感じたことや考えたことを自分で表現したり，友達同士で表現する過程を楽しんだりし，表現する喜びを味わい，意欲をもつようになる。

第3　教育課程の役割と編成等

1　教育課程の役割

各幼稚園においては，教育基本法及び学校教育法その他の法令並びにこの幼稚園教育要領の示すところに従い，創意工夫を生かし，幼児の心身の発達と幼稚園及び地域の実態に即応した適切な教育課程を編成するものとする。

また，各幼稚園においては，6に示す全体的な計画にも留意しながら，「幼児期の終わりまでに育ってほしい姿」を踏まえ教育課程を編成すること，教育課程の実施状況を評価してその改善を図っていくこと，教育課程の実施に必要な人的又は物的な体制を確保するとともにその改善を図っていくことなどを通して，教育課程に基づき組織的かつ計画的に各幼稚園の教育活動の質の向上を図っていくこと（以下「カリキュラム・マネジメント」という。）に努めるものとする。

2　各幼稚園の教育目標と教育課程の編成

教育課程の編成に当たっては，幼稚園教育において育みたい資質・能力を踏まえつつ，各幼稚園の教育目標を明確にするとともに，教育課程の編成についての基本的な方針が家庭や地域とも共有されるよう努めるものとする。

3　教育課程の編成上の基本的事項

(1) 幼稚園生活の全体を通して第2章に示すねらいが総合的に達成されるよう，教育課程に係る教育期間や幼児の生活経験や発達の過程などを考慮して具体的なねらいと内容を組織するものとする。この場合においては，特に，自我が芽生え，他者の存在を意識し，自己を抑制しようとする気持ちが生まれる幼児期の発達の特性を踏まえ，入園から修了に至るまでの長期的な視野をもって充実した生活が展開できるように配慮するものとする。

(2) 幼稚園の毎学年の教育課程に係る教育週数は，特別の事情のある場合を除き，39週を下ってはならない。

(3) 幼稚園の1日の教育課程に係る教育時間は，4時間を標準とする。ただし，幼児の心身の発達の程度や季節などに適切に配慮するものとする。

4　教育課程の編成上の留意事項

教育課程の編成に当たっては，次の事項に留意するものとする。

(1) 幼児の生活は，入園当初の一人一人の遊びや教師との触れ合いを通して幼稚園生活に親しみ，安定していく時期から，他の幼児との関わりの中で幼児の主体的な活動が深まり，幼児が互いに必要な存在であることを認識するようになり，やがて幼児同士や学級全体で目的をもって協同して幼稚園生活を展開し，深めていく時期などに至るまでの過程を様々に経ながら広げられていくものであることを考慮し，活動がそれぞれの時期にふさわしく展開されるようにすること。

(2) 入園当初，特に，3歳児の入園については，家庭との連携を緊密にし，生活のリズムや安全面に十分配慮すること。また，満3歳児については，学年の途中から入園することを考慮し，幼児が安心して幼稚園生活を過ごすことができるよう配慮すること。

(3) 幼稚園生活が幼児にとって安全なものとなるよう，教職員による協力体制の下，幼児の主体的な活動を大切にしつつ，園庭や園舎などの環境の配慮や指導の工夫を行うこと。

5　小学校教育との接続に当たっての留意事項

(1) 幼稚園においては，幼稚園教育が，小学校以降の生活や学習の基盤の育成につながることに配慮し，幼児期にふさわしい生活を通して，創造的な思考や主体的な生活態度などの基礎を培うようにするものとする。

(2) 幼稚園教育において育まれた資質・能力を踏まえ，小学校教育が円滑に行われるよう，小学校の教師との意見交換や合同の研究の機会などを設け，「幼児期の終わりまでに育ってほしい姿」を共有するなど連携を図り，幼稚園教育と小学校教育との円滑な接続を図るよう努めるものとする。

6　全体的な計画の作成

各幼稚園においては，教育課程を中心に，第3章に示す教育課程に係る教育時間の終了後等に行う教育活動の計画，学校保健計画，学校安全計画などとを関連させ，一体的に教育活動が展開されるよう全体的な計画を作成するものとする。

第4　指導計画の作成と幼児理解に基づいた評価

1　指導計画の考え方

幼稚園教育は，幼児が自ら意欲をもって環境と関わることによりつくり出される具体的な活動を通して，その目標の達成を図るものである。

幼稚園においてはこのことを踏まえ，幼児期にふさわしい生活が展開され，適切な指導が行われるよう，それぞれの幼稚園の教育課程に基づき，調和のとれた組織的，発展的な指導計画を作成し，幼児の活動に沿った柔軟な指導を行わなければならない。

2　指導計画の作成上の基本的事項

(1) 指導計画は，幼児の発達に即して一人一人の幼児が幼児期にふさわしい生活を展開し，必要な体験を得られるようにするために，具体的に作成するものとする。

(2) 指導計画の作成に当たっては，次に示すところにより，具体的なねらい及び内容を明確に設定し，適切な環境を構成することなどにより活動が選択・展開されるようにするものとする。

ア　具体的なねらい及び内容は，幼稚園生活における幼児の発達の過程を見通し，幼児の生活の連続性，季節の変化などを考慮して，幼児の興味や関心，発達の実情などに応じて設定すること。

イ　環境は，具体的なねらいを達成するために適切なものとなるように構成し，幼児が自らその環境に関わることにより様々な活動を展開しつつ必要な体験を得られるようにすること。その際，幼児の生活する姿や発想を大切にし，常にその環境が適切なものとなるようにすること。

ウ　幼児の行う具体的な活動は，生活の流れの中で様々に変化するものであることに留意し，幼児が望ましい方向に向かって自ら活動を展開していくことができるよう必要な援助をすること。

その際，幼児の実態及び幼児を取り巻く状況の変化などに即して指導の過程についての評価を適切に行い，常に指導計画の改善を図るものとする。

3　指導計画の作成上の留意事項

指導計画の作成に当たっては，次の事項に留意するものとする。

(1) 長期的に発達を見通した年，学期，月などにわたる長期の指導計画やこれとの関連を保ちながらより具体的な幼児の生活に即した週，日などの短期の指導計画を作成し，適切な指導が行われるようにすること。特に，週，日などの短期の指導計画については，幼児の生活のリズムに配慮し，幼児の意識や興味の連続性のある活動が相互に関連して幼稚園生活の自然な流れの中に組み込まれるようにすること。

(2) 幼児が様々な人やものとの関わりを通して，多様な体験をし，心身の調和のとれた発達を促すようにしていくこと。その際，幼児の発達に即して主体的・対話的で深い学びが実現するようにするとともに，心を動かされる体験が次の活動を生み出すことを考慮し，一つ一つの体験が相互に結び付き，幼稚園生活が充実するようにすること。

(3) 言語に関する能力の発達と思考力等の発達が関連していることを踏まえ，幼稚園生活全体を通して，幼児の発達を踏まえた言語環境を整え，言語活動の充実を図ること。

(4) 幼児が次の活動への期待や意欲をもつことができるよう，幼児の実態を踏まえながら，教師や他の幼児と共に遊びや生活の中で見通しをもったり，振り返ったりするよう工夫すること。

(5) 行事の指導に当たっては，幼稚園生活の自然の流れの中で生活に変化や潤いを与え，幼児が主体的に楽しく活動できるようにすること。なお，それぞれの行事についてはその教育的価値を十分検討し，適切なものを精選し，幼児の負担にならないようにすること。

(6) 幼児期は直接的な体験が重要であることを踏まえ，視聴覚教材やコンピュータなど情報機器を活用する際には，幼稚園生活では得難い体験を補完するなど，幼児の体験との関連を考慮すること。

(7) 幼児の主体的な活動を促すためには，教師が多様な関わりをもつことが重要であることを踏まえ，教師は，理解者，共同作業者など様々な役割を果たし，幼児の発達に必要な豊かな体験が得られるよう，活動の場面に応じて，適切な指導を行うようにすること。

(8) 幼児の行う活動は，個人，グループ，学級全体などで多様に展開されるものであることを踏まえ，幼稚園全体の教師による協力体制を作りながら，一人一人の幼児が興味や欲求を十分に満足させるよう適切な援助を行うようにすること。

4　幼児理解に基づいた評価の実施

幼児一人一人の発達の理解に基づいた評価の実施に当たっては，次の事項に配慮するものとする。

(1) 指導の過程を振り返りながら幼児の理解を進め，幼児一人一人のよさや可能性などを把握し，指導の改善に生かすようにすること。その際，他の幼児との比較や一定の基準に対する達成度についての評定によって捉えるものではないことに留意すること。

(2) 評価の妥当性や信頼性が高められるよう創意工夫を行い，組織的かつ計画的な取組を推進するとともに，次年度又は小学校等にその内容が適切に引き継がれるようにすること。

第5　特別な配慮を必要とする幼児への指導

1　障害のある幼児などへの指導

障害のある幼児などへの指導に当たっては，集団の中で生活することを通して全体的な発達を促していくことに配慮し，特別支援学校などの助言又は援助を活用しつつ，個々の幼児の障害の状態などに応じた指導内容や指導方法の工夫を組織的かつ計画的に行うものとする。また，家庭，地域及び医療や福祉，保健等の業務を行う関係機関との連携を図り，長期的な視点で幼児への教育的支援を行うために，個別の教育支援計画を作成し活用することに努めるとともに，個々の幼児の実態を的確に把握し，個別の指導計画を作成し活用することに努めるものとする。

2　海外から帰国した幼児や生活に必要な日本語の習得に困難のある幼児の幼稚園生活への適応

海外から帰国した幼児や生活に必要な日本語の習得に困難のある幼児については，安心して自己を発揮できるよう配慮するなど個々の幼児の実態に応じ，指導内容や指導方法の工夫を組織的かつ計画的に行うものとする。

第6　幼稚園運営上の留意事項

1　各幼稚園においては，園長の方針の下に，園務分掌に基づき教職員が適切に役割を分担しつつ，相互に連携しながら，教育課程や指導の改善を図るものとする。また，各幼稚園が行う学校評価については，教育課程の編成，実施，改善が教育活動や幼稚園運営の中核となることを踏まえ，カリキュラム・マネジメントと関連付けながら実施するよう留意するものとする。

2　幼児の生活は，家庭を基盤として地域社会を通じて次第に広がりをもつものであることに留意し，家庭との連携を十分に図るなど，幼稚園における生活が家庭や地域社会と連続性を保ちつつ展開されるようにするものとする。その際，地域の自然，高齢者や異年齢の子供などを含む人材，行事や公共施設などの地域の資源を積極的に活用し，幼児が豊かな生活体験を得られるように工夫するものとする。また，家庭との連携に当たっては，保護者との情報交換の機会を設けたり，保護者と幼児との活動の機会を設けたりなどすることを通じて，保護者の幼児期の教育に関する理解が深まるよう配慮するものとする。

3　地域や幼稚園の実態等により，幼稚園間に加え，保育所，幼保連携型認定こども園，小学校，中学校，高等学校及び特別支援学校などとの間の連携や交流を図るものとする。特に，幼稚園教育と小学校教育の円滑な接続のため，幼稚園の幼児と小学校の児童との交流の機会を積極的に設けるようにするものとする。また，障害のある幼児児童生徒との交流及び共同学習の機会を設け，共に尊重し合いながら協働して生活していく態度を育むよう努めるものとする。

第7　教育課程に係る教育時間終了後等に行う教育活動など

幼稚園は，第3章に示す教育課程に係る教育時間の終了後等に行う教育活動について，学校教育法に規定する目的及び目標並びにこの章の第1に示す幼稚園教育の基本を踏まえ実施するものとする。また，幼稚園の目的の達成に資するため，幼児の生活全体が豊かなものとなるよう家庭や地域における幼児期の教育の支援に努めるものとする。

第2章　ねらい及び内容

この章に示すねらいは，幼稚園教育において育みたい資質・能力を幼児の生活する姿から捉えたものであり，内容は，ねらいを達成するために指導する事項である。各領域は，これらを幼児の発達の側面から，心身の健康に関する領域「健康」，人との関わりに関する領域「人間関係」，身近な環境との関わりに関する領域「環境」，言葉の獲得に関する領域「言葉」及び感性と表現に関する領域「表現」としてまとめ，示したものである。内容の取扱いは，幼児の発達を踏まえた指導を行うに当たって留意すべき事項である。

各領域に示すねらいは，幼稚園における生活の全体を通じ，幼児が様々な体験を積み重ねる中で相互に関連をもちながら次第に達成に向かうものであること，内容は，幼児が環境に関わって展開する具体的な活動を通して総合的に指導されるものであることに留意しなければならない。

また，「幼児期の終わりまでに育ってほしい姿」が，ねらい及び内容に基づく活動全体を通して資質・能力が育まれている幼児の幼稚園修了時の具体的な姿であることを踏まえ，指導を行う際に考慮するものとする。

なお，特に必要な場合には，各領域に示すねらいの趣旨に基づいて適切な，具体的な内容を工夫し，それを加えても差し支えないが，その場合には，それが第1章の第1に示す幼稚園教育の基本を逸脱しないよう慎重に配慮する必要がある。

健康

〔健康な心と体を育て，自ら健康で安全な生活をつくり出す力を養う。〕

1　ねらい

(1) 明るく伸び伸びと行動し，充実感を味わう。

(2) 自分の体を十分に動かし，進んで運動しようとする。

(3) 健康，安全な生活に必要な習慣や態度を身に付け，見通しをもって行動する。

2　内容

(1) 先生や友達と触れ合い，安定感をもって行動する。

(2) いろいろな遊びの中で十分に体を動かす。

(3) 進んで戸外で遊ぶ。

(4) 様々な活動に親しみ，楽しんで取り組む。

(5) 先生や友達と食べることを楽しみ，食べ物への興味や関心をもつ。

(6) 健康な生活のリズムを身に付ける。

(7) 身の回りを清潔にし，衣服の着脱，食事，排泄《せつ》などの生活に必要な活動を自分でする。

(8) 幼稚園における生活の仕方を知り，自分たちで生活の場を整えながら見通しをもって行動する。

(9) 自分の健康に関心をもち，病気の予防などに必要な活動を進んで行う。

(10) 危険な場所，危険な遊び方，災害時などの行動の仕方が分かり，安全に気を付けて行動する。

3　内容の取扱い

上記の取扱いに当たっては，次の事項に留意する必要がある。

(1) 心と体の健康は，相互に密接な関連があるものであることを踏まえ，幼児が教師や他の幼児との温かい触れ合いの中で自己の存在感や充実感を味わうことなどを基盤として，しなやかな心と体の発達を促すこと。特に，十分に体を動かす気持ちよさを体験し，自ら体を動かそうとする意欲が育つようにすること。

(2) 様々な遊びの中で，幼児が興味や関心，能力に応じて全身を使って活動することにより，体を動かす楽しさを味わい，自分の体を大切にしようとする気持ちが育つようにすること。その際，多様な動きを経験する中で，体の動きを調整するようにすること。

(3) 自然の中で伸び伸びと体を動かして遊ぶことにより，体の諸機能の発達が促されることに留意し，幼児の興味や関心が戸外にも向くようにすること。その際，幼児の動線に配慮した園庭や遊具の配置などを工夫すること。

(4) 健康な心と体を育てるためには食育を通じた望ましい食習慣の形成が大切であることを踏まえ，幼児の食生活の実情に配慮し，和やかな雰囲気の中で教師や他の幼児と食べる喜びや楽しさを味わったり，様々な食べ物への興味や関心をもったりするなどし，食の大切さに気付き，進んで食べようとする気持ちが育つようにすること。

(5) 基本的な生活習慣の形成に当たっては，家庭での生活経験に配慮し，幼児の自立心を育て，幼児が他の幼児と関わりながら主体的な活動を展開する中で，生活に必要な習慣を身に付け，次第に見通しをもって行動できるようにすること。

(6) 安全に関する指導に当たっては，情緒の安定を図り，遊びを通して安全についての構えを身に付け，危険な場所や事物などが分かり，安全についての理解を深めるようにすること。また，交通安全の習慣を身に付けるようにするとともに，避難訓練などを通して，災害などの緊急時に適切な行動がとれるようにすること。

人間関係

〔他の人々と親しみ，支え合って生活するために，自立心を育て，人と関わる力を養う。〕

1　ねらい

(1) 幼稚園生活を楽しみ，自分の力で行動することの充実感を味わう。

(2) 身近な人と親しみ，関わりを深め，工夫したり，協力したりして一緒に活動する楽しさを味わい，愛情や信頼感をもつ。

(3) 社会生活における望ましい習慣や態度を身に付ける。

2　内容

(1) 先生や友達と共に過ごすことの喜びを味わう。

(2) 自分で考え，自分で行動する。

(3) 自分でできることは自分でする。

(4) いろいろな遊びを楽しみながら物事をやり遂げようとする気持ちをもつ。

(5) 友達と積極的に関わりながら喜びや悲しみを共感し合う。

(6) 自分の思ったことを相手に伝え，相手の思っていることに気付く。

(7) 友達のよさに気付き，一緒に活動する楽しさを味わう。

(8) 友達と楽しく活動する中で，共通の目的を見いだし，工夫したり，協力したりなどする。

(9) よいことや悪いことがあることに気付き，考えながら行動する。

(10) 友達との関わりを深め，思いやりをもつ。

(11) 友達と楽しく生活する中できまりの大切さに気付き，守ろうとする。

(12) 共同の遊具や用具を大切にし，皆で使う。

(13) 高齢者をはじめ地域の人々などの自分の生活に関係の深いいろいろな人に親しみをもつ。

3　内容の取扱い

上記の取扱いに当たっては，次の事項に留意する必要がある。

(1) 教師との信頼関係に支えられて自分自身の生活を確立していくことが人と関わる基盤となることを考慮し，幼児が自ら周囲に働き掛けることにより多様な感情を体験し，試行錯誤しながら諦めずにやり遂げることの達成感や，前向きな見通しをもって自分の力で行うことの充実感を味わうことができるよう，幼児の行動を見守りながら適切な援助を行うようにすること。

(2) 一人一人を生かした集団を形成しながら人と関わる力を育てていくようにすること。その際，集団の生活の中で，幼児が自己を発揮し，教師や他の幼児に認められる体験をし，自分のよさや特徴に気付き，自信をもって行動できるようにすること。

(3) 幼児が互いに関わりを深め，協同して遊ぶようになるため，自ら行動する力を育てるようにするとともに，他の幼児と試行錯誤しながら活動を展開する楽しさや共通の目的が実現する喜びを味わうことができるようにすること。

(4) 道徳性の芽生えを培うに当たっては，基本的な生活習慣の形成を図るとともに，幼児が他の幼児との関わりの中で他人の存在に気付き，相手を尊重する気持ちをもって行動できるようにし，また，自然や身近な動植物に親しむことなどを通して豊かな心情が育つようにすること。特に，人に対する信頼感や思いやりの気持ちは，葛藤やつまずきをも体験し，それらを乗り越えることにより次第に芽生えてくることに配慮すること。

(5) 集団の生活を通して，幼児が人との関わりを深め，規範意識の芽生えが培われることを考慮し，幼児が教師との信頼関係に支えられて自己を発揮する中で，互いに思いを主張し，折り合いを付ける体験をし，きまりの必要性などに気付き，自分の気持ちを調整する力が育つようにすること。

(6) 高齢者をはじめ地域の人々などの自分の生活に関係の深いいろいろな人と触れ合い，自分の感情や意志を表現しながら共に楽しみ，共感し合う体験を通して，これらの人々などに親しみをもち，人と関わることの楽しさや人の役に立つ喜びを味わうことができるようにすること。また，生活を通して親や祖父母などの家族の愛情に気付き，家族を大切にしようとする気持ちが育つようにすること。

環境

〔周囲の様々な環境に好奇心や探究心をもって関わり，それらを生活に取り入れていこうとする力を養う。〕

1　ねらい

(1) 身近な環境に親しみ，自然と触れ合う中で様々な事象に興味や関心をもつ。

(2) 身近な環境に自分から関わり，発見を楽しんだり，考えたりし，それを生活に取り入れようとする。

(3) 身近な事象を見たり，考えたり，扱ったりする中で，物の性質や数量，文字などに対する感覚を豊かにする。

2　内容

(1) 自然に触れて生活し，その大きさ，美しさ，不思議さなどに気付く。

(2) 生活の中で，様々な物に触れ，その性質や仕組みに興味や関心をもつ。

(3) 季節により自然や人間の生活に変化のあることに気付く。

(4) 自然などの身近な事象に関心をもち，取り入れて遊ぶ。

(5) 身近な動植物に親しみをもって接し，生命の尊さに気付き，いたわったり，大切にしたりする。

(6) 日常生活の中で，我が国や地域社会における様々な文化や伝統に親しむ。

(7) 身近な物を大切にする。

(8) 身近な物や遊具に興味をもって関わり，自分なりに比べたり，関連付けたりしながら考えたり，試したりして工夫して遊ぶ。

(9) 日常生活の中で数量や図形などに関心をもつ。

(10) 日常生活の中で簡単な標識や文字などに関心をもつ。

(11) 生活に関係の深い情報や施設などに興味や関心をもつ。

(12) 幼稚園内外の行事において国旗に親しむ。

3　内容の取扱い

上記の取扱いに当たっては，次の事項に留意する必要がある。

(1) 幼児が，遊びの中で周囲の環境と関わり，次第に周囲の世界に好奇心を抱き，その意味や操作の仕方に関心をもち，物事の法則性に気付き，自分なりに考えることができるようになる過程を大切にすること。また，他の幼児の考えなどに触れて新しい考えを生み出す喜びや楽しさを味わい，自分の考えをよりよいものにしようとする気持ちが育つようにすること。

(2) 幼児期において自然のもつ意味は大きく，自然の大きさ，美しさ，不思議さなどに直接触れる体験を通して，幼児の心が安らぎ，豊かな感情，好奇心，思考力，表現力の基礎が培われることを踏まえ，幼児が自然との関わりを深めることができるよう工夫すること。

(3) 身近な事象や動植物に対する感動を伝え合い，共感し合うことなどを通して自分から関わろうとする意欲を育てるとともに，様々な関わり方を通してそれらに対する親しみや畏敬の念，生命を大切にする気持ち，公共心，探究心などが養われるようにすること。

(4) 文化や伝統に親しむ際には，正月や節句など我が国の伝統的な行事，国歌，唱歌，わらべうたや我が国の伝統的な遊びに親しんだり，異なる文化に触れる活動に親しんだりすることを通じて，社会とのつながりの意識や国際理解の意識の芽生えなどが養われるようにすること。

(5) 数量や文字などに関しては，日常生活の中で幼児自身の必要感に基づく体験を大切にし，数量や文字などに関する興味や関心，感覚が養われるようにすること。

言葉

〔経験したことや考えたことなどを自分なりの言葉で表現し，相手の話す言葉を聞こうとする意欲や態度を育て，言葉に対する感覚や言葉で表現する力を養う。〕

1　ねらい

(1) 自分の気持ちを言葉で表現する楽しさを味わう。

(2) 人の言葉や話などをよく聞き，自分の経験したことや考えたことを話し，伝え合う喜びを味わう。

(3) 日常生活に必要な言葉が分かるようになるとともに，絵本や物語などに親しみ，言葉に対する感覚を豊かにし，先生や友達と心を通わせる。

2　内容

(1) 先生や友達の言葉や話に興味や関心をもち，親しみをもって聞いたり，話したりする。

(2) したり，見たり，聞いたり，感じたり，考えたりなどしたことを自分なりに言葉で表現する。

(3) したいこと，してほしいことを言葉で表現したり，分からないことを尋ねたりする。

(4) 人の話を注意して聞き，相手に分かるように話す。

(5) 生活の中で必要な言葉が分かり，使う。

(6) 親しみをもって日常の挨拶をする。

(7) 生活の中で言葉の楽しさや美しさに気付く。

(8) いろいろな体験を通じてイメージや言葉を豊かにする。

(9) 絵本や物語などに親しみ，興味をもって聞き，想像をする楽しさを味わう。

(10) 日常生活の中で，文字などで伝える楽しさを味わう。

3　内容の取扱い

上記の取扱いに当たっては，次の事項に留意する必要がある。

(1) 言葉は，身近な人に親しみをもって接し，自分の感情や意志などを伝え，それに相手が応答し，その言葉を聞くことを通して次第に獲得されていくものであることを考慮して，幼児が教師や他の幼児と関わることにより心を動かされるような体験をし，言葉を交わす喜びを味わえるようにすること。

(2) 幼児が自分の思いを言葉で伝えるとともに，教師や他の幼児などの話を興味をもって注意して聞くことを通して次第に話を理解するようになっていき，言葉による伝え合いができるようにすること。

(3) 絵本や物語などで，その内容と自分の経験とを結び付けたり，想像を巡らせたりするなど，楽しみを十分に味わうことによって，次第に豊かなイメージをもち，言葉に対する感覚が養われるようにすること。

(4) 幼児が生活の中で，言葉の響きやリズム，新しい言葉や表現などに触れ，これらを使う楽しさを味わえるようにすること。その際，絵本や物語に親しんだり，言葉遊びなどをしたりすることを通して，言葉が豊かになるようにすること。

(5) 幼児が日常生活の中で，文字などを使いながら思ったことや考えたことを伝える喜びや楽しさを味わい，文字に対する興味や関心をもつようにすること。

表現

〔感じたことや考えたことを自分なりに表現することを通して，豊かな感性や表現する力を養い，創造性を豊かにする。〕

1　ねらい

(1) いろいろなものの美しさなどに対する豊かな感性をもつ。

(2) 感じたことや考えたことを自分なりに表現して楽しむ。

(3) 生活の中でイメージを豊かにし，様々な表現を楽しむ。

2　内容

(1) 生活の中で様々な音，形，色，手触り，動きなどに気付いたり，感じたりするなどして楽しむ。

(2) 生活の中で美しいものや心を動かす出来事に触れ，イメージを豊かにする。

(3) 様々な出来事の中で，感動したことを伝え合う楽しさを味わう。

(4) 感じたこと，考えたことなどを音や動きなどで表現したり，自由にかいたり，つくったりなどする。

(5) いろいろな素材に親しみ，工夫して遊ぶ。

(6) 音楽に親しみ，歌を歌ったり，簡単なリズム楽器を使ったりなどする楽しさを味わう。

(7) かいたり，つくったりすることを楽しみ，遊びに使ったり，飾ったりなどする。

(8) 自分のイメージを動きや言葉などで表現したり，演じて遊んだりするなどの楽しさを味わう。

3　内容の取扱い

上記の取扱いに当たっては，次の事項に留意する必要がある。

(1) 豊かな感性は，身近な環境と十分に関わる中で美しいもの，優れたもの，心を動かす出来事などに出会い，そこから得た感動を他の幼児や教師と共有し，様々に表現することなどを通して養われるようにすること。その際，風の音や雨の音，身近にある草や花の形や色など自然の中にある音，形，色などに気付くようにすること。

(2) 幼児の自己表現は素朴な形で行われることが多いので，教師はそのような表現を受容し，幼児自身の表現しようとする意欲を受け止めて，幼児が生活の中で幼児らしい様々な表現を楽しむことができるようにすること。

(3) 生活経験や発達に応じ，自ら様々な表現を楽しみ，表現する意欲を十分に発揮させることができるように，遊具や用具などを整えたり，様々な素材や表現の仕方に親しんだり，他の幼児の表現に触れられるよう配慮したりし，表現する過程を大切にして自己表現を楽しめるように工夫すること。

第３章　教育課程に係る教育時間の終了後等に行う教育活動などの留意事項

1　地域の実態や保護者の要請により，教育課程に係る教育時間の終了後等に希望する者を対象に行う教育活動については，幼児の心身の負担に配慮するものとする。また，次の点にも留意するものとする。

(1) 教育課程に基づく活動を考慮し，幼児期にふさわしい無理のないものとなるようにすること。その際，教育課程に基づく活動を担当する教師と緊密な連携を図るようにすること。

(2) 家庭や地域での幼児の生活も考慮し，教育課程に係る教育時間の終了後等に行う教育活動の計画を作成するようにすること。その際，地域の人々と連携するなど，地域の様々な資源を活用しつつ，多様な体験ができるようにすること。

(3) 家庭との緊密な連携を図るようにすること。その際，情報交換の機会を設けたりするなど，保護者が，幼稚園と共に幼児を育てるという意識が高まるようにすること。

(4) 地域の実態や保護者の事情とともに幼児の生活のリズムを踏まえつつ，例えば実施日数や時間などについて，弾力的な運用に配慮すること。

(5) 適切な責任体制と指導体制を整備した上で行うようにすること。

2　幼稚園の運営に当たっては，子育ての支援のために保護者や地域の人々に機能や施設を開放して，園内体制の整備や関係機関との連携及び協力に配慮しつつ，幼児期の教育に関する相談に応じたり，情報を提供したり，幼児と保護者との登園を受け入れたり，保護者同士の交流の機会を提供したりするなど，幼稚園と家庭が一体となって幼児と関わる取組を進め，地域における幼児期の教育のセンターとしての役割を果たすよう努めるものとする。その際，心理や保健の専門家，地域の子育て経験者等と連携・協働しながら取り組むよう配慮するものとする。

資料　保育所保育指針

(平成 29 年 3 月 31 日厚生労働省告示第 117 号)
(平成 30 年 4 月 1 日から施行)

第 1 章　総則

この指針は，児童福祉施設の設備及び運営に関する基準(昭和 23 年厚生省令第 63 号。以下「設備運営基準」という。)第 35 条の規定に基づき，保育所における保育の内容に関する事項及びこれに関連する運営に関する事項を定めるものである。各保育所は，この指針において規定される保育の内容に係る基本原則に関する事項等を踏まえ，各保育所の実情に応じて創意工夫を図り，保育所の機能及び質の向上に努めなければならない。

1　保育所保育に関する基本原則

(1)　保育所の役割

ア　保育所は，児童福祉法(昭和 22 年法律第 164 号)第 39 条の規定に基づき，保育を必要とする子どもの保育を行い，その健全な心身の発達を図ることを目的とする児童福祉施設であり，入所する子どもの最善の利益を考慮し，その福祉を積極的に増進することに最もふさわしい生活の場でなければならない。

イ　保育所は，その目的を達成するために，保育に関する専門性を有する職員が，家庭との緊密な連携の下に，子どもの状況や発達過程を踏まえ，保育所における環境を通して，養護及び教育を一体的に行うことを特性としている。

ウ　保育所は，入所する子どもを保育するとともに，家庭や地域の様々な社会資源との連携を図りながら，入所する子どもの保護者に対する支援及び地域の子育て家庭に対する支援等を行う役割を担うものである。

エ　保育所における保育士は，児童福祉法第 18 条の 4 の規定を踏まえ，保育所の役割及び機能が適切に発揮されるように，倫理観に裏付けられた専門的知識，技術及び判断をもって，子どもを保育するとともに，子どもの保護者に対する保育に関する指導を行うものであり，その職責を遂行するための専門性の向上に絶えず努めなければならない。

(2) 保育の目標

ア　保育所は，子どもが生涯にわたる人間形成にとって極めて重要な時期に，その生活時間の大半を過ごす場である。このため，保育所の保育は，子どもが現在を最も良く生き，望ましい未来をつくり出す力の基礎を培うために，次の目標を目指して行わなければならない。

(ア) 十分に養護の行き届いた環境の下に，くつろいだ雰囲気の中で子どもの様々な欲求を満たし，生命の保持及び情緒の安定を図ること。

(イ) 健康，安全など生活に必要な基本的な習慣や態度を養い，心身の健康の基礎を培うこと。

(ウ) 人との関わりの中で，人に対する愛情と信頼感，そして人権を大切にする心を育てるとともに，自主，自立及び協調の態度を養い，道徳性の芽生えを培うこと。

(エ) 生命，自然及び社会の事象についての興味や関心を育て，それらに対する豊かな心情や思考力の芽生えを培うこと。

(オ) 生活の中で，言葉への興味や関心を育て，話したり，聞いたり，相手の話を理解しようとするなど，言葉の豊かさを養うこと。

(カ) 様々な体験を通して，豊かな感性や表現力を育み，創造性の芽生えを培うこと。

イ　保育所は，入所する子どもの保護者に対し，その意向を受け止め，子どもと保護者の安定した関係に配慮し，保育所の特性や保育士等の専門性を生かして，その援助に当たらなければならない。

(3) 保育の方法

保育の目標を達成するために，保育士等は，次の事項に留意して保育しなければならない。

ア　一人一人の子どもの状況や家庭及び地域社会での生活の実態を把握するとともに，子どもが安心感と信頼感をもって活動できるよう，子どもの主体としての思いや願いを受け止めること。

イ　子どもの生活のリズムを大切にし，健康，安全で情緒の安定した生活ができる環境や，自己を十分に発揮できる環境を整えること。

ウ　子どもの発達について理解し，一人一人の発達過程に応じて保育すること。その際，子どもの個人差に十分配慮すること。

エ　子ども相互の関係づくりや互いに尊重する心を大切にし，集団における活動を効果あるものにするよう援助すること。

オ　子どもが自発的・意欲的に関われるような環境を構成し，子どもの主体的な活動や子ども相互の関わりを大切にすること。特に，乳幼児期にふさわしい体験が得られるように，生活や遊びを通して総合的に保育すること。

カ　一人一人の保護者の状況やその意向を理解，受容し，それぞれの親子関係や家庭生活等に配慮しながら，様々な機会をとらえ，適切に援助すること。

(4) 保育の環境

保育の環境には，保育士等や子どもなどの人的環境，施設や遊具などの物的環境，更には自然や社会の事象などがある。保育所は，こうした人，物，場などの環境が相互に関連し合い，子どもの生活が豊かなものとなるよう，次の事項に留意しつつ，計画的に環境を構成し，工夫して保育しなければならない。

ア　子ども自らが環境に関わり，自発的に活動し，様々な経験を積んでいくことができるよう配慮すること。

イ　子どもの活動が豊かに展開されるよう，保育所の設備や環境を整え，保育所の保健的環境や安全の確保などに努めること。

ウ　保育室は，温かな親しみとくつろぎの場となるとともに，生き生きと活動できる場となるように配慮すること。

エ　子どもが人と関わる力を育てていくため，子ども自らが周囲の子どもや大人と関わっていくことができる環境を整えること。

(5) 保育所の社会的責任

ア　保育所は，子どもの人権に十分配慮するとともに，子ども一人一人の人格を尊重して保育を行わなければならない。

イ　保育所は，地域社会との交流や連携を図り，保護者や地域社会に，当該保育所が行う保育の内容を適切に説明するよう努めなければならない。

ウ　保育所は，入所する子ども等の個人情報を適切に取り扱うとともに，保護者の苦情などに対し，その解決を図るよう努めなければならない。

2　養護に関する基本的事項

(1) 養護の理念

保育における養護とは，子どもの生命の保持及び情緒の安定を図るために保育士等が行う援助や関わりであり，保育所における保育は，養護及び教育を一体的に行うことをその特性とするものである。保育所における保育全体を通じて，養護に関するねらい及び内容を踏まえた保育が展開されなければならない。

(2) 養護に関わるねらい及び内容

ア　生命の保持

（ア）ねらい

①　一人一人の子どもが，快適に生活できるようにする。

②　一人一人の子どもが，健康で安全に過ごせるようにする。

③　一人一人の子どもの生理的欲求が，十分に満たされるようにする。

④　一人一人の子どもの健康増進が，積極的に図られるようにする。

（イ）内容

①　一人一人の子どもの平常の健康状態や発育及び発達状態を的確に把握し，異常を感じる場合は，速やかに適切に対応する。

②　家庭との連携を密にし，嘱託医等との連携を図りながら，子どもの疾病や事故防止に関する認識を深め，保健的で安全な保育環境の維持及び向上に努める。

③　清潔で安全な環境を整え，適切な援助や応答的な関わりを通して子どもの生理的欲求を満たしていく。また，家庭と協力しながら，子どもの発達過程等に応じた適切な生活のリズムがつくられていくようにする。

④　子どもの発達過程等に応じて，適度な運動と休息を取ることができるようにする。また，食事，排泄《せつ》，衣類の着脱，身の回りを清潔にすることなどについて，子どもが意欲的に生活できるよう適切に援助する。

イ　情緒の安定

（ア）ねらい

①　一人一人の子どもが，安定感をもって過ごせるようにする。

②　一人一人の子どもが，自分の気持ちを安心して表すことができるようにする。

③　一人一人の子どもが，周囲から主体として受け止められ，主体として育ち，自分を肯定する気持ちが育まれていくようにする。

④　一人一人の子どもがくつろいで共に過ごし，心身の疲れが癒されるようにする。

（イ）内容

①　一人一人の子どもの置かれている状態や発達過程などを的確に把握し，子どもの欲求を適切に満たしながら，応答的な触れ合いや言葉がけを行う。

②　一人一人の子どもの気持ちを受容し，共感しながら，子どもとの継続的な信頼関係を築いていく。

③　保育士等との信頼関係を基盤に，一人一人の子どもが主体的に活動し，自発性や探索意欲などを高めるとともに，自分への自信をもつことができるよう成長の過程を見守り，適切に働きかける。

④　一人一人の子どもの生活のリズム，発達過程，保育時間などに応じて，活動内容のバランスや調和を図りながら，適切な食事や休息が取れるようにする。

3　保育の計画及び評価

(1) 全体的な計画の作成

ア　保育所は，1の（2）に示した保育の目標を達成するために，各保育所の保育の方針や目標に基づき，子どもの発達過程を踏まえて，保育の内容が組織的・計画的に構成され，保育所の生活の全体を通して，総合的に展開されるよう，全体的な計画を作成しなければならない。

イ　全体的な計画は，子どもや家庭の状況，地域の実態，保育時間などを考慮し，子どもの育ちに関する長期的見通しをもって適切に作成されなければならない。

ウ　全体的な計画は，保育所保育の全体像を包括的に示すものとし，これに基づく指導計画，保健計画，食育計画等を通じて，各保育所が創意工夫して保育できるよう，作成されなければならない。

(2) 指導計画の作成

ア　保育所は，全体的な計画に基づき，具体的な保育が適切に展開されるよう，子どもの生活や発達を見通した長期的な指導計画と，それに関連しながら，より具体的な子どもの日々の生活に即した短期的な指導計画を作成しなければならない。

イ　指導計画の作成に当たっては，第2章及びその他の関連する章に示された事項のほか，子ども一人一人の発達過程や状況を十分に踏まえるとともに，次の事項に留意しなければならない。

（ア）3歳未満児については，一人一人の子どもの生育歴，心身の発達，活動の実態等に即して，個別的な計画を作成すること。

（イ）3歳以上児については，個の成長と，子ども相互の関係や協同的な活動が促されるよう配慮すること。

（ウ）異年齢で構成される組やグループでの保育においては，一人一人の子どもの生活や経験，発達過程などを把握し，適切な援助や環境構成ができるよう配慮すること。

ウ　指導計画においては，保育所の生活における子どもの発達過程を見通し，生活の連続性，季節の変化などを考慮し，子どもの実態に即した具体的なねらい及び内容を設定すること。また，具体的なねらいが達成されるよう，子どもの生活する姿や発想を大切にして適切な環境を構成し，子どもが主体的に活動できるようにすること。

エ　一日の生活のリズムや在園時間が異なる子どもが共に過ごすことを踏まえ，活動と休息，緊張感と解放感等の調和を図るよう配慮すること。

オ　午睡は生活のリズムを構成する重要な要素であり，安心して眠ることのできる安全な睡眠環境を確保するとともに，在園時間が異なることや，睡眠時間は子どもの発達の状況や個人によって差があることから，一律とならないよう配慮すること。

カ　長時間にわたる保育については，子どもの発達過程，生活のリズム及び心身の状態に十分配慮して，保育の内容や方法，職員の協力体制，家庭との連携などを指導計画に位置付けること。

キ　障害のある子どもの保育については，一人一人の子どもの発達過程や障害の状態を把握し，適切な環境の下で，障害のある子どもが他の子どもとの生活を通して共に成長できるよう，指導計画の中に位置付けること。また，子どもの状況に応じた保育を実施する観点から，家庭や関係機関と連携した支援のための計画を個別に作成するなど適切な対応を図ること。

(3) 指導計画の展開

指導計画に基づく保育の実施に当たっては，次の事項に留意しなければならない。

ア　施設長，保育士など，全職員による適切な役割分担と協力体制を整えること。

イ　子どもが行う具体的な活動は，生活の中で様々に変化することに留意して，子どもが望ましい方向に向かって自ら活動を展開できるよう必要な援助を行うこと。

ウ　子どもの主体的な活動を促すためには，保育士等が多様な関わりをもつことが重要であることを踏まえ，子どもの情緒の安定や発達に必要な豊かな体験が得られるよう援助すること。

エ　保育士等は，子どもの実態や子どもを取り巻く状況の変化などに即して保育の過程を記録するとともに，これらを踏まえ，指導計画に基づく保育の内容の見直しを行い，改善を図ること。

(4) 保育内容等の評価

ア　保育士等の自己評価

（ア）保育士等は，保育の計画や保育の記録を通して，自らの保育実践を振り返り，自己評価することを通して，その専門性の向上や保育実践の改善に努めなければならない。

（イ）保育士等による自己評価に当たっては，子どもの活動内容やその結果だけでなく，子どもの心の育ちや意欲，取り組む過程などにも十分配慮するよう留意すること。

（ウ）保育士等は，自己評価における自らの保育実践の振り返りや職員相互の話し合い等を通じて，専門性の向上及び保育の質の向上のための課題を明確にするとともに，保育所全体の保育の内容に関する認識を深めること。

イ　保育所の自己評価

（ア）保育所は，保育の質の向上を図るため，保育の計画の展開や保育士等の自己評価を踏まえ，当該保育所の保育の内容等について，自ら評価を行い，その結果を公表するよう努めなければならない。

（イ）保育所が自己評価を行うに当たっては，地域の実情や保育所の実態に即して，適切に評価の観点や項目等を設定し，全職員による共通理解をもって取り組むよう留意すること。

（ウ）設備運営基準第36条の趣旨を踏まえ，保育の内容等の評価に関し，保護者及び地域住民等の意見を聴くことが望ましいこと。

(5) 評価を踏まえた計画の改善

ア　保育所は，評価の結果を踏まえ，当該保育所の保育の内容等の改善を図ること。

イ　保育の計画に基づく保育，保育の内容の評価及びこれに基づく改善という一連の取組により，保育の質の向上が図られるよう，全職員が共通理解をもって取り組むことに留意すること。

4　幼児教育を行う施設として共有すべき事項

(1) 育みたい資質・能力

ア　保育所においては，生涯にわたる生きる力の基礎を培うため，1の(2)に示す保育の目標を踏まえ，次に掲げる資質・能力を一体的に育むよう努めるものとする。

（ア）豊かな体験を通じて，感じたり，気付いたり，分かったり，できるようになったりする「知識及び技能の基礎」

（イ）気付いたことや，できるようになったことなどを使い，考えたり，試したり，工夫したり，表現したりする「思考力，判断力，表現力等の基礎」

（ウ）心情，意欲，態度が育つ中で，よりよい生活を営もうとする「学びに向かう力，人間性等」

イ　アに示す資質・能力は，第2章に示すねらい及び内容に基づく保育活動全体によって育むものである。

(2) 幼児期の終わりまでに育ってほしい姿

次に示す「幼児期の終わりまでに育ってほしい姿」は，第2章に示すねらい及び内容に基づく保育活動全体を通して資質・能力が育まれている子どもの小学校就学時の具体的な姿であり，保育士等が指導を行う際に考慮するものである。

ア　健康な心と体

保育所の生活の中で，充実感をもって自分のやりたいことに向かって心と体を十分に働かせ，見通しをもって行動し，自ら健康で安全な生活をつくり出すようになる。

イ　自立心

身近な環境に主体的に関わり様々な活動を楽しむ中で，しなければならないことを自覚し，自分の力で行うために考えたり，工夫したりしながら，諦めずにやり遂げることで達成感を味わい，自信をもって行動するようになる。

ウ　協同性

友達と関わる中で，互いの思いや考えなどを共有し，共通の目的の実現に向けて，考えたり，工夫したり，協力したりし，充実感をもってやり遂げるようになる。

エ　道徳性・規範意識の芽生え

友達と様々な体験を重ねる中で，してよいことや悪いことが分かり，自分の行動を振り返ったり，友達の気持ちに共感したりし，相手の立場に立って行動するようになる。また，きまりを守る必要性が分かり，自分の気持ちを調整し，友達と折り合いを付けながら，きまりをつくったり，守ったりするようになる。

オ　社会生活との関わり

家族を大切にしようとする気持ちをもつとともに，地域の身近な人と触れ合う中で，人との様々な関わり方に気付き，相手の気持ちを考えて関わり，自分が役に立つ喜びを感じ，地域に親しみをもつようになる。また，保育所内外の様々な環境に関わる中で，遊びや生活に必要な情報を取り入れ，情報に基づき判断したり，情報を伝え合ったり，活用したりするなど，情報を役立てながら活動するようになるとともに，公共の施設を大切に利用するなどして，社会とのつながりなどを意識するようになる。

カ　思考力の芽生え

身近な事象に積極的に関わる中で，物の性質や仕組みなどを感じ取ったり，気付いたりし，考えたり，予想したり，工夫したりするなど，多様な関わりを楽しむようになる。また，友達の様々な考えに触れる中で，自分と異なる考えがあることに気付き，自ら判断したり，考え直したりするなど，新しい考えを生み出す喜びを味わいながら，自分の考えをよりよいものにするようになる。

キ　自然との関わり・生命尊重

自然に触れて感動する体験を通して，自然の変化などを感じ取り，好奇心や探究心をもって考え言葉などで表現しながら，身近な事象への関心が高まるとともに，自然への愛情や畏敬の念をもつようになる。また，身近な動植物に心を動かされる中で，生命の不思議さや尊さに気付き，身近な動植物への接し方を考え，命あるものとしていたわり，大切にする気持ちをもって関わるようになる。

ク　数量や図形，標識や文字などへの関心・感覚

遊びや生活の中で，数量や図形，標識や文字などに親しむ体験を重ねたり，標識や文字の役割に気付いたりし，自らの必要感に基づきこれらを活用し，興味や関心，感覚をもつようになる。

ケ　言葉による伝え合い

保育士等や友達と心を通わせる中で，絵本や物語などに親しみながら，豊かな言葉や表現を身に付け，経験したことや考えたことなどを言葉で伝えたり，相手の話を注意して聞いたりし，言葉による伝え合いを楽しむようになる。

コ　豊かな感性と表現

心を動かす出来事などに触れ感性を働かせる中で，様々な素材の特徴や表現の仕方などに気付き，感じたことや考えたことを自分で表現したり，友達同士で表現する過程を楽しんだりし，表現する喜びを味わい，意欲をもつようになる。

第２章　保育の内容

この章に示す「ねらい」は，第１章の１の (2) に示された保育の目標をより具体化したものであり，子どもが保育所において，安定した生活を送り，充実した活動ができるように，保育を通じて育みたい資質・能力を，子どもの生活する姿から捉えたものである。また，「内容」は，「ねらい」を達成するために，子どもの生活やその状況に応じて保育士等が適切に行う事項と，保育士等が援助して子どもが環境に関わって経験する事項を示したものである。

保育における「養護」とは，子どもの生命の保持及び情緒の安定を図るために保育士等が行う援助や関わりであり，「教育」とは，子どもが健やかに成長し，その活動がより豊かに展開されるための発達の援助である。本章では，保育士等が，「ねらい」及び「内容」を具体的に把握するため，主に教育に関わる側面からの視点を示しているが，実際の保育においては，養護と教育が一体となって展開されることに留意する必要がある。

１　乳児保育に関わるねらい及び内容

(1)　基本的事項

ア　乳児期の発達については，視覚，聴覚などの感覚や，座る，はう，歩くなどの運動機能が著しく発達し，特定の大人との応答的な関わりを通じて，情緒的な絆《きずな》が形成されるといった特徴がある。これらの発達の特徴を踏まえて，乳児保育は，愛情豊かに，応答的に行われることが特に必要である。

イ　本項においては，この時期の発達の特徴を踏まえ，乳児保育の「ねらい」及び「内容」については，身体的発達に関する視点「健やかに伸び伸びと育つ」，社会的発達に関する視点「身近な人と気持ちが通じ合う」及び精神的発達に関する視点「身近なものと関わり感性が育つ」としてまとめ，示している。

ウ　本項の各視点において示す保育の内容は，第１章の２に示された養護における「生命の保持」及び「情緒の安定」に関わる保育の内容と，一体となって展開されるものであることに留意が必要である。

(2) ねらい及び内容

ア　健やかに伸び伸びと育つ

健康な心と体を育て，自ら健康で安全な生活をつくり出す力の基盤を培う。

（ア）ねらい

①　身体感覚が育ち，快適な環境に心地よさを感じる。

②　伸び伸びと体を動かし，はう，歩くなどの運動をしようとする。

③　食事，睡眠等の生活のリズムの感覚が芽生える。

（イ）内容

①　保育士等の愛情豊かな受容の下で，生理的・心理的欲求を満たし，心地よく生活をする。

②　一人一人の発育に応じて，はう，立つ，歩くなど，十分に体を動かす。

③　個人差に応じて授乳を行い，離乳を進めていく中で，様々な食品に少しずつ慣れ，食べることを楽しむ。

④　一人一人の生活のリズムに応じて，安全な環境の下で十分に午睡をする。

⑤　おむつ交換や衣服の着脱などを通じて，清潔になることの心地よさを感じる。

（ウ）内容の取扱い

上記の取扱いに当たっては，次の事項に留意する必要がある。

①　心と体の健康は，相互に密接な関連があるものであることを踏まえ，温かい触れ合いの中で，心と体の発達を促すこと。特に，寝返り，お座り，はいはい，つかまり立ち，伝い歩きなど，発育に応じて，遊びの中で体を動かす機会を十分に確保し，自ら体を動かそうとする意欲が育つようにすること。

②　健康な心と体を育てるためには望ましい食習慣の形成が重要であることを踏まえ，離乳食が完了期へと徐々に移行する中で，様々な食品に慣れるようにするとともに，和やかな雰囲気の中で食べる喜びや楽しさを味わい，進んで食べ

ようとする気持ちが育つようにすること。なお，食物アレルギーのある子どもへの対応については，嘱託医等の指示や協力の下に適切に対応すること。

イ　身近な人と気持ちが通じ合う

受容的・応答的な関わりの下で，何かを伝えようとする意欲や身近な大人との信頼関係を育て，人と関わる力の基盤を培う。

(ア) ねらい

① 安心できる関係の下で，身近な人と共に過ごす喜びを感じる。

② 体の動きや表情，発声等により，保育士等と気持ちを通わせようとする。

③ 身近な人と親しみ，関わりを深め，愛情や信頼感が芽生える。

(イ) 内容

① 子どもからの働きかけを踏まえた，応答的な触れ合いや言葉がけによって，欲求が満たされ，安定感をもって過ごす。

② 体の動きや表情，発声，喃《なん》語等を優しく受け止めてもらい，保育士等とのやり取りを楽しむ。

③ 生活や遊びの中で，自分の身近な人の存在に気付き，親しみの気持ちを表す。

④ 保育士等による語りかけや歌いかけ，発声や喃《なん》語等への応答を通じて，言葉の理解や発語の意欲が育つ。

⑤ 温かく，受容的な関わりを通じて，自分を肯定する気持ちが芽生える。

(ウ) 内容の取扱い

上記の取扱いに当たっては，次の事項に留意する必要がある。

① 保育士等との信頼関係に支えられて生活を確立していくことが人と関わる基盤となることを考慮して，子どもの多様な感情を受け止め，温かく受容的・応答的に関わり，一人一人に応じた適切な援助を行うようにすること。

② 身近な人に親しみをもって接し，自分の感情などを表し，それに相手が応答する言葉を聞くことを通して，次第に言葉が獲得されていくことを考慮して，楽しい雰囲気の中での保育士等との関わり合いを大切にし，ゆっくりと優しく話しかけるなど，積極的に言葉のやり取りを楽しむことができるようにすること。

ウ　身近なものと関わり感性が育つ

身近な環境に興味や好奇心をもって関わり，感じたことや考えたことを表現する力の基盤を培う。

(ア) ねらい

① 身の回りのものに親しみ，様々なものに興味や関心をもつ。

② 見る，触れる，探索するなど，身近な環境に自分から関わろうとする。

③ 身体の諸感覚による認識が豊かになり，表情や手足，体の動き等で表現する。

(イ) 内容

① 身近な生活用具，玩具や絵本などが用意された中で，身の回りのものに対する興味や好奇心をもつ。

② 生活や遊びの中で様々なものに触れ，音，形，色，手触りなどに気付き，感覚の働きを豊かにする。

③ 保育士等と一緒に様々な色彩や形のものや絵本などを見る。

④ 玩具や身の回りのものを，つまむ，つかむ，たたく，引っ張るなど，手や指を使って遊ぶ。

⑤ 保育士等のあやし遊びに機嫌よく応じたり，歌やリズムに合わせて手足や体を動かして楽しんだりする。

(ウ) 内容の取扱い

上記の取扱いに当たっては，次の事項に留意する必要がある。

① 玩具などは，音質，形，色，大きさなど子どもの発達状態に応じて適切なものを選び，その時々の子どもの興味や関心を踏まえるなど，遊びを通して感覚の発達が促されるものとなるように工夫すること。なお，安全な環境の下で，子どもが探索意欲を満たして自由に遊べるよう，身の回りのものについては，常に十分な点検を行うこと。

② 乳児期においては，表情，発声，体の動きなどで，感情を表現することが多いことから，これらの表現しようとする意欲を積極的に受け止めて，子どもが様々な活動を楽しむことを通して表現が豊かになるようにすること。

(3) 保育の実施に関わる配慮事項

ア　乳児は疾病への抵抗力が弱く，心身の機能の未熟さに伴う疾病の発生が多いことから，一人一人の発育及び発達状態や健康状態についての適切な判断に基づく保健的な対応を行うこと。

イ　一人一人の子どもの生育歴の違いに留意しつつ，欲求を適切に満たし，特定の保育士が応答的に関わるように努めること。

ウ　乳児保育に関わる職員間の連携や嘱託医との連携を図り，第3章に示す事項を踏まえ，適切に対応すること。栄養士及び看護師等が配置されている場合は，その専門性を生かした対応を図ること。

エ　保護者との信頼関係を築きながら保育を進めるとともに，保護者からの相談に応じ，保護者への支援に努めていくこと。

オ　担当の保育士が替わる場合には，子どものそれまでの生育歴や発達過程に留意し，職員間で協力して対応すること。

2　1歳以上3歳未満児の保育に関わるねらい及び内容

(1) 基本的事項

ア　この時期においては，歩き始めから，歩く，走る，跳ぶなどへと，基本的な運動機能が次第に発達し，排泄《せつ》の自立のための身体的機能も整うようになる。つまむ，めくるなどの指先の機能も発達し，食事，衣類の着脱なども，保育士等の援助の下で自分で行うようになる。発声も明瞭になり，語彙も増加し，自分の意思や欲求を言葉で表出できるようになる。このように自分でできることが増えてくる時期であることから，保育士等は，子どもの生活の安定を図りながら，自分でしようとする気持ちを尊重し，温かく見守るとともに，愛情豊かに，応答的に関わることが必要である。

イ　本項においては，この時期の発達の特徴を踏まえ，保育の「ねらい」及び「内容」について，心身の健康に関する領域「健康」，人との関わりに関する領域「人間関係」，身近な環境との関わりに関する領域「環境」，言葉の獲得に関する領域「言葉」及び感性と表現に関する領域「表現」としてまとめ，示している。

ウ　本項の各領域において示す保育の内容は，第1章の2に示された養護における「生命の保持」及び「情緒の安定」に関わる保育の内容と，一体となって展開されるものであることに留意が必要である。

(2) ねらい及び内容

ア　健康

健康な心と体を育て，自ら健康で安全な生活をつくり出す力を養う。

(ア) ねらい

① 明るく伸び伸びと生活し，自分から体を動かすことを楽しむ。

② 自分の体を十分に動かし，様々な動きをしようとする。

③ 健康，安全な生活に必要な習慣に気付き，自分でしてみようとする気持ちが育つ。

(イ) 内容

① 保育士等の愛情豊かな受容の下で，安定感をもって生活をする。

② 食事や午睡，遊びと休息など，保育所における生活のリズムが形成される。

③ 走る，跳ぶ，登る，押す，引っ張るなど全身を使う遊びを楽しむ。

④ 様々な食品や調理形態に慣れ，ゆったりとした雰囲気の中で食事や間食を楽しむ。

⑤ 身の回りを清潔に保つ心地よさを感じ，その習慣が少しずつ身に付く。

⑥ 保育士等の助けを借りながら，衣類の着脱を自分でしようとする。

⑦ 便器での排泄《せつ》に慣れ，自分で排泄《せつ》ができるようになる。

(ウ) 内容の取扱い

上記の取扱いに当たっては，次の事項に留意する必要がある。

① 心と体の健康は，相互に密接な関連があるものであることを踏まえ，子どもの気持ちに配慮した温かい触れ合いの中で，心と体の発達を促すこと。特に，一人一人の発育に応じて，体を動かす機会を十分に確保し，自ら体を動かそうとする意欲が育つようにすること。

② 健康な心と体を育てるためには望ましい食習慣の形成が重要であることを踏まえ，ゆったりとした雰囲気の中で食べる喜びや楽しさを味わい，進んで食べようとする気持ちが育つようにすること。なお，食物アレルギーのある子どもへの対応については，嘱託医等の指示や協力の下に適切に対応すること。

③ 排泄《せつ》の習慣については，一人一人の排尿間隔等を踏まえ，おむつが汚れていないときに便器に座らせるなどにより，少しずつ慣れさせるようにすること。

④ 食事，排泄《せつ》，睡眠，衣類の着脱，身の回りを清潔にすることなど，生活に必要な基本的な習慣については，一人一人の状態に応じ，落ち着いた雰囲気の中で行うようにし，子どもが自分でしようとする気持ちを尊重すること。また，基本的な生活習慣の形成に当たっては，家庭での生活経験に配慮し，家庭との適切な連携の下で行うようにすること。

イ　人間関係

他の人々と親しみ，支え合って生活するために，自立心を育て，人と関わる力を養う。

(ア) ねらい

① 保育所での生活を楽しみ，身近な人と関わる心地よさを感じる。

② 周囲の子ども等への興味や関心が高まり，関

わりをもとうとする。

③ 保育所の生活の仕方に慣れ，きまりの大切さに気付く。

（イ）内容

① 保育士等や周囲の子ども等との安定した関係の中で，共に過ごす心地よさを感じる。

② 保育士等の受容的・応答的な関わりの中で，欲求を適切に満たし，安定感をもって過ごす。

③ 身の回りに様々な人がいることに気付き，徐々に他の子どもと関わりをもって遊ぶ。

④ 保育士等の仲立ちにより，他の子どもとの関わり方を少しずつ身につける。

⑤ 保育所の生活の仕方に慣れ，きまりがあることや，その大切さに気付く。

⑥ 生活や遊びの中で，年長児や保育士等の真似をしたり，ごっこ遊びを楽しんだりする。

（ウ）内容の取扱い

上記の取扱いに当たっては，次の事項に留意する必要がある。

① 保育士等との信頼関係に支えられて生活を確立するとともに，自分で何かをしようとする気持ちが旺盛になる時期であることに鑑み，そのような子どもの気持ちを尊重し，温かく見守るとともに，愛情豊かに，応答的に関わり，適切な援助を行うようにすること。

② 思い通りにいかない場合等の子どもの不安定な感情の表出については，保育士等が受容的に受け止めるとともに，そうした気持ちから立ち直る経験や感情をコントロールすることへの気付き等につなげていけるように援助すること。

③ この時期は自己と他者との違いの認識がまだ十分ではないことから，子どもの自我の育ちを見守るとともに，保育士等が仲立ちとなって，自分の気持ちを相手に伝えることや相手の気持ちに気付くことの大切さなど，友達の気持ちや友達との関わり方を丁寧に伝えていくこと。

ウ 環境

周囲の様々な環境に好奇心や探究心をもって関わり，それらを生活に取り入れていこうとする力を養う。

（ア）ねらい

① 身近な環境に親しみ，触れ合う中で，様々なものに興味や関心をもつ。

② 様々なものに関わる中で，発見を楽しんだり，考えたりしようとする。

③ 見る，聞く，触るなどの経験を通して，感覚の働きを豊かにする。

（イ）内容

① 安全で活動しやすい環境での探索活動等を通して，見る，聞く，触れる，嗅ぐ，味わうなどの感覚の働きを豊かにする。

② 玩具，絵本，遊具などに興味をもち，それらを使った遊びを楽しむ。

③ 身の回りの物に触れる中で，形，色，大きさ，量などの物の性質や仕組みに気付く。

④ 自分の物と人の物の区別や，場所的感覚など，環境を捉える感覚が育つ。

⑤ 身近な生き物に気付き，親しみをもつ。

⑥ 近隣の生活や季節の行事などに興味や関心をもつ。

（ウ）内容の取扱い

上記の取扱いに当たっては，次の事項に留意する必要がある。

① 玩具などは，音質，形，色，大きさなど子どもの発達状態に応じて適切なものを選び，遊びを通して感覚の発達が促されるように工夫すること。

② 身近な生き物との関わりについては，子どもが命を感じ，生命の尊さに気付く経験へとつながるものであることから，そうした気付きを促すような関わりとなるようにすること。

③ 地域の生活や季節の行事などに触れる際には，社会とのつながりや地域社会の文化への気付きにつながるものとなることが望ましいこと。その際，保育所内外の行事や地域の人々との触れ合いなどを通して行うこと等も考慮すること。

エ 言葉

経験したことや考えたことなどを自分なりの言葉で表現し，相手の話す言葉を聞こうとする意欲や態度を育て，言葉に対する感覚や言葉で表現する力を養う。

（ア）ねらい

① 言葉遊びや言葉で表現する楽しさを感じる。

② 人の言葉や話などを聞き，自分でも思ったことを伝えようとする。

③ 絵本や物語等に親しむとともに，言葉のやり取りを通じて身近な人と気持ちを通わせる。

（イ）内容

① 保育士等の応答的な関わりや話しかけにより，自ら言葉を使おうとする。

② 生活に必要な簡単な言葉に気付き，聞き分ける。

③ 親しみをもって日常の挨拶に応じる。

④　絵本や紙芝居を楽しみ，簡単な言葉を繰り返したり，模倣をしたりして遊ぶ。

⑤　保育士等とごっこ遊びをする中で，言葉のやり取りを楽しむ。

⑥　保育士等を仲立ちとして，生活や遊びの中で友達との言葉のやり取りを楽しむ。

⑦　保育士等や友達の言葉や話に興味や関心をもって，聞いたり，話したりする。

（ウ）内容の取扱い

上記の取扱いに当たっては，次の事項に留意する必要がある。

①　身近な人に親しみをもって接し，自分の感情などを伝え，それに相手が応答し，その言葉を聞くことを通して，次第に言葉が獲得されていくものであることを考慮して，楽しい雰囲気の中で保育士等との言葉のやり取りができるようにすること。

②　子どもが自分の思いを言葉で伝えるとともに，他の子どもの話などを聞くことを通して，次第に話を理解し，言葉による伝え合いができるようになるよう，気持ちや経験等の言語化を行うことを援助するなど，子ども同士の関わりの仲立ちを行うようにすること。

③　この時期は，片言から，二語文，ごっこ遊びでのやり取りができる程度へと，大きく言葉の習得が進む時期であることから，それぞれの子どもの発達の状況に応じて，遊びや関わりの工夫など，保育の内容を適切に展開することが必要であること。

オ　表現

感じたことや考えたことを自分なりに表現することを通して，豊かな感性や表現する力を養い，創造性を豊かにする。

（ア）ねらい

①　身体の諸感覚の経験を豊かにし，様々な感覚を味わう。

②　感じたことや考えたことなどを自分なりに表現しようとする。

③　生活や遊びの様々な体験を通して，イメージや感性が豊かになる。

（イ）内容

①　水，砂，土，紙，粘土など様々な素材に触れて楽しむ。

②　音楽，リズムやそれに合わせた体の動きを楽しむ。

③　生活の中で様々な音，形，色，手触り，動き，味，香りなどに気付いたり，感じたりして楽しむ。

④　歌を歌ったり，簡単な手遊びや全身を使う遊びを楽しんだりする。

⑤　保育士等からの話や，生活や遊びの中での出来事を通して，イメージを豊かにする。

⑥　生活や遊びの中で，興味のあることや経験したことなどを自分なりに表現する。

（ウ）内容の取扱い

上記の取扱いに当たっては，次の事項に留意する必要がある。

①　子どもの表現は，遊びや生活の様々な場面で表出されているものであることから，それらを積極的に受け止め，様々な表現の仕方や感性を豊かにする経験となるようにすること。

②　子どもが試行錯誤しながら様々な表現を楽しむことや，自分の力でやり遂げる充実感などに気付くよう，温かく見守るとともに，適切に援助を行うようにすること。

③　様々な感情の表現等を通じて，子どもが自分の感情や気持ちに気付くようになる時期であることに鑑み，受容的な関わりの中で自信をもって表現をすることや，諦めずに続けた後の達成感等を感じられるような経験が蓄積されるようにすること。

④　身近な自然や身の回りの事物に関わる中で，発見や心が動く経験が得られるよう，諸感覚を働かせることを楽しむ遊びや素材を用意するなど保育の環境を整えること。

(3) 保育の実施に関わる配慮事項

ア　特に感染症にかかりやすい時期であるので，体の状態，機嫌，食欲などの日常の状態の観察を十分に行うとともに，適切な判断に基づく保健的な対応を心がけること。

イ　探索活動が十分できるように，事故防止に努めながら活動しやすい環境を整え，全身を使う遊びなど様々な遊びを取り入れること。

ウ　自我が形成され，子どもが自分の感情や気持ちに気付くようになる重要な時期であることに鑑み，情緒の安定を図りながら，子どもの自発的な活動を尊重するとともに促していくこと。

エ　担当の保育士が替わる場合には，子どものそれまでの経験や発達過程に留意し，職員間で協力して対応すること。

3　3歳以上児の保育に関するねらい及び内容

(1) 基本的事項

ア　この時期においては，運動機能の発達により，基本的な動作が一通りできるようになるとともに，基本的な生活習慣もほぼ自立できるようになる。理解する語彙数が急激に増加し，知的興味や関心も高まってくる。仲間と遊び，仲間の中の一人という自覚が生じ，集団的な遊びや協同的な活動も見られるようになる。これらの発達の特徴を踏まえて，この時期の保育においては，個の成長と集団としての活動の充実が図られるようにしなければならない。

イ　本項においては，この時期の発達の特徴を踏まえ，保育の「ねらい」及び「内容」について，心身の健康に関する領域「健康」，人との関わりに関する領域「人間関係」，身近な環境との関わりに関する領域「環境」，言葉の獲得に関する領域「言葉」及び感性と表現に関する領域「表現」としてまとめ，示している。

ウ　本項の各領域において示す保育の内容は，第１章の２に示された養護における「生命の保持」及び「情緒の安定」に関わる保育の内容と，一体となって展開されるものであることに留意が必要である。

(2) ねらい及び内容

ア　健康

健康な心と体を育て，自ら健康で安全な生活をつくり出す力を養う。

(ア) ねらい

① 明るく伸び伸びと行動し，充実感を味わう。

② 自分の体を十分に動かし，進んで運動しようとする。

③ 健康，安全な生活に必要な習慣や態度を身に付け，見通しをもって行動する。

(イ) 内容

① 保育士等や友達と触れ合い，安定感をもって行動する。

② いろいろな遊びの中で十分に体を動かす。

③ 進んで戸外で遊ぶ。

④ 様々な活動に親しみ，楽しんで取り組む。

⑤ 保育士等や友達と食べることを楽しみ，食べ物への興味や関心をもつ。

⑥ 健康な生活のリズムを身に付ける。

⑦ 身の回りを清潔にし，衣服の着脱，食事，排泄《せつ》などの生活に必要な活動を自分でする。

⑧ 保育所における生活の仕方を知り，自分たちで生活の場を整えながら見通しをもって行動する。

⑨ 自分の健康に関心をもち，病気の予防などに必要な活動を進んで行う。

⑩ 危険な場所，危険な遊び方，災害時などの行動の仕方が分かり，安全に気を付けて行動する。

(ウ) 内容の取扱い

上記の取扱いに当たっては，次の事項に留意する必要がある。

① 心と体の健康は，相互に密接な関連があるものであることを踏まえ，子どもが保育士等や他の子どもとの温かい触れ合いの中で自己の存在感や充実感を味わうことなどを基盤として，しなやかな心と体の発達を促すこと。特に，十分に体を動かす気持ちよさを体験し，自ら体を動かそうとする意欲が育つようにすること。

② 様々な遊びの中で，子どもが興味や関心，能力に応じて全身を使って活動することにより，体を動かす楽しさを味わい，自分の体を大切にしようとする気持ちが育つようにすること。その際，多様な動きを経験する中で，体の動きを調整するようにすること。

③ 自然の中で伸び伸びと体を動かして遊ぶことにより，体の諸機能の発達が促されることに留意し，子どもの興味や関心が戸外にも向くようにすること。その際，子どもの動線に配慮した園庭や遊具の配置などを工夫すること。

④ 健康な心と体を育てるためには食育を通じた望ましい食習慣の形成が大切であることを踏まえ，子どもの食生活の実情に配慮し，和やかな雰囲気の中で保育士等や他の子どもと食べる喜びや楽しさを味わったり，様々な食べ物への興味や関心をもったりするなどし，食の大切さに気付き，進んで食べようとする気持ちが育つようにすること。

⑤ 基本的な生活習慣の形成に当たっては，家庭での生活経験に配慮し，子どもの自立心を育て，子どもが他の子どもと関わりながら主体的な活動を展開する中で，生活に必要な習慣を身に付け，次第に見通しをもって行動できるようにすること。

⑥ 安全に関する指導に当たっては，情緒の安定を図り，遊びを通して安全についての構えを身に付け，危険な場所や事物などが分かり，安全についての理解を深めるようにすること。また，交通安全の習慣を身に付けるようにするとともに，避難訓練などを通して，災害などの緊急時に適切な行動がとれるようにすること。

イ　人間関係

他の人々と親しみ，支え合って生活するために，自立心を育て，人と関わる力を養う。

(ア) ねらい

① 保育所の生活を楽しみ，自分の力で行動する

ことの充実感を味わう。

② 身近な人と親しみ，関わりを深め，工夫したり，協力したりして一緒に活動する楽しさを味わい，愛情や信頼感をもつ。

③ 社会生活における望ましい習慣や態度を身に付ける。

（イ）内容

① 保育士等や友達と共に過ごすことの喜びを味わう。

② 自分で考え，自分で行動する。

③ 自分でできることは自分でする。

④ いろいろな遊びを楽しみながら物事をやり遂げようとする気持ちをもつ。

⑤ 友達と積極的に関わりながら喜びや悲しみを共感し合う。

⑥ 自分の思ったことを相手に伝え，相手の思っていることに気付く。

⑦ 友達のよさに気付き，一緒に活動する楽しさを味わう。

⑧ 友達と楽しく活動する中で，共通の目的を見いだし，工夫したり，協力したりなどする。

⑨ よいことや悪いことがあることに気付き，考えながら行動する。

⑩ 友達との関わりを深め，思いやりをもつ。

⑪ 友達と楽しく生活する中できまりの大切さに気付き，守ろうとする。

⑫ 共同の遊具や用具を大切にし，皆で使う。

⑬ 高齢者をはじめ地域の人々などの自分の生活に関係の深いいろいろな人に親しみをもつ。

（ウ）内容の取扱い

上記の取扱いに当たっては，次の事項に留意する必要がある。

① 保育士等との信頼関係に支えられて自分自身の生活を確立していくことが人と関わる基盤となることを考慮し，子どもが自ら周囲に働き掛けることにより多様な感情を体験し，試行錯誤しながら諦めずにやり遂げることの達成感や，前向きな見通しをもって自分の力で行うことの充実感を味わうことができるよう，子どもの行動を見守りながら適切な援助を行うようにすること。

② 一人一人を生かした集団を形成しながら人と関わる力を育てていくようにすること。その際，集団の生活の中で，子どもが自己を発揮し，保育士等や他の子どもに認められる体験をし，自分のよさや特徴に気付き，自信をもって行動できるようにすること。

③ 子どもが互いに関わりを深め，協同して遊ぶようになるため，自ら行動する力を育てるとともに，他の子どもと試行錯誤しながら活動を展開する楽しさや共通の目的が実現する喜びを味わうことができるようにすること。

④ 道徳性の芽生えを培うに当たっては，基本的な生活習慣の形成を図るとともに，子どもが他の子どもとの関わりの中で他人の存在に気付き，相手を尊重する気持ちをもって行動できるようにし，また，自然や身近な動植物に親しむことなどを通して豊かな心情が育つようにすること。特に，人に対する信頼感や思いやりの気持ちは，葛藤やつまずきをも体験し，それらを乗り越えることにより次第に芽生えてくることに配慮すること。

⑤ 集団の生活を通して，子どもが人との関わりを深め，規範意識の芽生えが培われることを考慮し，子どもが保育士等との信頼関係に支えられて自己を発揮する中で，互いに思いを主張し，折り合いを付ける体験をし，きまりの必要性などに気付き，自分の気持ちを調整する力が育つようにすること。

⑥ 高齢者をはじめ地域の人々などの自分の生活に関係の深いいろいろな人と触れ合い，自分の感情や意志を表現しながら共に楽しみ，共感し合う体験を通して，これらの人々などに親しみをもち，人と関わることの楽しさや人の役に立つ喜びを味わうことができるようにすること。また，生活を通して親や祖父母などの家族の愛情に気付き，家族を大切にしようとする気持ちが育つようにすること。

ウ 環境

周囲の様々な環境に好奇心や探究心をもって関わり，それらを生活に取り入れていこうとする力を養う。

（ア）ねらい

① 身近な環境に親しみ，自然と触れ合う中で様々な事象に興味や関心をもつ。

② 身近な環境に自分から関わり，発見を楽しんだり，考えたりし，それを生活に取り入れようとする。

③ 身近な事象を見たり，考えたり，扱ったりする中で，物の性質や数量，文字などに対する感覚を豊かにする。

（イ）内容

① 自然に触れて生活し，その大きさ，美しさ，不思議さなどに気付く。

② 生活の中で，様々な物に触れ，その性質や仕組みに興味や関心をもつ。

③ 季節により自然や人間の生活に変化のあることに気付く。

④ 自然などの身近な事象に関心をもち，取り入れて遊ぶ。

⑤ 身近な動植物に親しみをもって接し，生命の尊さに気付き，いたわったり，大切にしたりする。

⑥ 日常生活の中で，我が国や地域社会における様々な文化や伝統に親しむ。

⑦ 身近な物を大切にする。

⑧ 身近な物や遊具に興味をもって関わり，自分なりに比べたり，関連付けたりしながら考えたり，試したりして工夫して遊ぶ。

⑨ 日常生活の中で数量や図形などに関心をもつ。

⑩ 日常生活の中で簡単な標識や文字などに関心をもつ。

⑪ 生活に関係の深い情報や施設などに興味や関心をもつ。

⑫ 保育所内外の行事において国旗に親しむ。

（ウ）内容の取扱い

上記の取扱いに当たっては，次の事項に留意する必要がある。

① 子どもが，遊びの中で周囲の環境と関わり，次第に周囲の世界に好奇心を抱き，その意味や操作の仕方に関心をもち，物事の法則性に気付き，自分なりに考えることができるようになる過程を大切にすること。また，他の子どもの考えなどに触れて新しい考えを生み出す喜びや楽しさを味わい，自分の考えをよりよいものにしようとする気持ちが育つようにすること。

② 幼児期において自然のもつ意味は大きく，自然の大きさ，美しさ，不思議さなどに直接触れる体験を通して，子どもの心が安らぎ，豊かな感情，好奇心，思考力，表現力の基礎が培われることを踏まえ，子どもが自然との関わりを深めることができるよう工夫すること。

③ 身近な事象や動植物に対する感動を伝え合い，共感し合うことなどを通して自分から関わろうとする意欲を育てるとともに，様々な関わり方を通してそれらに対する親しみや畏敬の念，生命を大切にする気持ち，公共心，探究心などが養われるようにすること。

④ 文化や伝統に親しむ際には，正月や節句など我が国の伝統的な行事，国歌，唱歌，わらべうたや我が国の伝統的な遊びに親しんだり，異なる文化に触れる活動に親しんだりすることを通じて，社会とのつながりの意識や国際理解の意識の芽生えなどが養われるようにすること。

⑤ 数量や文字などに関しては，日常生活の中で子ども自身の必要感に基づく体験を大切にし，数量や文字などに関する興味や関心，感覚が養われるようにすること。

エ 言葉

経験したことや考えたことなどを自分なりの言葉で表現し，相手の話す言葉を聞こうとする意欲や態度を育て，言葉に対する感覚や言葉で表現する力を養う。

（ア）ねらい

① 自分の気持ちを言葉で表現する楽しさを味わう。

② 人の言葉や話などをよく聞き，自分の経験したことや考えたことを話し，伝え合う喜びを味わう。

③ 日常生活に必要な言葉が分かるようになるとともに，絵本や物語などに親しみ，言葉に対する感覚を豊かにし，保育士等や友達と心を通わせる。

（イ）内容

① 保育士等や友達の言葉や話に興味や関心をもち，親しみをもって聞いたり，話したりする。

② したり，見たり，聞いたり，感じたり，考えたりなどしたことを自分なりに言葉で表現する。

③ したいこと，してほしいことを言葉で表現したり，分からないことを尋ねたりする。

④ 人の話を注意して聞き，相手に分かるように話す。

⑤ 生活の中で必要な言葉が分かり，使う。

⑥ 親しみをもって日常の挨拶をする。

⑦ 生活の中で言葉の楽しさや美しさに気付く。

⑧ いろいろな体験を通じてイメージや言葉を豊かにする。

⑨ 絵本や物語などに親しみ，興味をもって聞き，想像をする楽しさを味わう。

⑩ 日常生活の中で，文字などで伝える楽しさを味わう。

（ウ）内容の取扱い

上記の取扱いに当たっては，次の事項に留意する必要がある。

① 言葉は，身近な人に親しみをもって接し，自分の感情や意志などを伝え，それに相手が応答

し，その言葉を聞くことを通して次第に獲得されていくものであることを考慮して，子どもが保育士等や他の子どもと関わることにより心を動かされるような体験をし，言葉を交わす喜びを味わえるようにすること。

② 子どもが自分の思いを言葉で伝えるとともに，保育士等や他の子どもなどの話を興味をもって注意して聞くことを通して次第に話を理解するようになっていき，言葉による伝え合いができるようにすること。

③ 絵本や物語などで，その内容と自分の経験とを結び付けたり，想像を巡らせたりするなど，楽しみを十分に味わうことによって，次第に豊かなイメージをもち，言葉に対する感覚が養われるようにすること。

④ 子どもが生活の中で，言葉の響きやリズム，新しい言葉や表現などに触れ，これらを使う楽しさを味わえるようにすること。その際，絵本や物語に親しんだり，言葉遊びなどをしたりすることを通して，言葉が豊かになるようにすること。

⑤ 子どもが日常生活の中で，文字などを使いながら思ったことや考えたことを伝える喜びや楽しさを味わい，文字に対する興味や関心をもつようにすること。

オ 表現

感じたことや考えたことを自分なりに表現することを通して，豊かな感性や表現する力を養い，創造性を豊かにする。

（ア）ねらい

① いろいろなものの美しさなどに対する豊かな感性をもつ。

② 感じたことや考えたことを自分なりに表現して楽しむ。

③ 生活の中でイメージを豊かにし，様々な表現を楽しむ。

（イ）内容

① 生活の中で様々な音，形，色，手触り，動きなどに気付いたり，感じたりするなどして楽しむ。

② 生活の中で美しいものや心を動かす出来事に触れ，イメージを豊かにする。

③ 様々な出来事の中で，感動したことを伝え合う楽しさを味わう。

④ 感じたこと，考えたことなどを音や動きなどで表現したり，自由にかいたり，つくったりなどする。

⑤ いろいろな素材に親しみ，工夫して遊ぶ。

⑥ 音楽に親しみ，歌を歌ったり，簡単なリズム楽器を使ったりなどする楽しさを味わう。

⑦ かいたり，つくったりすることを楽しみ，遊びに使ったり，飾ったりなどする。

⑧ 自分のイメージを動きや言葉などで表現したり，演じて遊んだりするなどの楽しさを味わう。

（ウ）内容の取扱い

上記の取扱いに当たっては，次の事項に留意する必要がある。

① 豊かな感性は，身近な環境と十分に関わる中で美しいもの，優れたもの，心を動かす出来事などに出会い，そこから得た感動を他の子どもや保育士等と共有し，様々に表現することなどを通して養われるようにすること。その際，風の音や雨の音，身近にある草や花の形や色など自然の中にある音，形，色などに気付くようにすること。

② 子どもの自己表現は素朴な形で行われることが多いので，保育士等はそのような表現を受容し，子ども自身の表現しようとする意欲を受け止めて，子どもが生活の中で子どもらしい様々な表現を楽しむことができるようにすること。

③ 生活経験や発達に応じ，自ら様々な表現を楽しみ，表現する意欲を十分に発揮させることができるように，遊具や用具などを整えたり，様々な素材や表現の仕方に親しんだり，他の子どもの表現に触れられるよう配慮したりし，表現する過程を大切にして自己表現を楽しめるように工夫すること。

⑶ 保育の実施に関わる配慮事項

ア 第１章の４の⑵に示す「幼児期の終わりまでに育ってほしい姿」が，ねらい及び内容に基づく活動全体を通して資質・能力が育まれている子どもの小学校就学時の具体的な姿であることを踏まえ，指導を行う際には適宜考慮すること。

イ 子どもの発達や成長の援助をねらいとした活動の時間については，意識的に保育の計画等において位置付けて，実施することが重要であること。なお，そのような活動の時間については，保護者の就労状況等に応じて子どもが保育所で過ごす時間がそれぞれ異なることに留意して設定すること。

ウ 特に必要な場合には，各領域に示すねらいの趣旨に基づいて，具体的な内容を工夫し，それを加えても差し支えないが，その場合には，それが第１章の１に示す保育所保育に関する基本原則を逸脱しないよう慎重に配慮する必要があること。

4　保育の実施に関して留意すべき事項

(1) 保育全般に関わる配慮事項

ア　子どもの心身の発達及び活動の実態などの個人差を踏まえるとともに，一人一人の子どもの気持ちを受け止め，援助すること。

イ　子どもの健康は，生理的・身体的な育ちとともに，自主性や社会性，豊かな感性の育ちとがあいまってもたらされることに留意すること。

ウ　子どもが自ら周囲に働きかけ，試行錯誤しつつ自分の力で行う活動を見守りながら，適切に援助すること。

エ　子どもの入所時の保育に当たっては，できるだけ個別的に対応し，子どもが安定感を得て，次第に保育所の生活になじんでいくようにするとともに，既に入所している子どもに不安や動揺を与えないようにすること。

オ　子どもの国籍や文化の違いを認め，互いに尊重する心を育てるようにすること。

カ　子どもの性差や個人差にも留意しつつ，性別などによる固定的な意識を植え付けることがないようにすること。

(2) 小学校との連携

ア　保育所においては，保育所保育が，小学校以降の生活や学習の基盤の育成につながることに配慮し，幼児期にふさわしい生活を通じて，創造的な思考や主体的な生活態度などの基礎を培うようにすること。

イ　保育所保育において育まれた資質・能力を踏まえ，小学校教育が円滑に行われるよう，小学校教師との意見交換や合同の研究の機会などを設け，第1章の4の（2）に示す「幼児期の終わりまでに育って欲しい姿」を共有するなど連携を図り，保育所保育と小学校教育との円滑な接続を図るよう努めること。

ウ　子どもに関する情報共有に関して，保育所に入所している子どもの就学に際し，市町村の支援の下に，子どもの育ちを支えるための資料が保育所から小学校へ送付されるようにすること。

(3) 家庭及び地域社会との連携

子どもの生活の連続性を踏まえ，家庭及び地域社会と連携して保育が展開されるよう配慮すること。その際，家庭や地域の機関及び団体の協力を得て，地域の自然，高齢者や異年齢の子ども等を含む人材，行事，施設等の地域の資源を積極的に活用し，豊かな生活体験をはじめ保育内容の充実が図られるよう配慮すること。

第3章　健康及び安全

保育所保育において，子どもの健康及び安全の確保は，子どもの生命の保持と健やかな生活の基本であり，一人一人の子どもの健康の保持及び増進並びに安全の確保とともに，保育所全体における健康及び安全の確保に努めることが重要となる。

また，子どもが，自らの体や健康に関心をもち，心身の機能を高めていくことが大切である。

このため，第1章及び第2章等の関連する事項に留意し，次に示す事項を踏まえ，保育を行うこととする。

1　子どもの健康支援

(1) 子どもの健康状態並びに発育及び発達状態の把握

ア　子どもの心身の状態に応じて保育するために，子どもの健康状態並びに発育及び発達状態について，定期的・継続的に，また，必要に応じて随時，把握すること。

イ　保護者からの情報とともに，登所時及び保育中を通じて子どもの状態を観察し，何らかの疾病が疑われる状態や傷害が認められた場合には，保護者に連絡するとともに，嘱託医と相談するなど適切な対応を図ること。看護師等が配置されている場合には，その専門性を生かした対応を図ること。

ウ　子どもの心身の状態等を観察し，不適切な養育の兆候が見られる場合には，市町村や関係機関と連携し，児童福祉法第25条に基づき，適切な対応を図ること。また，虐待が疑われる場合には，速やかに市町村又は児童相談所に通告し，適切な対応を図ること。

(2) 健康増進

ア　子どもの健康に関する保健計画を全体的な計画に基づいて作成し，全職員がそのねらいや内容を踏まえ，一人一人の子どもの健康の保持及び増進に努めていくこと。

イ　子どもの心身の健康状態や疾病等の把握のために，嘱託医等により定期的に健康診断を行い，その結果を記録し，保育に活用するとともに，保護者が子どもの状態を理解し，日常生活に活用できるようにすること。

(3) 疾病等への対応

ア　保育中に体調不良や傷害が発生した場合には，その子どもの状態等に応じて，保護者に連絡するとともに，適宜，嘱託医や子どものかかりつけ医等と相談し，適切な処置を行うこと。看護師等が配置されている場合には，その専門性を生かした対応を図ること。

イ　感染症やその他の疾病の発生予防に努め，その発生や疑いがある場合には，必要に応じて嘱託医，市町村，保健所等に連絡し，その指示に従うとともに，保護者や全職員に連絡し，予防等について協力を求めること。また，感染症に関する保育所の対応方法等について，あらかじめ関係機関の協力を得ておくこと。看護師等が配置されている場合には，その専門性を生かした対応を図ること。

ウ　アレルギー疾患を有する子どもの保育については，保護者と連携し，医師の診断及び指示に基づき，適切な対応を行うこと。また，食物アレルギーに関して，関係機関と連携して，当該保育所の体制構築など，安全な環境の整備を行うこと。看護師や栄養士等が配置されている場合には，その専門性を生かした対応を図ること。

エ　子どもの疾病等の事態に備え，医務室等の環境を整え，救急用の薬品，材料等を適切な管理の下に常備し，全職員が対応できるようにしておくこと。

2　食育の推進

(1) 保育所の特性を生かした食育

ア　保育所における食育は，健康な生活の基本としての「食を営む力」の育成に向け，その基礎を培うことを目標とすること。

イ　子どもが生活と遊びの中で，意欲をもって食に関わる体験を積み重ね，食べることを楽しみ，食事を楽しみ合う子どもに成長していくことを期待するものであること。

ウ　乳幼児期にふさわしい食生活が展開され，適切な援助が行われるよう，食事の提供を含む食育計画を全体的な計画に基づいて作成し，その評価及び改善に努めること。栄養士が配置されている場合は，専門性を生かした対応を図ること。

(2) 食育の環境の整備等

ア　子どもが自らの感覚や体験を通して，自然の恵みとしての食材や食の循環・環境への意識，調理する人への感謝の気持ちが育つように，子どもと調理員等との関わりや，調理室など食に関わる保育環境に配慮すること。

イ　保護者や地域の多様な関係者との連携及び協働の下で，食に関する取組が進められること。また，市町村の支援の下に，地域の関係機関等との日常的な連携を図り，必要な協力が得られるよう努めること。

ウ　体調不良，食物アレルギー，障害のある子どもなど，一人一人の子どもの心身の状態等に応じ，嘱託医，かかりつけ医等の指示や協力の下に適切に対応すること。栄養士が配置されている場合は，専門性を生かした対応を図ること。

3　環境及び衛生管理並びに安全管理

(1) 環境及び衛生管理

ア　施設の温度，湿度，換気，採光，音などの環境を常に適切な状態に保持するとともに，施設内外の設備及び用具等の衛生管理に努めること。

イ　施設内外の適切な環境の維持に努めるとともに，子ども及び全職員が清潔を保つようにすること。また，職員は衛生知識の向上に努めること。

(2) 事故防止及び安全対策

ア　保育中の事故防止のために，子どもの心身の状態等を踏まえつつ，施設内外の安全点検に努め，安全対策のために全職員の共通理解や体制づくりを図るとともに，家庭や地域の関係機関の協力の下に安全指導を行うこと。

イ　事故防止の取組を行う際には，特に，睡眠中，プール活動・水遊び中，食事中等の場面では重大事故が発生しやすいことを踏まえ，子どもの主体的な活動を大切にしつつ，施設内外の環境の配慮や指導の工夫を行うなど，必要な対策を講じること。

ウ　保育中の事故の発生に備え，施設内外の危険箇所の点検や訓練を実施するとともに，外部からの不審者等の侵入防止のための措置や訓練など不測の事態に備えて必要な対応を行うこと。また，子どもの精神保健面における対応に留意すること。

4　災害への備え

(1) 施設・設備等の安全確保

ア　防火設備，避難経路等の安全性が確保されるよう，定期的にこれらの安全点検を行うこと。

イ　備品，遊具等の配置，保管を適切に行い，日頃から，安全環境の整備に努めること。

(2) 災害発生時の対応体制及び避難への備え

ア　火災や地震などの災害の発生に備え，緊急時の対応の具体的内容及び手順，職員の役割分担，避難訓練計画等に関するマニュアルを作成すること。

イ　定期的に避難訓練を実施するなど，必要な対応を図ること。

ウ　災害の発生時に，保護者等への連絡及び子どもの引渡しを円滑に行うため，日頃から保護者との密接な連携に努め，連絡体制や引渡し方法等について確認をしておくこと。

(3) 地域の関係機関等との連携

ア　市町村の支援の下に，地域の関係機関との日常的な連携を図り，必要な協力が得られるよう努めること。

イ　避難訓練については，地域の関係機関や保護者との連携の下に行うなど工夫すること。

第４章　子育て支援

保育所における保護者に対する子育て支援は，全ての子どもの健やかな育ちを実現することができるよう，第１章及び第２章等の関連する事項を踏まえ，子どもの育ちを家庭と連携して支援していくとともに，保護者及び地域が有する子育てを自ら実践する力の向上に資するよう，次の事項に留意するものとする。

１　保育所における子育て支援に関する基本的事項

(1) 保育所の特性を生かした子育て支援

ア　保護者に対する子育て支援を行う際には，各地域や家庭の実態等を踏まえるとともに，保護者の気持ちを受け止め，相互の信頼関係を基本に，保護者の自己決定を尊重すること。

イ　保育及び子育てに関する知識や技術など，保育士等の専門性や，子どもが常に存在する環境など，保育所の特性を生かし，保護者が子どもの成長に気付き子育ての喜びを感じられるように努めること。

(2) 子育て支援に関して留意すべき事項

ア　保護者に対する子育て支援における地域の関係機関等との連携及び協働を図り，保育所全体の体制構築に努めること。

イ　子どもの利益に反しない限りにおいて，保護者や子どものプライバシーを保護し，知り得た事柄の秘密を保持すること。

２　保育所を利用している保護者に対する子育て支援

(1) 保護者との相互理解

ア　日常の保育に関連した様々な機会を活用し子どもの日々の様子の伝達や収集，保育所保育の意図の説明などを通じて，保護者との相互理解を図るよう努めること。

イ　保育の活動に対する保護者の積極的な参加は，保護者の子育てを自ら実践する力の向上に寄与することから，これを促すこと。

(2) 保護者の状況に配慮した個別の支援

ア　保護者の就労と子育ての両立等を支援するため，保護者の多様化した保育の需要に応じ，病児保育事業など多様な事業を実施する場合には，保護者の状況に配慮するとともに，子どもの福祉が尊重されるよう努め，子どもの生活の連続性を考慮すること。

イ　子どもに障害や発達上の課題が見られる場合には，市町村や関係機関と連携及び協力を図りつつ，保護者に対する個別の支援を行うよう努めること。

ウ　外国籍家庭など，特別な配慮を必要とする家庭の場合には，状況等に応じて個別の支援を行うよう努めること。

(3) 不適切な養育等が疑われる家庭への支援

ア　保護者に育児不安等が見られる場合には，保護者の希望に応じて個別の支援を行うよう努めること。

イ　保護者に不適切な養育等が疑われる場合には，市町村や関係機関と連携し，要保護児童対策地域協議会で検討するなど適切な対応を図ること。また，虐待が疑われる場合には，速やかに市町村又は児童相談所に通告し，適切な対応を図ること。

３　地域の保護者等に対する子育て支援

(1) 地域に開かれた子育て支援

ア　保育所は，児童福祉法第 48 条の４の規定に基づき，その行う保育に支障がない限りにおいて，地域の実情や当該保育所の体制等を踏まえ，地域の保護者等に対して，保育所保育の専門性を生かした子育て支援を積極的に行うよう努めること。

イ　地域の子どもに対する一時預かり事業などの活動を行う際には，一人一人の子どもの心身の状態などを考慮するとともに，日常の保育との関連に配慮するなど，柔軟に活動を展開できるようにすること。

(2) 地域の関係機関等との連携

ア　市町村の支援を得て，地域の関係機関等との積極的な連携及び協働を図るとともに，子育て支援に関する地域の人材と積極的に連携を図るよう努めること。

イ　地域の要保護児童への対応など，地域の子どもを巡る諸課題に対し，要保護児童対策地域協議会など関係機関等と連携及び協力して取り組むよう努めること。

第５章　職員の資質向上

第１章から前章までに示された事項を踏まえ，保育所は，質の高い保育を展開するため，絶えず，一人一人の職員についての資質向上及び職員全体の専門性の向上を図るよう努めなければならない。

１　職員の資質向上に関する基本的事項

(1) 保育所職員に求められる専門性

子どもの最善の利益を考慮し，人権に配慮した保育を行うためには，職員一人一人の倫理観，人間性並びに保育所職員としての職務及び責任の理解と自覚が基盤となる。

各職員は，自己評価に基づく課題等を踏まえ，保育所内外の研修等を通じて，保育士・看護師・調理員・栄養士等，それぞれの職務内容に応じた専門性を高めるため，必要な知識及び技術の修得，維持及び向上に努めなければならない。

(2) 保育の質の向上に向けた組織的な取組

保育所においては，保育の内容等に関する自己評価等を通じて把握した，保育の質の向上に向けた課題に組織的に対応するため，保育内容の改善や保育士等の役割分担の見直し等に取り組むとともに，それぞれの職位や職務内容等に応じて，各職員が必要な知識及び技能を身につけられるよう努めなければならない。

2　施設長の責務

(1) 施設長の責務と専門性の向上

施設長は，保育所の役割や社会的責任を遂行するために，法令等を遵守し，保育所を取り巻く社会情勢等を踏まえ，施設長としての専門性等の向上に努め，当該保育所における保育の質及び職員の専門性向上のために必要な環境の確保に努めなければならない。

(2) 職員の研修機会の確保等

施設長は，保育所の全体的な計画や，各職員の研修の必要性等を踏まえて，体系的・計画的な研修機会を確保するとともに，職員の勤務体制の工夫等により，職員が計画的に研修等に参加し，その専門性の向上が図られるよう努めなければならない。

3　職員の研修等

(1) 職場における研修

職員が日々の保育実践を通じて，必要な知識及び技術の修得，維持及び向上を図るとともに，保育の課題等への共通理解や協働性を高め，保育所全体としての保育の質の向上を図っていくためには，日常的に職員同士が主体的に学び合う姿勢と環境が重要であり，職場内での研修の充実が図られなければならない。

(2) 外部研修の活用

各保育所における保育の課題への的確な対応や，保育士等の専門性の向上を図るためには，職場内での研修に加え，関係機関等による研修の活用が有効であることから，必要に応じて，こうした外部研修への参加機会が確保されるよう努めなければならない。

4　研修の実施体制等

(1) 体系的な研修計画の作成

保育所においては，当該保育所における保育の課題や各職員のキャリアパス等も見据えて，初任者から管理職員までの職位や職務内容等を踏まえた体系的な研修計画を作成しなければならない。

(2) 組織内での研修成果の活用

外部研修に参加する職員は，自らの専門性の向上を図るとともに，保育所における保育の課題を理解し，その解決を実践できる力を身に付けることが重要である。また，研修で得た知識及び技能を他の職員と共有することにより，保育所全体としての保育実践の質及び専門性の向上につなげていくことが求められる。

(3) 研修の実施に関する留意事項

施設長等は保育所全体としての保育実践の質及び専門性の向上のために，研修の受講は特定の職員に偏ることなく行われるよう，配慮する必要がある。また，研修を修了した職員については，その職務内容等において，当該研修の成果等が適切に勘案されることが望ましい。

資料　幼保連携型認定こども園教育・保育要領

（平成29年3月31内閣府・文部科学省・厚生労働省告示第1号）
（平成30年4月1日から施行）

第1章　総則

第1　幼保連携型認定こども園における教育及び保育の基本及び目標等

1　幼保連携型認定こども園における教育及び保育の基本

乳幼児期の教育及び保育は，子どもの健全な心身の発達を図りつつ生涯にわたる人格形成の基礎を培う重要なものであり，幼保連携型認定こども園における教育及び保育は，就学前の子どもに関する教育，保育等の総合的な提供の推進に関する法律（平成18年法律第77号。以下「認定こども園法」という。）第2条第7項に規定する目的及び第9条に掲げる目標を達成するため，乳幼児期全体を通して，その特性及び保護者や地域の実態を踏まえ，環境を通して行うものであることを基本とし，家庭や地域での生活を含めた園児の生活全体が豊かなものとなるように努めなければならない。

このため保育教諭等は，園児との信頼関係を十分に築き，園児が自ら安心して身近な環境に主体的に関わり，環境との関わり方や意味に気付き，これらを取り込もうとして，試行錯誤したり，考えたりするようになる幼児期の教育における見方・考え方を生かし，その活動が豊かに展開されるよう環境を整え，園児と共によりよい教育及び保育の環境を創造するように努めるものとする。これらを踏まえ，次に示す事項を重視して教育及び保育を行わなければならない。

(1) 乳幼児期は周囲への依存を基盤にしつつ自立に向かうものであることを考慮して，周囲との信頼関係に支えられた生活の中で，園児一人一人が安心感と信頼感をもっていろいろな活動に取り組む体験を十分に積み重ねられるようにすること。

(2) 乳幼児期においては生命の保持が図られ安定した情緒の下で自己を十分に発揮することにより発達に必要な体験を得ていくものであることを考慮して，園児の主体的な活動を促し，乳幼児期にふさわしい生活が展開されるようにすること。

(3) 乳幼児期における自発的な活動としての遊びは，心身の調和のとれた発達の基礎を培う重要な学習であることを考慮して，遊びを通しての指導を中心として第2章に示すねらいが総合的に達成されるようにすること。

(4) 乳幼児期における発達は，心身の諸側面が相互に関連し合い，多様な経過をたどって成し遂げられていくものであること，また，園児の生活経験がそれぞれ異なることなどを考慮して，園児一人一人の特性や発達の過程に応じ，発達の課題に即した指導を行うようにすること。

その際，保育教諭等は，園児の主体的な活動が確保されるよう，園児一人一人の行動の理解と予想に基づき，計画的に環境を構成しなければならない。この場合において，保育教諭等は，園児と人やものとの関わりが重要であることを踏まえ，教材を工夫し，物的・空間的環境を構成しなければならない。また，園児一人一人の活動の場面に応じて，様々な役割を果たし，その活動を豊かにしなければならない。

なお，幼保連携型認定こども園における教育及び保育は，園児が入園してから修了するまでの在園期間全体を通して行われるものであり，この章の第3に示す幼保連携型認定こども園として特に配慮すべき事項を十分に踏まえて行うものとする。

2　幼保連携型認定こども園における教育及び保育の目標

幼保連携型認定こども園は，家庭との連携を図りながら，この章の第1の1に示す幼保連携型認定こども園における教育及び保育の基本に基づいて一体的に展開される幼保連携型認定こども園における生活を通して，生きる力の基礎を育成するよう認定こども園法第9条に規定する幼保連携型認定こども園の教育及び保育の目標の達成に努めなければならない。幼保連携型認定こども園は，このことにより，義務教育及びその後の教育の基礎を培うとともに，子どもの最善の利益を考慮しつつ，その生活を保障し，保護者と共に園児を心身ともに健やかに育成するものとする。

なお，認定こども園法第9条に規定する幼保連携型認定こども園の教育及び保育の目標については，発達や学びの連続性及び生活の連続性の観点から，小学校就学の始期に達するまでの時期を通じ，その達成に向けて努力すべき目当てとなるものであることから，満3歳未満の園児の保育にも当てはまることに留意するものとする。

3　幼保連携型認定こども園の教育及び保育において育みたい資質・能力及び「幼児期の終わりまでに育ってほしい姿」

(1) 幼保連携型認定こども園においては，生きる力の基礎を育むため，この章の1に示す幼保連携型認定こども園の教育及び保育の基本を踏まえ，次に掲げる資質・能力を一体的に育むよう努めるものとする。

ア　豊かな体験を通じて，感じたり，気付いたり，分かったり，できるようになったりする「知識及び技能の基礎」

イ　気付いたことや，できるようになったことなどを使い，考えたり，試したり，工夫したり，表現したりする「思考力，判断力，表現力等の基礎」

ウ　心情，意欲，態度が育つ中で，よりよい生活を営もうとする「学びに向かう力，人間性等」

(2) (1) に示す資質・能力は，第２章に示すねらい及び内容に基づく活動全体によって育むものである。

(3) 次に示す「幼児期の終わりまでに育ってほしい姿」は，第２章に示すねらい及び内容に基づく活動全体を通して資質・能力が育まれている園児の幼保連携型認定こども園修了時の具体的な姿であり，保育教諭等が指導を行う際に考慮するものである。

ア　健康な心と体

幼保連携型認定こども園における生活の中で，充実感をもって自分のやりたいことに向かって心と体を十分に働かせ，見通しをもって行動し，自ら健康で安全な生活をつくり出すようになる。

イ　自立心

身近な環境に主体的に関わり様々な活動を楽しむ中で，しなければならないことを自覚し，自分の力で行うために考えたり，工夫したりしながら，諦めずにやり遂げることで達成感を味わい，自信をもって行動するようになる。

ウ　協同性

友達と関わる中で，互いの思いや考えなどを共有し，共通の目的の実現に向けて，考えたり，工夫したり，協力したりし，充実感をもってやり遂げるようになる。

エ　道徳性・規範意識の芽生え

友達と様々な体験を重ねる中で，してよいことや悪いことが分かり，自分の行動を振り返ったり，友達の気持ちに共感したりし，相手の立場に立って行動するようになる。また，きまりを守る必要性が分かり，自分の気持ちを調整し，友達と折り合いを付けながら，きまりをつくったり，守ったりするようになる。

オ　社会生活との関わり

家族を大切にしようとする気持ちをもつとともに，地域の身近な人と触れ合う中で，人との様々な関わり方に気付き，相手の気持ちを考えて関わり，自分が役に立つ喜びを感じ，地域に親しみをもつようになる。また，幼保連携型認定こども園内外の様々な環境に関わる中で，遊びや生活に必要な情報を取り入れ，情報に基づき判断したり，情報を伝え合ったり，活用したりするなど，情報を役立てながら活動するようになるとともに，公共の施設を大切に利用するなどして，社会とのつながりなどを意識するようになる。

カ　思考力の芽生え

身近な事象に積極的に関わる中で，物の性質や仕組みなどを感じ取ったり，気付いたりし，考えたり，予想したり，工夫したりするなど，多様な関わりを楽しむようになる。また，友達の様々な考えに触れる中で，自分と異なる考えがあることに気付き，自ら判断したり，考え直したりするなど，新しい考えを生み出す喜びを味わいながら，自分の考えをよりよいものにするようになる。

キ　自然との関わり・生命尊重

自然に触れて感動する体験を通して，自然の変化などを感じ取り，好奇心や探究心をもって考え言葉などで表現しながら，身近な事象への関心が高まるとともに，自然への愛情や畏敬の念をもつようになる。また，身近な動植物に心を動かされる中で，生命の不思議さや尊さに気付き，身近な動植物への接し方を考え，命あるものとしていたわり，大切にする気持ちをもって関わるようになる。

ク　数量や図形，標識や文字などへの関心・感覚

遊びや生活の中で，数量や図形，標識や文字などに親しむ体験を重ねたり，標識や文字の役割に気付いたりし，自らの必要感に基づきこれらを活用し，興味や関心，感覚をもつようになる。

ケ　言葉による伝え合い

保育教諭等や友達と心を通わせる中で，絵本や物語などに親しみながら，豊かな言葉や表現を身に付け，経験したことや考えたことなどを言葉で伝えたり，相手の話を注意して聞いたりし，言葉による伝え合いを楽しむようになる。

コ　豊かな感性と表現

心を動かす出来事などに触れ感性を働かせる中で，様々な素材の特徴や表現の仕方などに気付き，感じたことや考えたことを自分で表現したり，友達同士で表現する過程を楽しんだりし，表現する喜びを味わい，意欲をもつようになる。

第２　教育及び保育の内容並びに子育ての支援等に関する全体的な計画等

1　教育及び保育の内容並びに子育ての支援等に関する全体的な計画の作成等

(1) 教育及び保育の内容並びに子育ての支援等に関す

る全体的な計画の役割

各幼保連携型認定こども園においては，教育基本法（平成18年法律第120号），児童福祉法（昭和22年法律第164号）及び認定こども園法その他の法令並びにこの幼保連携型認定こども園教育・保育要領の示すところに従い，教育と保育を一体的に提供するため，創意工夫を生かし，園児の心身の発達と幼保連携型認定こども園，家庭及び地域の実態に即応した適切な教育及び保育の内容並びに子育ての支援等に関する全体的な計画を作成するものとする。

教育及び保育の内容並びに子育ての支援等に関する全体的な計画とは，教育と保育を一体的に捉え，園児の入園から修了までの在園期間の全体にわたり，幼保連携型認定こども園の目標に向かってどのような過程をたどって教育及び保育を進めていくかを明らかにするものであり，子育ての支援と有機的に連携し，園児の園生活全体を捉え，作成する計画である。

各幼保連携型認定こども園においては，「幼児期の終わりまでに育ってほしい姿」を踏まえ教育及び保育の内容並びに子育ての支援等に関する全体的な計画を作成すること，その実施状況を評価して改善を図っていくこと，また実施に必要な人的又は物的な体制を確保するとともにその改善を図っていくことなどを通して，教育及び保育の内容並びに子育ての支援等に関する全体的な計画に基づき組織的かつ計画的に各幼保連携型認定こども園の教育及び保育活動の質の向上を図っていくこと（以下「カリキュラム・マネジメント」という。）に努めるものとする。

(2) 各幼保連携型認定こども園の教育及び保育の目標と教育及び保育の内容並びに子育ての支援等に関する全体的な計画の作成

教育及び保育の内容並びに子育ての支援等に関する全体的な計画の作成に当たっては，幼保連携型認定こども園の教育及び保育において育みたい資質・能力を踏まえつつ，各幼保連携型認定こども園の教育及び保育の目標を明確にするとともに，教育及び保育の内容並びに子育ての支援等に関する全体的な計画の作成についての基本的な方針が家庭や地域とも共有されるよう努めるものとする。

(3) 教育及び保育の内容並びに子育ての支援等に関する全体的な計画の作成上の基本的事項

ア　幼保連携型認定こども園における生活の全体を通して第2章に示すねらいが総合的に達成されるよう，教育課程に係る教育期間や園児の生活経験や発達の過程などを考慮して具体的なねらいと内容を組織するものとする。この場合においては，特に，自我が芽生え，他者の存在を意識し，自己を抑制しようとする気持ちが生まれるなどの乳幼児期の発達の特性を踏まえ，入園から修了に至るまでの長期的な視野をもって充実した生活が展開できるように配慮するものとする。

イ　幼保連携型認定こども園の満3歳以上の園児の教育課程に係る教育週数は，特別の事情のある場合を除き，39週を下ってはならない。

ウ　幼保連携型認定こども園の1日の教育課程に係る教育時間は，4時間を標準とする。ただし，園児の心身の発達の程度や季節などに適切に配慮するものとする。

エ　幼保連携型認定こども園の保育を必要とする子どもに該当する園児に対する教育及び保育の時間（満3歳以上の保育を必要とする子どもに該当する園児については，この章の第2の1の（3）ウに規定する教育時間を含む。）は，1日につき8時間を原則とし，園長がこれを定める。ただし，その地方における園児の保護者の労働時間その他家庭の状況等を考慮するものとする。

(4) 教育及び保育の内容並びに子育ての支援等に関する全体的な計画の実施上の留意事項

各幼保連携型認定こども園においては，園長の方針の下に，園務分掌に基づき保育教諭等職員が適切に役割を分担しつつ，相互に連携しながら，教育及び保育の内容並びに子育ての支援等に関する全体的な計画や指導の改善を図るものとする。また，各幼保連携型認定こども園が行う教育及び保育等に係る評価については，教育及び保育の内容並びに子育ての支援等に関する全体的な計画の作成，実施，改善が教育及び保育活動や園運営の中核となることを踏まえ，カリキュラム・マネジメントと関連付けながら実施するよう留意するものとする。

(5) 小学校教育との接続に当たっての留意事項

ア　幼保連携型認定こども園においては，その教育及び保育が，小学校以降の生活や学習の基盤の育成につながることに配慮し，乳幼児期にふさわしい生活を通して，創造的な思考や主体的な生活態度などの基礎を培うようにするものとする。

イ　幼保連携型認定こども園の教育及び保育において育まれた資質・能力を踏まえ，小学校教育が円滑に行われるよう，小学校の教師との意見交換や合同の研究の機会などを設け，「幼児期の終わりまでに育ってほしい姿」を共有するなど連携を図り，幼保連携型認定こども園における教育及び保

育と小学校教育との円滑な接続を図るよう努めるものとする。

2　指導計画の作成と園児の理解に基づいた評価

(1) 指導計画の考え方

幼保連携型認定こども園における教育及び保育は，園児が自ら意欲をもって環境と関わることによりつくり出される具体的な活動を通して，その目標の達成を図るものである。

幼保連携型認定こども園においてはこのことを踏まえ，乳幼児期にふさわしい生活が展開され，適切な指導が行われるよう，調和のとれた組織的，発展的な指導計画を作成し，園児の活動に沿った柔軟な指導を行わなければならない。

(2) 指導計画の作成上の基本的事項

ア　指導計画は，園児の発達に即して園児一人一人が乳幼児期にふさわしい生活を展開し，必要な体験を得られるようにするために，具体的に作成するものとする。

イ　指導計画の作成に当たっては，次に示すところにより，具体的なねらい及び内容を明確に設定し，適切な環境を構成することなどにより活動が選択・展開されるようにするものとする。

（ア）具体的なねらい及び内容は，幼保連携型認定こども園の生活における園児の発達の過程を見通し，園児の生活の連続性，季節の変化などを考慮して，園児の興味や関心，発達の実情などに応じて設定すること。

（イ）環境は，具体的なねらいを達成するために適切なものとなるように構成し，園児が自らその環境に関わることにより様々な活動を展開しつつ必要な体験を得られるようにすること。その際，園児の生活する姿や発想を大切にし，常にその環境が適切なものとなるようにすること。

（ウ）園児の行う具体的な活動は，生活の流れの中で様々に変化するものであることに留意し，園児が望ましい方向に向かって自ら活動を展開していくことができるよう必要な援助をすること。

その際，園児の実態及び園児を取り巻く状況の変化などに即して指導の過程についての評価を適切に行い，常に指導計画の改善を図るものとする。

(3) 指導計画の作成上の留意事項

指導計画の作成に当たっては，次の事項に留意するものとする。

ア　園児の生活は，入園当初の一人一人の遊びや保育教諭等との触れ合いを通して幼保連携型認定こども園の生活に親しみ，安定していく時期から，他の園児との関わりの中で園児の主体的な活動が深まり，園児が互いに必要な存在であることを認識するようになる。その後，園児同士や学級全体で目的をもって協同して幼保連携型認定こども園の生活を展開し，深めていく時期などに至るまでの過程を様々に経ながら広げられていくものである。これらを考慮し，活動がそれぞれの時期にふさわしく展開されるようにすること。

また，園児の入園当初の教育及び保育に当たっては，既に在園している園児に不安や動揺を与えないようにしつつ，可能な限り個別的に対応し，園児が安定感を得て，次第に幼保連携型認定こども園の生活になじんでいくよう配慮すること。

イ　長期的に発達を見通した年，学期，月などにわたる長期の指導計画やこれとの関連を保ちながらより具体的な園児の生活に即した週，日などの短期の指導計画を作成し，適切な指導が行われるようにすること。特に，週，日などの短期の指導計画については，園児の生活のリズムに配慮し，園児の意識や興味の連続性のある活動が相互に関連して幼保連携型認定こども園の生活の自然な流れの中に組み込まれるようにすること。

ウ　園児が様々な人やものとの関わりを通して，多様な体験をし，心身の調和のとれた発達を促すようにしていくこと。その際，園児の発達に即して主体的・対話的で深い学びが実現するようにするとともに，心を動かされる体験が次の活動を生み出すことを考慮し，一つ一つの体験が相互に結び付き，幼保連携型認定こども園の生活が充実するようにすること。

エ　言語に関する能力の発達と思考力等の発達が関連していることを踏まえ，幼保連携型認定こども園における生活全体を通して，園児の発達を踏まえた言語環境を整え，言語活動の充実を図ること。

オ　園児が次の活動への期待や意欲をもつことができるよう，園児の実態を踏まえながら，保育教諭等や他の園児と共に遊びや生活の中で見通しをもったり，振り返ったりするよう工夫すること。

カ　行事の指導に当たっては，幼保連携型認定こども園の生活の自然な流れの中で生活に変化や潤いを与え，園児が主体的に楽しく活動できるようにすること。なお，それぞれの行事については教育及び保育における価値を十分検討し，適切なものを精選し，園児の負担にならないようにすること。

キ　乳幼児期は直接的な体験が重要であることを踏

まえ，視聴覚教材やコンピュータなど情報機器を活用する際には，幼保連携型認定こども園の生活では得難い体験を補完するなど，園児の体験との関連を考慮すること。

ク　園児の主体的な活動を促すためには，保育教諭等が多様な関わりをもつことが重要であることを踏まえ，保育教諭等は，理解者，共同作業者など様々な役割を果たし，園児の情緒の安定や発達に必要な豊かな体験が得られるよう，活動の場面に応じて，園児の人権や園児一人一人の個人差等に配慮した適切な指導を行うようにすること。

ケ　園児の行う活動は，個人，グループ，学級全体などで多様に展開されるものであることを踏まえ，幼保連携型認定こども園全体の職員による協力体制を作りながら，園児一人一人が興味や欲求を十分に満足させるよう適切な援助を行うようにすること。

コ　園児の生活は，家庭を基盤として地域社会を通じて次第に広がりをもつものであることに留意し，家庭との連携を十分に図るなど，幼保連携型認定こども園における生活が家庭や地域社会と連続性を保ちつつ展開されるようにするものとする。その際，地域の自然，高齢者や異年齢の子どもなどを含む人材，行事や公共施設などの地域の資源を積極的に活用し，園児が豊かな生活体験を得られるように工夫するものとする。また，家庭との連携に当たっては，保護者との情報交換の機会を設けたり，保護者と園児との活動の機会を設けたりなどすることを通じて，保護者の乳幼児期の教育及び保育に関する理解が深まるよう配慮するものとする。

サ　地域や幼保連携型認定こども園の実態等により，幼保連携型認定こども園間に加え，幼稚園，保育所等の保育施設，小学校，中学校，高等学校及び特別支援学校などとの間の連携や交流を図るものとする。特に，小学校教育との円滑な接続のため，幼保連携型認定こども園の園児と小学校の児童との交流の機会を積極的に設けるようにするものとする。また，障害のある園児児童生徒との交流及び共同学習の機会を設け，共に尊重し合いながら協働して生活していく態度を育むよう努めるものとする。

(4) 園児の理解に基づいた評価の実施

園児一人一人の発達の理解に基づいた評価の実施に当たっては，次の事項に配慮するものとする。

ア　指導の過程を振り返りながら園児の理解を進め，園児一人一人のよさや可能性などを把握し，指導の改善に生かすようにすること。その際，他の園児との比較や一定の基準に対する達成度についての評定によって捉えるものではないことに留意すること。

イ　評価の妥当性や信頼性が高められるよう創意工夫を行い，組織的かつ計画的な取組を推進するとともに，次年度又は小学校等にその内容が適切に引き継がれるようにすること。

3　特別な配慮を必要とする園児への指導

(1) 障害のある園児などへの指導

障害のある園児などへの指導に当たっては，集団の中で生活することを通して全体的な発達を促していくことに配慮し，適切な環境の下で，障害のある園児が他の園児との生活を通して共に成長できるよう，特別支援学校などの助言又は援助を活用しつつ，個々の園児の障害の状態などに応じた指導内容や指導方法の工夫を組織的かつ計画的に行うものとする。また，家庭，地域及び医療や福祉，保健等の業務を行う関係機関との連携を図り，長期的な視点で園児への教育及び保育的支援を行うために，個別の教育及び保育支援計画を作成し活用することに努めるとともに，個々の園児の実態を的確に把握し，個別の指導計画を作成し活用することに努めるものとする。

(2) 海外から帰国した園児や生活に必要な日本語の習得に困難のある園児の幼保連携型認定こども園の生活への適応

海外から帰国した園児や生活に必要な日本語の習得に困難のある園児については，安心して自己を発揮できるよう配慮するなど個々の園児の実態に応じ，指導内容や指導方法の工夫を組織的かつ計画的に行うものとする。

第3　幼保連携型認定こども園として特に配慮すべき事項

幼保連携型認定こども園における教育及び保育を行うに当たっては，次の事項について特に配慮しなければならない。

1　当該幼保連携型認定こども園に入園した年齢により集団生活の経験年数が異なる園児がいることに配慮する等，0歳から小学校就学前までの一貫した教育及び保育を園児の発達や学びの連続性を考慮して展開していくこと。特に満3歳以上については入園する園児が多いことや同一学年の園児で編制される学級の中で生活することなどを踏まえ，家庭や他の保育施設等との連携や引継ぎを円滑に行うとともに，環境の工夫をすること。

2　園児の一日の生活の連続性及びリズムの多様性に配

慮するとともに，保護者の生活形態を反映した園児の在園時間の長短，入園時期や登園日数の違いを踏まえ，園児一人一人の状況に応じ，教育及び保育の内容やその展開について工夫をすること。特に入園及び年度当初においては，家庭との連携の下，園児一人一人の生活の仕方やリズムに十分に配慮して一日の自然な生活の流れをつくり出していくようにすること。

3　環境を通して行う教育及び保育の活動の充実を図るため，幼保連携型認定こども園における教育及び保育の環境の構成に当たっては，乳幼児期の特性及び保護者や地域の実態を踏まえ，次の事項に留意すること。

(1) 0歳から小学校就学前までの様々な年齢の園児の発達の特性を踏まえ，満3歳未満の園児については特に健康，安全や発達の確保を十分に図るとともに，満3歳以上の園児については同一学年の園児で編制される学級による集団活動の中で遊びを中心とする園児の主体的な活動を通して発達や学びを促す経験が得られるよう工夫をすること。特に，満3歳以上の園児同士が共に育ち，学び合いながら，豊かな体験を積み重ねることができるよう工夫をすること。

(2) 在園時間が異なる多様な園児がいることを踏まえ，園児の生活が安定するよう，家庭や地域，幼保連携型認定こども園における生活の連続性を確保するとともに，一日の生活のリズムを整えるよう工夫をすること。特に満3歳未満の園児については睡眠時間等の個人差に配慮するとともに，満3歳以上の園児については集中して遊ぶ場と家庭的な雰囲気の中でくつろぐ場との適切な調和等の工夫をすること。

(3) 家庭や地域において異年齢の子どもと関わる機会が減少していることを踏まえ，満3歳以上の園児については，学級による集団活動とともに，満3歳未満の園児を含む異年齢の園児による活動を，園児の発達の状況にも配慮しつつ適切に組み合わせて設定するなどの工夫をすること。

(4) 満3歳以上の園児については，特に長期的な休業中，園児が過ごす家庭や園などの生活の場が異なることを踏まえ，それぞれの多様な生活経験が長期的な休業などの終了後等の園生活に生かされるよう工夫をすること。

4　指導計画を作成する際には，この章に示す指導計画の作成上の留意事項を踏まえるとともに，次の事項にも特に配慮すること。

(1) 園児の発達の個人差，入園した年齢の違いなどによる集団生活の経験年数の差，家庭環境等を踏まえ，園児一人一人の発達の特性や課題に十分留意すること。特に満3歳未満の園児については，大人への依存度が極めて高い等の特性があることから，個別的な対応を図ること。また，園児の集団生活への円滑な接続について，家庭等との連携及び協力を図る等十分留意すること。

(2) 園児の発達の連続性を考慮した教育及び保育を展開する際には，次の事項に留意すること。

ア　満3歳未満の園児については，園児一人一人の生育歴，心身の発達，活動の実態等に即して，個別的な計画を作成すること。

イ　満3歳以上の園児については，個の成長と，園児相互の関係や協同的な活動が促されるよう考慮すること。

ウ　異年齢で構成されるグループ等での指導に当たっては，園児一人一人の生活や経験，発達の過程などを把握し，適切な指導や環境の構成ができるよう考慮すること。

(3) 一日の生活のリズムや在園時間が異なる園児が共に過ごすことを踏まえ，活動と休息，緊張感と解放感等の調和を図るとともに，園児に不安や動揺を与えないようにする等の配慮を行うこと。その際，担当の保育教諭等が替わる場合には，園児の様子等引継ぎを行い，十分な連携を図ること。

(4) 午睡は生活のリズムを構成する重要な要素であり，安心して眠ることのできる安全な午睡環境を確保するとともに，在園時間が異なることや，睡眠時間は園児の発達の状況や個人によって差があることから，一律とならないよう配慮すること。

(5) 長時間にわたる教育及び保育については，園児の発達の過程，生活のリズム及び心身の状態に十分配慮して，保育の内容や方法，職員の協力体制，家庭との連携などを指導計画に位置付けること。

5　生命の保持や情緒の安定を図るなど養護の行き届いた環境の下，幼保連携型認定こども園における教育及び保育を展開すること。

(1) 園児一人一人が，快適にかつ健康で安全に過ごせるようにするとともに，その生理的欲求が十分に満たされ，健康増進が積極的に図られるようにするため，次の事項に留意すること。

ア　園児一人一人の平常の健康状態や発育及び発達の状態を的確に把握し，異常を感じる場合は，速やかに適切に対応すること。

イ　家庭との連携を密にし，学校医等との連携を図りながら，園児の疾病や事故防止に関する認識を深め，保健的で安全な環境の維持及び向上に努めること。

ウ　清潔で安全な環境を整え，適切な援助や応答的

な関わりを通して，園児の生理的欲求を満たしていくこと。また，家庭と協力しながら，園児の発達の過程等に応じた適切な生活のリズムがつくられていくようにすること。

エ　園児の発達の過程等に応じて，適度な運動と休息をとることができるようにすること。また，食事，排泄《せつ》，睡眠，衣類の着脱，身の回りを清潔にすることなどについて，園児が意欲的に生活できるよう適切に援助すること。

(2) 園児一人一人が安定感をもって過ごし，自分の気持ちを安心して表すことができるようにするとともに，周囲から主体として受け止められ主体として育ち，自分を肯定する気持ちが育まれていくようにし，くつろいで共に過ごし，心身の疲れが癒やされるようにするため，次の事項に留意すること。

ア　園児一人一人の置かれている状態や発達の過程などを的確に把握し，園児の欲求を適切に満たしながら，応答的な触れ合いや言葉掛けを行うこと。

イ　園児一人一人の気持ちを受容し，共感しながら，園児との継続的な信頼関係を築いていくこと。

ウ　保育教諭等との信頼関係を基盤に，園児一人一人が主体的に活動し，自発性や探索意欲などを高めるとともに，自分への自信をもつことができるよう成長の過程を見守り，適切に働き掛けること。

エ　園児一人一人の生活のリズム，発達の過程，在園時間などに応じて，活動内容のバランスや調和を図りながら，適切な食事や休息がとれるようにすること。

6　園児の健康及び安全は，園児の生命の保持と健やかな生活の基本であり，幼保連携型認定こども園の生活全体を通して健康や安全に関する管理や指導，食育の推進等に十分留意すること。

7　保護者に対する子育ての支援に当たっては，この章に示す幼保連携型認定こども園における教育及び保育の基本及び目標を踏まえ，子どもに対する学校としての教育及び児童福祉施設としての保育並びに保護者に対する子育ての支援について相互に有機的な連携が図られるようにすること。また，幼保連携型認定こども園の目的の達成に資するため，保護者が子どもの成長に気付き子育ての喜びが感じられるよう，幼保連携型認定こども園の特性を生かした子育ての支援に努めること。

第2章　ねらい及び内容並びに配慮事項

この章に示すねらいは，幼保連携型認定こども園の教育及び保育において育みたい資質・能力を園児の生活する姿から捉えたものであり，内容は，ねらいを達成するために指導する事項である。各視点や領域は，この時期の発達の特徴を踏まえ，教育及び保育のねらい及び内容を乳幼児の発達の側面から，乳児は三つの視点として，幼児は五つの領域としてまとめ，示したものである。内容の取扱いは，園児の発達を踏まえた指導を行うに当たって留意すべき事項である。

各視点や領域に示すねらいは，幼保連携型認定こども園における生活の全体を通じ，園児が様々な体験を積み重ねる中で相互に関連をもちながら次第に達成に向かうものであること，内容は，園児が環境に関わって展開する具体的な活動を通して総合的に指導されるものであることに留意しなければならない。

また，「幼児期の終わりまでに育ってほしい姿」が，ねらい及び内容に基づく活動全体を通して資質・能力が育まれている園児の幼保連携型認定こども園修了時の具体的な姿であることを踏まえ，指導を行う際に考慮するものとする。

なお，特に必要な場合には，各視点や領域に示すねらいの趣旨に基づいて適切な，具体的な内容を工夫し，それを加えても差し支えないが，その場合には，それが第1章の第1に示す幼保連携型認定こども園の教育及び保育の基本及び目標を逸脱しないよう慎重に配慮する必要がある。

第1　乳児期の園児の保育に関するねらい及び内容

基本的事項

1　乳児期の発達については，視覚，聴覚などの感覚や，座る，はう，歩くなどの運動機能が著しく発達し，特定の大人との応答的な関わりを通じて，情緒的な絆《きずな》が形成されるといった特徴がある。これらの発達の特徴を踏まえて，乳児期の園児の保育は，愛情豊かに，応答的に行われることが特に必要である。

2　本項においては，この時期の発達の特徴を踏まえ，乳児期の園児の保育のねらい及び内容については，身体的発達に関する視点「健やかに伸び伸びと育つ」，社会的発達に関する視点「身近な人と気持ちが通じ合う」及び精神的発達に関する視点「身近なものと関わり感性が育つ」としてまとめ，示している。

ねらい及び内容

健やかに伸び伸びと育つ

〔健康な心と体を育て，自ら健康で安全な生活をつくり出す力の基盤を培う。〕

1　ねらい

(1) 身体感覚が育ち，快適な環境に心地よさを感じる。

(2) 伸び伸びと体を動かし，はう，歩くなどの運動をしようとする。

(3) 食事，睡眠等の生活のリズムの感覚が芽生える。

2　内容

(1) 保育教諭等の愛情豊かな受容の下で，生理的・心理的欲求を満たし，心地よく生活をする。

(2) 一人一人の発育に応じて，はう，立つ，歩くなど，十分に体を動かす。

(3) 個人差に応じて授乳を行い，離乳を進めていく中で，様々な食品に少しずつ慣れ，食べることを楽しむ。

(4) 一人一人の生活のリズムに応じて，安全な環境の下で十分に午睡をする。

(5) おむつ交換や衣服の着脱などを通じて，清潔になることの心地よさを感じる。

3　内容の取扱い

上記の取扱いに当たっては，次の事項に留意する必要がある。

(1) 心と体の健康は，相互に密接な関連があるものであることを踏まえ，温かい触れ合いの中で，心と体の発達を促すこと。特に，寝返り，お座り，はいはい，つかまり立ち，伝い歩きなど，発育に応じて，遊びの中で体を動かす機会を十分に確保し，自ら体を動かそうとする意欲が育つようにすること。

(2) 健康な心と体を育てるためには望ましい食習慣の形成が重要であることを踏まえ，離乳食が完了期へと徐々に移行する中で，様々な食品に慣れるようにするとともに，和やかな雰囲気の中で食べる喜びや楽しさを味わい，進んで食べようとする気持ちが育つようにすること。なお，食物アレルギーのある園児への対応については，学校医等の指示や協力の下に適切に対応すること。

身近な人と気持ちが通じ合う

〔受容的・応答的な関わりの下で，何かを伝えようとする意欲や身近な大人との信頼関係を育て，人と関わる力の基盤を培う。〕

1　ねらい

(1) 安心できる関係の下で，身近な人と共に過ごす喜びを感じる。

(2) 体の動きや表情，発声等により，保育教諭等と気持ちを通わせようとする。

(3) 身近な人と親しみ，関わりを深め，愛情や信頼感が芽生える。

2　内容

(1) 園児からの働き掛けを踏まえた，応答的な触れ合いや言葉掛けによって，欲求が満たされ，安定感をもって過ごす。

(2) 体の動きや表情，発声，喃《なん》語等を優しく受け止めてもらい，保育教諭等とのやり取りを楽しむ。

(3) 生活や遊びの中で，自分の身近な人の存在に気付き，親しみの気持ちを表す。

(4) 保育教諭等による語り掛けや歌い掛け，発声や喃《なん》語等への応答を通じて，言葉の理解や発語の意欲が育つ。

(5) 温かく，受容的な関わりを通じて，自分を肯定する気持ちが芽生える。

3　内容の取扱い

上記の取扱いに当たっては，次の事項に留意する必要がある。

(1) 保育教諭等との信頼関係に支えられて生活を確立していくことが人と関わる基盤となることを考慮して，園児の多様な感情を受け止め，温かく受容的・応答的に関わり，一人一人に応じた適切な援助を行うようにすること。

(2) 身近な人に親しみをもって接し，自分の感情などを表し，それに相手が応答する言葉を聞くことを通して，次第に言葉が獲得されていくことを考慮して，楽しい雰囲気の中での保育教諭等との関わり合いを大切にし，ゆっくりと優しく話し掛けるなど，積極的に言葉のやり取りを楽しむことができるようにすること。

身近なものと関わり感性が育つ

〔身近な環境に興味や好奇心をもって関わり，感じたことや考えたことを表現する力の基盤を培う。〕

1　ねらい

(1) 身の回りのものに親しみ，様々なものに興味や関心をもつ。

(2) 見る，触れる，探索するなど，身近な環境に自分から関わろうとする。

(3) 身体の諸感覚による認識が豊かになり，表情や手足，体の動き等で表現する。

2　内容

(1) 身近な生活用具，玩具や絵本などが用意された中で，身の回りのものに対する興味や好奇心をもつ。

(2) 生活や遊びの中で様々なものに触れ，音，形，色，手触りなどに気付き，感覚の働きを豊かにする。

(3) 保育教諭等と一緒に様々な色彩や形のものや絵本などを見る。

(4) 玩具や身の回りのものを，つまむ，つかむ，たたく，引っ張るなど，手や指を使って遊ぶ。

(5) 保育教諭等のあやし遊びに機嫌よく応じたり，歌やリズムに合わせて手足や体を動かして楽しんだりする。

3　内容の取扱い

上記の取扱いに当たっては，次の事項に留意する必要がある。

(1)　玩具などは，音質，形，色，大きさなど園児の発達状態に応じて適切なものを選び，その時々の園児の興味や関心を踏まえるなど，遊びを通して感覚の発達が促されるものとなるように工夫すること。なお，安全な環境の下で，園児が探索意欲を満たして自由に遊べるよう，身の回りのものについては常に十分な点検を行うこと。

(2)　乳児期においては，表情，発声，体の動きなどで，感情を表現することが多いことから，これらの表現しようとする意欲を積極的に受け止めて，園児が様々な活動を楽しむことを通して表現が豊かになるようにすること。

第2　満1歳以上満3歳未満の園児の保育に関するねらい及び内容

基本的事項

1　この時期においては，歩き始めから，歩く，走る，跳ぶなどへと，基本的な運動機能が次第に発達し，排泄《せつ》の自立のための身体的機能も整うようになる。つまむ，めくるなどの指先の機能も発達し，食事，衣類の着脱なども，保育教諭等の援助の下で自分で行うようになる。発声も明瞭になり，語彙も増加し，自分の意思や欲求を言葉で表出できるようになる。このように自分でできることが増えてくる時期であることから，保育教諭等は，園児の生活の安定を図りながら，自分でしようとする気持ちを尊重し，温かく見守るとともに，愛情豊かに，応答的に関わることが必要である。

2　本項においては，この時期の発達の特徴を踏まえ，保育のねらい及び内容について，心身の健康に関する領域「健康」，人との関わりに関する領域「人間関係」，身近な環境との関わりに関する領域「環境」，言葉の獲得に関する領域「言葉」及び感性と表現に関する領域「表現」としてまとめ，示している。

ねらい及び内容

健康

〔健康な心と体を育て，自ら健康で安全な生活をつくり出す力を養う。〕

1　ねらい

(1) 明るく伸び伸びと生活し，自分から体を動かすことを楽しむ。

(2) 自分の体を十分に動かし，様々な動きをしようとする。

(3) 健康，安全な生活に必要な習慣に気付き，自分でしてみようとする気持ちが育つ。

2　内容

(1) 保育教諭等の愛情豊かな受容の下で，安定感をもって生活をする。

(2) 食事や午睡，遊びと休息など，幼保連携型認定こども園における生活のリズムが形成される。

(3) 走る，跳ぶ，登る，押す，引っ張るなど全身を使う遊びを楽しむ。

(4) 様々な食品や調理形態に慣れ，ゆったりとした雰囲気の中で食事や間食を楽しむ。

(5) 身の回りを清潔に保つ心地よさを感じ，その習慣が少しずつ身に付く。

(6) 保育教諭等の助けを借りながら，衣類の着脱を自分でしようとする。

(7) 便器での排泄《せつ》に慣れ，自分で排泄《せつ》ができるようになる。

3　内容の取扱い

上記の取扱いに当たっては，次の事項に留意する必要がある。

(1) 心と体の健康は，相互に密接な関連があるものであることを踏まえ，園児の気持ちに配慮した温かい触れ合いの中で，心と体の発達を促すこと。特に，一人一人の発育に応じて，体を動かす機会を十分に確保し，自ら体を動かそうとする意欲が育つようにすること。

(2) 健康な心と体を育てるためには望ましい食習慣の形成が重要であることを踏まえ，ゆったりとした雰囲気の中で食べる喜びや楽しさを味わい，進んで食べようとする気持ちが育つようにすること。なお，食物アレルギーのある園児への対応については，学校医等の指示や協力の下に適切に対応すること。

(3) 排泄《せつ》の習慣については，一人一人の排尿間隔等を踏まえ，おむつが汚れていないときに便器に座らせるなどにより，少しずつ慣れさせるようにすること。

(4) 食事，排泄《せつ》，睡眠，衣類の着脱，身の回りを清潔にすることなど，生活に必要な基本的な習慣については，一人一人の状態に応じ，落ち着いた雰囲気の中で行うようにし，園児が自分でしようとする気持ちを尊重すること。また，基本的な生活習慣の形成に当たっては，家庭での生活経験に配慮し，家庭との適切な連携の下で行うようにすること。

人間関係

〔他の人々と親しみ，支え合って生活するために，自立心を育て，人と関わる力を養う。〕

1　ねらい

(1) 幼保連携型認定こども園での生活を楽しみ，身近な人と関わる心地よさを感じる。

(2) 周囲の園児等への興味・関心が高まり，関わりをもとうとする。

(3) 幼保連携型認定こども園の生活の仕方に慣れ，きまりの大切さに気付く。

2　内容

(1) 保育教諭等や周囲の園児等との安定した関係の中で，共に過ごす心地よさを感じる。

(2) 保育教諭等の受容的・応答的な関わりの中で，欲求を適切に満たし，安定感をもって過ごす。

(3) 身の回りに様々な人がいることに気付き，徐々に他の園児と関わりをもって遊ぶ。

(4) 保育教諭等の仲立ちにより，他の園児との関わり方を少しずつ身につける。

(5) 幼保連携型認定こども園の生活の仕方に慣れ，きまりがあることや，その大切さに気付く。

(6) 生活や遊びの中で，年長児や保育教諭等の真似をしたり，ごっこ遊びを楽しんだりする。

3　内容の取扱い

上記の取扱いに当たっては，次の事項に留意する必要がある。

(1) 保育教諭等との信頼関係に支えられて生活を確立するとともに，自分で何かをしようとする気持ちが旺盛になる時期であることに鑑み，そのような園児の気持ちを尊重し，温かく見守るとともに，愛情豊かに，応答的に関わり，適切な援助を行うようにすること。

(2) 思い通りにいかない場合等の園児の不安定な感情の表出については，保育教諭等が受容的に受け止めるとともに，そうした気持ちから立ち直る経験や感情をコントロールすることへの気付き等につなげていけるように援助すること。

(3) この時期は自己と他者との違いの認識がまだ十分ではないことから，園児の自我の育ちを見守るとともに，保育教諭等が仲立ちとなって，自分の気持ちを相手に伝えることや相手の気持ちに気付くことの大切さなど，友達の気持ちや友達との関わり方を丁寧に伝えていくこと。

環境

〔周囲の様々な環境に好奇心や探究心をもって関わり，それらを生活に取り入れていこうとする力を養う。〕

1　ねらい

(1) 身近な環境に親しみ，触れ合う中で，様々なものに興味や関心をもつ。

(2) 様々なものに関わる中で，発見を楽しんだり，考えたりしようとする。

(3) 見る，聞く，触るなどの経験を通して，感覚の働きを豊かにする。

2　内容

(1) 安全で活動しやすい環境での探索活動等を通して，見る，聞く，触れる，嗅ぐ，味わうなどの感覚の働きを豊かにする。

(2) 玩具，絵本，遊具などに興味をもち，それらを使った遊びを楽しむ。

(3) 身の回りの物に触れる中で，形，色，大きさ，量などの物の性質や仕組みに気付く。

(4) 自分の物と人の物の区別や，場所的感覚など，環境を捉える感覚が育つ。

(5) 身近な生き物に気付き，親しみをもつ。

(6) 近隣の生活や季節の行事などに興味や関心をもつ。

3　内容の取扱い上記の取扱いに当たっては，次の事項に留意する必要がある。

(1) 玩具などは，音質，形，色，大きさなど園児の発達状態に応じて適切なものを選び，遊びを通して感覚の発達が促されるように工夫すること。

(2) 身近な生き物との関わりについては，園児が命を感じ，生命の尊さに気付く経験へとつながるものであることから，そうした気付きを促すような関わりとなるようにすること。

(3) 地域の生活や季節の行事などに触れる際には，社会とのつながりや地域社会の文化への気付きにつながるものとなることが望ましいこと。その際，幼保連携型認定こども園内外の行事や地域の人々との触れ合いなどを通して行うこと等も考慮すること。

言葉

〔経験したことや考えたことなどを自分なりの言葉で表現し，相手の話す言葉を聞こうとする意欲や態度を育て，言葉に対する感覚や言葉で表現する力を養う。〕

1　ねらい

(1) 言葉遊びや言葉で表現する楽しさを感じる。

(2) 人の言葉や話などを聞き，自分でも思ったことを伝えようとする。

(3) 絵本や物語等に親しむとともに，言葉のやり取りを通じて身近な人と気持ちを通わせる。

2　内容

(1) 保育教諭等の応答的な関わりや話し掛けにより，自ら言葉を使おうとする。

(2) 生活に必要な簡単な言葉に気付き，聞き分ける。

(3) 親しみをもって日常の挨拶に応じる。

(4) 絵本や紙芝居を楽しみ，簡単な言葉を繰り返したり，模倣をしたりして遊ぶ。

(5) 保育教諭等とごっこ遊びをする中で，言葉のやり取りを楽しむ。

(6) 保育教諭等を仲立ちとして，生活や遊びの中で友達との言葉のやり取りを楽しむ。

(7) 保育教諭等や友達の言葉や話に興味や関心をもって，聞いたり，話したりする。

3　内容の取扱い

上記の取扱いに当たっては，次の事項に留意する必要がある。

(1) 身近な人に親しみをもって接し，自分の感情などを伝え，それに相手が応答し，その言葉を聞くことを通して，次第に言葉が獲得されていくものであることを考慮して，楽しい雰囲気の中で保育教諭等との言葉のやり取りができるようにすること。

(2) 園児が自分の思いを言葉で伝えるとともに，他の園児の話などを聞くことを通して，次第に話を理解し，言葉による伝え合いができるようになるよう，気持ちや経験等の言語化を行うことを援助するなど，園児同士の関わりの仲立ちを行うようにすること。

(3) この時期は，片言から，二語文，ごっこ遊びでのやり取りができる程度へと，大きく言葉の習得が進む時期であることから，それぞれの園児の発達の状況に応じて，遊びや関わりの工夫など，保育の内容を適切に展開することが必要であること。

表現

〔感じたことや考えたことを自分なりに表現することを通して，豊かな感性や表現する力を養い，創造性を豊かにする。〕

1　ねらい

(1) 身体の諸感覚の経験を豊かにし，様々な感覚を味わう。

(2) 感じたことや考えたことなどを自分なりに表現しようとする。

(3) 生活や遊びの様々な体験を通して，イメージや感性が豊かになる。

2　内容

(1) 水，砂，土，紙，粘土など様々な素材に触れて楽しむ。

(2) 音楽，リズムやそれに合わせた体の動きを楽しむ。

(3) 生活の中で様々な音，形，色，手触り，動き，味，香りなどに気付いたり，感じたりして楽しむ。

(4) 歌を歌ったり，簡単な手遊びや全身を使う遊びを楽しんだりする。

(5) 保育教諭等からの話や，生活や遊びの中での出来事を通して，イメージを豊かにする。

(6) 生活や遊びの中で，興味のあることや経験したことなどを自分なりに表現する。

3　内容の取扱い

上記の取扱いに当たっては，次の事項に留意する必要がある。

(1) 園児の表現は，遊びや生活の様々な場面で表出されているものであることから，それらを積極的に受け止め，様々な表現の仕方や感性を豊かにする経験となるようにすること。

(2) 園児が試行錯誤しながら様々な表現を楽しむことや，自分の力でやり遂げる充実感などに気付くよう，温かく見守るとともに，適切に援助を行うようにすること。

(3) 様々な感情の表現等を通じて，園児が自分の感情や気持ちに気付くようになる時期であることに鑑み，受容的な関わりの中で自信をもって表現をすることや，諦めずに続けた後の達成感等を感じられるような経験が蓄積されるようにすること。

(4) 身近な自然や身の回りの事物に関わる中で，発見や心が動く経験が得られるよう，諸感覚を働かせることを楽しむ遊びや素材を用意するなど保育の環境を整えること。

第3　満3歳以上の園児の教育及び保育に関するねらい及び内容

基本的事項

1　この時期においては，運動機能の発達により，基本的な動作が一通りできるようになるとともに，基本的な生活習慣もほぼ自立できるようになる。理解する語彙数が急激に増加し，知的興味や関心も高まってくる。仲間と遊び，仲間の中の一人という自覚が生じ，集団的な遊びや協同的な活動も見られるようになる。これらの発達の特徴を踏まえて，この時期の教育及び保育においては，個の成長と集団としての活動の充実が図られるようにしなければならない。

2　本項においては，この時期の発達の特徴を踏まえ，教育及び保育のねらい及び内容について，心身の健康に関する領域「健康」，人との関わりに関する領域「人間関係」，身近な環境との関わりに関する領域「環境」，言葉の獲得に関する領域「言葉」及び感性と表現に関する領域「表現」としてまとめ，示している。

ねらい及び内容

健康

〔健康な心と体を育て，自ら健康で安全な生活をつくり出す力を養う。〕

1　ねらい

(1) 明るく伸び伸びと行動し，充実感を味わう。

(2) 自分の体を十分に動かし，進んで運動しようとす

る。

(3) 健康，安全な生活に必要な習慣や態度を身に付け，見通しをもって行動する。

2　内容

(1) 保育教諭等や友達と触れ合い，安定感をもって行動する。

(2) いろいろな遊びの中で十分に体を動かす。

(3) 進んで戸外で遊ぶ。

(4) 様々な活動に親しみ，楽しんで取り組む。

(5) 保育教諭等や友達と食べることを楽しみ，食べ物への興味や関心をもつ。

(6) 健康な生活のリズムを身に付ける。

(7) 身の回りを清潔にし，衣服の着脱，食事，排泄《せつ》などの生活に必要な活動を自分でする。

(8) 幼保連携型認定こども園における生活の仕方を知り，自分たちで生活の場を整えながら見通しをもって行動する。

(9) 自分の健康に関心をもち，病気の予防などに必要な活動を進んで行う。

(10) 危険な場所，危険な遊び方，災害時などの行動の仕方が分かり，安全に気を付けて行動する。

3　内容の取扱い

上記の取扱いに当たっては，次の事項に留意する必要がある。

(1) 心と体の健康は，相互に密接な関連があるものであることを踏まえ，園児が保育教諭等や他の園児との温かい触れ合いの中で自己の存在感や充実感を味わうことなどを基盤として，しなやかな心と体の発達を促すこと。特に，十分に体を動かす気持ちよさを体験し，自ら体を動かそうとする意欲が育つようにすること。

(2) 様々な遊びの中で，園児が興味や関心，能力に応じて全身を使って活動することにより，体を動かす楽しさを味わい，自分の体を大切にしようとする気持ちが育つようにすること。その際，多様な動きを経験する中で，体の動きを調整するようにすること。

(3) 自然の中で伸び伸びと体を動かして遊ぶことにより，体の諸機能の発達が促されることに留意し，園児の興味や関心が戸外にも向くようにすること。その際，園児の動線に配慮した園庭や遊具の配置などを工夫すること。

(4) 健康な心と体を育てるためには食育を通じた望ましい食習慣の形成が大切であることを踏まえ，園児の食生活の実情に配慮し，和やかな雰囲気の中で保育教諭等や他の園児と食べる喜びや楽しさを味わったり，様々な食べ物への興味や関心をもったりするなどし，食の大切さに気付き，進んで食べようとする気持ちが育つようにすること。

(5) 基本的な生活習慣の形成に当たっては，家庭での生活経験に配慮し，園児の自立心を育て，園児が他の園児と関わりながら主体的な活動を展開する中で，生活に必要な習慣を身に付け，次第に見通しをもって行動できるようにすること。

(6) 安全に関する指導に当たっては，情緒の安定を図り，遊びを通して安全についての構えを身に付け，危険な場所や事物などが分かり，安全についての理解を深めるようにすること。また，交通安全の習慣を身に付けるようにするとともに，避難訓練などを通して，災害などの緊急時に適切な行動がとれるようにすること。

人間関係

〔他の人々と親しみ，支え合って生活するために，自立心を育て，人と関わる力を養う。〕

1　ねらい

(1) 幼保連携型認定こども園の生活を楽しみ，自分の力で行動することの充実感を味わう。

(2) 身近な人と親しみ，関わりを深め，工夫したり，協力したりして一緒に活動する楽しさを味わい，愛情や信頼感をもつ。

(3) 社会生活における望ましい習慣や態度を身に付ける。

2　内容

(1) 保育教諭等や友達と共に過ごすことの喜びを味わう。

(2) 自分で考え，自分で行動する。

(3) 自分でできることは自分でする。

(4) いろいろな遊びを楽しみながら物事をやり遂げようとする気持ちをもつ。

(5) 友達と積極的に関わりながら喜びや悲しみを共感し合う。

(6) 自分の思ったことを相手に伝え，相手の思っていることに気付く。

(7) 友達のよさに気付き，一緒に活動する楽しさを味わう。

(8) 友達と楽しく活動する中で，共通の目的を見いだし，工夫したり，協力したりなどする。

(9) よいことや悪いことがあることに気付き，考えながら行動する。

(10) 友達との関わりを深め，思いやりをもつ。

(11) 友達と楽しく生活する中できまりの大切さに気付き，守ろうとする。

(12) 共同の遊具や用具を大切にし，皆で使う。

(13) 高齢者をはじめ地域の人々などの自分の生活に

関係の深いいろいろな人に親しみをもつ。

3　内容の取扱い

上記の取扱いに当たっては，次の事項に留意する必要がある。

(1) 保育教諭等との信頼関係に支えられて自分自身の生活を確立していくことが人と関わる基盤となることを考慮し，園児が自ら周囲に働き掛けることにより多様な感情を体験し，試行錯誤しながら諦めずにやり遂げることの達成感や，前向きな見通しをもって自分の力で行うことの充実感を味わうことができるよう，園児の行動を見守りながら適切な援助を行うようにすること。

(2) 一人一人を生かした集団を形成しながら人と関わる力を育てていくようにすること。その際，集団の生活の中で，園児が自己を発揮し，保育教諭等や他の園児に認められる体験をし，自分のよさや特徴に気付き，自信をもって行動できるようにすること。

(3) 園児が互いに関わりを深め，協同して遊ぶようになるため，自ら行動する力を育てるようにするとともに，他の園児と試行錯誤しながら活動を展開する楽しさや共通の目的が実現する喜びを味わうことができるようにすること。

(4) 道徳性の芽生えを培うに当たっては，基本的な生活習慣の形成を図るとともに，園児が他の園児との関わりの中で他人の存在に気付き，相手を尊重する気持ちをもって行動できるようにし，また，自然や身近な動植物に親しむことなどを通して豊かな心情が育つようにすること。特に，人に対する信頼感や思いやりの気持ちは，葛藤やつまずきをも体験し，それらを乗り越えることにより次第に芽生えてくることに配慮すること。

(5) 集団の生活を通して，園児が人との関わりを深め，規範意識の芽生えが培われることを考慮し，園児が保育教諭等との信頼関係に支えられて自己を発揮する中で，互いに思いを主張し，折り合いを付ける体験をし，きまりの必要性などに気付き，自分の気持ちを調整する力が育つようにすること。

(6) 高齢者をはじめ地域の人々などの自分の生活に関係の深いいろいろな人と触れ合い，自分の感情や意志を表現しながら共に楽しみ，共感し合う体験を通して，これらの人々などに親しみをもち，人と関わることの楽しさや人の役に立つ喜びを味わうことができるようにすること。また，生活を通して親や祖父母などの家族の愛情に気付き，家族を大切にしようとする気持ちが育つようにすること。

環境

〔周囲の様々な環境に好奇心や探究心をもって関わり，それらを生活に取り入れていこうとする力を養う。〕

1　ねらい

(1) 身近な環境に親しみ，自然と触れ合う中で様々な事象に興味や関心をもつ。

(2) 身近な環境に自分から関わり，発見を楽しんだり，考えたりし，それを生活に取り入れようとする。

(3) 身近な事象を見たり，考えたり，扱ったりする中で，物の性質や数量，文字などに対する感覚を豊かにする。

2　内容

(1) 自然に触れて生活し，その大きさ，美しさ，不思議さなどに気付く。

(2) 生活の中で，様々な物に触れ，その性質や仕組みに興味や関心をもつ。

(3) 季節により自然や人間の生活に変化のあることに気付く。

(4) 自然などの身近な事象に関心をもち，取り入れて遊ぶ。

(5) 身近な動植物に親しみをもって接し，生命の尊さに気付き，いたわったり，大切にしたりする。

(6) 日常生活の中で，我が国や地域社会における様々な文化や伝統に親しむ。

(7) 身近な物を大切にする。

(8) 身近な物や遊具に興味をもって関わり，自分なりに比べたり，関連付けたりしながら考えたり，試したりして工夫して遊ぶ。

(9) 日常生活の中で数量や図形などに関心をもつ。

(10) 日常生活の中で簡単な標識や文字などに関心をもつ。

(11) 生活に関係の深い情報や施設などに興味や関心をもつ。

(12) 幼保連携型認定こども園内外の行事において国旗に親しむ。

3　内容の取扱い

上記の取扱いに当たっては，次の事項に留意する必要がある。

(1) 園児が，遊びの中で周囲の環境と関わり，次第に周囲の世界に好奇心を抱き，その意味や操作の仕方に関心をもち，物事の法則性に気付き，自分なりに考えることができるようになる過程を大切にすること。また，他の園児の考えなどに触れて新しい考えを生み出す喜びや楽しさを味わい，自分の考えをよりよいものにしようとする気持ちが育つようにすること。

(2) 幼児期において自然のもつ意味は大きく，自然の大きさ，美しさ，不思議さなどに直接触れる体験を

通して，園児の心が安らぎ，豊かな感情，好奇心，思考力，表現力の基礎が培われることを踏まえ，園児が自然との関わりを深めることができるよう工夫すること。

(3) 身近な事象や動植物に対する感動を伝え合い，共感し合うことなどを通して自分から関わろうとする意欲を育てるとともに，様々な関わり方を通してそれらに対する親しみや畏敬の念，生命を大切にする気持ち，公共心，探究心などが養われるようにすること。

(4) 文化や伝統に親しむ際には，正月や節句など我が国の伝統的な行事，国歌，唱歌，わらべうたや我が国の伝統的な遊びに親しんだり，異なる文化に触れる活動に親しんだりすることを通じて，社会とのつながりの意識や国際理解の意識の芽生えなどが養われるようにすること。

(5) 数量や文字などに関しては，日常生活の中で園児自身の必要感に基づく体験を大切にし，数量や文字などに関する興味や関心，感覚が養われるようにすること。

言葉

〔経験したことや考えたことなどを自分なりの言葉で表現し，相手の話す言葉を聞こうとする意欲や態度を育て，言葉に対する感覚や言葉で表現する力を養う。〕

1　ねらい

(1) 自分の気持ちを言葉で表現する楽しさを味わう。

(2) 人の言葉や話などをよく聞き，自分の経験したことや考えたことを話し，伝え合う喜びを味わう。

(3) 日常生活に必要な言葉が分かるようになるとともに，絵本や物語などに親しみ，言葉に対する感覚を豊かにし，保育教諭等や友達と心を通わせる。

2　内容

(1) 保育教諭等や友達の言葉や話に興味や関心をもち，親しみをもって聞いたり，話したりする。

(2) したり，見たり，聞いたり，感じたり，考えたりなどしたことを自分なりに言葉で表現する。

(3) したいこと，してほしいことを言葉で表現したり，分からないことを尋ねたりする。

(4) 人の話を注意して聞き，相手に分かるように話す。

(5) 生活の中で必要な言葉が分かり，使う。

(6) 親しみをもって日常の挨拶をする。

(7) 生活の中で言葉の楽しさや美しさに気付く。

(8) いろいろな体験を通じてイメージや言葉を豊かにする。

(9) 絵本や物語などに親しみ，興味をもって聞き，想像をする楽しさを味わう。

(10) 日常生活の中で，文字などで伝える楽しさを味わう。

3　内容の取扱い

上記の取扱いに当たっては，次の事項に留意する必要がある。

(1) 言葉は，身近な人に親しみをもって接し，自分の感情や意志などを伝え，それに相手が応答し，その言葉を聞くことを通して次第に獲得されていくものであることを考慮して，園児が保育教諭等や他の園児と関わることにより心を動かされるような体験をし，言葉を交わす喜びを味わえるようにすること。

(2) 園児が自分の思いを言葉で伝えるとともに，保育教諭等や他の園児などの話を興味をもって注意して聞くことを通して次第に話を理解するようになっていき，言葉による伝え合いができるようにすること。

(3) 絵本や物語などで，その内容と自分の経験とを結び付けたり，想像を巡らせたりするなど，楽しみを十分に味わうことによって，次第に豊かなイメージをもち，言葉に対する感覚が養われるようにすること。

(4) 園児が生活の中で，言葉の響きやリズム，新しい言葉や表現などに触れ，これらを使う楽しさを味わえるようにすること。その際，絵本や物語に親しんだり，言葉遊びなどをしたりすることを通して，言葉が豊かになるようにすること。

(5) 園児が日常生活の中で，文字などを使いながら思ったことや考えたことを伝える喜びや楽しさを味わい，文字に対する興味や関心をもつようにすること。

表現

〔感じたことや考えたことを自分なりに表現することを通して，豊かな感性や表現する力を養い，創造性を豊かにする。〕

1　ねらい

(1) いろいろなものの美しさなどに対する豊かな感性をもつ。

(2) 感じたことや考えたことを自分なりに表現して楽しむ。

(3) 生活の中でイメージを豊かにし，様々な表現を楽しむ。

2　内容

(1) 生活の中で様々な音，形，色，手触り，動きなどに気付いたり，感じたりするなどして楽しむ。

(2) 生活の中で美しいものや心を動かす出来事に触れ，イメージを豊かにする。

(3) 様々な出来事の中で，感動したことを伝え合う楽

しさを味わう。

(4) 感じたこと，考えたことなどを音や動きなどで表現したり，自由にかいたり，つくったりなどする。

(5) いろいろな素材に親しみ，工夫して遊ぶ。

(6) 音楽に親しみ，歌を歌ったり，簡単なリズム楽器を使ったりなどする楽しさを味わう。

(7) かいたり，つくったりすることを楽しみ，遊びに使ったり，飾ったりなどする。

(8) 自分のイメージを動きや言葉などで表現したり，演じて遊んだりするなどの楽しさを味わう。

3　内容の取扱い

上記の取扱いに当たっては，次の事項に留意する必要がある。

(1) 豊かな感性は，身近な環境と十分に関わる中で美しいもの，優れたもの，心を動かす出来事などに出会い，そこから得た感動を他の園児や保育教諭等と共有し，様々に表現することなどを通して養われるようにすること。その際，風の音や雨の音，身近にある草や花の形や色など自然の中にある音，形，色などに気付くようにすること。

(2) 幼児期の自己表現は素朴な形で行われることが多いので，保育教諭等はそのような表現を受容し，園児自身の表現しようとする意欲を受け止めて，園児が生活の中で園児らしい様々な表現を楽しむことができるようにすること。

(3) 生活経験や発達に応じ，自ら様々な表現を楽しみ，表現する意欲を十分に発揮させることができるように，遊具や用具などを整えたり，様々な素材や表現の仕方に親しんだり，他の園児の表現に触れられるよう配慮したりし，表現する過程を大切にして自己表現を楽しめるように工夫すること。

第4　教育及び保育の実施に関する配慮事項

1　満3歳未満の園児の保育の実施については，以下の事項に配慮するものとする。

(1) 乳児は疾病への抵抗力が弱く，心身の機能の未熟さに伴う疾病の発生が多いことから，一人一人の発育及び発達状態や健康状態についての適切な判断に基づく保健的な対応を行うこと。また，一人一人の園児の生育歴の違いに留意しつつ，欲求を適切に満たし，特定の保育教諭等が応答的に関わるように努めること。更に，乳児期の園児の保育に関わる職員間の連携や学校医との連携を図り，第3章に示す事項を踏まえ，適切に対応すること。栄養士及び看護師等が配置されている場合は，その専門性を生かした対応を図ること。乳児期の園児の保育においては特に，保護者との信頼関係を築きながら保育を進めるとともに，保護者からの相談に応じ支援に努めていくこと。なお，担当の保育教諭等が替わる場合には，園児のそれまでの生育歴や発達の過程に留意し，職員間で協力して対応すること。

(2) 満1歳以上満3歳未満の園児は，特に感染症にかかりやすい時期であるので，体の状態，機嫌，食欲などの日常の状態の観察を十分に行うとともに，適切な判断に基づく保健的な対応を心掛けること。また，探索活動が十分できるように，事故防止に努めながら活動しやすい環境を整え，全身を使う遊びなど様々な遊びを取り入れること。更に，自我が形成され，園児が自分の感情や気持ちに気付くようになる重要な時期であることに鑑み，情緒の安定を図りながら，園児の自発的な活動を尊重するとともに促していくこと。なお，担当の保育教諭等が替わる場合には，園児のそれまでの経験や発達の過程に留意し，職員間で協力して対応すること。

2　幼保連携型認定こども園における教育及び保育の全般において以下の事項に配慮するものとする。

(1) 園児の心身の発達及び活動の実態などの個人差を踏まえるとともに，一人一人の園児の気持ちを受け止め，援助すること。

(2) 園児の健康は，生理的・身体的な育ちとともに，自主性や社会性，豊かな感性の育ちとがあいまってもたらされることに留意すること。

(3) 園児が自ら周囲に働き掛け，試行錯誤しつつ自分の力で行う活動を見守りながら，適切に援助すること。

(4) 園児の入園時の教育及び保育に当たっては，できるだけ個別的に対応し，園児が安定感を得て，次第に幼保連携型認定こども園の生活になじんでいくようにするとともに，既に入園している園児に不安や動揺を与えないようにすること。

(5) 園児の国籍や文化の違いを認め，互いに尊重する心を育てるようにすること。

(6) 園児の性差や個人差にも留意しつつ，性別などによる固定的な意識を植え付けることがないようにすること。

第3章　健康及び安全

幼保連携型認定こども園における園児の健康及び安全は，園児の生命の保持と健やかな生活の基本となるものであり，第1章及び第2章の関連する事項と併せ，次に示す事項について適切に対応するものとする。その際，養護教諭や看護師，栄養教諭や栄養士等が配置されている場合には，学校医等と共に，これらの者がそれぞれの専門性を生

かしながら，全職員が相互に連携し，組織的かつ適切な対応を行うことができるような体制整備や研修を行うことが必要である。

第1　健康支援

1　健康状態や発育及び発達の状態の把握

(1) 園児の心身の状態に応じた教育及び保育を行うために，園児の健康状態や発育及び発達の状態について，定期的・継続的に，また，必要に応じて随時，把握すること。

(2) 保護者からの情報とともに，登園時及び在園時に園児の状態を観察し，何らかの疾病が疑われる状態や傷害が認められた場合には，保護者に連絡するとともに，学校医と相談するなど適切な対応を図ること。

(3) 園児の心身の状態等を観察し，不適切な養育の兆候が見られる場合には，市町村（特別区を含む。以下同じ。）や関係機関と連携し，児童福祉法第25条に基づき，適切な対応を図ること。また，虐待が疑われる場合には，速やかに市町村又は児童相談所に通告し，適切な対応を図ること。

2　健康増進

(1) 認定こども園法第27条において準用する学校保健安全法（昭和33年法律第56号）第5条の学校保健計画を作成する際は，教育及び保育の内容並びに子育ての支援等に関する全体的な計画に位置づくものとし，全ての職員がそのねらいや内容を踏まえ，園児一人一人の健康の保持及び増進に努めていくこと。

(2) 認定こども園法第27条において準用する学校保健安全法第13条第1項の健康診断を行ったときは，認定こども園法第27条において準用する学校保健安全法第14条の措置を行い，教育及び保育に活用するとともに，保護者が園児の状態を理解し，日常生活に活用できるようにすること。

3　疾病等への対応

(1) 在園時に体調不良や傷害が発生した場合には，その園児の状態等に応じて，保護者に連絡するとともに，適宜，学校医やかかりつけ医等と相談し，適切な処置を行うこと。

(2) 感染症やその他の疾病の発生予防に努め，その発生や疑いがある場合には必要に応じて学校医，市町村，保健所等に連絡し，その指示に従うとともに，保護者や全ての職員に連絡し，予防等について協力を求めること。また，感染症に関する幼保連携型認定こども園の対応方法等について，あらかじめ関係機関の協力を得ておくこと。

(3) アレルギー疾患を有する園児に関しては，保護者と連携し，医師の診断及び指示に基づき，適切な対応を行うこと。また，食物アレルギーに関して，関係機関と連携して，当該幼保連携型認定こども園の体制構築など，安全な環境の整備を行うこと。

(4) 園児の疾病等の事態に備え，保健室の環境を整え，救急用の薬品，材料等を適切な管理の下に常備し，全ての職員が対応できるようにしておくこと。

第2　食育の推進

1　幼保連携型認定こども園における食育は，健康な生活の基本としての食を営む力の育成に向け，その基礎を培うことを目標とすること。

2　園児が生活と遊びの中で，意欲をもって食に関わる体験を積み重ね，食べることを楽しみ，食事を楽しみ合う園児に成長していくことを期待するものであること。

3　乳幼児期にふさわしい食生活が展開され，適切な援助が行われるよう，教育及び保育の内容並びに子育ての支援等に関する全体的な計画に基づき，食事の提供を含む食育の計画を作成し，指導計画に位置付けるとともに，その評価及び改善に努めること。

4　園児が自らの感覚や体験を通して，自然の恵みとしての食材や食の循環・環境への意識，調理する人への感謝の気持ちが育つように，園児と調理員等との関わりや，調理室など食に関する環境に配慮すること。

5　保護者や地域の多様な関係者との連携及び協働の下で，食に関する取組が進められること。また，市町村の支援の下に，地域の関係機関等との日常的な連携を図り，必要な協力が得られるよう努めること。

6　体調不良，食物アレルギー，障害のある園児など，園児一人一人の心身の状態等に応じ，学校医，かかりつけ医等の指示や協力の下に適切に対応すること。

第3　環境及び衛生管理並びに安全管理

1　環境及び衛生管理

(1) 認定こども園法第27条において準用する学校保健安全法第6条の学校環境衛生基準に基づき幼保連携型認定こども園の適切な環境の維持に努めるとともに，施設内外の設備，用具等の衛生管理に努めること。

(2) 認定こども園法第27条において準用する学校保健安全法第6条の学校環境衛生基準に基づき幼保連携型認定こども園の施設内外の適切な環境の維持に努めるとともに，園児及び全職員が清潔を保つようにすること。また，職員は衛生知識の向上に努めること。

2　事故防止及び安全対策

(1) 在園時の事故防止のために，園児の心身の状態等を踏まえつつ，認定こども園法第27条において準用する学校保健安全法第27条の学校安全計画の策定等を通じ，全職員の共通理解や体制づくりを図るとともに，家庭や地域の関係機関の協力の下に安全指導を行うこと。

(2) 事故防止の取組を行う際には，特に，睡眠中，プール活動・水遊び中，食事中等の場面では重大事故が発生しやすいことを踏まえ，園児の主体的な活動を大切にしつつ，施設内外の環境の配慮や指導の工夫を行うなど，必要な対策を講じること。

(3) 認定こども園法第27条において準用する学校保健安全法第29条の危険等発生時対処要領に基づき，事故の発生に備えるとともに施設内外の危険箇所の点検や訓練を実施すること。また，外部からの不審者等の侵入防止のための措置や訓練など不測の事態に備え必要な対応を行うこと。更に，園児の精神保健面における対応に留意すること。

第4　災害への備え

1　施設・設備等の安全確保

(1) 認定こども園法第27条において準用する学校保健安全法第29条の危険等発生時対処要領に基づき，災害等の発生に備えるとともに，防火設備，避難経路等の安全性が確保されるよう，定期的にこれらの安全点検を行うこと。

(2) 備品，遊具等の配置，保管を適切に行い，日頃から，安全環境の整備に努めること。

2　災害発生時の対応体制及び避難への備え

(1) 火災や地震などの災害の発生に備え，認定こども園法第27条において準用する学校保健安全法第29条の危険等発生時対処要領を作成する際には，緊急時の対応の具体的内容及び手順，職員の役割分担，避難訓練計画等の事項を盛り込むこと。

(2) 定期的に避難訓練を実施するなど，必要な対応を図ること。

(3) 災害の発生時に，保護者等への連絡及び子どもの引渡しを円滑に行うため，日頃から保護者との密接な連携に努め，連絡体制や引渡し方法等について確認をしておくこと。

3　地域の関係機関等との連携

(1) 市町村の支援の下に，地域の関係機関との日常的な連携を図り，必要な協力が得られるよう努めること。

(2) 避難訓練については，地域の関係機関や保護者との連携の下に行うなど工夫すること。

第4章　子育ての支援

幼保連携型認定こども園における保護者に対する子育ての支援は，子どもの利益を最優先して行うものとし，第1章及び第2章等の関連する事項を踏まえ，子どもの育ちを家庭と連携して支援していくとともに，保護者及び地域が有する子育てを自ら実践する力の向上に資するよう，次の事項に留意するものとする。

第1　子育ての支援全般に関わる事項

1　保護者に対する子育ての支援を行う際には，各地域や家庭の実態等を踏まえるとともに，保護者の気持ちを受け止め，相互の信頼関係を基本に，保護者の自己決定を尊重すること。

2　教育及び保育並びに子育ての支援に関する知識や技術など，保育教諭等の専門性や，園児が常に存在する環境など，幼保連携型認定こども園の特性を生かし，保護者が子どもの成長に気付き子育ての喜びを感じられるように努めること。

3　保護者に対する子育ての支援における地域の関係機関等との連携及び協働を図り，園全体の体制構築に努めること。

4　子どもの利益に反しない限りにおいて，保護者や子どものプライバシーを保護し，知り得た事柄の秘密を保持すること。

第2　幼保連携型認定こども園の園児の保護者に対する子育ての支援

1　日常の様々な機会を活用し，園児の日々の様子の伝達や収集，教育及び保育の意図の説明などを通じて，保護者との相互理解を図るよう努めること。

2　教育及び保育の活動に対する保護者の積極的な参加は，保護者の子育てを自ら実践する力の向上に寄与するだけでなく，地域社会における家庭や住民の子育てを自ら実践する力の向上及び子育ての経験の継承につながるきっかけとなる。これらのことから，保護者の参加を促すとともに，参加しやすいよう工夫すること。

3　保護者の生活形態が異なることを踏まえ，全ての保護者の相互理解が深まるように配慮すること。その際，保護者同士が子育てに対する新たな考えに出会い気付き合えるよう工夫すること。

4　保護者の就労と子育ての両立等を支援するため，保護者の多様化した教育及び保育の需要に応じて病児保育事業など多様な事業を実施する場合には，保護者の状況に配慮するとともに，園児の福祉が尊重されるよ

う努め，園児の生活の連続性を考慮すること。

5　地域の実態や保護者の要請により，教育を行う標準的な時間の終了後等に希望する園児を対象に一時預かり事業などとして行う活動については，保育教諭間及び家庭との連携を密にし，園児の心身の負担に配慮すること。その際，地域の実態や保護者の事情とともに園児の生活のリズムを踏まえつつ，必要に応じて，弾力的な運用を行うこと。

6　園児に障害や発達上の課題が見られる場合には，市町村や関係機関と連携及び協力を図りつつ，保護者に対する個別の支援を行うよう努めること。

7　外国籍家庭など，特別な配慮を必要とする家庭の場合には，状況等に応じて個別の支援を行うよう努めること。

8　保護者に育児不安等が見られる場合には，保護者の希望に応じて個別の支援を行うよう努めること。

9　保護者に不適切な養育等が疑われる場合には，市町村や関係機関と連携し，要保護児童対策地域協議会で検討するなど適切な対応を図ること。また，虐待が疑われる場合には，速やかに市町村又は児童相談所に通告し，適切な対応を図ること。

第3　地域における子育て家庭の保護者等に対する支援

1　幼保連携型認定こども園において，認定こども園法第2条第12項に規定する子育て支援事業を実施する際には，当該幼保連携型認定こども園がもつ地域性や専門性などを十分に考慮して当該地域において必要と認められるものを適切に実施すること。また，地域の子どもに対する一時預かり事業などの活動を行う際には，一人一人の子どもの心身の状態などを考慮するとともに，教育及び保育との関連に配慮するなど，柔軟に活動を展開できるようにすること。

2　市町村の支援を得て，地域の関係機関等との積極的な連携及び協働を図るとともに，子育ての支援に関する地域の人材の積極的な活用を図るよう努めること。また，地域の要保護児童への対応など，地域の子どもを巡る諸課題に対し，要保護児童対策地域協議会など関係機関等と連携及び協力して取り組むよう努めること。

3　幼保連携型認定こども園は，地域の子どもが健やかに育成される環境を提供し，保護者に対する総合的な子育ての支援を推進するため，地域における乳幼児期の教育及び保育の中心的な役割を果たすよう努めること。

〈監修者紹介〉

無藤　隆（むとう たかし）

白梅学園大学大学院特任教授

文科省中央教育審議会教育課程部会幼児教育部会 主査

内閣府子ども子育て会議 会長　等歴任

《幼稚園教育要領 改訂
保育所保育指針 改定
幼保連携型認定こども園教育・保育要領 改訂》について

編集・制作　株式会社　同文書院

112-0002

東京都文京区小石川 5-24-3

TEL 03-3812-7777　FAX 03-3812-8456